직업대표제,
근대중국의 민주유산

직업대표제,
근대 중국의 민주 유산

펴낸곳 서울대학교출판문화원
펴낸이 오연천
지은이 유용태

초판 1쇄 인쇄 2011년 8월 5일
초판 1쇄 발행 2011년 8월 10일
출판등록 제15-3호

주소 서울 관악구 관악로 599 우편번호 151-742
대표전화 02-880-5252 **팩스** 02-888-4148
마케팅팀(주문 상담) 02-889-4424, 02-880-7995
이메일 snubook@snu.ac.kr
한글홈페이지 www.snupress.com
영문홈페이지 eng.snupress.com

ISBN 978-89-521-1233-0 93910

이 책은 서울대학교 사범대학교육연구재단의
2008년도 저술·번역 연구비 지원을 받아 간행되었음
(저술연구도서 61)

직업대표제,
근대중국의 민주유산

유용태 지음

서울대학교출판문화원

Democratic Heritage of Occupational Representation in Modern China

Yu Yongtae

2011

Seoul National University Press

머리말

2011년 올해는 신해혁명 100주년이다. 신해혁명으로 성립된 중화민국은 당시 아시아 최초의 민주공화국으로 일컬어졌다. 그 후 민주공화제는 일본판 입헌군주제 모델을 제치고 식민지하의 한국과 베트남 등 동아시아 각지에서 새로운 건국의 모델로 급속히 수용되었다. 어느 모델이든 그 성패를 가르는 제도적 관건은 국민의 의사를 대표하는 민의기관이다. 이 책은 민의기관을 구성하는 방안의 하나인 직업대표제에 관한 연구서이다.

직업대표제의 주체인 직업단체란 원래 같은 직업에 종사하는 사람들이 자신의 이익을 도모하기 위한 자율적 사회단체로서, 정권장악을 목표로 하는 정당과는 판이하게 다르다. 그럼에도 20세기 중국의 직업단체는 직업상의 이해를 도모하는 한편 스스로 자신의 대표를 선출하여 민의기관을 구성해야 비로소 진정한 민의를 대변할 수 있다고 믿고 이를 실천하였다. 정당 중심의 구역대표제를 당연시하는 통념에 가려서 잊혀져온 그 경험과 유산을 재현하고 이를 통해 중국의 민주주의 모색의 특징과 이것이 개혁·개방 이후 정치개혁에 시사하는 바를 음미해보는 것이 이 책의 목표이다.

내가 이 연구를 시작한 것은 박사학위논문을 끝낸 1997년으로 거슬러 올라간다. 학위논문 주제가 농민운동이었기에 지인들은 왜 갑자기 엉뚱한 주제를 선택하였는지 의아해하였다. 심지어 같은 주제를 연구하던 중국의 한 친구는 시류에 편승하여 농민연구를 포기하려 하느냐고 아예 대놓고 묻기도 했다. 정말로 그 무렵 국내외 역사학계는 이미 도시와 문화 연구라는 거대한 트렌드에 빠져들고 있었다.

그러나 기실 이 연구는 바로 농민 문제를 다룬 학위논문 작성과정에서 생긴 문제의식을 바탕으로 구상되어 진행된 것이다. 그때 농민운동의 주체인 농민협회와 그 밖의 각종 직업단체는 각기 자신의 대표를 뽑아서 향-현-성의 민의기관을 세우고 그 결정에 따라 각급 정부를 세워서 이를 대안적 정치체제로 삼으려 하였다. 그것은 국민회의운동을 지방 차원에서 실천한 것으로서, 부르주아 의회제와도 노농소비에트제와도 다른 중국 특유의 민주제도로 인식되었다.

나의 연구는 그런 국민회의 구상이 언제 어떻게 그리고 왜 등장했는지를 밝히는 일로부터 시작되었다. 이는 마침 1997~1998년 난징대학(南京大學)에서 박사후연구를 진행할 수 있는 기회를 얻어 충분한 1차 자료에 의거해 만족스럽게 완성되었다. 이로써 국민회의가 1920년부터 직업대표제 원리에 의거한 새로운 민의기관으로 구상되고 실천되었다는 사실을 밝힐 수 있었다. 그 후 이 주제를 보다 큰 계획 속에서 다루어 한 권의 책으로 묶어내어 장기 지속된 민의결집의 구조를 부각시키기로 하였다. 그 결과 직업대표제 민의기관의 모색은 중화민국시기를 넘어 인민공화국 성립 이후에도 지속되었음을 밝히는 한편, 틀림없이 그 전사(前史)가 있을 것으로 짐작하고 청제국 말기까지 거슬러 올라가 탐색한 끝에 그런 발상의 경험적 선례를 찾아낼 수 있었다. 마침 2009~2010년 연구년을 받아 단행본으로 펴내기 위한 작업에 들어갔다. 모든 논문을 재검토하여 보완하고 일관성 있게 다듬는 동시에 서론과 결론 및 마지막 장을 새로 썼다.

돌이켜보면 이 책은 10년도 넘게 걸린 연구의 결산이지만 다른 일들이 끼어든 탓에 내실에 비해 시간만 길어진 게 아닌가 싶기도 하다. 그러는 사이 나는 이 주제에 관해 국내 연구자들과 보기 드문 학술논쟁의 기회를 갖기도 하였다. 특히 이승휘 교수의 반론과 간접적으로 이에 참여한 백영서, 이병인 교수 등의 논평은 논지를 더욱 가다듬고 보완하는 자극제가 되었다. 그들에 의해 이 논쟁은 이웃나라 학계에 소개되었다. 나는 내 논지의 핵심을 뽑아 일본의 학술지에 투고하거나 중국의 국제학술대회에 나가 발표하여 이웃나라 학계의 반응을 살필 수 있었다. 이 과정에서 난징대학 역사연구소 장셴원(張憲文) 소장과 중국사회과학원 근대사연구소 왕차오광(汪朝光) 부소장은 "이문회우(以文會友)"의 기회를 만들어 주었다.

한편 이 연구를 진행하는 동안 그것이 해당 분야의 학술적 의미를 넘어서 내가 발을 딛고 있는 한국, 나아가 동아시아의 현실에서 갖는 의미는 무엇인가 하는 자문이 늘 뇌리를 떠나지 않았다. 이 연구가 시작된 1997년 이래 동아시아 각국의 정당정치는 선거에 의한 정권교체(1998년 한국, 2000년 타이완, 2009년 일본)를 이룩하는 큰 진전을 보였다. 그럼에도 일본에서는 국회의원의 세습현상이 갈수록 굳어지며, 한국에서는 대선 직전에 현직 대통령이 탈당하고 여야 정당의 국회의원 후보가 소속 정당과 무관한 듯 위장된 '나 홀로 선거'로 유권자의 표를 현혹하는 데 성공하였다. 이 모두는 선거의 역설이며 정당정치의 원리에 반하는 현상이 아닐 수 없다. 최근 어느 여론조사기관의 발표에 따르면 한국 국민의 81%가 정당이 국민의 민의를 대변하지 못하고 있다고 응답하면서도 여전히 보다 나은 정당을 기대할 뿐 다른 형태의 대의제도를 상상하지 못하고 있다. 사실 나는 줄곧 이 연구가 새로운 정치적 상상의 실마리라도 제공할 수 있으면 좋겠다는 생각을 해왔다.

이 연구를 진행하는 동안 여러 방면의 도움을 받았다. 우선 한국학술진흥재단, 서울대학교 발전기금 및 사범대학 교육연구재단, 포스코청암재단은 연구비를 지원해주었다. 그에 힘입어 난징대학도서관과 난징도서관, 중국제이역사당안관, 베이징대학도서관, 상하이도서관, 저장성(浙江省)도서관과 푸장현(浦江縣)당안관, 타이베이 중앙연구원과 국사관, 프린스턴대학 동아시아도서관 등지에서 자료조사와 연구를 진행할 수 있었다. 이 과정에서 난징대학 장셴원 교수와 천젠핑(陳謙平) 교수, 저장대학 천훙민(陳紅民) 교수, 타이완 중앙연구원 근대사연구소 장리(張力)·천이션(陳儀深) 연구원은 현지조사의 편의를 제공해주었다. 프린스턴대학 길버트 로즈만(Gilbert Rozman) 교수는 고풍스럽고 아름다운 작은 시골마을에서 1년간 안식과 연구를 즐길 수 있도록 도와주었다. 서울대학교도서관 상호대차실은 외부의 도서를 언제든 성의를 다해 빌려주었다. 서울대학교출판문화원은 기꺼이 출판을 허락하고 촉박한 일정 속에서도 편집작업을 잘 마무리해주었다. 대학원생 장윤선, 유주현, 정세련, 박진, 이은영, 채푸르니는 교정작업을 도와주었다. 이 모든 분들께 감사한다.

이 책을 이제야 펴내게 된 것은 큰 아쉬움으로 남는다. 다름 아닌 노자와 유타카(野澤豊, 전 도쿄도립대학) 교수와의 인연 때문이다. 1922년생인 그는 신해혁명 연구의 권위자로 일찍이 국민회의를 맨 처음 학술연구의 대상에 올려놓은 선구인데, 그것을 직업대표제로 파악한 나의 글을 자신이 주관하는 학술지에 실어주었다. 그 후 한글을 모르는 중국학자들도 이 글을 읽고 인용할 수 있게 되었다. 2006년 1월 한일 중국근현대사연구자 교류회에 참가하러 갔다가 도쿄의 자택 근처 제과 점에서 뵈었을 때 곧 연구를 매듭짓고 단행본으로 엮어서 보여드리겠다고 했었는데, 차일피일 지체되는 사이 작년 10월 타계하였다. 88세의 고령임에도 불구하고 선생은 신해혁명 100주년을 기념하는 저서를 내기 위해 "수명(壽命)과의 싸움"을 벌이던 중이었다. 그는 은퇴 후 자신의 책을 서울대학교에 기증했고 사재를 털어 새로운 형태의 학술지를 창간함으로써 후배 연구자들에게 국경을 넘는 토론의 광장을 만들어주었다. 선생의 학덕을 기리며 이 책을 아쉬움과 함께 그분께 드리고 싶다.

2011년 7월

유용태

차례

제2부 직업대표제의 지속과 변화

표 차례

서론 | 근대 중국의 민의기관을 보는 시각과 방법

'진정한 민의기관'의 꿈

민주주의의 정의는 다양하지만 '인민 다수에 의한 통치'를 그 핵심내용으로 포함한다. 다만 그 다수가 모두 국가 정사에 직접 참여할 수 없기 때문에 자신의 대표를 뽑아서 자신의 이해와 요구를 대변하도록 하는 대의제가 정착되었다. 그러므로 누가 어떤 방법으로 국민을 대표할 것인가, 곧 민의기관을 어떤 원리와 방식에 의거해 구성하는가 하는 문제야말로 근대 민주주의의 관건이 아닐 수 없다.

이와 관련해서 민주정치의 정도를 가늠하는 가장 기본적인 기준의 하나는 조직된 정치적 반대파에 대한 정부의 관용 여부이다. 여러 정당들이 경쟁 선거를 통해 정권을 교체하는 것은 관용의 진정한 의미를 보여주는 증거의 하나로 일컬어진다. 그래야만 견제와 균형의 원리가 제대로 작동할 수 있다는 것이다. 그런데 1912년 중화민국이 성립한 이래 중국에서는 국민당과 공산당의 일당이 각각 초월적 지위의 지배정당으로 군림하면서 정당 결성의 자유를 억압하거나, 기껏해야 일부 군소정당에게 약간의 의석을 배당하는 정도에 그쳐왔다.

시야를 좀 더 넓혀 보면, 사실 이와 같은 형식적 다당제는 중국만의 특징적 현상이 아니라 최근까지도 동아시아의 공통된 현상이었다. 한국과 타이완이 1998년과 2000년, 일본이 2009년 각각 대항정당에 의한 정권교체를 이룩하기까지 하나의 지배정당이 여타의 군소정당을 통제하는 사실상의 일당지배 상태에 놓여 있었던 것이다. 물론 정권교체 이후에도 정당정치는 여전히 유권자의 기대를 충족시키지 못하고 있다.

동아시아에 정당제도가 뿌리내리지 못한 원인을 흔히 공동체의 조화를 중시하는 문화적 특질, 바꿔 말하면 개인주의의 부재에서 찾지만,[1] 구미에서도 정당 간의 경쟁이 아니라 조화에 의거한 민주주의 모델이 이미 정착되어 있다는 사실을 환기하고 싶다. 선거에서 한 표라도 더 얻은 정당이나 후보자가 권력을 독식하는 '다수제 모델'의 민주주의가 아니라 협상과 조화를 중시하는 '합의제 모델'의 민주주의가 추구된 것이 그런 예이다.[2] 이는 정당 중심의 의회제 틀 안에서 그 결함을 최소화하기 위한 제도적 보완책으로서 주목된다.

지금부터 100년 전, 신해혁명으로 성립된 중화민국은 아시아 최초의 민주공화국으로서 정당 중심의 의회제를 도입하여 이듬해 국회를 개설하였다. 그러나 민의기관인 국회는 불과 9개월 만에 해산되었고 몇 년 뒤 회복되었으나 다시 군벌과 제국주의 세력의 간섭, 연속된 전쟁과

---

1. Robert W. Compton, Jr., *East Asian Democratization: Impact of Globalization, Culture, and Economy*, London: Praeger, 2000, 183~187면; Andrew J. Nathan, *Chinese Democracy*, New York: Alfred A. Knopf, 1985, 50~60면.

2. 합의제 모델은 정당 간의 대연합, 비례대표제에 의거한 군소정당 배려, 소수자의 거부권, 분할된 자치권을 주요 특징으로 한다. Arend Lijphart, *Democracies: Patterns of Majoritarian and Consensus Government in Twenty-One Countries*, New Haven: Yale University Press, 1984(최명 옮김, 『민주국가론』, 법문사, 1985); 선학태, 『민주주의와 상생정치: 서유럽 다수제 모델 vs 합의제 모델』, 다산출판사, 2005.

혁명 속에서 유명무실화되었다. 물론 그 후에도 정당 중심의 의회제를 추구하는 노력은 이어졌으나 이윽고 레닌식 혁명정당제를 따라 일당제를 추구하는 세력이 대두하여 급속히 강화되었다. 1923~1928년 제1차 국공합작과 국민혁명이 당군을 거느린 일당에 의한 건국 및 치국을 제도화하는 길을 열어주었다. 이제부터는 집권당인 국민당 일당이 민의기관의 기능을 대행하게 되었다. 따라서 중화민국은 1948년 3월까지도 상설의 민의기관이 부재한 기형의 공화국이었다. 이렇게 보면 중화민국 정치사는 다당경쟁의 의회정치를 추구하는 세력과 일당지배의 당치체제를 추구하는 세력의 대결 양상으로 전개된 셈이다.

그러나 바로 그렇기 때문에 사회영역의 자율단체들은 서로 연합하여 실패한 의회제와 새로 대두한 당시제 모두를 비판하면서 '직업대표제 방식의 새로운 민의기관 설립'이라는 제3의 길을 모색하였다. 그 요구는 1920년에 체계적으로 제기되었으니 정당 중심 의회제가 도입된 지 불과 10년도 안 되는 단기간의 일이었다. 그때부터 직업대표제에 의거해야만 비로소 '진정한 민의'가 대표될 수 있다는 믿음과 요구가 지속되었다. 직업단체를 비롯한 각종 사회단체들은 자신의 이해와 요구에 의거해 민의기관의 부재라는 중화민국의 최대 결함을 극복하기 위해 직업대표제 방식의 민의기관설립운동을 지속적으로 실천하였다.

그것은 1921년부터 대중운동 형태의 국민회의설립운동으로 나타나서 국민혁명운동의 사회적 기초를 형성하였다. 그 후 성립된 1931년의 난징국민회의, 1938~1948년의 국민참정회와 지방(임시)참의회, 1946년과 1949년의 정치협상회의, 그리고 1949~1954년의 지방 각계인민대표회의는 비록 각기 다른 직권을 행사했지만 대표의 구성방식 면에서 직업대표제의 지속과 변화를 보여주는 사례들이다. 난징국민회의는 훈정시기약법을 제정하였고 국민참정회는 약법을 바탕으로 항일전쟁기에 민의와 민력을 결집하기 위한 대표기능과 통합기능을 제한적으로 수행하였다. 약법과 국민참정회가 없었다면 아마도 중화민국은 근대 국가로서 국제사회의 일원, 특히 제2차 대전기 5대국의 하나로 인정받기 어려웠을 것이다. 정치협상회의는 협상에 의거한 민의기관으로서 공동강령을 결의하여 연합정부 형태의 중화인민공화국 수립에 정당성을 보증하였다. 각계인민대표회의는 향-현-성의 민의기관으로서 지방 차원에서 그러한 역할을 담당하였다.

어느 경우이든 정당 중심의 구역대표가 아니라 직업단체 중심의 직업대표로 구성되었다. 물론 국민참정회와 정치협상회의에는 당파 및 무당파 대표와 군대 대표도 포함되어 다소 변형된 형태를 취하였으나 기본적으로 직업대표제의 원리가 관철되었다. 따라서 이들 대표는 '각지대표'가 아니라 '각계대표'였다. 1949년 9월 정치협상회의가 전국적 민의기관 기능을 담당할 때 각 성·시와 현에서 지방 수준의 민의기관도 구성되었는데 그 명칭은 '각계(인민)대표회의'로 통일되어 있었다. 이는 직업대표제라야만 '진정한 민의'를 대변할 수 있다는 믿음이 반영될 결과라 할 수 있다. 심지어 국민당은 쑨원(孫文)이 원래 구역대표로 구성하려던 국민대회의 선거법을 수정해 1936년부터 직업대표제를 부분적으로 도입하였다.

그렇다면 중화민국 정치사를 정당 중심의 의회제와 국공 양당의 당치제 사이의 경쟁 과정으로 파악하는 종래의 연구는 직업대표제라는 또 하나의 민주 모델을 향한 열망과 실천경험을 간과하는 한계를 가질 수밖에 없다. 당치제는 그것을 창안한 소련에서부터 이미 실패로 끝났고 의회제는 구미와 동아시아에서 각종 폐단을 드러내고 있으니, 또 하나의 모델에 대한 탐색의 필요성과 의의는 더욱 절실하다고 하겠다.[3]

대의민주주의(representative democracy)의 성패를 가르는 관건은 누가 어떻게 국민을 대표할(represent) 것인지를 합리적으로 제도화하고 그 제도가 제대로 작동할 수 있는 여건을 조성하는 데 있다. 따라서 앞서 언급한 합의제 모델과 달리 정당제도의 틀 바깥에서 의회제에 대한 보완책이나 대안을 찾으려는 움직임이 19세기 말에서 20세기 초의 유럽에서 먼저 일어났다.

첫째, 국가영역의 법제인 민주제도가 온전히 작동되려면 일상생활의 공간인 사회영역에서 시민의 민주의식을 계발하고 훈련해야 한다는 주장이다. 둘째, 직접민주정치의 원리(국민투표, 국민제헌, 국민파면)를 도입하여 대의제도의 한계를 보완하자는 주장이다. 셋째, 대표 선출의 단위와 방식을 혁신하자는 주장이다. 이에 따르면 일정 지역구를 단위로 정당 후보가 지역의 이해를 대표하는 구역대표제는 원천적으로 지역 내 각계각층 주민의 서로 다른 이해를 온전히 대변할 수 없으므로 국민의 일상생활이 영위되는 각 직업단체를 단위로 해당 단체의 후보가 자기 직업의 이해를 대표하도록 하는 직업대표제라야 비로소 진정한 민의를 대변할 수 있다. 이 원리에 따르더라도 직업대표제를 기존의 구역대표제와 병행함으로써 후자의 불비함을 보완하자는 견해와 구역대표제를 아예 폐기하고 직업대표제를 전면 도입하자는 견해로 나누어진다.[4]

이상과 같은 의회제 혁신 방안은 19세기 말 20세기 초부터 유럽에서 등장하여 실천되었다. 특히 제1차 대전 직후 위의 세 가지 방식을 모두

---

3. 소련이 붕괴된 이후에는 더욱더 다당제 의회정치와 레닌식 일당제를 대비시켜 전자의 실현을 바람직한 목표로 전제하는 연구가 많다. 최근의 예로 다음을 참조할 수 있다. 江沛, 「國共兩黨 '黨國'體制 比較硏究, 1924~1949」, 『中國近現代史硏究』 33輯, 2007. 3; 金子肇, 「國民黨における憲法施行體制の統治形態 ― 孫文の統治構想, 人民共和國の統治形態との對比から」, 久保亨 編, 『1949年前後の中國』, 東京: 汲古書院, 2006.

4. 王世杰, 『比較憲法』, 上海: 商務印書館, 1928, 278~288면.

혼합하여 의회제의 대안을 찾으려는 시도가 널리 주목을 끌었다. 의회정치에 부정적인 산업노동자를 조직하여 의회정당을 초월하려는 움직임이 나타났고, 프랑스의 공단주의(생디칼리즘)와 영국의 길드사회주의가 그 중심에 있다. 직업단체를 대표 선출의 단위로 삼으면, 회원이 곧 유권자이므로 그들의 조직된 힘에 의해 국민제헌이나 국민소환 같은 직접민주정치의 요소를 실행하기 용이하고, 대표 선출의 단위가 유권자의 일생생활 단위와 일치하거나 직결되어 있어서 단체활동을 통해 민주의식을 높이는 것이 용이하다고 보았기 때문이다. 특히 산업화가 진전될수록 국민의 이해와 요구는 더욱 분화될 터이니 거주지역이 아닌 직업이 인류사회의 결합원리로서 중시될 것이며 대의제도 이 추세를 따라 혁신되지 않을 수 없을 것이라는 견해가 널리 유포되었다.[5]

이처럼 직업대표제는 각종 직업의 분화가 진행되고 자율적 사회단체들이 발달한 산업사회 조건에서 추구되는 제도로 알려져 있고 실제로 1920~1930년대 유럽 일부 국가에서 제도화되었다. 그런 점에서 아직 그런 조건을 갖추지 못했던 20세기 전반의 반식민지 중국에서 직업대표제가 강렬하게 선호된 것은 특이한 현상이라고 하지 않을 수 없다. 특히 그것은 동아시아에서도 중국만의 독특한 현상이다.

그럼에도 이에 대해서는 아직 학계의 관심이 기울여지지 않아서 실태조차 거의 파악되지 않고 있다. 직업대표제가 독일과 이탈리아의 파시즘에 이용된 바 있기 때문에 서구 학계가 그에 대해 부정적인 시각을 취하고 있다는 점도 이런 무관심의 한 배경을 이루는 것으로 보인다. 그러나 구역대표제에 의거한 정당 중심의 의회제 역시 한국을 비롯한 제3세계에서는 이승만 독재나 박정희 독재와 같은 권위주의 체제의 탄

---

5. 같은 책, 272~273면.

생과 유지에 이용된 경험을 갖고 있다. 어떤 제도도 그 자체로서 민주주의의 내실을 보장하지는 않는다. 그 제도가 수용된 해당 국가와 사회의 역사적 맥락과 조건에 따라 그것이 담당할 구실은 다르게 나타날 수 있다.

따라서 동아시아의 조건에서는 정당 중심의 의회정치를 비춰보는 거울로서, 나아가 그 보완책이나 대안으로서 직업대표제 실험의 역사를 탐구할 의미는 크다고 하겠다. 산업사회의 발전에 걸맞게 다양한 직업적 분화와 정치적 요구를 온전히 대변할 새로운 민의기관 구성원리를 필요로 하고 있다. 개혁·개방 이후 중국의 정치개혁안에서 전국인민대표회의를 구역대표제와 직업대표제의 양원으로 개혁하고 이를 위해 각 직업단체의 결성과 활동의 자유를 보장하자는 제안이 나오고, 이웃고 홍콩에서 이와 흡사한 방안의 정제개혁이 단행되어 민주주의 이행에 성공한 것은 이런 필요성이 현실적 의미를 갖고 있음을 보여준다.

이상과 같은 문제의식에 의거해 필자는 근대 중국의 직업대표제 모색에 관해 다음 세 가지 질문에 답하고자 한다. 왜 20세기 전반기 중국에서는 줄곧 직업대표제에 의거해 민의기관을 설립하려는 노력이 지속되었을까? 그것은 언제, 누구에 의해, 어떻게 구체화되어 이어졌을까? 그것이 오늘날 개혁·개방시기 중국의 민주화와 탈냉전기 동아시아 민주주의의 진전에 시사하는 바는 무엇일까?

연구의 시각과 방법

유럽에서는 정당 중심의 의회정치가 실행되는 가운데 그 폐단에 대한 보완책이나 대안으로 직업대표제가 모색된 것과 달리 중국에서는 정당 중심의 의회제가 유명무실화하는 바람에 민의기관 자체가 부재한 조건에서 직업대표제가 추구되었다. 유럽에서 '민주주의의 공고화' 단계에서 모색된 제도가 중국에서는 '민주주의의 이행' 단계에서 추구된 셈이다.

따라서 중국에서는 직업단체를 포함하는 각종 사회단체들이 어떤 형태이든 민의기관 자체를 개설하라고 요구하는 사회·정치적 활동까지 스스로 담당하지 않을 수 없었다. 이것이 근대 중국의 각종 직업단체들로 하여금 해당 직업상의 이해를 도모하는 본연의 활동을 넘어서 정치화되도록 만든 중요한 배경이다. 청말에 국회개설 요구와 민국 초에 해산된 국회 회복 요구를 정당이 아닌 그들이 적극 제기하고 실천한 까닭이 거기에 있다. 민의기관을 개설할 책임이 있는 국가권력이 부패하고 무능하여 더 이상 기대할 수 없다고 판단될 경우에 그들은 기존의 국가권력을 부정하고 아예 새로운 원리에 의거한 민의기관을 스스로 구성하려는 혁명적 시도를 하기도 했다. 1920년대의 국민회의운동이 그런 예이다. 그 후에도 상설의 민의기관이 개설되지 않았기에 각종 사회단체의 이 같은 정치적 활동은 계속되었다. 이런 맥락을 감안하여 필자는 1920년대 국민회의운동을 중심에 두고 그 이전 시기와 이후 시기로 각각 20여 년씩 분석대상 시기를 확장하여 근대 중국이 직업대표제를 모색하고 실천하는 과정을 밝히고자 한다. 이전 시기로는 1895년 청일전쟁 직후까지 거슬러 올라가고 이후 시기로는 1954년 구역대표제의 인민대표대회가 성립되기 직전까지 내려갈 것이다. 그 이유는 두 가지이다. 첫째, 유럽의 직업대표제 이론에 의거한 새로운 민의기관 설립 방안이 공식 제기된 것은 1920년의 일이지만 그렇게 만든 중국 사회 내부의 요인은 그 이전에 이미 갖추어져 있었을 것으로 보고 이를 확인하기 위함이다. 둘째, 국민혁명 이후 국민당의 당치제 아래서 나타난 직업대표제 모색의 지속과 변화를 드러내기 위함이다.

이 같은 시간 범위 안에서 전개된 민의기관 모색의 가장 중요한 특징은 국가영역의 제도적 불비함을 사회영역의 민간단체들이 자발적으로 나서서 해결하려 했을 뿐만 아니라 일시적 제도화에 성공하기도 한 데에 있다. 따라서 이에 대한 접근방법으로 이 책에서는 국가와 사회의 관계에 대한 사회사적 연구와 대의민주주의의 이론과 실제에 관한 정치학적 연구가 활용될 것이다.

예를 들면 19세기 중반 이래 서구에서 강조되어온 '단체생활의 사회학(sociology of associational life)'이 이런 필요에 부응할 수 있다. 그에 따르면 국민이 자신의 취향과 이해에 따라 각종 자발적 사회단체(associations, 社團)를 만들고 그 안에서 민주적 토론과 의사결정 방식을 훈련해야 민주시민의 자질을 기를 수 있다.[6] 한편 개인은 특수한 이익을 추구하는 존재이지만 그것을 충족하기 위해서는 필연적으로 타인에 의존하며 타인과 함께 단체를 결성해 공동으로 노력하지 않으면 안 된다는 헤겔의 단체이론도 주목된다. 그에 따르면 특히 동질적인 노동으로 동질적인 이익을 공동으로 추구하는 직업단체의 기능이 중요하며, 따라서 시민사회 안에서 '대표'될 필요가 있는 것은 지역이 아니라 직능(직업보다 확장된 개념으로 청년·학생처럼 직업은 아니지만 일정한 사회적 기능을 담당하는 영역까지 포함)적 단위이다. 그가 구역대표제의 의회제를 봉건제도의 잔여물이 변질되어 생긴 귀족과두정치라고 비판하고 직능(이익)대표제야말로 국가와 사회의 본질에 합치하는 민의기관의 구성 원리라고 본 것은 이 때문이다.[7]

6. 안승국, 「결사체 민주주의와 정치공동체」, 『한국정치학회보』 31권 3호, 1997; Sigrid Robtentscher ed., *Democracy and the Role of Associations: Political, Organizational, and Social Contexts*, London: Routledge, 2005.

직능별로 조직된 자율적 사회단체를 통한 민주주의 확대에 대한 기대는 특히 제1차 대전 전후 의회제혁신론이 확산되고 의회정당의 역할이 감소함에 따라 더욱 주목되었다. 직업대표제가 제1차 대전 직후 바이마르공화국을 비롯한 유럽 각국 신헌법에 도입되자 이는 곧 '사단 민주주의(associational democracy)' 혹은 '신민주주의(new democracy)'라고 일컬어졌다. 유럽에 비해 개인주의 성향이 더 강했던 미국에서도 이를 도입해야 한다는 주장이 이윽고 대통령이 될 상무장관 허버트 후버(Hervert C. Hoover)에 의해 제기되었다.[8] 그것은 결국 구역대표제의 정당정치라는 기존 정치구조를 바꾸지는 못했으나 이에 대한 대안론으로서 꾸준히 주목되었다. 권력과 자본이 구역대표제의 장점을 바탕으로 정당정치를 고수하려 한 데서도 드러나듯이 구역대표제는 지역구 내의 정치적으로 두드러진 집단의 이익을 대표하는 경우가 많은 것으로 지적되었다.[9]

이처럼 단체생활의 사회학과 정치학이 번성했다고 해서 시민의 단체생활이 정당 중심 의회정치의 폐단을 치유하고 민주주의의 진전을 가져다주는 특효약이라는 확인된 증거는 없다. 다만 국가가 국민에게

---

7. 조지 세이빈·토머스 솔슨, 성유보 외 옮김, 『정치사상사 2』, 한길사, 1997, 966~967면; 원준호, 「단체이익과 공익의 통합을 위한 규범적 논의: 헤겔의 국가론에서의 단체의 자치행정과 직능대표제가 주는 현재적 의미」, 『의정연구』 15집, 2003, 170면.

8. 王世杰, 「最近新憲法的趨勢 - 代議制之改造」, 『東方雜誌』 19卷 22號, 1922. 11. 25; Raymond L. Buell, "The New Democracies of Europe," *Current History* Vol. 15 No. 5, Feb. 1922; Ellis W. Hawley, "Herbert Hoover, the Commerce Secretariat, and the Vision of an 'Associative State', 1921~1928," *The Journal of American History* Vol. 61 No. 1, June 1974, 116~140면.

9. 구역대표제의 장점은 지역단위 행정체계를 바탕으로 국가의 권위를 보증한다는 점, 의원을 특정 이익단체의 위임이라는 구속으로부터 벗어나게 하여 상호 대립적인 요구를 조정할 수 있게 돕는다는 점 등이다. 하인츠 율로·죤 월크 편, 이병화 옮김, 『代議政治論』, 전예원, 1985, 146~149면.

자유로이 단체를 만들 결사의 권리를 부여하지 않는 어떤 민주주의도 민주주의라 할 수 없다는 점은 널리 공인되어 있다. 그 원칙 위에서 보면 생활과 밀착된 사회영역의 자율적 단체들이 민주주의를 활성화하는 토양 구실을 얼마만큼 할 수 있느냐는 국가영역의 정치제도라는 거시적 맥락, 시민의 일상생활의 구조라는 미시적 맥락, 그리고 이 양자 사이에 위치한 자율 단체의 특징(규모, 활용 가능한 자원, 내부구조, 참여기제 등)의 상호작용 속에서 결정될 것이다.[10] 직업단체를 비롯한 민간단체들이 파시즘에 이용되기도 했지만 사회적 조합주의(social corporatism)의 기초가 되는 차이를 보인 것도 그 때문이다.[11] 근대 중국에서도 민간단체들이 추구한 직업대표제는 다원적 국가관과 직능적 사회관에서 출발해 국가권력의 분점을 지향함으로써 군벌정부를 비롯한 독재정부를 부정하는 혁명적 정치운동의 무기가 되기도 했지만, 동시에 레닌식 당치제를 추구한 국공 양당에 의해 자신의 사회적 기반을 확대하는 데 이용되기도 했다. 따라서 이 문제에 접근할 때 국가와 사회, 당과 사회단체 양측 간의 경쟁과 타협과 긴장을 놓치지 않는 것이 필수적으로 요청되는 자세이다.

국가와 사회, 정당과 사회단체의 복잡한 관계를 이해하려면 '시민사회론'의 이분법에서 벗어나야 한다. 흔히 시민사회론은 국가와 사회를 한쪽의 힘이 커지면 다른 한쪽의 힘이 작아지는 제로섬 게임과 같은 대

---

10. Sigrid Robtentscher ed., 앞의 책, 6~7면, 239~245면.

11. 직업대표제를 조합주의와 동일시하는 논자들도 적지 않은데 그러나 둘 사이에는 분명한 차이가 있다. 직업대표제는 자율적으로 결성된 단체의 대표로 민의기관을 구성하며 그 안에서 단체의 직업별 특수이익과 국민적 보편이익을 합일시켜 나간다. 이에 비해 조합주의는 국가의 감독 아래 제한적, 위계적으로 결성된 단체의 대표가 정당 중심의 의회제라는 민의기관을 전제하고 그 바깥에서 정부 대표와 협상하여 공공정책을 결정하는 제도이다. 원준호, 앞의 글, 182~183면.

립관계로 파악한다. 그러나 원래 헤겔에 의해 창안된 '시민사회' 개념은 국가로부터 독립된 영역이 아니며 시민사회의 주체인 사회단체들도 자율적으로 결성되지만 국가의 인가를 받아야만 그 권리를 보장받을 수 있다. 나아가 직업단체가 공동의 특수이익을 관리하는 것은 국가로부터 보호받아야 할 정당한 권리에 속한다.[12] 이 관계를 직시하는 사람들은 국가로부터 독립된 시민사회란 관념적 사유에 불과하다고 여겨 그 존재 자체를 부정하거나 아니면 국가와 시민사회의 상호 의존적 관계를 인정하여 국가가 헌법과 민의기관에 의거해 시민의 결사와 집회를 보장하는 조건에서만 시민사회가 성립될 수 있다고 본다.[13] 따라서 헌법과 민의기관 자체가 결여되었던 청말~민국시기의 중국에 시민사회론을 적용하는 접근법은 나무에 올라 물고기를 구하려는 것과 다를 바 없다.[14]

이에 필자는 앞에서 언급된 국가와 사회의 상호작용 외에도 민족주의와 민주주의, 국제적 조건과 국내적 조건, 정당과 사회단체의 상호작용 등 네 쌍의 상호작용을 분석틀로 삼아 직업대표제 모색의 과정을 분석하고자 한다. 이때 각 쌍의 양자관계뿐만 아니라 네 쌍 간의 상호작

12. 같은 글, 170~172면.

13. Mark E. Warren, *Democracy and Association*, New Jersey: Princeton University Press, 2001, p. 28, p. 33.

14. 시민사회론자들은 상회가 청말 이래 1928년 국민당의 黨國體制(party-state system)가 성립되기 전에 지방의 자치행정과 공공업무를 담당하였다는 점을 근거로 '시민사회의 초보형태'가 형성되었다고 본다. 대표적으로 다음 논저를 들 수 있다. David Strand, "Civil Society and Public Sphere in Modern Chinese History", Roger V. Des Forges and Luo Ning et al. eds., *Chinese Democracy and the Crisis of 1989*, New York: State University of New York Press, 1993, 59~60면; Timothy Brook and B. Michael Frolic eds., *Civil Society in China*, New York: M. E. Sharpe, 1996; 朱英, 『轉型時期的社會與國家 – 以近代中國商會爲主體的歷史透視』, 武昌: 華中師範大學出版社, 1997, 290면; 馬敏, 『官商之間: 社會劇變中的近代紳商』, 武昌: 華中師範大學出版社, 2003, 290~303면.

용에도 유의할 것이다. 각종 사회단체들은 국가로부터 공인받은 법정 단체라는 지위를 살려 민족주의적 위기와 호소를 명분으로 삼아 민주주의의 제도화를 요구하였고, 민주주의의 거대한 조류를 만들어낸 양차 세계대전 직후의 국제적 조건은 그러한 단체들의 민주화 요구에 힘을 실어주었고, 혁명정당과 사회단체는 군벌·제국주의 타도와 민주주의·민족주의의 실현이라는 공동 목표를 위해 상호 협력하였다. 이런 상호작용과 상호협력 속에서도 경쟁과 긴장은 피할 수 없었으니 그로 인해 사회단체의 자율성이 침해될 위험성에 대해서도 유의함으로써 경쟁과 협력 속의 긴장이 동태적으로 드러나도록 하겠다.

구체적으로 분석의 초점은, 이들 네 쌍의 상호작용 속에 직업단체를 중심으로 각종 사회단체가 서로 연합하여 '각계(단체)연합'의 대중집회와 시위를 통해 혹은 '각계대표'의 회의를 통해 '각계민의'를 결집함으로써 스스로 민의기관을 자처하는 사회관행을 만들어가는 과정과 그 정당화 논리, 그리고 그런 사회관행에 의거해 민의기관을 구성하려는 법제도화 시도를 규명하는 데 맞추어질 것이다.

이 책의 연구방향은 다음과 같이 두 부분으로 나누어진다. 첫째, 단체를 결성해야만 그 조직된 힘으로 나라를 구할 수 있다는 합군구국론(合群救國論), 곧 결사구국론(結社救國論)을 배경으로 직업단체가 성립되고 1907~1911년 이권회수운동과 국회개설운동의 주체로서 각계연합이 등장한 사실을 규명한다. 그리고 그 경험 위에서 유럽에서 전래된 직업대표제 이론과 결합되어 국민회의라는 새로운 민의기관 건립방안이 구체화되고, 이 이론에 의해 국민회의 구성 주체를 직업단체 대표로 한정시키는 것이 정당화되었음을 규명한다. 둘째, 직업단체를 비롯한 사회단체가 자신의 역량의 한계를 인정하고 혁명정당과 연대함에 따라 나타난 직업대표제의 지속과 변화를 규명한다. 양측의 연대는 국민혁명 과정에서 1923년부터 이루어졌고, 그때 이미 사회단체의 자율성을 견지해야 하는 과제가 발생했으나 적어도 1927년까지는 협력적 연대가 지속되었다. 직업대표제의 실현을 위한 조건은 국민당 당치체제가 확립된 1928년부터 크게 달라졌다. 따라서 이 책에서는 그 이전과 이후를 각각 1부와 2부로 나누어 다루기로 한다.

기존 연구의 비판적 검토

근대 중국의 민의기관 모색에 대한 연구는 대부분 다당제 의회정치를 기준으로 삼아 진행되었다. 그에 대한 견해는 크게 둘로 갈라졌다. 하나는 청말 신정개혁기(1901~1911)부터 5·4운동 직후까지 다당제 의회정치를 확립하려는 노력이 있었지만 군벌 및 제국주의의 간섭, 그리고 중국의 경제적 낙후와 국민의 낮은 문화수준 등으로 좌절할 수밖에 없었다고 보는 시각이다. 다른 하나는 선거와 의정활동에서의 각종 폐단에도 불구하고 참정의 범위가 지속적으로 확대되어 정치발전 혹은 정치근대화가 진전되었다고 보는 시각이다. 그런데 1990년대 이래 갈수록 전자의 견해가 약화되면서 후자의 견해가 부각되는 추세를 보이고 있다. 일찍이 신사 및 신상층의 '엘리트 행동주의'와 '신사민주주의'로 청말~민국 초기를 연속적 과정으로 파악한 미국 학계의 연구가 그런 시각에서 진행된 초기연구라 할 수 있다.[15] 최근에는 중국 학계에서

15. Mark Elvin, "The Gentry Democracy in Chinese Shanghai, 1905~1914," Jack Gray ed., *Modern China's Search for a Political Form*, London: Oxford University Press, 1969; Mary B. Rankin, *Elite Activism and Political Transformation in China: Zhejiang Province, 1865~1911*, Stanford: Stanford University Press, 1986.

도 군벌정부시기의 의회제를 정치발전의 한 과정으로 적극 평가하는 연구까지 나왔고 이를 위해 종래의 '베이징군벌정부' 대신 '베이징민국정부(北京民國政府)'라는 명칭이 사용되었다.[16]

이런 적극적 평가와 용어선택은 청말~민국초의 다당제 의회정치 모색이 이윽고 중국국민당과 중국공산당의 레닌식 일당통치 모델에 의해 실패하고 말았다는 암묵적 논리를 전제한다. 거기에는 혁명정당에 의해 수립된 '난징국민정부(南京國民政府)'가 일당제로서 민의기관을 결여하고 있었음을 강조하려는 시각도 담겨 있는 것으로 보인다. 국민정부시기 국민당 일당제 아래서의 반대파 군소정당에 대한 연구들도 이런 시각의 연장선에 놓여 있다.[17] 이러한 탈혁명사관의 시각은 더욱 소급 적용되어 청말 정국에서도 민주공화의 혁명파보다는 군주입헌의 개혁파가 중국의 민주화에 더 바람직한 길일 수 있었다는 논리로 나타났다. 모두 다당제와 일당제, 의회정당과 혁명정당을 이분법적으로 대비시킨 구도라 할 수 있다. 이러한 연구는 그 자체로서 의미가 있을 뿐만 아니라 장래의 중국 정치개혁의 한 모델로 부각시키려는 현실적 의미도 갖고 있는 것으로 보인다.

그러나 이런 이분법적 대비구도 속의 의회정치사 연구는 일당제와 거리를 둔 의회제 비판과 혁신론에 관해서는 거의 주목하지 않았다. 필자가 보기에 청말 이래 중국 정치사는 정당 중심의 의회정치를 추구

---

16. 劉景泉, 『北京民國政府議會政治研究』, 天津教育出版社, 2006; 嚴泉, 『失敗的遺産, 中華首屆國會制憲, 1913~1923』, 桂林: 廣西師範大學出版社, 2007. 이와 달리 근대 중국의 의회정치 좌절을 강조하는 최근의 연구로는 다음을 참조. 張朋園, 『中國民主政治的困境, 1909~1949: 淸末以來歷屆議會選擧述論』, 臺北: 聯經, 2007.

17. Roger B. Jeans ed., *Roads Not Taken: The Struggle of Opposition Parties in Twentieth-Century China*, Oxford: Westview Press, 1992; Edmund S. K. Fung, *In Search of Chinese Democracy: Civil Opposition in Nationalist China, 1929~1949*, Cambridge: Cambridge University Press, 2000.

한 세력과 그것을 비판하면서 직업단체 중심의 각계연합으로 민의기관을 수립하려는 세력이 서로 경쟁하고 타협하는 속에 전개되었는데, 여기에 1920년대부터 당치제를 추구하는 혁명정당이 가세함으로써 양자경쟁은 삼자경쟁으로 바뀌었다. 이때 전통적 붕당관에 근거한 정당불신의 사회풍조, 이를 더욱 가중시킨 군벌혼전과 혁명의 연속, 신사조의 하나로 수용된 비의회주의적 직업대표제론 등은 의회제 모델의 입지를 갈수록 협소하게 만들었다. 그 결과 각계연합 모델의 입지가 상대적으로 강화되었다. 민의기관의 부재를 해결하려는 국민회의운동 이래 사회영역의 일련의 시도들은 모두 이러한 역사적 경험의 축적 위에서 나올 수 있었던 것이다.

따라서 사회영역의 각계연합 방식의 민의기관 건립 노력을 사회사와 정치사를 결합한 시각에서 접근하여 드러내지 않으면 민국정치사를 구성한 정족(鼎足)의 한쪽 다리가 간과되고 무시되는 착오에 빠지게 된다. 최근 상회, 전문직업단체, 농회, 교육회 등에 관한 연구가 진행되고 그들의 사회·정치적 활동에 주목한 연구도 나왔지만 국가–사회 간의 통제와 자율이란 시각에서 지방 수준의 자치행정 참여를 "시민사회의 초보형태"라고 강조했을 뿐이다. 각계연합에 대해서도 주로 1919년 5·4운동, 1925년 5·30운동, 1935년 12·9운동 같은 반제 민족운동 속에서 나타난 통일전선의 한 형태로서 이해되었다. 그 결과 개별 사회단체든 그들의 상호연합인 각계연합이든 그들 스스로 나서 지방 차원은 물론 전국 차원에서 '민의기관의 부재' 상태를 해소하려 시도한 노력에 대해서는 관심이 두어지지 않았고 직업대표제와 관련해서는 더욱 그러하였다.[18]

18. Xiaoqun Xu, *Chinese Professionals and the Republican State: The Rise of Professional Associations in Shanghai, 1912~1937*, Cambridge: Cambridge University

한편 직업단체를 구성주체로 하는 국민회의의 구상과 운동에 대해서는 주로 국민혁명시기(1923~1928)에 한정하여 검토되었는데, 크게 보아 통일전선론과 민국건설론의 두 시각이 대립하고 있다.

먼저 통일전선론의 시각은 국민회의가 국공합작시기 혁명정당의 하층 통일전선의 일환으로 공산당에 의해 제기되었다고 보았다. 그에 따르면 1923년 7월 중국공산당이 국민당에게 직업단체 대표로 국민회의를 소집하여 시국 문제를 해결하라고 제안함으로써 정식 제출되었고, 이는 1924년 11월 쑨원의 북상에 의해 실제 촉성운동으로 발전되었다. 이때 국민회의는 두 당이 각계각층 국민과 연대하고 국민통합을 증진시킴으로써 국민혁명을 진정으로 국민혁명답게 만드는 구실을 담당한 것으로 파악되었다.[19] 그러나 왜 그 연대와 통합이 '직능별 편성원리'에 따라 추구되었는지에 관해서는 별다른 관심이 두어지지 않았으며, 중국 학계의 연구도 이 점에서 마찬가지이다.[20] 다만 이런 시각의 국민회의 연구를 처음 시작한 노자와 유타카(野澤豊)는 국민당의 주도적 역할을 인정하여 국민참정회도 '국민회의의 재현'이라고 이해하였다. 이승휘는 공산당이 국민당을 견제하기 위한 일시적 책략의 일환으로 국민회의 소집을 제안하였다고 보았다.[21] 이는 국민회의

Press, 2001; 朱英·魏文享, 『近代中國自由職業群體與社會變遷』, 北京大學出版社, 2009. 다만 필자의 연구에 자극받아 1930년대 국민회의와 국민대회 대표 선거에 농회가 참여한 사정에 대해서만 관심을 기울인 예가 있을 뿐이다. 魏文享, 『國民黨, 農民與農會: 近代中國農會組織研究, 1924~1949』, 北京: 社會科學出版社, 2009, 253~267면 참조.

19. 野澤豊, 「中國における統一戰線の形成過程－第一次國共合作と國民會議」, 『思想』 477號, 1964; 野澤豊, 「第一次國共合作と孫文－國民會議運動を中心として」, 『中國近現代史論集』, 東京: 汲古書院, 1985; 橫山英, 「國民革命期における中國共産黨の政治的統合構想」, 『中國の近代化と政治的統合』, 廣島: 溪水社, 1992.

20. 李世平·陳廷湘, 「論大革命時期我黨關于'國民會議'的主張」, 『近代史研究』 1984年 2期, 41면.

의 의미를 더욱 좁게 이해한 것이지만 크게 보면 역시 통일전선론의 시각을 벗어나지 않았다.

이에 비해 민국건설론의 시각은 국민회의가 비록 공산당에 의해 제안되기는 했지만 상회를 비롯한 사회 각계의 여론을 반영한 결과라고 보았다. 윤혜영(尹惠英)과 저우싱량(周興樑)은 국민회의 소집론을 새로운 민국건설 방안이라고 보는 점에서 일치하지만, 전자가 쑨원의 국민회의 주장을 공산당 이외의 사회여론까지 수용한 결과로 보는 데 비해 후자는 공산당의 제안을 수용한 결과라고 보는 차이를 보인다.[22]

두 시각의 견해는 모두 국민회의의 구상과 운동이 혁명정당에 의해 주도된 것으로 파악한 점에서 다르지 않으나 그래도 필자는 민국건설론이 자율적 사회단체의 활동에 어느 정도 관심을 기울였다는 차이에 주목하고 싶다. 국민회의를 기본적으로 각계각층의 국민을 동원하기 위한 공산당의 '다수자 혁명 전술'이라고 보면서도 그 사회적 기초로서 1919~1920년 국민대회촉성회로 관심을 확장한 반노 료오키치(坂野良吉)의 연구도 같은 이유에서 주목할 만하다.[23] 그보다 더 흥미로운 것은 1922년 상회를 비롯한 법정 직업단체들이 정당과 무관하게 자율적으로 국시회의(國是會議)를 소집하여 국시헌법을 제정하는 과정을 다룬 연구이다. 국시회의는 직업단체들이 상호 연합하여 민의기관 역할을 일시적으로 자임하여 국회의 헌법제정을 촉구하는 여론을 불러일으키

---

21. 이승휘, 「中國의 '國民會議運動'과 上海商工階層」, 『歷史學報』 144집, 1994. 12.

22. 윤혜영, 『中國現代史硏究－北伐前夜 北京政權의 내부적 붕괴과정, 1923~1925』, 일조각, 1991, 92~97면, 108면; 周興樑, 「孫中山與國民會議運動」, 中國孫中山硏究學會 編, 『孫中山和他的時代 － 孫中山硏究國際學術討論會文集』 上, 北京: 中華書局, 1989, 825~826면.

23. 坂野良吉, 「國民會議の構想ならびに運動と陳獨秀主義－1923年から1926年までの推移へ焦點を合わせながら」, 『名古屋大學東洋史硏究報告』 18號, 1994.4.

려는 시도였다. 다만 그것이 그 후의 국민회의운동과 어떠한 관계 속에서 파악될 수 있는지에 대해서는 관심이 기울여지지 않았다. 청대 이래 '민간사회의 전통', 곧 국가권력을 비판하면서도 보완하는 이중의 역할을 수행해온 전통 위에서 5·4운동 이래 활성화된 사회단체의 활동을 파악하고 그 연장선에서 국민회의 구상이 나올 수 있었던 것으로 이해한 백영서의 연구는 그에 대해 시사하는 바가 크다.[24]

국민회의운동의 연장선에서 등장한 국민참정회, 지방참의회, 정치협상회의, 인민정치협상회의와 각계대표회의 등에도 직업대표제가 일관되게 적용되었으나 학계는 이들에 대해서도 마찬가지의 연구 편향을 보이고 있다. 국민당에 의해 주도된 앞의 둘은 훈정독재를 뒷받침하기 위한 수단으로 치부되어 별 관심을 끌지 못했거나 정당 간의 협상으로 이해되었고, 공산당에 의해 주도된 뒤의 둘은 통일전선의 형태 혹은 국민통합의 방법으로 이해되었을 뿐이다.[25] 다만 국민참정회를 전시민의기관 혹은 '진보적 의의와 광범한 대표성을 가진 민주정치 형태'로 보고 각계인민대표회의를 과도시기 민중참정기구로 이해하는 연구가 민의기관 모색의 일환이란 시각에서 접근한 드문 예이다.[26] 난징국

---

24. 백영서, 「중국에 시민사회가 형성되었나? – 역사적 관점에서 본 민간사회의 궤적」, 『아시아문화』(한림대) 10호, 1994; 白永瑞, 「中國現代史上民主主義的再思考 – 1920年代國民會議運動」, 『1920年代的中國』, 臺北: 中華民國史資料硏究中心編印, 2002.

25. 王干國, 『中國政治協商會議史略』, 成都出版社, 1991; 李炳南, 『政治協商會議與國共談判』, 臺北: 永業出版社, 1993; 樹棣 外 主編, 『中國人民政治協商會議史』, 哈爾濱: 黑龍江教育出版社, 1991; 李沅埈, 「중화인민공화국 건국직전의 정치적 통합과정」, 『東洋史學硏究』 98집, 2007. 3.

26. 徐乃力, 「中國的 '戰時國會': 國民參政會」, 『國民參政會記實』(續編), 重慶出版社, 1987; 章紅, 「國民參政會述論」, 『抗日戰爭硏究』 1996年 3期. 그보다는 약간 낮은 평가로, 각당과 각계가 민주주의를 요구하는 투쟁의 장이었다고 보는 견해도 있다. 平野正, 「抗日民族統一戰線과 憲政運動」, 『講座 中國近現代史』 6卷, 東京大學出版會, 1978, 73~79면; 張毛毛, 「國民參政會與中國共産黨爭取民主政治的鬪

민회의에 대해서는 국민당이 쑨원 유교에 따라 훈정체제의 정당성을 확보하고 국민통합을 촉진하기 위해 소집되었다는 견해와 당시 중국 공산당을 제외한 모든 정치세력이 '민의반영 기구로서의 국민회의 소집'을 요구한 결과 소집되었다고 보는 견해로 나뉘어 있다.[27] 후자의 기쿠치 이치류(菊池一隆)는 국민회의 소집이야말로 1920년대에서 1930년대로 이어지는 '정치역학의 중심'이라고 보았다.

이상의 연구들은 필자의 문제의식을 여러모로 북돋아주었으나 어느 연구도 국민회의와 그 이후의 각종 민의기관을 직업대표제의 구체화된 형태로 이해한 예는 없으며, 다음 몇 가지 점에서 해결되어야 할 과제를 남겨주었다. 예컨대 각계연합과 국민회의가 어떻게 상호 유기적으로 연관되는가? 그리고 동향회와 지역단체도 포함하는 각종 다양한 사회단체들이 참가하는 각계연합과 달리 국민회의의 구성주체는 왜 하필 직업단체로 제한되었는가? 국민회의는 정말로 천두슈(陳獨秀)와 공산당에 의해 처음으로 창안되었는가, 아니면 직업단체 자신에 의해 제창되었는가? 국민당은 쑨원 사후 무슨 일이 있어도 그의 건국강령을 수정할 수 없다는 입장을 견지하였는데 왜 그에 의해 구역대표로만 구성하도록 정해진 국민대회 구성방식을 1936년 수정하여 직업대표도 포함시키게 되었는가 하는 문제들이 해명되어야 한다.

필자는 사회단체들이 스스로 '민의기관의 부재'를 해결하기 위해 상호 연합하여 각계연합을 형성하고 이를 바탕으로 각계민의를 수렴함

爭」,『近代史研究』1986年 2期, 226~236면; 李國芳,「建國前夕中共創建石家庄民衆參政機構的實踐」,『近代史研究』2006年 5期.

27. 胡春惠,「國民會議之召集與約法問題」,『抗戰前十年國家建設史研討會論文集』下, 臺北: 中央研究院近代史研究所, 1984; 菊池一隆,「國民會議を巡る政治力學 – 1920年代から30年代への連動」, 狭間直樹 編,『一九二0年代の中國』, 東京: 汲古書院, 1995.

으로써 민의기관의 설립 혹은 정상화를 촉구하는 사회적 여론을 조성하는 경험이 사회관행으로 정착되는 과정에 주목하여 이 문제들에 대한 해답을 제시하고자 한다. 특히 그런 노력이 신해혁명 직전의 신정기에 직업단체 자신의 주도로 탄생하여 5·4운동기에 활성화되었고 그 후 국공 양당 모두 자신의 필요에서 이들을 자기편으로 쟁취하려고 경쟁하는 과정이 1949년 전후까지 지속된 사실을 드러낼 것이다. 나아가 1980년대 이후 홍콩의 민주화와 중국 정치개혁에서 되살려진 직업대표제 원리까지 시야에 넣음으로써 그러한 역사유산이 갖는 현재적 의미를 부각시키고자 한다.

★

제1부

각계연합에서 직업대표제로

1 | 직업의 인식과 직업주의의 대두

20세기 초 이래 중국인은 직업을 가진 자를 중심으로 민의를 결집하려는 특징을 보였다. 이 장에서는 직업대표제가 등장하는 배경 탐색의 하나로, 왜 이런 현상이 나타나서 세기말까지 지속되었고 또 민의기관 형성에 어떤 영향을 미쳤는가 하는 문제의식 아래 직업의 인식과 직업주의의 대두에 관해 검토하려고 한다.

'직업주의'란 직업을 중심으로 사회·경제와 정치의 여러 문제를 파악하고 해결하려는 사회사조를 지칭한다. 그것은 직업을 가진 자만이 사회적 발언권을 행사할 수 있고 나아가 민의기관의 대표선출권을 가질 수 있다는 관념으로 이어졌다. 따라서 직업주의는 직업대표제 개념보다도 더 광범한 의미를 갖는다. 직업주의 사조의 확산은 직업대표제 이론이 수용될 수 있는 사회적, 사상적 토양을 제공한 것으로 보인다.

직업주의란 용어는 1915년 10월 천두슈(陳獨秀)에 의해 처음 사용되었으나 아직 그것은 교육방침에 한정된 의미였다. 정치 방면까지 포함하는 전면적 의미로 직업주의라는 용어를 사용한 것은 량치차오(梁啓超)였으며, 1918년 12월부터 1920년 3월까지 유럽 견문을 통해 깨달은 결과였다. 그 후 원래 정당 중심의 의회정치를 선호한 인사들, 가령 량치차오는 물론이고 후스(胡適)와 천두슈도 5·4운동을 경험하면서 직업주의로 급선회하였다.

직업주의가 5·4운동기에 확립되고 널리 유포된 배경으로 필자는 무정부주의에서 유래한 노동주의와 공단주의(工團主義)를 특히 주목하고자 한다. 무정부주의자들은 동업공회(同業公會)를 상호 연합하여 생산과 관리, 소비와 복지 등 사회생활 전반을 해결하려 했으므로 길드사회주의 못지않게 직업주의를 확립하고 확산시키는 작용을 하였다. 물론 그들의 동업공회론은 상전론(商戰論)에 의거한 실업구국론(實業救國論), 공화주의적 직업관 등의 요인과 함께 검토될 것이다. 직업주의의 대두를 검토함으로써 사회·정치활동의 주체가 신사 위주에서 노농대중 위주로 바뀌어가는, 제1차 대전과 5·4운동기의 시대적 추세 속에서 새로운 민의기관 모색의 사회배경을 이해할 수 있기를 기대한다.

직업의 인식과 분류: 노동주의

한자문화권에서 '직업(職業)'이란 말은 고대 이래 "직업무분(職業無分)"(荀子)이나 "사무망직업(使無忘職業)"(史記)처럼 '관직상의 업무'라는 의미로 쓰였다. 흔히 그것은 군자의 도(道)를 실천한다는 의미를 내포하였다. 또 직(職)과 업(業)을 나누어 이해되기도 했는데, '직(職)'이란 "육경분직(六卿分職)"처럼 원래 관료의 직무를 의미하고 '업(業)'은 의식주의 생산과 생계유지를 위한 생업(生業)을 뜻하였다. 그런 의미에서 보면 농업, 공업, 상업은 단지 '업'일 뿐 '직업'이 아닌 셈이었다.

그러므로 오늘날 우리가 사용하는 직업 개념은 근대에 비로소 형성된 것이라 할 수 있다. 1933년판 『미국 사회과학 백과사전』에 따르면 직업이란 "개인이 지속적 수입을 얻기 위해 계속적으로 추구하는, 시장가치를 가진 특수한 활동"을 의미한다. 이때 '시장 가치'보다 넓은 개념인 '사회적 가치'를 기준으로 정의되기도 한다.[1] 또 설사 그런 가치를 지닌 활동이라도 같은 일에 종사하는 사람들로부터 고립되어 혼자 할 경우는 직업으로 간주되지 않는다. 그런 의미에서 직업은 사회적이고 협동적인 일이며 그것을 바탕으로 공유된 정체감으로서의 직업의식을 수반한다. 도(道)의 실천과 같은 도덕주의적 기준은 전혀 포함되지 않은 것이다.

중국 사회에서 직업이 근대적인 의미로 파악되기 시작한 것은 바로 그 '군자의 도'와 결별하는 1905년 과거제 폐지 직후부터의 일이다. 당시 신식교육을 받은 학생들이 예전의 독서인과 마찬가지로 모두 관식 진출만을 추구하는 바람에 "독서인의 직업 문제"가 발생하였고 정부가 "국가의 이익을 위해 무업자에게 업(業)을 제공하여 생산(生産)에 종사케 하는 정책을 펴지 않은 탓"[2]에 더욱 조장되었다는 진단을 보라. 그 밑바탕에는 생산활동을 기준으로 직업을 인식하는 관념이 깔려 있는 듯하다.

이를 확인하기 위해 직업에 대한 인식과 분류를 살펴보자. 그것은 크게 광의의 직업과 협의의 직업으로 나누어진다. 첫째, 광의의 직업이다. 1912년 차이웬페이(蔡元培)는 중학 수신교과서의 '직업'을 다룬 장에서, 정신노동에 의존하는 관리·의사·교원과 육체노동에 의존하는 농공업을 모두 직업에 포함시켰다. 그가 보기에 무직업자는 스스로 존립할 수 없기 때문에 사람은 누구나 직업을 가지지 않을 수 없고, 따라

1. Lee Taylor, *Occupational Sociology*, New York: Oxford University Press, 1968, 8~10면; 유홍준, 『직업사회학』, 경문사, 2004, 6~7면.

2. 「作官與謀生」(1915), 『梁啓超全集』 5冊, 北京出版社, 1999, 2801~2803면.

서 직업을 갖지 않고 무위도식하는 자는 유민(游民)이며 유민은 사회의 공적(公敵)이다.[3] 1917년 타오싱즈(陶行知)도 차이웬페이와 비슷한 견해를 보였다. 그에 따르면 농민과 노동자는 이로운 물자(有利之物)를 만들어내고 상인과 의사는 이로운 일(有利之事)을 만들어 각기 군중을 이롭게(利群)한다. 따라서 생리(生利)의 지식을 가진 자도 당연히 직업자이다. 그는 "직업의 작용은 곧 생리(生利)이므로 직업교육의 주의(主義)는 다름 아닌 생리"라는 뜻에서 '생리주의(生利主義) 직업교육'을 제창하였다.[4]

이런 광의의 직업관의 시초는 티머시 리처드(Timothy Richard)가 1893년 『만국공보(萬國公報)』에 기고한 「생리분리지법(生利分利之法)」으로 거슬러 올라간다. 그는 생리(生利)와 분리(分利), 직접생리와 간접생리로 나누어, 농공상은 직접생리자이고, 문무관원·병사·의사와 박학지사(博學之士) 등은 간접생리자라 하였다.[5] 타오싱즈가 말한 생리의 지식을 가진 자란 바로 이 박학지사에 해당한다.

둘째, 협의의 직업이다. 중국사회당은 1911년 직접생리 사업과 간접생리 사업을 나누어 직접생리의 진흥과 노동을 강조하였다. 무정부주의자를 비롯해 복잡한 성향의 사람들로 구성된 사회당의 강령에 따르면 비록 간접생리 종사자가 없을 수 없지만 노동은 신성하므로 사람은 반드시 직접생리 사업에 힘써야 한다.[6] 이는 노동주의(혹은 尊勞主義)적

---

3. 『中學修身教科書』, 上海: 商務印書館, 1912, 『蔡元培全集』 2卷, 北京: 中華書局, 1984, 231~235면.

4. 陶行知, 「生利主義之職業教育」(1917. 12), 社史編寫小組 編, 『社史資料選集』, 北京: 中華職業教育社, 1982, 274~277면.

5. 이 글은 그 직후 쓰인 속편과 함께 묶여 단행본(李提摩太, 『生利分利之別論』, 武昌: 質學社, 1897)으로 출간되었다. 熊月之, 『西學東漸與晚清社會』, 上海人民出版社, 1994, 594~597면.

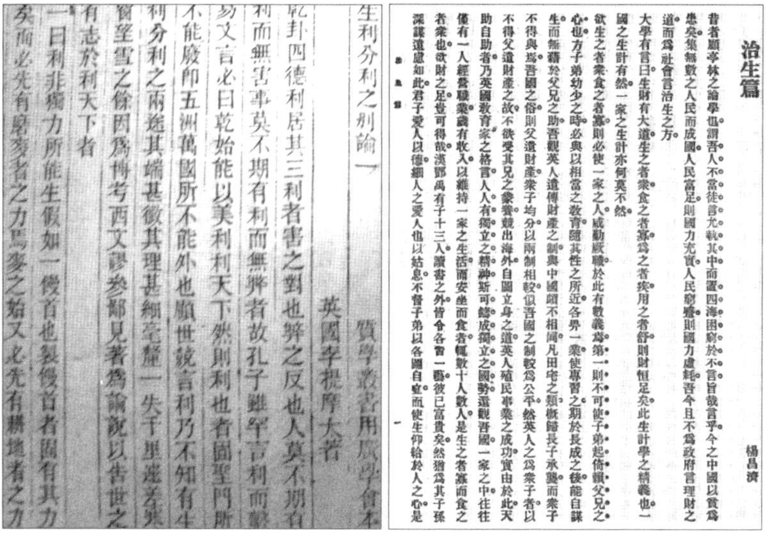

生利分利之別論一

質學叢書用廣學會本

英國李提摩太著

乾卦四德利居其三利者害之對也弊之反也人莫不期有利而無害事莫不期有利而無弊者故孔子雖罕言利而繫易文言必曰乾始能以美利利天下然則利也者固聖門所不能廢印五洲萬國所不能外也顧世競言利乃不知有生利分利之兩途其端甚微其理甚細毫釐一失千里遂差狀留望雪之餘因為博考西文參稽見著為論說以告世之有志於利天下者

一日利非獨力所能生假如一饅首也製饅首者固有其力矣而必先有磨麥者之力焉麥之始又必先有耕地者之力

治生篇

楊昌濟

昔者顧亭林之論學也謂吾人不當徒言允執其中而置四海困窮於不言旨哉言乎今之中國以貧為患矣集無數之人民而成國人民富足則國力充實人民窮蹙則國力虛耗吾今且不為政府言理財之道而為社會言治生之方

大學有言曰生財有大道生之者衆食之者寡為之者疾用之者舒則財恒足矣此生計學之精義也一國之生計有然一家之生計亦何莫不然

欲生之者衆食之者寡則必使一家之人咸勤厥職於此有數義焉第一則不可使子弟起倚賴父兄之心也方子弟幼少之時必與以相當之教育隨其性之所近各畀一業使專習之期於長成之後能自謀生而無藉於父兄之助吾觀英人遺傳財產之制與中國頗不相同凡田宅之類概歸長子承襲而衆子不得與焉吾國之俗則父遺財產衆子均分以兩制相較似吾國之制較為公平然英人之為衆子者以不得父遺財產之故不欲受其兄之豢養競出海外自圖立身之道英人殖民事業之成功實由於此天助自助者乃英國教育家之格言人人有獨立之精神斯可鑄成獨立之國勢還觀吾國一家之中往往僅有一人經營職業有收入以維持一家之生活而安坐而食者輒數十人數人是生之者寡而食之者衆也欲財之足豈可得哉漢鄧禹有子十三人讀書之外皆令各習一藝彼已富貴矣然猶為其子孫深謀遠慮如此君子愛人以德細人之愛人也以姑息不督子弟以各圖自立而使生仰給於人之心是

생리(生利)와 분리(分利)의 직업인식. 『만국공보』와 『신청년』에 발표된 티머시 리처드(단행본, 1897)와 양창지(1916)의 글로 당시의 직업인식을 보여주는 대표적인 글이다.

관점으로서, 잠재적으로 간접생리자를 배제하는 논리를 내장하고 있다. 푸젠성(福建省)의 한 무정부주의 단체는 분명하게 직접생리자인 농민과 노동자만을 직업을 가진 자라고 보았다. 그에 따르면, "사람마다 하나의 업(業)을 갖고" 이를 합하여 호조(互助)의 사회를 형성하며 자신의 업(業)을 통해 얻은 모든 것을 전체 사회가 함께 나누어 써야 한다. 그래야 일하지 않고 타인이 노동한 결과를 약탈해가는 죄악의 구조가 타파될 수 있다.[7]

이 같은 무정부주의적 직업관은 전국의 청년학생들을 대상으로 신문화를 제창한 잡지 『신청년(新青年)』을 통해 더욱 광범하게 전파되었

6. 「中國社會黨規章及宣告」(1911. 9), 中國第二歷史檔案館 編, 『中國無政府主義和中國社會黨』, 南京: 江蘇人民出版社, 1981, 173~176면.

7. 師復, 「無政府淺說」, 『晦鳴錄』 1期, 1913. 8. 20, 같은 책, 6~8면.

다. 마오쩌둥(毛澤東)의 후난제1사범학교(湖南第一師範學校) 스승인 양창지(楊昌濟)는 1916년 이 잡지에 기고한 글에서 직업을 생리(生利)와 분리(分利)로 나누어 파악하고 관리와 군인 및 아편상인과 같은 특정 상인을 직업의 범주에서 배제하였다. 그에 따르면 어떤 사람이 생계를 위해 종사하는 일이라 하더라도 아편 판매처럼 개인의 관점에서 보면 생리(生利)이나 사회의 관점에서 보면 분리(分利)인 경우 이는 직업이 아니다. 관리와 군대는 사회적 생리자(生利者)가 아니므로 직업이 아니다.[8] 『신청년』을 모델로 삼아 청년학생들이 각지에서 발행한 소규모 잡지들에는 이를 보고 옮겨놓은 듯한 직업관이 넘쳐났다.

1920년부터 수용된 길드사회주의의 직업관은 관료·군인·의원을 직업자 범주에서 제외한 점에서 무정부주의적 직업관과 일치한다. 가령 『동방잡지』의 양뚜안류(楊端六)와 『해방과 개조』의 장둥쑨(張東蓀)은 의원이 군벌·관료에게 쉽게 매수되거나 스스로 민의를 배반하는 까닭은 '무직업자(無職業者)'가 당선되었기 때문이라고 보았으며, 각급 의회 의원과 총통 등은 모두 '직(職)'이지 '업(業)'이 아니라는 인식에 근거하여 군인·관료·의원을 '직업자'의 범주에서 제외하였다.[9] 상하이의 대표적 상업지 『신보(申報)』에도 이런 견해를 따라서 관료·군인·정객 등 "직(職)은 있으되 업(業)이 없는 자(有職無業者)"를 배제하고 의원의 자격을 직업을 가진 사람으로 제한해야 한다는 주장이 제기되었다.

이처럼 광의와 협의의 직업관이 병존하였으니 생리와 분리의 중간

---

8. 楊昌濟, 「治生篇」, 『新青年』 2卷 4號, 1916. 12. 1. 그러나 그의 제자 毛澤東은 1920년 관리를 직업자에서 제외하였지만 상인과 교원 외에 병사, 경찰, 거지도 직업자의 범주에 포함시켰다. 澤東, 「釋疑」, 『大公報』(長沙), 1920. 9. 27, 『毛澤東早期文稿』, 長沙: 湖南出版社, 1995, 520면.

9. 東蓀, 「中國之前途德國乎俄國乎篇」, 『解放與改造』 2卷 14號, 1920. 7. 15; 楊端六, 「社會組織的研究」, 『東方雜誌』 17卷 23號, 1920. 12. 10.

지대에 위치한 지식인 계층은 애매한 존재였다. 그들에게 최대의 일자리를 제공한 직업이었던 교사, 그리고 교수, 저술가, 언론출판 종사자는 어느 쪽 기준에 따르는가에 따라 직업자일 수도 있고 무직업자일 수도 있다. 교사를 분명하게 노동자와 똑같은 직업으로 인정한 사람은 차이웬페이다. 그는 교육을 노동으로 간주하고 교육노동조합(教育工會)을 결성하는 것을 당연시하였다. 그에 따르면 사람은 누구나 자신의 숙련된 기능을 운용하는데, 그로 인해 발생시킨 효과가 분명히 인류에게 도움을 주는 것이라면 그는 모두 노동자이다. 농민이란 나무와 원예를 키우는 노동자(樹藝之工)이고 상인이란 생산된 물자를 옮겨서 판매하는 노동자(轉運之工)이며 사(士)란 교육노동자(教育之工)이다. 다만, 사(士)가 교육을 담당할 경우에는 노동자이지만 관직 진출을 준비한다면 노동자라 할 수 없다. 또 교육이라 하더라도 스스로를 빈사(賓師, 제후의 빈객으로 대우받는 사람)나 관리의 지위에 있는 대인(大人)이라고 여기면서 농민을 소인(小人)으로 깔본다면 이는 교육이라 할지언정 노동이라 할 수 없다. 교육은 전문적 공업(工業)의 일종이므로 이제는 그것을 '사(士)'라 부르지 않고 "교육노동자(教育之工)"라 불러야 한다.[10]

이런 확고한 신념 위에 차이웬페이는 1918년 11월 천안문 광장에서 행한 '노동은 신성하다(勞工神聖)'라는 그 유명한 강연에서 농공상은 물론 교원, 저술가, 발명가도 모두 교육노동자라고 외칠 수 있었다. 노동은 철공·목공뿐만 아니라 자신의 노동력을 사용해 타인에게 유익한 사업을 한다면 그가 사용하는 것이 체력이든 두뇌든 모두 노동이기 때문이라는 것이다. 이는 무정부주의자 류스푸(劉師復)의 관점과 유사하다 그에 따르면 육체노동은 물론이고 교육, 의료, 보육 등 인류의 정당한

10. 「教育工會宣言書」(1917. 7), 『蔡元培全集』 3卷, 60~61면; 「復陳寶書査釗忠等函」(1918. 1), 같은 책, 128면.

생활에 꼭 필요한 사업은 모두 노동이다.[11] 한편 차이웬페이는 유산을 많이 상속한 사람, 나라를 팔아 사리를 도모하는 관리, 선거 표를 돈으로 매수하는 의원, 군비를 착복하는 장교, 물가를 조종하는 상인을 부러워하지 말아야 한다고 주장하여,[12] 관료·군인·상인에 대한 부정적 인식을 드러내었다.

광의의 직업관을 가진 차이웬페이도 이처럼 노동주의 성향을 보였는데, 노동과 학업의 병행을 추구하는 5·4시기의 청년들의 공학주의(工學主義) 단체인 공학사(工學社)는 더욱 그러하였다. 분리지인(分利之人)이 생리지인(生利之人)을 훨씬 초과한다면 그 나라는 부강할 수 없다면서, 중국의 지식계급을 분리만 하는 사회의 기생충, 고등유민(高等游民)이라 하였다. 그럼에도 공학사는 광의의 노동이 육체노동과 정신노동을 모두 포괄한다고 보되, 전자의 의미를 특별히 중시한다는 이중적인 태도를 취하였다. 그리하여 노동하는 사람도 반드시 독서해야 하고 독서하는 사람도 반드시 노동해야 한다는 공학주의를 정당화하였다.[13]

그렇다면 직업의 여부를 결정하는 가장 중요한 기준은 생산 노동이며 적어도 간접적으로라도 사회적 생리, 즉 사회적 부의 생산에 기여해야 한다. 이 기준은 주로 무정부주의자들에 의해 제공된 것으로 보인다. 우즈후이(吳稚暉)가 1918년 3~7월 발행한 『노동(勞動)』은 톨스토이의 범노동주의(凡勞動主義)에 입각하여 노동의 가치와 노동존중(尊勞)의 중요성을 강조하였다. 그에 따르면 사람이 노동하는 것은 인생 최대의

11. 「無政府共産黨目的與手段」, 『師復文存』(1914. 8), 中國第二歷史檔案館 編, 앞의 책, 13~15면.

12. 「勞工神聖」, 『北京大學日刊』 260號, 1918. 11. 27, 『蔡元培全集』 3卷, 219면.

13. 「工學」, 『五四時期期刊介紹』 1輯 上册, 北京: 生活·讀書·新智三聯出版社, 1979, 290~292면.

임무이며, 노동은 개인의 도덕과 건강을 유지하는 기초이자 사회와 문명의 원천이다. 반일(半日)은 노동하여 의식주를 얻고 나머지 반일은 오락과 학습에 사용하는 것이 가장 이상적인 생활이다.[14]

노동주의와 그에 입각한 직업관은 5·4운동을 통해 급속히 확산되었다. 1919년 8월 창간된 통속잡지인 『신생활(新生活)』은 베이징대학 출판부 주임이 주편을 담당하고 총장인 차이웬페이를 비롯하여 교수인 리다자오(李大釗), 가오이한(高一涵), 후스 등이 짧고 쉬운 백화체(白話體) 문장으로 신생활이 무엇인지를 일깨우고자 했다.[15] 그에 따르면 노동과 독서를 병행하는 생활이 신생활이고, 어느 한쪽만 하는 것은 구생활이다. 구생활은 사람의 정신과 육체를 쇠퇴하게 만드는 고통의 연속일 뿐이지만 신생활은 노동을 더욱 숙련시켜 생산을 증대하고 그 품질도 날로 향상시킨다.[16] 푸젠성 장저우(漳州)의 『민성(閩星)』과 장시성(江西省) 난창(南昌) 제2중학 학생들의 개조사(改造社)도 '정당한 생활'이란 노동과 학습의 병행이며 '정당한 직업'이란 육체노동과 정신노동이 일체화된 것이라고 보아 일하지 않고 먹기만 하는 청년들을 고등유민(高等游民)이라고 지적하고 이를 수치로 여겼다. 그들이 보기에 논밭의 농민과 공장의 노동자는 사회생활을 유지하는 보모(保姆)이며, 노동하지 않는 영웅·위인·명사는 벼를 먹는 메뚜기에 불과하다.[17] 상하이의 일간지 『상하이민국일보』도 "노동은 신성하다"고 주장하면서 반일노동과 반일독서, 정신노동과 육체노동의 병행이야말로 신생활을 건설하는

14. 「勞動」, 같은 책, 168~177면.

15. 「新生活」, 같은 책, 297~298면.

16. 「我的新生活觀」(1920. 10); 「對于學生的希望」, 『北京大學日刊』 816號, 1921. 2. 25, 『蔡元培全集』 3卷 454면, 4卷 39면.

17. 「閩星」, 『五四時期期刊介紹』 3輯 上册, 35~36면; 「新江西」, 『五四時期期刊介紹』 3輯 上册, 384~386면.

근본이므로 소학교에서부터 육체노동의 과목을 가르쳐서 "평민적 교육"을 실시해야 한다고 하였다.[18] 정계·문화계의 원로인 량치차오조차 "사람은 한편으로 생활을 위해 노동하고 다른 한편 노동을 위해 생활한다"고 말해 노동주의 사조가 신청년에게만 국한된 사조가 아니었음을 보여준다. 그는 1920년 이래 직업이 없는 사람은 사회의 기생충으로서 타인이 노동한 결과물을 약탈해 먹는 도적이라고 간주하면서, 관료·군인과 의원·당원을 여기에 포함시켰다.[19]

관료·군인·의원에 대한 혐오는 각종 단체의 규칙에도 반영되었다. 민국 초부터 무정부주의 영향 속에 범노동주의가 소개되면서 관료·의원·군인이 되지 않으며 정당에 가입하지 않는다는 금계(禁戒)를 단체의 신조로 채택하기 시작하였다. 그들은 대표(代表)와 대표제도를 거부하면서 직접행동을 주창하였고, 사회개조와 개인개조의 양면개조를 추구하였다.[20] 우즈후이, 리스쩡(李石曾), 왕징웨이(汪精衛)가 상하이에서 결성한 진덕회(進德會, 1912), 류스푸가 조직한 심사(心社, 1913)와 장캉후(江亢虎)의 중국사회당(1914)이 그러한 예이다.

5·4운동기에 이르면 이런 금계가 확산되어 무정부주의 단체가 아닌 경우에도 흡사한 규칙을 채택하는 사례가 급증하였다. 교수와 학생이 함께 참여한 베이징대학진덕회(北京大學進德會, 1918)는 모두 관리·의원이 되지 않는다는 신조를 규정하였다.[21] 후스 등이 결성한 노력회(努力

18. 「工讀互助團的基礎訓練」, 『上海民國日報』 1919. 12. 28, 『邵力子文集』 上册, 北京: 中華書局, 1985, 172면; 「勞工神聖」, 『上海民國日報』 1920. 2. 7, 같은 책, 210~211면. 이하 각주에 인용된 『上海民國日報』는 모두 『邵力子文集』에 의거하였다.

19. 「敬業與樂業」(1922. 8), 『梁啓超全集』 7册, 4019면; 「無産階級與無業階級」(1925. 5), 『梁啓超全集』 7册, 4294면; 「無業游民與有業平民」(1926), 『梁啓超全集』 9册, 4892면.

20. 「師復啓事」, 『晦鳴錄』 2期, 1913. 8. 27, 中國第二歷史檔案館 編, 앞의 책, 9~11면; 師復, 「論社會黨」(1914), 같은 책, 111면.

會, 1921)는 "정당한 직업 혹은 직업능력을 가진 자"로 입회자격을 제한하고 "능력을 다해 자기가 종사하는 직업의 진보를 도모하며, 각종 직업 간에 상호 연락하고 호조하며, 중국의 정치개선과 사회진보를 도모한다"라는 회원신조를 채택하였다.[22] 요컨대 관료·군인·정객이 되지 않는 것과 직업을 갖고 직업을 바탕으로 정치개선과 사회진보를 도모하는 것은 하나로 파악되고 있었던 것이다.

직업주의의 형성요인과 논리

직업주의의 형성을 촉진한 요인으로는 상전론(商戰論)과 결부된 실업구국론(實業救國論)과 직업교육 사조, 공화제의 간판을 내건 군벌체제를 극복할 주체로서 공화국민을 양성해야 한다는 공화주의, 무정부주의 등이 있다.

먼저 실업구국론과 직업교육 사조가 주목된다. 청조는 실업진흥을 위한 공사법(公司法)을 제정하는 한편 각급학교의 실업교육을 중시하였다. 이는 상전론과 결합되어 실업구국론을 낳았다. 실업교육이 곧 직업교육을 의미할 정도로 실업과 직업은 거의 겹쳐지는 개념으로 쓰였다. 교육과정상에서 "실업교육"은 농공상업의 지식을 가르치는 교육으로서 1903년 처음 등장하였고 1918년 "직업교육"으로 개명되었다. 그러니까 직업교육은 곧 농공상업 지식의 교육이었다. 실업은 "국가와

21. 교수가 정부와 의회에 얽혀 들어가 학문에 뜻을 나하시 않는 것, 학생이 재학중에 문관고시나 율사자격에 연연하는 것은 科擧시대의 유습일 뿐이라는 것이다. 「北大進德會趣旨書」, 『北京大學日刊』 49號, 1918. 1. 19, 『蔡元培全集』 3卷, 125~127면.

22. 「"努力會"簡章」(1921.5), 『胡適全集』 21卷, 合肥: 安徽教育出版社, 2003, 247면.

국민을 부유케 하는 근본"이어서 "실업학당의 설립은 국민생계를 위해 가장 중요하다"[23]라는 인식에서 초·중등 및 전문학교 과정에 실업학교가 설립되었다. 그러나 학생들은 대부분 관리가 되기 위해 법정학교(法政學校)로 몰려들었다.

이러한 괴리를 해소하기 위해 민간 차원에서 일종의 사회운동으로서 직업교육운동이 전개되었다. 황옌페이(黃炎培)는 1913년 지금 중국의 큰 걱정거리는 생리자(生利者)가 적고 분리자(分利者)가 많아서 빈약(貧弱)에 빠져 있다는 점이라고 지적하고 모두가 "법정(法政)의 한 길", 곧 분리(分利)의 길로 달려가서는 안 된다고 역설하였다.[24] 차이웬페이는 1915년 직업교육을 문명민족의 필수요건이라고 전제한 뒤, 지금의 중학교 교과과정은 사실상 법제와 경제 과목을 통해 관리가 되는 교육에 치중하고 있을 뿐이며, 이는 과거(科擧)시대의 승관발재(升官發財) 누습에서 탈피하지 못한 결과로서, 농공상의 실업을 중시하는 세계 조류에 역행한다고 비판하였다.[25] 이런 인식에 근거하여 그는 직업교육을 개선하고 더욱 보급하기 위해 황옌페이와 함께 중화직업교육사(中華職業教育社, 1917)를 결성하고 그 선언서를 기초하였다.

차이웬페이는 기회가 있을 때마다 학생들에게 관료와 의원이 되려 하지 말고 실업가가 되라고 권고하였다. 학생들이 부당한 방법으로 재물을 탐하고 뇌물을 수수하는 관료와 의원을 꿈꾸는 한 중국은 부강한 나라가 될 수 없다는 것이다.[26] 『신청년』과 『교육잡지』도 지금처럼 경

---

23. 「張百熙, 榮慶, 張之洞: 重訂學堂章程摺」(1903), 舒新城 編, 『中國近代教育史資料』 上册, 北京: 人民教育出版社, 1980, 196면.

24. 黃炎培, 「教育前途危險之現象」, 『東方雜誌』 9卷 12號, 1913. 6. 1.

25. 「教育界之恐慌及救濟方法–在江蘇省教育會演說詞」(1916. 12), 『蔡元培全集』 2卷, 400면, 486~488면.

26. 「在浦東中學演說」(1913. 6), 『蔡元培全集』 2卷, 298~299면; 「餘姚汝湖乙種農學校

제경쟁이 치열한 시대에는 정치가·사인(士人)·유맹(流氓) 등 3종의 유맹을 가지고는 나라를 세울 수 없다고 하면서 이들은 모두 생산력이 없다는 공통점을 갖고 있다고 지적하였다. '직업주의'란 용어는 바로 이런 맥락에서 1915년 천두슈에 의해 처음 사용되었다. 직업은 생산력이므로 교육을 직업과 일치시켜야 한다는 의미에서였다.[27] 상전시대에는 생리의 직업을 가진 자만이 나라를 세우는 주체가 될 수 있다는 뜻이다. 당시 중국과 일본에서는 흔히 "직업은 일국(一國)의 강성(强盛)을 좌우하는 국민의 생산능력"으로 간주되었고, 따라서 "각 개인의 직업은 국가사회상 문명진보에 필수적인 요건"이라고 강조되었다.[28]

이런 논리는 5·4운동에서 매국적 관료의 파면을 요구하고 일본 상품을 배척하는 내중운동에 식용되어 실천되었다. 천두슈는 "쟁반 위에 흩어진 모래 같은(一盤散沙) 군중을 향해 깃발을 휘두르고 고함을 쳐봐야 소용이 없다. 각종 동업조직을 신속히 조직하여 일본제 사치품 구매를 중단하고 일본제 필수품을 감소시켜야 한다. 이를 위해서는 공업을 진흥하여 국산품을 생산·공급해야 한다"[29]라고 하였다. 이리하여 상전(商戰)이 대중운동의 형태로 전개된 것이다.

직업자를 공화 국민의 사회·경제적 기초로 파악하는 공화주의적 사

記」(1913. 8), 『蔡元培全集』 2卷, 328면.

27. 陳獨秀, 「今日之教育方針」, 『青年雜誌』 1卷 2號, 1915. 10. 15.

28. 莊俞, 「今日之職業教育」, 『教育雜誌』 8卷 3期, 1916. 9. 20. 일본에서는 청일전쟁 도중에 자국의 국력을 객관적으로 파악하기 위해 國勢調査를 기획하였는데 그 핵심은 만국통계협회의 분류기준에 따라 職業調査를 진행하는 것이었다. 이 국세조사는 여러 가지 사정 때문에 늦어져 1920년 처음으로 실시되었고 그 후 5년마다 간이조사, 10년마다 정기조사로 진행되었다. 松田良一, 『近代日本職業事典』, 東京: 柏書房, 1933, 서문.

29. 「對于國民大會底感想」, 『晨報』 1919. 12. 11, 『陳獨秀著作選』 2卷, 上海人民出版社, 1993, 71~72면.

고도 직업주의를 형성시킨 요인의 하나이다. 양창지는 민국 초 군벌과 정객들에 의해 공화정이 유명무실해진 원인을 공화주의적 관점에서 찾았다. 그에 따르면 일반국민이 독립적 생활을 뒷받침하는 생리(生利)의 직업, 즉 실업을 갖고 있어야 독립적 사고를 할 수 있고 진정한 여론이 형성되어 정부와 의회를 감독할 수 있다. 그런데 인민이 그렇지 못해 무력하기 때문에 현재 중국의 국체는 비록 공화이나 인민의 참정권은 있는 듯 없는 듯하게 되어버렸다는 것이다.[30] 이는 천두슈가 군벌의 병사와 정객식 의원의 문제를 그들 자신이 무업유민(無業遊民) 출신이어서 생긴 문제라고 보아 그들이 직업을 가져야 문제가 해결될 수 있다고 본 것과도 다른 접근법이다.

이런 공화주의적 직업관은 여성의 처지와 관련해서도 분명히 제기되었다. 1920년 쑤저우(蘇州)에서 창간된 『부녀평론(婦女評論)』, 1921년 3월 광둥(廣東)에서 발행된 『노동과 부녀』는 부녀가 경제적으로 생활의 독립을 이룩하려면 직업을 가져야 하며 이를 바탕으로 가부장제로부터 벗어날 수 있을 뿐만 아니라 자본가에게 저항하는 강력한 단체를 조직할 수 있다고 보았다. 이를 위해 동향 출신의 동업자 모임 같은 종래의 분산적 소단체를 넘어서 "직업연합을 바탕으로 산업연합으로" 나아갈 것을 요구하였다.[31]

이상의 내용은 모두 직업을 경제적 관점에서 이해하고 중시함으로써 직업주의 사조의 형성을 촉진하였다. 이제 살펴볼 무정부주의 사조는 직업을 직업단체와 결부시켜 사회·정치적 관점에서 중시함으로써 직업주의의 형성을 촉진하였다. 5·4운동기에 무정부주의는 신청년들

30. 양창지는 균분상속제가 장자상속제에 비해 자녀의 의뢰심을 키워주는 제도라고 지적해 이 문제도 해결해야 한다고 암시하였다. 楊昌濟, 앞의 글, 2~3면, 7면.

31. 「勞動與婦女」, 『五四時期期刊介紹』 1輯 上册, 81~83면; 「婦女評論」, 같은 책, 191면.

에게 가장 영향력 있는 사조의 하나여서 전국에 90여 개 단체가 활동하였고 그들이 발행한 잡지도 현재 확인된 것만 70여 종에 이른다. 『신청년』에도 무정부주의에 관한 글이 100여 편이나 게재될 정도였다.[32]

크로포트킨에 따르면 무정부 세상에서는 모든 각 직업이 자신의 공회(公會)를 조직하고 이 자율적 직업단체를 사회조직의 새 방법으로 삼는다. 동업공회(同業公會)의 조직은 단순한 것에서부터 복잡한 것에 이르며, 이들 공회가 각기 자신의 기관·공장·기업을 스스로 경영하며, 각종 공작을 개량하고 각종 생산을 정리하며 그 생산물을 여러 사람에게 보급한다.[33] 이들 동업단체가 상호 연락하고 호조하며, 생산기관을 직접 관리하는 단계를 거쳐 노농병회(勞農兵會)를 조직하여 국정을 집행하는 단계로 발전해야 한다. 이를 위해 우선 "아래로부터 위로, 소조직에서 대조직으로"라는 원칙 아래 각 행업(行業)이 소단체를 조직한 다음 서로 연합하여 동업연합회를 결성한다. 동시에 각 지방의 비동업적 소단체들이 서로 연합하여 지방노동연합회를 결성한다.[34] 이런 사회조직론이 합군구국론(合群救國論)과 결합하면 청말 이래 민족민주운동의 추진체인 각계연합의 발전을 추동하는 동력이 될 수 있다.

더구나 1918년 중화민국 베이징정부가 공상동업공회법(工商同業公會

---

32. 박제균, 「五四期 무정부주의자의 理想추구운동」, 『大邱史學』 50집, 1995, 93~107면; 曹世鉉, 『清末民初無政府派的文化思潮』, 北京: 社會科學文獻出版社, 2003, 257~286면.

33. 결국 이런 직업단체가 장차 정부를 대신하게 된다. 師復, 「答李進雄」(1914. 5), 中國第二歷史檔案館 編, 앞의 책, 13~15면; 「無政府共產黨目的與手段」, 『師復文存』(1914. 8), 같은 책, 120면.

34. 상업 안에도 주로 취급하는 상품의 종류에 따라 米穀, 醬油, 비단 등의 각종 행업이 있으며 공업 안에도 마찬가지이다. 이를 바탕으로 먼저 일정 구역 안의 행업별 동업공회를 만들고 보다 상위의 공간범위에서 상호 연합하여 동업공회연합회를 만든다. 「勞働」, 『五四時期期刊介紹』 1輯 上册, 175~177면.

法)을 제정하여 동업공회를 법정단체로 공인한 것도 이 단체의 사회·정치적 위상을 강화시키는 효과를 가져왔을 터이다. 이 법은 전통적 회관·공소를 근대적 조직형식과 민주적 운영원리에 의거한 동업공회로 개편하고 지방 최고 행정장관의 인가를 받도록 규정하였기 때문이다.[35] 이제 동업공회는 자기보다 상위의 단체인 상회에 단체회원으로 가입하여 활동하거나 자기들끼리 상호 연합해 동업공회 차원의 독자적 활동을 할 수 있게 되었다. 그 직후 동업공회 붐이 조성된 것이 이런 사정을 말해준다.

직업주의를 구성하는 논리는 몇 가지로 정리될 수 있다. 앞에서 검토한 대로 직업은 사회적으로 유용한 가치의 생산을 기준으로 정의되었으니, 직업주의는 노동주의와 직·간접적으로 결부되어 있다. 자기 노동의 산물로 생활하다 보면 필연적으로 서로 도우며 살 수밖에 없으니 직업주의는 호조의 원리를 내포한다. 그보다 더 주목되는 점은 직업주의의 논리가 단체주의와 직접행동론을 내포하고 있다는 점이다.

원래 무정부주의의 사회관에 따르면 직업단체가 상호 연합하여 생산과 관리를 직접 담당하면 그것이 점차 정부를 대신해 갈 것이었다. 하지만 5·4운동기의 구국운동을 통해 강렬해진 국민국가 형성에의 열망은 그중에서 우선 직업단체를 통하여 각계의 국민대중을 조직하고 그 힘으로 구국운동을 펼친다는 현실론만을 선택적으로 받아들이게 만들었다. 이때 군중을 모아 단체를 결성해야만 나라를 구할 수 있다는, 청말 이래의 합군구국론이 그 중심을 잡아주었다. 소조직의 연합을 통해 대조직을 형성해야만 열강과 군벌을 상대로 한 국민운동에 승리할 수 있었기 때문이다. 1915~1916년 리다자오(李大釗)와 천두슈가

35. 宋鈷友,「從會館·公所到同業公會的制度變遷」,『檔案與史學』2001年 3期.

정객들의 정당운동을 대신할 국민운동을 제창하였을 때 국민운동을 조직화하는 데 가장 밑바탕이 된 것이 직업단체이다. 직업주의가 대중운동의 형태로 구체화된 것이다. 이런 점에서 직업주의는 단체주의와 결부되어 있다. 개인이 아니라 단체의 회원으로서 사회와 국가에 참여하는 것으로 이해되었던 것이다. 이는 직접행동론과도 결부되어 있었다. 의원과 정당에 대한 불신에서 일상의 이해에 기초한 직업단체가 직접 정부를 상대로 자신의 문제를 제기하고 해결하겠다는 자세이다.

동업조직을 중시하는 이와 같은 사회조직론의 영향을 받으면서 리다자오와 천두슈, 마오쩌둥 등 5·4운동 지도자들도 1919~1920년 이와 거의 동일한 방법으로 동업단체를 결성하여 상호 연합하는 방식으로 민의를 결집하고 반제·반군벌의 국민운동을 전개하였다.

베이징대학 학생들이 발간한 『신조(新潮)』는 1919년 1월 1일 "서구인의 관찰에 따르면 중국 사회의 특질은 군중만 있고 사회, 즉 단체가 없다. 중국의 낙후를 초래한 원인도 여기에 있다"라고 지적하였다.[36] 다음 장에서 검토한 것처럼 합군(合群, 결사)으로 나라를 구한다는 의식을 공유해온 차이웬페이 총장은 베이징대학생들이 같은 날 발행한 또 다른 잡지 『국민잡지(國民雜誌)』 창간호에서 학생들의 잡지발행은 애국적인 행동이니 이 업무를 "소군(小群)을 쌓아올려 대군(大群)을 만드는" 원칙에 따라 추진하라고 권고하였다.[37] 학생들의 소합군(小合群)은 학생회이고 대합군(大合群)은 학생연합회인데, 이들이 사회로 진출해 직업을 갖게 되면 각 직업단체의 합군이 추진될 터였다.

마오쩌둥이 1919년 7~8월 『상강평론(湘江評論)』에 발표한 「민중의

36. 「新潮發刊趣旨書」, 『新潮』 1號, 1919. 1. 1, 『五四時期期刊介紹』 1輯, 下冊, 395면.
37. 蔡元培, 「國民雜誌序」, 『國民雜誌』 1號, 1919. 1. 1, 같은 책, 392~393면.

대연합」은 이런 직업단체의 소조직을 대연합으로 발전시키고 이를 국민운동의 동력으로 삼자는 것이었는데, 그런 발상은 위에서 본 대로 그 이전부터 여러 사람들에게 널리 공유되어 있었다. 이 글은 리다자오의 『매주평론(每週評論)』으로부터 "그 안목이 원대하고 논의가 통쾌하여 오늘날의 중요한 문장"이라는 평을 받았고 청두(成都)와 상하이의 잡지에도 전재되거나 소개되었다.[38] 그만큼 광범한 사회적 필요에 부응하여 공감을 얻을 수 있는 내용을 담고 있었다는 얘기다. 그 직후 리다자오는 5·4 이후 전국의 학생이 이미 대연합을 이룩하였으니 이를 본받아 전국의 각종 직업이 소조직을 갖고 대연합을 이룩하여 진정한 민주정치의 기초를 수립하라고 하였다.[39] 그러면 장차 학생은 학생연합을, 교직원은 교직원연합을 상계(商界)는 상계연합을, 노동자는 노동자연합을, 농민은 농민연합을, 부녀는 부녀연합을 갖게 될 것이니, 이들의 자유결집으로 정치기관의 간섭을 받지 않는 국민대회를 개최해야 한다는 것이다.[40] 천두슈도 그 무렵 거의 같은 주장을 펼쳐 동업연합을 확대하여 민주정치의 기초로 삼아야 한다고 주장하였다. 광둥성 주장(珠江) 유역 학생들이 1919~1920년 발행한 『민풍(民風)』도 이와 동일한 주장을 펼쳤다.[41]

---

38. 「民衆的大聯合」(1919. 7~8), 『毛澤東集』 1卷, 東京: 蒼蒼社, 1972; 「湘江評論」, 『五四時期期刊介紹』 1輯 上册, 150면.

39. 孤松, 「大聯合」, 『新生活』 19期, 1919. 12. 28, 『李大釗文集』 下册, 北京: 人民出版社, 1984, 174면.

40. 守常, 「由縱的組織向橫的組織」, 『解放與改造』 2卷 2號, 1920. 1. 15, 『李大釗文集』 下册, 203면; 李守常, 「要自由集合的國民大會」, 『晨報』 1920. 8. 17, 같은 책, 239~241면.

41. 「民風」, 『五四時期期刊介紹』 3輯 上册, 384~386면.

직업주의의 확립과 정치적 적용

직업주의의 전면적 수용

직업주의는 단체주의 및 직접행동론과 불가분의 관계 속에 수용되어 공유되었고, 이는 5·4운동에서 처음 각계 직업단체에 의해 전면적으로 실천되었다. 각계연합회와 그 주도하에 개최된 대중집회 형태의 국민대회가 5·4민의를 결집하는 핵심주체로 부상한 것이다. 그러나 이는 대중운동에 적용된 것일 뿐이어서 정치제도상으로 법제화되는 것은 또 다른 작업을 거쳐야 했다. 당시 그것이 법제화 단계에 이르지는 못했지만 법제화 구상과 시도는 이루어졌다. 소수의 길드사회주의자와 직업단체 관계자들에 의한 수용과 적용은 뒤에서 밝힐 터이니 여기서는 당초 정당정치와 의회정치를 선호해온 인사들의 반응을 살펴 그들도 5·4사건 직후 직업대표제를 수용하여 현실 중국의 문제해결에 적용하려 시도하는 변화를 보였음을 드러내보자.

이런 변화는 정당정치를 선호해온 중국의 대표적인 의회주의자인 량치차오와 개조동인(改造同人)에서 먼저 일어났다. 그는 민국 초 정당정치가 실패하는 것을 지켜보면서도 그에 대한 기대를 버리지 않고 정객식 정당을 공공의 정당으로 개혁함으로써 문제를 해결할 수 있다고 믿었다. 그에 따르면 입헌정치를 하기 위해서는 반드시 정당이 있어야 하는데, '정당(政黨)'이란 'party'의 번역어로서 '부분'을 의미하며, 따라서 '상대적'이라는 의미를 담고 있다. 그러므로 정당정치는 언제나 양당 이상의 동시 존재를 전제하며, 만일 한 정당이 권력을 남용하여 타당을 압세함으로써 사존할 수 없게 하면 그것은 정당이 아니다.[42]

---

42. 「敬告政黨及政黨員」, 『庸言』 1卷 7號, 1913. 3. 1, 『梁啓超全集』 5冊, 2635~2637면.

이렇게 정당정치를 중시한 량치차오도 1918년 12월 말 유럽 방문에 나서 제1차 대전 직후의 유럽 사회를 직접 관찰하고 1920년 3월 귀국했는데, 그 사이에 길드사회주의의 영향을 받아 직업대표제로 급선회하였다. 이때 그가 제시한 중국 개조 방안 열세 가지 중에서 이 글의 주제와 관련해 주목되는 점은 다음 세 가지이다.[43]

첫째, 중국인의 최대 결점은 조직능력의 결여이니 각종 단체를 조직하고 그 규정을 준수해야 한다. 조직능력이 있는 사회와 경쟁하면 패하여 도태될 수밖에 없기 때문이다. 둘째, 가장 일상적인 이해를 바탕으로 한 단체가 바로 직업단체이니, 이를 국회선거의 단위로 삼아야 한다. 그래야만 정치로 밥벌이 하는 무업유민을 배제하고 국회에 대한 신뢰를 회복할 수 있다. 양원 중 하나는 지방주의(구역대표제)를 취해도 무방하지만 최소한 하나는 반드시 직업주의(직업대표제)를 채택해야 한다. 그러면 농공상의 각 직업을 가진 인민이 자신의 절실한 이해에 의거해 제출한 정치 문제가 자연스럽게 해결된다. 셋째, 남북의 군벌에 의해 분할 지배되고 있는 상황을 타파하려면 종래와 같은 정객식, 토호식, 비밀결사식 운동을 선량한 인민 전체의 전국적 국민운동으로 전환하지 않으면 안 된다. 이전의 입헌당도 혁명당도 국민과 무관한 운동, 민주주의의 근본원리와 배치되는 운동을 해왔을 뿐이다.

직업대표제를 도입하더라도 양원 중 하나는 종래의 구역대표제를 유지할 수 있다고 했지만, 이는 성의회 세력의 반발을 고려한 양보로 보인다. 그가 거의 동시에 쓴 다른 글에서 "(改造) 동인(同人)은 구식의 대의정치가 중국에 맞지 않는다고 확신한다"고 선언한 것이 이를 뒷받

43. 「歐遊中之一般觀察及一般感想」 下編, 같은 책, 2979~2985면. 「歐游心影錄」의 일부인 이 글은 1919년 10~12월에 쓰여져 이듬해 3~6월 『晨報』와 『時事新報』에 연재되었다. 李國俊 編, 『梁啓超著述系年』, 上海: 復旦大學出版社, 1986, 191면.

침해준다.[44] 요컨대 직업적 기반을 가진 단체를 결성하고 이를 연합하여 전국적 국민운동으로 발전시키는 한편 그것을 선거 단위로 삼아 직업대표제를 실시하자는 것이다. 그는 이를 '직업주의'라 부르면서 이를 제헌국민대회 구성의 원리에도 적용하여, 성의회나 교육회·상회 등 기타 공공단체가 약간 명을 선출하여 국민자동 제헌대회를 열자고 제안하였다.[45] 그를 따라 장둥쑨도 『시사신보(時事新報)』를 통해 농공상(農工商)과 교원 등 각종 직업을 가진 자가 진정한 인민이니 이들 유직업자의 주동적 참여를 바탕으로 대중적, 개방적 민주정치 질서를 확립해야 한다고 주장하였다.[46] 그 직후 그는 량치차오의 초안을 근거로 공학사(共學社, 『改造』는 그 기관지) 동인들의 활동 요점을 직업주의에 의거해 제시하였는데 다음 세 가지가 주목된다. "정치개조를 위해서는 우선 구식 대의정치를 타파하고 국민이 조직적 자결권을 가져야 한다." "국민의 결합은 마땅히 지방과 직업의 쌍방에서 병진해야 하며 따라서 각종 직업단체의 개량과 창설을 서둘러야 한다." "노동신성은 세계의 마멸될 수 없는 공리이며 국민은 노동의 의무가 있다."[47]

---

44. 「"解放與改造"發刊詞」(1919), 『梁啓超全集』 5冊, 3049~3050면.

45. 「國民自衛之第一義」, 『東方』 17卷 17號, 1920. 9. 10, 같은 책, 3055~3056면. 1장에서 본 대로 梁啓超는 출국 직전 파리강화회의가 열리자 國民外交後援會를 결성하여 정부외교를 후원하는 운동을 벌였는데, 이 단체가 南北和平期成會처럼 각계 직업단체 대표로 구성되어 있었으니 그는 이미 중국 현실의 필요에서 직업주의를 부분적으로 수용하고 있었던 셈이다.

46. 吳炳守, 「研究系知識分子群體的國家建設構想及其實踐, 1911~1932」, 復旦大學歷史系 博士論文, 2001, 59~60면, 102면.

47. 「改造發刊詞」, 『改造』 3卷 1號, 1920. 9. 15, 『五四時期期刊介紹』 1輯 下冊, 421~422면. 이는 梁啓超가 1919년 작성한 초안("解放與改造"發刊詞)을 바탕으로 그가 약간 다듬어 발표한 것이다. 그의 '직업주의'는 '敬業主義'라는 말까지 수반하였다. 사람은 누구나 정당한 직업을 가지고 노동을 해야 하는데, 이때 직업을 즐기는 樂業과 직업을 존중하는 敬業의 자세가 필요하다, 세상에서 가장 고통스런 사람은 無業游民이고 그 다음은 자기 직업을 혐오하는 사람이다. 인생에 가장 필

상하이 각 성의 동향회들도 직업주의를 수용하였다. 후베이 동향회의 『신후베이(新湖北)』는 독재정치를 타도하고 새로운 정치제도를 건설하기 위한 방안으로 직업대표제에 의거한 새로운 대의제도를 제시하였다. 그에 따르면 현재 중산계급으로 자처하는 이들이 극소수 있지만 모두 정치유맹(政治流氓)이며 그 대부분은 독립할 수 없는 기생충이어서 군벌·관료에게 의존하는 것 외에는 다른 생존의 길이 없다. 그들은 군벌·관료·자본가처럼 선거권과 피선거권을 박탈하고 정당한 직업과 노동생활에 종사하도록 해야 한다.[48] 안후이 동향회의 『신안후이(新安徽)』는 직업대표제의 성자치법(省自治法)을 제시하였다. 그에 따르면 각 지방의 농공상병학(農工商兵學) 각계가 각기 동업공회를 조직하여 이 공회를 각 동업의 영구적 자치기관으로 삼고 이 각업 자치기관이 위원을 파견하여 현·시 의회를 조직한다. 각 현·시 의회의 대표로 구성된 성민대회(省民大會)가 성헌법을 제정하고 성행정위원회와 성내 각급 법원의 법관을 선출한다. 이것이 평민직접자치이다.[49]

직업주의의 제한적 수용

이처럼 전면적인 수용은 아니지만, 정당 중심의 구역대표제를 선호해오던 인사가 직업대표제를 제한적으로 수용한 예는 후스의 경우에서 볼 수 있다. 후스는 제1차 대전 이전에는 정당정치를 분명하게 선호하는 입장이었다. 그는 정당의 정책이 국민의 감독과 지지를 받아서

요하고 가장 유리한 것이 바로 敬業主義이다. 「敬業與樂業」(1922. 8, 中華職業學校 강연), 『梁啓超全集』 7冊, 4019~4020면.

48. 「新湖北」, 『五四時期期刊介紹』 1輯 下冊, 418~419면.

49. 「新安徽」, 같은 책, 421~423면.

성립하면 그 정당은 국민의 공복이라고 믿었다. 다만 국민이 정사에 무관심하고 감독할 지식을 갖고 있지 못할 경우 정당이 소수 정객에게 좌우될 수 있다고 우려하는 정도였다.[50]

그런 그가 제1차 대전 직후부터 입장의 변화를 보이더니 이윽고 직업대표제를 부분적으로 수용하였다. 1919년 초부터 그는 미국인들처럼 공민단체를 조직해 선거감독 활동을 펼치라고 호소하고, 사회유기체설에 따라 학생들에게 단체생활과 사회복무적 생활을 당부하였다. 특히 학생회와 학생연합회 활동은 물론이고 학술·체육·오락·사교 등 일상생활도 단체를 통하여 하라고 한 점이 눈길을 끈다.[51] 자유주의자 후스도 이렇게 단체주의를 수용하였으니 군벌정부를 상대로 봉급 받아내기 운동을 전개하기 위해 "각 직업계(職業界)가 하나의 공동조직을 형성하여 일제히 파업하고 재정공개를 요구하자"라고 제안한 것도 자연스럽다.[52] 이로써 직업단체연합의 대정부 투쟁이 가장 효과적임을 인정한 셈이다. 1922년 9월에는 목전의 시국을 해결하기 위한 연성회의(聯省會議)의 구성주체로 성의회·성정부와 함께 성교육회와 성상회를 포함시켰다.[53] 1923~1924년에 집필된 것으로 보이는 국민대표회의조직법 초안에서는 직업대표제의 수용 폭이 좀 더 넓어진다. 전국 국민의 공의(公意)를 널리 구하여 국가의 근본대계를 해결하고 국가의 근본대법을 제정하기 위한 국민대표회의 의원 선거에 이를 도입한 것이다. 투표는 각 성의 지역 단위로 진행하되 후보는 5개 공단(公團)으로 구성

---

50. 「政黨概論」(1914), 『胡適全集』 21卷, 137~140면.

51. 「序曾琦君的 "國體與青年"」, 『晨報』 1919. 2. 24, 『胡適全集』 21卷, 160~161면; 「少年中國之精神」, 『少年中國』 1期, 1919. 3, 같은 책, 168면; 「我們對于學生的希望」, 『新教育』 2卷 5期, 1920. 1, 같은 책, 222~227면.

52. 「大家起來監督財政」, 『努力週刊』 3號, 1922. 5. 21, 같은 책, 268면.

53. 「假使我們做了今日的國務總理」, 『努力週報』 20號, 1922. 9. 17, 같은 책, 295면.

되는 후보자추천위원회의 추천을 받도록 하였다. 이 위원회의 대표는 성의회 50명, 성교육회 10명, 성상회 10명, 성농회 10명, 성노동조합 10명으로 분배하였으니,[54] 구역대표 5, 직업대표 4의 비율로 양자를 병행하는 방안인 셈이다. 이 국민대표회의는 1923년 3월 베이징, 상하이, 전국 각지에서 뤼순(旅順)·다롄(大連) 회수와 21개조 철폐를 요구하는 대규모 국민대회가 열려 전국 국민대표회의를 소집하여 외교 문제를 해결하라는 요구가 베이징대 학생들 사이에 논의된 직후 구상된 것이다. 그해 말 중국청년당(中國青年黨)과 쩡치(曾琦)는 국민대표대회 소집에 직업주의를 전면 수용하였다.[55]

한편 직업주의를 수용하기가 가장 어려웠을 것으로 보이는 집단은 쑨원을 비롯한 국민당계 인사들이었다. 그들은 회당과 군대에 의거한 혁명운동을 추구해왔고, 직접민권을 도입함으로써 국회제도를 개선할 수 있다고 믿었기 때문이다. 특히 1921년 구국회(舊國會, 1913년 개설되었으나 이내 해산된 국회로, 1918년 새로운 선거를 거쳐 소집된 신국회와 대비됨) 의원들이 대거 광저우(廣州)로 내려가 비상국회를 개회하고 쑨원을 중화민국 비상대총통으로 선출하였으니 국회에 대한 기대감은 쉽게 포기할 수 없었을 것이다.

그렇지만 쑨원 측근의 이론가 주쯔신(朱執信)과 국민당 기관지 『상하이민국일보(上海民國日報)』를 이끈 사오리즈(邵力子)의 예를 통해서 상당한 변화를 확인할 수 있다. 우선 주쯔신은 무업자의 참정권을 배제하는 논리를 정면으로 비판하였다. "노동하는 사람만 혁명권을 가질 수

54. 5분의 1 이상의 동의로 제의하고 3분의 2 이상의 동의로 표결한다. 「"國民代表會議組織法"草案」(1923~24), 같은 책, 334~337면.

55. 정문상, 「1920年代 曾琦의 國家主義思想과 政治活動」, 『東方學誌』 115집, 2002, 232~234면.

있다면 직업(職業)이 없는 유맹(流氓)·토비는 혁명권을 가질 수 없게 되는데," 노동자(농업노동자 포함)는 언제든지 무업의 유맹·토비로 변할 수 있기 때문이라는 이유에서였다.[56] 그러나 실은 비밀결사와 무업유민을 고용한 군대에 의거해 혁명운동을 전개해왔던 전력이 더 크게 작용한 결과로 보인다.

더구나 주쯔신 같은 국민당계 인사들은 상인에 대한 반감이 강렬했기에, 당시 대표적인 직업단체인 상회의 대표성을 인정하기 어려웠다. 특히 위안스카이(袁世凱)의 약법회의(約法會議)와 황제체제부활운동(帝制運動)을 정당화하기 위한 주안회의(籌安會議)에 북방의 주요 상회가 포함되었기에 더욱 그러하였다. 이에 대해 그는 상회 회원의 절반은 벌열(閥閱)·부호(富豪)이지 평민이 아니라고 비난하였다.[57] 그들의 이러한 상인관은 5·4운동 과정에서 상인의 애국운동을 계기로 부분적으로 변하였다. 학생과 상인의 민의(民意)가 금전과 무력(武力)을 이겼다고 보았기 때문이다.[58] 그러나 그는 장둥쑨이 제기한 직업대표제와 그에 입각한 국민대회 소집 주장에 대하여, 반대하지는 않지만 유럽에서 혁명정부의 보호 아래 개최된 것인 만큼 무력으로 현 정부를 타도하기 전에는 실현되기 어렵다고 보았다. 다만 그 후에는 각종 직업단체가 발달

---

56. 「沒有工做人的"生存權"和"勞動權"」, 『星期評論』 37號, 1920.2.15, 『朱執信集』 上, 北京: 中華書局, 1979, 691~692면.

57. 「暴民政治何者」, 『民國』 1年 2號, 1914.6, 같은 책, 173~174면.

58. 「民意戰勝金力武力」, 『建設』 1卷 1號, 1919. 8, 같은 책, 381면; 「我們要一種什樣的憲法」, 『星期評論』 雙十記念號, 1919. 10. 10, 같은 책, 518면. 5·4운동기는 물론 국민혁명기에도 대다수 상공업자는 在商言商의 전통 속에서 질서유지를 우신할 뿐 정치의 주체로 나서려는 시도를 하지 못했음을 강조하는 연구가 있으나(馮筱才, 『在商言商: 政治變局中的浙江商人』, 上海社會科學院出版社, 2004), 필자는 이미 시작된 변화를 중시하고자 한다. 민국 초 상공업자의 정치활동에 관해서는 다음을 참조. 박준수, 「民國初 全國商會聯合會의 성립과 商會의 정치적 대두」, 서울대 동양사학연구실 편, 『중국근현대사의 재조명』 1, 지식산업사, 1999, 129~164면.

하여 역량을 갖추고 나면 그때 직업대표제의 국민대회를 소집할 수 있다면서, 현재는 직접민권과 결합하여 국회제도를 개선하는 일이 급선무라고 하였다.[59] 5·4운동을 통해 상인과 상회의 역할에 대한 부정적 인식을 극복하였으나 직업대표제는 군벌 타도 이후에 시행 가능한 하나의 방안으로 미루어둔 상태였다.

이에 비해 사오리즈는 5·4운동을 통해 상인에 대한 부정적 인식을 극복하는 데서 나아가 직업주의를 어느 정도 수용하는 변화를 보였다. 그는 종래의 상인이 '재상언상(在商言商)'의 금계(禁戒)를 준수해 정부에 대하여 이상할 정도로 순종해왔으나 남북 정치세력 간의 군사적 대치상태에서 화평촉진을 위해 상회와 교육회가 방관적 태도를 버리고 정론(正論)을 발표하여 국민에게 약간의 면목을 세우게 되었음을 인정하였다.[60] 상회에 대한 인식의 호전은 학생들의 경우에서도 확인된다. 『난카이일간(南開日刊)』은 "상회가 곧 개조되어 관신(官紳)의 악습을 씻어내고 평민의 권리를 중시한다는데, 이것이야말로 평민을 조직하는 선구이다. 우리는 크고 작은 단체를 막론하고 모두 순수하게 평민을 대표하고 서로 결합하여 하나의 진정한 민의기관을 조직하고 악세력과 맞서 싸우기를 희망한다"라고 하였다.[61]

이렇게 상회 인식이 바뀌자 사오리즈는 다음과 같이 몇 가지 사회·정치운동에 직업주의를 도입하였다. 첫째, 상회, 농회, 교육회 등 공공단체들로 금연유지회(禁煙維持會)를 결성하여 아편의 유입을 거절하고 이를 취급하는 상인이 있으면 함께 대응한다. 둘째, 화평촉진을 위한

59. 「議會政治實驗是否失敗」, 『上海民國日報』 1920. 3. 1; 「答東蓀先生」, 『上海民國日報』 1920. 3. 4.

60. 「雜感」, 『上海民國日報』 1918. 6. 29; 「一言喪邦」, 『上海民國日報』 1918. 6. 30.

61. 「南開日刊」, 『五四時期期刊介紹』 1輯 上册, 344~345면.

상회의 역할은 주지하는 바이니 그런 각 공단(公團)을 상호 연합하여 남북화평회의의 속개를 촉구한다. 셋째, 상인단체가 서로 연대하여 납세 정지를 무기로 군벌정부를 압박한다.[62] 6월 4일 시장파업에 상인들이 동참함으로써 상회에 대한 기대감은 더 커졌다. 그리하여 상업공단연합회의 적극성에 비해 상하이 총상회의 소극적 태도를 지적하는 한편 상회의 개조를 요구하면서 의원·관료와 구별하여 상회를 포용하였다.[63]

그럼에도 그는 직업주의를 의회정치의 대안으로 수용하는 데는 극히 신중하였다. 그는 당시 중국을 방문한 듀이(John Dewey)의 강연을 근거로 현재 미국의 노동자는 단지 노임 인상과 노동시간 단축을 넘어 '산업민주주의(實業的 民治主義)'(직업대표제)를 요구하면서 생산관리 등의 사무에 참여할 것을 요구하고 있음을 인정하였다.[64] 그래서 중국 노동자는 현재의 대의제도가 농민과 노동자의 행복을 도모할 수 없음을 자각하고 자신의 단체를 결성해야 한다고 환기하면서도, 직업대표제의 섣부른 수용에 대해서는 경계하였다.

첫째, 관료와 군인을 무직업자로 분류하여 배제하자는 장둥쑨의 주장에 대하여, 그들은 손쉽게 그럴듯한 직업을 만들어 가지고 유직업자

---

62. 「維持禁煙」(1), 『上海民國日報』 1918. 8. 10; 「敬告各公團」, 『上海民國日報』 1919. 2. 6; 「再進一步」, 『上海民國日報』 1919. 3. 19; 「敬告商業公團聯合會諸君」, 『上海民國日報』 1919. 3. 23; 「忠告縣商會正副會長」, 『上海民國日報』 1919. 3. 25.

63. 「改良商會」, 『上海民國日報』 1919. 7. 23; 「各界聯合會」, 『上海民國日報』 1919. 7. 31; 「商人自治」, 『上海民國日報』 1919. 8. 2. 국민당 이론가의 한 사람인 戴季陶는 "사회개조의 관건은 사회적 公道의 실천인데 이를 위해 가장 먼저 해야 할 일은 상업사상과 상업조직을 타파하는 것"이라고 하여 상인과 상업에 대해 여전히 부정적 인식을 견지하였다. 「商業的社會組織之一考察」, 『工人之友』 1920. 6. 9, 『戴季陶集』, 武昌: 華中師範大學出版社, 1990, 1270면.

64. 「我對於勞動問題的意見」, 『上海民國日報』 1920. 1. 17.

행세를 할 것이며 반대로 일반평민은 구직난의 심화로 오히려 선거권을 상실하게 될 수 있기 때문이다.[65] 둘째, 현재의 각종 동업공회는 해당 업종의 자본가의 조직에 불과하며 그 이사들은 관방과 가까워서 노동자의 이해를 대변하기 어렵기 때문이다.[66] 이런 상태에서 직업대표제를 실시한다면 결국 이번에도 군벌·관료·정객의 독차지가 될 가능성이 크다는 것이다.[67] 탄핑산(譚平山), 탄즈탕(譚植棠), 천공보(陳公博) 등이 1920년 상하이에서 발행한 『정형(政衡)』도 직업대표제에 부정적이었다. 국회선거를 놓고 보면 재산액수를 기준으로 한 제한선거든 상회·학회 등의 직업선거든 모두 자격을 제한한다는 점에서 계급선거일 뿐 진정한 선거가 아니며, 유권자와 선거명부를 위조하는 폐단은 여전히 발생할 수 있다는 것이다.[68]

그러나 다음 장에서 살펴보듯이, 1920년 8~9월 레인쉬(Paul S. Reinsch)와 양뚜안류(楊端六)가 직업대표제에 의거한 국민회의 소집론을 제기한 이래 전국 각지에서 대중적 국민회의촉성운동이 전개됨에 따라 국민당계 인사들의 생각도 점차 달라졌다. 그 단초는 국민당의 근거지인 광저우에서 1921년 2월 시행된 시참사(市參事) 선거를 보는 사오리즈의 시각에서 이미 보인다. 이 선거에서는 상계·교육계·변호사계·노동계·여성계의 5계 대표 각 1명으로 구성된 선거위원회가 선거를 주도하였다. 이에 대해 국민당 지도자 사오리즈는 여자단체와 노동자단체가 참여한 점에서 파천황(破天荒)이라고 높이 평가하였다.[69] 이는 비록 직업

---

65. 「無職業者的選擧權」, 『上海民國日報』 1920. 7. 22.
66. 「工人的兩個好教訓」, 『上海民國日報』 1920. 12. 13.
67. 「勞動團體與政黨」, 『上海民國日報』 1920. 1. 29.
68. 「政衡」, 『五四時期期刊介紹』 3輯 上册, 402면.
69. 「我國婦女的新地位」, 『上海民國日報』 1921. 2. 13.

대표제 자체에 대한 호평은 아니지만 구역대표제를 비판하고 직업대표제를 점차 수용하게 만드는 윤활유로 작용할 가능성을 내포하였다. 1921년 7월 쑨원이 "국민회의 개최를 주장하여 본당의 대외정책을 실행하고 중국 외교의 실패를 구한다"라는 구상을 하기 시작한 것은 그런 변화의 신호탄이었다.70

이상에서 확인하였듯이 직업주의는 5·4운동기에 확립되었는데, 민주주의를 모색하는 과정에서 그 이전과 구별되는 5·4운동기의 특징은 대중운동의 주도권이 사대부층에서 청년학생층으로 바뀌었고 농공상 대중이 정치의 주체로 등장했다는 점에 있다. 이른바 신사민주주의(紳士民主主義)에서 대중민주주의로의 전화는 직업주의에 의거해 인도된 것이라 할 수 있다.

이런 변화를 당시 청년학생은 명확히 인식하고 있었다. 1919년 7월 『난징학생연합회일간(南京學生聯合會日刊)』은 비록 국체(國體)가 군주제에서 공화제로 바뀌었지만 "정치를 사인(士人)에게만 맡겨놓고 농공상 대중이 국민으로서 정부를 감독하지 않은" 결과 내정과 외교가 모두 실패하였다고 지적하였다. 그런데 이번에 5·4운동을 통해 "농공상이 '정치에 관해 묻지 않는다(不問政治)'는 굴레를 마침내 타파하였으니 이를 일시적 격정에 내맡기지 말고 영구히 지속시킬 수 있는 방법을 강구해야 한다고 호소하였다.71 직업주의적 합군론은 이런 각계의 요구에 부응하면서 '사회적 견제', '사회적 대항'의 주체를 형성해갔다. 1919년 11월 각계연합회가 민의기관을 자처하고 나선 것이 그 구체적 실천이었다. 정당정치를 선호해온 량치차오가 1920년 봄 국민제헌대회와 국

70. 「復寥仲愷胡漢民函」(1921. 7. 3), 『孫中山全集』 5卷, 北京: 中華書局, 1986, 569면.

71. 劉國均, 「國民不能監督政府之原因」, 『南京學生聯合會日刊』 1919. 7. 24, 中國第二歷史檔案館 等 編, 『五四運動在江蘇』, 南京: 江蘇古籍出版社, 1992, 457~458면.

회선거에 직업대표제를 도입하자고 주장한 것은 이런 변화와 관련해서만 이해될 수 있다.

2 | 각계연합과 각계민의의 형성

앞장에서 20세기 초 중국인의 직업인식과 직업주의의 대두에 관해 살펴보았다. 그것을 염두에 두고 이제 직업대표제가 등장하는 또 하나의 배경으로, 각계연합과 각계민의의 형성에 관해 검토하고자 한다. 이 책에서 사용하는 '각계(各界)'라는 용어는 당시 신문과 잡지에서 통상적으로 쓰인 말이다. '계'는 원래 불교 용어인 '세계(世界)'의 '계'에서 유래된 것으로, '세(世)'가 시간개념인데 비해 '계(界)'는 공간개념이다. 그러나 각계의 '계'는 지역이 아니라 사회를 구성하는 각각의 영역을 가리키는 의미로 쓰였다. 그 결과 흔히 사회적 직업·직능의 영역과 거의 일치하는 용법으로 쓰여 농계(農界), 공계(工界), 상계(商界), 학계(學界), 보계(報界, 언론), 군계(軍界), 여계(女界) 같은 표현이 일반화되었다.

각계연합은 국민적 의제를 논의하여 민의를 결집하기 위해 각종 근대적 사회단체들이 상호 연합하여 성립되었다. 사회단체는 정치활동을 주목적으로 하는 정당이나 정치단체를 제외하고 각종 사회적 필요에 따라 결성되어 활동하는 단체를 지칭한다. 근대적 의미의 단체란 회원의 평등한 권리와 의무, 임원구성과 단체운영의 민주적 방식과 절차를 명시한 규칙을 갖춘 단체를 말한다. 중국에서 그런 단체는 청일전쟁 이래 조성된 결사구국(단체의 힘으로 나라를 구하자)의 사회심리를 배경으로 탄생하였다. 그것은 국가로부터 정당보다 먼저 허용되어 탄생하였고 따라서 정당이 담당해야 할 역할의 일부까지 떠맡아 본래의 목적을 넘어서는 사회·정치적 활동을 전개하였다.

이러한 사회단체의 상호연합인 각계연합은 흔히 5·4운동기에 성립되어 국민적 의제의 논의와 실천에 나선 것으로 알려져 있다. 그러나 이 장에서 밝혀지듯이 그러한 민의결집의 구조와 경험은 1907~1910년 이권회수운동과 국회청원운동에서 탄생하였다. 이 과정에서 상회·농회와 교육회가 중요한 구실을 담당했는데, 법정단체(法團)로서 현(縣)과 성(省)의 행정 구역별로 분회–총회의 조직계통을 갖고 있어서 지방민의를 상호 연합하고 확대할 기제를 내포하고 있기 때문이다. 이를 염두에 두고 '결사구국'의 사회심리를 배경으로, 각계단체의 광역연합이 형성되는 과정을 살펴보자. 이를 통해 각계연합의 민의형성구조는 신해혁명 직전 성·시(省市) 범위에서 기본적으로 형성되었고 5·4운동기에 전국 범위로 확대·발전되었음을 확인하고자 한다.

결사구국의 사회심리: 직업단체를 향하여

청일전쟁 직후 가중되는 대외위기 속에서 중국인이 국제경쟁에서 살아남으려면 단체를 결성해야 한다는 결사구국의 논리가 제기되었다. 당시 용어로는 '합군구국(合群救國)'이라 했는데, 사회진화론과 사회유기체설 및 사회학(일본식 번역어인 '社會學'이 상용되기 전에는 '群學'이라 했다)의 영향을 받으면서 광범한 사회심리로 자리를 잡았다. 그동안의 연구에서 결사(합군)는 주로 무술변법시기의 학회설립에 집중되어 검토

되었을 뿐이다.[1]

합군에는 여러 형태, 여러 종류의 단체가 포함된다. 그중에서도 상전구국론(商戰救國論)의 시각에서 직업단체에 주목하고 이를 국회개설과 연관지은 쩡관잉(鄭觀應)이 특히 주목된다.[2] 그는 1894~1895년 「상전(商戰)」과 「의원(議院)」에서, 사농공상이 각기 자신의 단체를 결성하고 서로 협력해야 외국과의 상전에서 승리할 수 있다면서 4민합군론(四民合群論)을 제기하였다. 합군은 곧 국가의 부강지술(富强之術)이라는 것인데, 이때 4민(四民)의 단체를 하나로 연결해주는 장치가 바로 국회이다. 그 요지는 세 가지이다. 첫째, 서양 각국은 상전을 수행할 때 상인이 상회와 공사(公司)를 조직해서 나설 뿐만 아니라 사농공(士農工)과 병(兵)이 상(商)을 위해 돕는다. 둘째, 서양 각국은 의원(議院)을 설립해 4민의 의지를 합치고 기개를 강화한 결과 세계를 호령하는 힘을 갖게 되었다. 셋째, 중국은 이와 달리 "민심지환(民心之渙)", 곧 민심이 산만하기 때문에 청일전쟁에서 패하고 각국으로부터 경시당하고 있다. 그러므로 그는 장차 상전에서 중국이 살아남으려면 반드시 업종별 합군과 동시에 사농공상의 합군으로 나아가야 하며, 이를 위해 의원(議院)을 설립하지 않으면 안 된다는 결론에 도달하였다.[3] 여기서 의회는 단지 정사(政事)를 공의(公議)하는 민의기관일 뿐만 아니라 국권의 분산을 막고 민심을 굳건히 만드는 장치, 곧 전국적 합군의 단체로서 파악되었다. 쩡관잉의 사

1. 陳旭麓, 「戊戌時期維新派的社會觀−群學」, 『近代史研究』 1984年 2期; 王宏斌, 「戊戌維新時期的"群學"」, 『近代史研究』 1985年 2期; 湯志鈞, 『戊戌時期的學會和報刊』, 臺北: 臺灣商務印書館, 1993.

2. 商戰論의 형성과 전개에 관해서는 다음을 참조. 王爾敏, 「商戰觀念與重商思想」, 『中國近代思想史論』, 臺北: 臺灣商務印書館, 1995.

3. 「商戰」 上·下(1894~95), 『鄭觀應集』 上册, 上海人民出版社, 1982, 590~597면; 「議院」 上(1894), 같은 책, 313면; 「增訂新編後序」, 『鄭觀應集』 下册, 932면.

민합군론은 각계연합의 논리적 원형이라 할 만하다.

정관잉이 상전을 위해 농회·공회·상회와 의회 설립을 강조한 것은 그 자신이 상인 출신이었기 때문만은 아니다. 그의 이런 주장은 변법파 사대부들에게도 지대한 영향을 미쳤다.[4] 캉유웨이(康有爲)는 정관잉이 말한 "민심지환(民心之渙)"을 "일반산사(一盤散沙)", 곧 '쟁반 위에 흩어진 모래'라는 극적인 표현으로 바꾸어 쓰면서 동일한 형태의 합군을 강조하고 실제 운동에 나섰다. 그는 1895년 5월 전국 18개 성의 거인(擧人)을 규합하여, 광서제(光緖帝)에게 올린 상서에서, 중국이 죽음에 이른 것은 상전에 패했기 때문이라면서 대비책으로 각 성에 농공상회와 농공상업 학당, 중앙통상원(中央通商院)의 설립을 건의하였다. 량치차오(梁啓超)도 스승을 따라서 농공상업 학당과 농공상회의 설립을 촉진하면서, "국군(國群)을 의원(議院)이라 하고 상군(商群)을 공사(公司)라 하며 사군(士群)은 학회(學會)라 한다"라고 하였다.[5] 여기서도 국회는 4민의 직업단체를 국가 차원에서 통합하는 하나의 단체로 파악된 것이다.

이윽고 합군은 부강지술(富强之述)을 넘어 문명국의 표준으로 간주되었다. 캉유웨이에 따르면 지구상의 문명국들은 헌법에 의거해 합군(合群), 즉 결사의 자유를 허용하고 있으니 진실로 회(會)와 당(黨)은 국민의 원기(元氣)이며, 그중에서 가장 큰 것이 국회라고 하였다.[6] 량치차오

4. 당시 鄭觀應 등 上海 商人과 變法派 간의 交流에 대해서는 다음을 참조. 민두기, 「戊戌改革運動과 上海의 상인그룹」, 『中國近代改革運動의 研究』, 一潮閣, 1985.

5. 「上清帝二書」(1895. 5), 『康有爲政論集』 上册, 北京: 中華書局, 1981, 126~128면; 「上海强學會後序」(1895. 11), 같은 책, 171~173면; 「論學會」(1896), 『梁啓超全集』 1册, 北京出版社, 1999, 27면.

6. 「代上海國會及出洋學生復湖廣總督張之洞書」(1900. 12), 『康有爲與保皇會』, 上海人民出版社, 1982, 56면.

와 옌푸(嚴復)는 공공단체를 결성해 자치할 수 있는 사람이 곧 문명인이라면서 합군을 문명과 직결시켰다. 량치차오는 사람과 사람을 합하여 소군(小群)을 만들고 소군과 소군을 합하여 대군(大群)을 만들어야 한다고 역설하였다. 그에 따르면 중국인은 악습의 하나인 '불군습성(不群習性)'을 떨쳐버려야만 신민(新民)이 될 수 있고 그래야만 "일반산사(一盤散沙)라는 비웃음"을 면할 수 있다.[7] 여기 제시된 '소합군(小合群)에서 대합군(大合群)으로'라는 발상은 5·4운동기 마오쩌둥의 '소연합(小聯合)에서 대연합(大聯合)으로'라는 발상의 원형이 된다는 점에서 주목된다. 옌푸가 보기에 문명적 단체란 "혈연과 종교를 넘어 이익을 함께하는 자를 결집하여 똑같이 보호하는 단체"를 지칭하였다.[8] 그 무렵 입헌파 일간지인 『대공보(大公報)』도 최근 2~3년 사이 "국민의 단체결합력이 날로 커지고 있으니" 이는 "중국 수천 년 이래 최초의 문명적 거동"이라고 칭송하였다.[9]

신해혁명 직후부터는 합군이 곧 공화국민의 척도로 간주되기 시작하였다. 『민국보(民國報)』는 공화국민이 갖추어야 할 첫 번째 자격으로 합군을 들고 "공화정체는 자치를 근간으로 하는데 개인자치가 합쳐져 단체자치가 되고 이것이 합쳐져 대단체자치가 된다. 이것이 공화정체이다"라고 하였다.[10] 중화민국 정부는 1912년 9월, 결사의 자유가 약법

---

7. 「十種德性相反相成義」(1901), 『梁啓超全集』 2冊, 428~429면, 「新民說」(1902), 같은 책, 660~664면, 693~694면.

8. 「天演論」 上(1898), 『嚴復集』 5冊, 北京: 中華書局, 1986, 1260~1268면; 「政治講義」(1906), 같은 책, 1344~1357면.

9. 「合群以禦外侮說」, 『大公報』 1903. 11. 26~27; 「論天津解散團體之可惜」, 『大公報』 1905. 6. 29.

10. 鷄鳴, 「民國報六大主義之宣言」, 『民國報』 1號, 1911. 10. 1; 樸庵, 「建設共和政府之研究」, 『民國報』 1號, 1911. 10. 1; 劍農, 「論共和國民之資格」, 『民國報』 3號, 1911. 12. 11.

(約法)에 명시되었으니 합군하여 정치·학술·실업·사회의 발달을 돕는 것은 이제 국민의 의무라고 강조하였다.[11]

중국인의 '불군습성(不群習性)'은 중국인 자신이 외국 열강의 국민과 비교해 도달한 자기인식의 소산인 동시에 외국인이 중국인을 자기 자신과 비교해 지적한 타자인식의 소산이다. 그것은 "전부터 외국인은 우리를 일반산사(一盤散沙)라고 비웃어왔으니, 모욕을 당하는 것은 당연하다"[12]라는 캉유웨이의 연설에서 처음 드러났다. 이는 "중국은 이름만 1국일 뿐 실은 18국이다. 그 1국의 크기는 일본의 10여 배이지만, 18국 중 능히 일본에 미칠 수 있는 것은 하나도 없다. 그러니 무엇이 두렵겠는가?"[13]라는 일본 수상 이토 히로부미(伊藤博文)의 말이 1900년 량치차오에 의해 인용된 이래 갈수록 증폭되었다. 1916년 『민성(民聲)』(長沙)에는 "서양인은 우리나라에 3인 이상의 단체가 없고 10인 이상의 결합이 없다고 말하는데 이는 정말로 우리의 진면목을 잘 묘사한 것이다"[14]라는 기사가 실려 있다.

그런데 여기서 우리는 한 가지 의문을 갖지 않을 수 없다. 중국인은 명·청대부터 이미 상공업자의 동향·동업단체(會館, 公所), 신사(紳士)와 문인(文人)의 동호단체(詩社, 講學會), 향촌의 자위단체(民團), 자선단체(善堂), 각종 비밀결사 등을 갖고 있었다.[15] 그럼에도 왜 이 같은 외국인에 의한 '산사형상(散沙形象)'이 쉽게 수용되어 일반화되었는가 하는 점이

---

11. 「內務府通行各處請將各項集會結社詳細調查列表送部文」, 『政府公報』 146號, 1912. 9. 23.
12. 「在烏喊士晚士咁埠演說」(1899. 4), 『康有爲政論集』 上册, 403면, 406면.
13. 「中國積弱溯源論」(1900), 『梁啓超全集』 2冊, 417면.
14. 曾穉, 「法治主義與軍國主義」, 『民聲』 1卷 3號, 1916. 12.
15. 陳寶良, 『中國的社與會』, 杭州: 浙江人民出版社, 1996.

다. 특히 회관과 공소는 18세기부터 더욱 활성화되어 주요 도시에서 도시 행정의 일정 부분을 대행할 정도로 사회·정치적 영향력을 갖게 되었다. 그러나 그것은 적관(籍貫, 출신지)과 행업(行業, 세분된 업종)에 따른 분산적, 폐쇄적 소합군(小合群)에 불과해서 이를 종횡으로 연합해 전국적 역량을 결집해야 하는 내셔널리즘의 요구에 부응할 수 없었다. 량치차오는 1901년 이런 상황을 다음과 같이 지적하였다. "각 성에는 무수한 소군(小群)이 존재하며, 동업연맹(同業聯盟)의 조직도 매우 조밀하고 4민 중에도 소군이 무수히 존재한다. 그러나 끝내 일반산사(一盤散沙)라는 비웃음을 면치 못하는 까닭은 합군의 덕(德)이 없기 때문이다. 합군의 덕이란 한 개인이 자신을 낮추고 군(群)을 우선하며 소군(小群)이 자신을 낮추고 대군(大群)을 우선하는 것이다."[16]

요컨대 적관과 행업의 경계를 넘어 서로 연합해야만 이 같은 일반산사의 소합군에서 탈피해 대합군에 이를 수 있다는 것이다. 이런 목표에 따라 무술변법 전후부터 각종 학회가 먼저 결성되어 내셔널리즘을 고취하였다.[17] 합군운동의 첫 단계가 시작된 것이다. 이는 이윽고 농공상회를 결성하기 위한 씨앗이 되었다. 소수 선각자의 합군상전론은 각 성 출신의 일본유학생들에 의해 더욱 확산되었다. 유학생들은 각 현과 성에 먼저 교육회를 설립하고 이를 기초로 농업학교와 상업학교, 농회와 상회를 설립하는 동시에 이들의 상호 연합을 도모해야 한다고 주장하였다.[18] 1905년 『대공보(大公報)』도 합군구국을 위해서는 '정학지군

16. 「十種德性相反相成義」(1901), 『梁啓超全集』 2冊, 429면.

17. 王爾敏, 「淸季學會與近代民族主義的形成」, 『中國近代思想史論』, 209~232면.

18. 「論中國商業不發達之原因」, 「論中國近日有農業無農學」, 『湖北學生界』 7·8合期, 1903. 3, 1903. 8; 書屢, 「敎育會爲民團之基礎」, 『江蘇』 3期, 1903. 6, 張枏·王忍之 編, 『辛亥革命前十年間時論選集』 1卷 下册, 北京: 生活·讀書·新智三聯書店, 1960, 548~550면.

(政學之群)'을 합하는 것과 동시에 '농공상지군(農工商之群)'을 합하는 두 방면의 합군이 진행되어야 한다고 보았다.[19] 이는 정치단체와 직업단체의 합군을 지칭한 것이다.

합군을 부강지술과 문명국 표준으로 강조하는 견해는 학교교육을 통해 더욱 확산되었다. 1906년 학부(學部)는 합군을 5대 교육목표의 하나로 제시하여, 지연과 혈연관계에 따라 서로 격절되어 자신의 사리만을 추구하는 고립분산의 나쁜 습성을 제거하고 서로를 결합시키라고 하였다.[20] 이에 따라 1907년 초등소학 교과서가 발행되어 '애국, 합군, 진보, 자립' 등을 서술하여 입헌국민의 자격을 양성하기 시작하였다. 민국 초 차이웬페이가 저술한 『중학수신교과서(中學修身教科書)』(1912)는 "사람은 태어나면서부터 합군의 본성을 갖고 있어서 서로 돕고 합쳐서 하나의 사회를 이룰 수 있다"고 합군을 인간 본성의 하나로 강조하였다.[21] 중국인의 나쁜 습성으로 지적되어온 '불군습성'을 극복하려는 의지의 표현이 아닐 수 없다.

이런 교과서로 교육받은 학생들이 이윽고 5·4운동기의 '신청년'으로 성장하게 되는데, 신청년의 요건 중 하나가 취지를 같이하는 사람들의 단체를 결성하는 것이었다. 합군결사의 '신민'으로 '소년중국(少年中國)'을 건설하려 했던 신정기 합군운동은 '신민학회(新民學會)', '소년중국학회(少年中國學會)' 같은 명칭에서 보듯이 5·4운동기의 합군운동으로 이어졌다. 1915년부터 『청년잡지』가 군익서사(群益書社)에서 발행되고,

19. 「論支那人急宜破除同鄉同年之界」, 『大公報』 1905. 2. 25; 「合群以固團體說」, 『大公報』 1905. 4. 12.

20. 「學部奏請宣示教育宗旨摺」, 舒新城 編, 『國近代教育史資料』 上册, 北京: 人民教育出版社, 1961, 222면, 225면.

21. 「中學修身教科書」(1912), 『蔡元培全集』 2卷, 北京: 中華書局, 1994, 206~207면.

그 영향 속에 우한(武漢) 지역의 신청년들이 이군서사(利群書社)를 열어 신문화를 보급한 것도 그런 사정을 보여주는 단면들이다. 1919년 '소연합(小聯合)에서 대연합(大聯合)으로'를 제창한 마오쩌둥의 민중대연합론(民衆大聯合論)은 합군구국론의 신청년판에 다름 아니다.[22] 신청년의 스승 세대에 속하는 우즈후이(吳稚暉)와 차이웬페이의 '소조직·소군(小群)에서 대조직·대군(大群)으로', 천두슈의 '동업 소조직의 대연합', 리다자오(李大釗)의 '종적 연합에서 횡적 연합으로' 등도 이와 다르지 않다. 모두 청말 량치차오가 신민설(新民說)에서 제기한 '소합군에서 대합군으로'를 이어받은 것이다. 산사형상(散沙形象)을 극복하려는 합군 의지는 쑨원의 언설, "중국인은 수백 년 동안 전제정치 아래서 집회의 금지를 낭해 합군의 천성을 상실"한 결과 "일반산사나 다름없게 되었다"는 말을 통해 더욱 일반화되었다.[23]

그런데 이렇게 합군구국이 강조되는 사회심리 속에서도 분명 합군의 한 유형인 정당결성은 신해혁명 직후부터 위안스카이(袁世凱)의 황제체제 부활 시도까지의 4~5년간을 제외하고는 극도로 혐오되고 기피되었다. 여기에는 '군자불당(君子不黨)'이라는 전통적 붕당관이 크게 작용하였다.[24] 특히 "군자는 합군하되 결당을 하지 않는다(君子群而不黨)"

22. 新政期와 五四期의 合群論을 서로 비교한 연구로는 다음이 주목된다. Wang Fan-shen, "Evolving Prescriptions for Social Life in the Late Qing and Early Republic: From Qunxue to Society," Joshua A. Fogel and Peter G. Zarrow eds., *Imagining the People: Chinese Intellectuals and the Concept of Citizenship, 1890~1920*, New York: M. E. Sharpe, 1997. 그는 五四世代가 以前世代와 달리 "중국은 無組織의 국가"라고 보아 行會 등 전통적 소단체를 社團으로 인정하지 아니하였다면서 이를 중대한 차이라고 보았다(271면). 그러나 이 글에서 밝힌 대로 이 점에서는 以前世代도 다르지 않았다.

23. 「民權初步」(1917), 『孫中山全集』 6卷, 北京: 中華書局, 1985, 412~413면.

24. 전통적 붕당관이 민국시기 정당불신 풍조를 조장한 사정에 대해서는 다음을 참조. 張玉法, 『民國初年的政黨』, 臺北: 中央研究院近代史研究所, 1985; 趙書剛, 『中

(論語)라는 공자의 가르침은 "생업에 진력하고 합군을 즐긴다(敬業樂群)"(禮記), "사람이 짐승보다 귀한 것은 합군 능력을 갖고 있기 때문이다"(荀子)라는 관념과 어울려 생업에 종사하는 사람들의 단체인 직업단체로 정당을 대신하려는 지식층의 사고와 행동을 뒷받침해주었다.

직업단체의 조직계통과 광역연합

청조의 신정개혁은 신사의 합군인 학회(學會)를 넘어서 농공상인의 합군인 농공상회 결성을 위한 길을 열어주었다. 청조는 1904년 상회장정(商會章程), 1906년 교육회장정(教育會章程)과 농회장정(農會章程)을 반포하여 법정단체(흔히 '法團'으로 약칭됨)로 허용하고, 1907년 말 결사집회율(結社集會律)을 반포하였다. 이 두 가지 조치는 합군의 법률적 장애를 완화함으로써 대합군을 촉진하는 효과를 가져왔다.

법정 직업단체의 허용은 상전구국론을 매개로, 민간사회의 합군운동과 이를 자신의 목적에 동원하려는 국가의 전략이 결합된 결과였다. 산둥성(山東省) 지난상무총회(濟南商務總會)는 서양국가와의 상전이 날로 극렬해지니 모든 행업(行業)은 각기 행업별 단체인 공소(公所)에 가입하고 공소는 상무총회에 가입하라고 촉구하면서 그래야 비로소 업종과 업종, 공소와 공소, 관(官)과 상(商)의 감정을 소통할 수 있다고 하였다.[25] 즈리성(直隸省, 오늘날의 허베이성) 바오딩부농무총회(保定府農務總

國政黨發展的軌迹, 1905~1949』, 北京: 中共中央黨校出版社, 1998; 陳宇翔, 『中國近代政黨思想研究』, 長沙: 湖南大學出版社, 2002.

25. 「山東勸業道爲造報本省地方商會情事呈農工商部淸册」(1908), 『歷史檔案』1996年4期, 45~49면.

會)도 각 주현농회(州縣農會)가 성립되어 농업·농민 방면에서 "개지(開智)와 합군(合群)의 선구가 되었다"[26]라고 하였다.

법정 직업단체는 전통적 단체와 달리 행정구역에 따라 분회–총회의 계통적 조직을 갖고 있어서 광역연합을 촉진할 수 있었다. 상회는 상업 발달 지점에 상무분회(商務分會)를, 성도(省都)와 대도시에 상무총회를 두어 자신의 조직체계를 수립하였다. 교육회와 농회도 각각 부주현교육회(府州縣敎育會)–성교육총회(省敎育總會)와 향진농무분소(鄕鎭農務分所)–부주현농무분회(府州縣農務分會)–성농무총회(省農務總會)의 계통적 조직을 갖추었다. 총회와 분회는 각 행정구역에서 하나만 설립할 수 있었고 만일 동일 지역에서 두 개 이상의 단체가 발기될 경우 주관 관서(官署)가 직권으로 조정하였다. 이때 장정상 각 법단의 총회와 분회의 관계는 교육회의 경우 "비록 통속(統屬)관계는 아니나 반드시 연락(連絡)하고 통합(統合)[聯合]하여 (조직의) 확충과 정리를 꾀해야 하는" 관계였고,[27] 상회도 "통할(統轄)이 아니라 연락하는" 관계로 규정되었다. 그럼에도 실제로는 상회의 경우 총회가 그 역량에 따라 분회를 상당 정도 통할할 수 있었다.[28] 그렇다면 한 성(省) 내의 각 부주현의 조직들 간에 부분적인 '통할'도 포함하여 적어도 '연합'은 장정상으로도 보장되는 조직계통을 구비하고 있었던 셈이다.

이를 바탕으로 상회·농회와 교육회는 각기 자기 조직을 종횡으로 연

---

26. 「直隸總督袁世凱爲直隸農務局開辦農務總會請予立案事致農工商部咨文」, 『歷史檔案』 1998年 2期, 63면.

27. 「學部奏酌擬敎育會章程摺」, 『東方雜誌』 3卷 9號, 1906. 10. 12, 208면.

28. 總分會는 趣旨와 章程이 같아서 "層層이 統屬하는 不可分의 有機體로서 실제상의 統轄關係를 유지하였다"고 보는 견해가 있으나, 불가분의 유기체라는 표현은 과장으로 보인다. 章開源 主編, 『中國近代民族資産階級研究』, 武昌: 華中師範大學出版社, 2000, 337면.

합하여 직업별 대합군(大合群)을 추구하였다. 성연합(省聯合)만 해도 대합군이라 할 수 있는데, 불과 4~5년 만에 전국연합까지 결성했으니 이는 초대형 합군이 아닐 수 없다. 상회의 경우 가령 1910년 6월 장쑤성(江蘇省)에서 상품 통과세인 이금(釐金)의 자진납부를 조건으로 그 징수소의 폐지를 요구하는(裁釐認捐) 활동을 전개하기 위해 성 내의 25개 상무총회와 분회의 연합체인 장쑤성 전성상회연합회(江蘇省全省商會聯合會)가 결성되었고, 그 직전 쓰촨성(四川省) 각 성진(城鎮) 상회의 연합체인 쓰촨 상회연합회(四川商會聯合會)도 성립되었다.[29] 상회가 전통적 회관, 공소 등 행업조직(行業組織)과 다른 점은 이처럼 업종과 지역의 경계를 넘는 광역연합을 형성할 수 있다는 점이다. 몇몇 도시에서는 회관·공소도 태평천국(太平天國) 이전부터 행업연합(行業聯合)을 통해 도시의 자치행정을 부분적으로 담당한 바 있지만 연합의 범위가 개별 도시 안에 국한되어 있었다.[30]

전국상회연합회를 결성하기 위한 노력은 1907년 11월 상법토론회를 계기로 전국 각지 상회대표들이 모였을 때 시작되었다. 중국이 상전에서 실패하는 것은 상인을 보호할 상법이 없기 때문이라는 이유로 전국 10여 개 성 80여 상회의 대표가 모여서 1909년 3월 공사법(公司法) 초안을 스스로 마련하였다.[31] 이는 민간단체가 경제입법권을 쟁취하기 위

29. 「江蘇全省商會聯合會記事」, 『東方雜誌』 7卷 8號, 1910. 9. 28, 216~218면; 馬敏, 『官商之間: 社會劇變中的近代紳商』, 武昌: 華中師範大學出版社, 2003, 258~271면.

30. 重慶의 八省聯盟, 漢口의 八大行, 湖北沙市의 十三行, 廣州의 七十二行 등이 그런 예인데, 주로 출신지역별 行業의 연합이었다. 八, 十三 등의 숫자는 출신지역의 수이다. William T. Rowe, *Hankow: Commerce and Society in a Chinese City, 1796~1889*, Stanford: Stanford University Press, 1984, 330~334면.

31. 박준수, 「民國初期 全國商會聯合會의 성립과 商會의 政治的 擡頭」, 서울대학교 동양사학연구실 편, 『中國近現代史의 再照明』 1, 知識産業社, 1999, 132~144면; 虞和平, 「中華全國商會聯合會的成立與中國資產階級完整形態的形成」, 『歷史檔

해 나선 운동으로서 주목된다. 1909년 3월 『화상연합보(華商聯合報)』를 창간하고 상하이에 화상연합회판사처(華商聯合會辦事處)를 설치하여 '연합의 기관'으로 삼았다. 전국상회연합회는 1912년 11월 발기되어 이듬해 1월 정식 출범하였다. 이로써 그동안 "각지 상회의 세력이 산사(散沙)와 같아" "안으로는 전국에 걸쳐 연락하고 토론하며 통일적으로 계획하는 방법이 없었고 밖으로는 군책군력(群策群力)으로 외국 상인과 자웅을 겨루는 능력이 없었던"[32] 조직상의 한계를 넘어설 근거를 마련하게 되었다.

농회의 광역연합은 부(府)와 성(省) 범위에서 먼저 시도되었다. 가령 1909년 12월 안후이성농무총회(安徽省農務總會)가 성립되었는데 회장, 부회장, 이사를 선출할 때 이사는 '속(屬)' 단위로 안배되어 13개 속에서 각각 2~5명씩 총 39명을 선출하였다.[33] 속은 부(府)나 주(州)로 일컬어지던(또는 省에 따라 몇 개의 府나 州를 포괄하는) 행정구역으로, 현과 성 사이에 있는 지역위계이다. 이렇게 성농회 이사를 현농회의 기초 위에서 속 단위로 선출했으니 이를 위해서는 속내 각 현농회의 긴밀한 상호 연락과 협의가 필수적으로 요청된다. 전국농무연합회(全國農務聯合會)는 1910년 9월 성립되었는데, 각 성의 농무총회와 농무분회의 대표 외에 각지 지방자치공소·농업학당·농업공사·농사시험장의 대표, 농업 방면의 학식과 경험을 가진 개인도 가입할 수 있었다.[34] 따라서 '농회연합(農會聯合)'을 넘는 '농무연합(農務聯合)'이었는데 자치공소까지 가입하도

案』 1986年 4期.

32. 「中華全國商會聯合會發起會議紀要」(1912. 11. 13), 『歷史檔案』 1982年 4期, 41면; 「中華全國商會聯合會緣起」(1912. 11), 『歷史檔案』 1982年 4期 43면.

33. 「全皖農務總會開會紀事」, 『申報』 1909. 12. 11.

34. 「全國農務聯合會章程草案」, 『東方雜誌』 7卷 8號, 1910. 9. 28, 15~16면.

록 한 것은 농회가 상회처럼 입헌추진의 참정운동에 적극 나서려 했음을 보여준다. 당시 예비입헌공회(豫備立憲公會)를 주도하면서 전국적 연결망을 갖고 있던 대표적 신상(紳商)인 장젠(張謇)이 전국농무연합회 결성에 적극 나섰고 그가 초대 회장을 맡았다는 점에서도 그러하다.[35]

교육회의 광역연합도 농회의 경우와 비슷하다. 가령 장쑤성교육총회(江蘇省教育總會)는 1908년 장쑤학회(江蘇學會)로부터 개편되어 성립되었다. 이는 각 부·주(府州) 단위로 평의원(評議員)을 두고 있어 전 성적(全省的) 의견을 결집할 수 있는 구조였으나 그것이 부주현 교육회의 대표들에 의해 구성된 것은 아니었다. 그런 조건에서 1910년 봄 창저우부교육연합회(常州府教育聯合會)가 4개 현교육회의 참여로 성립되었고, 이런 종류의 부연합(府聯合)을 바탕으로 그해 9월 장쑤각속교육회연합회(江蘇各屬教育會聯合會)가 성립되었다. 이 같은 부–성 연합을 바탕으로 1911년 9월 상하이에서 전국교육회연합회가 성립되었다.[36]

청조는 이들 법단의 전국연합회 결성을 장정상으로 보장하지 않았으니 각 단체는 모두 규정을 넘어서 연합한 셈이다. 민국 성립 후에는 이들에 대한 규정이 새로 반포되어 전국연합회 결성이 보장되었다. 이는 이미 각 방면에서 전개된 대합군운동의 역량과 요구가 반영된 결과일 것이다.

청말~민국초 상회, 농회, 교육회의 조직 수에 관한 통계는 불확실하고 자료마다 차이가 있지만 1911년 상회는 800개 전후, 농회는 400개 전후였다.[37] 당시 전국의 현이 1,500여 개였음을 감안하면 조직률은 각

35. 청말~민국초 농회가 농업개량이라는 본래의 취지보다 주도세력의 정치활동을 위한 발판으로 활용된 점에 관해서는 다음을 참조. 유용태, 「1906~1926年 中國의 農會와 農民協會」, 『歷史教育』 60輯, 1996. 12.

36. 김형종, 『淸末 新政期의 硏究』, 서울대학교출판부, 2002, 168~171면.

기 50%와 25% 정도이다. 교육회 수는 이 둘 사이에 위치할 것으로 짐작된다. 이 정도면 각기 자신의 전국적 연합을 결성하기 위한 기반은 확보된 셈이다. 그로 인해 각계연합도 더욱 촉진되었다.

각계연합의 탄생과 발전

성·시 범위의 각계연합(1907~1910)

상회, 농회, 교육회 등 각 단체의 상호 연합으로 시작된 각계연합은 먼저 각 성·시 범위에서 등장하였다. 각 단체들은 국민적 이해와 직결된 정치적 의제들의 공동해결을 위한 필요에서 상호 연합을 적극 모색하였다. 그것은 대중집회와 연합체를 결성하는 방식으로 나타났다.

4민합군의 대중집회는 1903년 4월 러시아의 만주점령에 반대하는 거아운동(拒俄運動)에서 시작되었으나 청조에 의해 단기간에 진압되었고 미국 상품 보이콧운동에서 진전된 모습을 보였다. 보이콧운동에는 1905년 7월 상하이의 "호학회(滬學會)와 학계, 상계, 공계(工界) 및 각 대도시에서 추천해 파견한 대표들"이 참여하였다.[38] 그러나 당시 전국 각지의 250여 회 집회 중 '3계'가 연합한 경우는 1회뿐이고 '2계' 연합도 '상학계(商學界)' 12회에 그치며 나머지는 1계 단독집회이다.[39] 참여단

---

37. 阮忠仁, 『清末民初農工商機構的設立: 政府與經濟現代化關係之檢討, 1903~1916』, 國立臺灣師範大學歷史研究所專 刊(19), 1988, 219~238면. 그러나 『中華民國社會志』(臺北: 國史館, 1998, 566~569면)에 따르면 1912년 농회 226개, 1916년 상회 1,158개이다.

38. 「公議實行不用美貨之特別大會」, 『申報』 1905. 7. 20; 「贛省學商兩界請廢約原電」, 『申報』 1905. 10. 15.

39. 이는 당시 이 운동을 주도한 曾少卿이 남긴 전국의 집회기록을 분석한 결과이다.

체를 통칭하는 용어로는 '각방(各幫)'이나 '각업(各業)'이라는 용어가 사용될 뿐 '각계(各界)'라는 말은 아직 나타나지 않았다. 이 운동이 주로 상계 안의 각방·각업 연합으로 전개된 때문이었다. 지역적으로도 이 운동은 주로 화교(華僑)가 배출된 연해지역에 국한되어 있었다.

그래도 이에 참여한 단체들은 각 단체의 '집회' 방식을 통한 평화적 투쟁을 '문명배외(文明排外)'의 '국민합군(國民合群)'으로 여겼다. 이 운동을 주도한 쩡사오칭(曾少卿)은 "오랫동안 외국인으로부터 비웃음거리가 된 국민산사(國民散沙)" 상태에서 벗어나 국내외 동포가 함께 "우리 국민의 합군 능력을 과시하였다"라고 자평하였다.[40]

'각계(各界)'란 용어와 각계연합체(各界聯合體)는 1907~1910년 국민거관운동(國民拒款運動)·국채상환운동(國債償還運動)·국회청원운동(國會請願運動)에서 처음 등장하였다. 이때에는 대중집회 방식의 각계연합을 넘어서 국민거관회, 국채상환회, 국회청원동지회 등의 각계연합체가 건립된 점에서 이전과 달랐다.

국민거관회는 청조가 철로를 국유화하기 위해 차관을 들여오는 것에 반대하는 단체로 1907년 10월 말부터 각 단체의 연합으로 성립되었다. 이는 "신상학계(紳商學界)의 연합된 행동"에 의해 열강에의 재정적 종속을 벗어나려 시도한 내셔널리즘의 일환이었다.[41] 저장성 국민거관공회(浙江省國民拒款公會)는 1907년 11월 "각 부현(府縣)의 신상학군계(紳商學軍界) 대표"를 포함해 7천 명이 참여한 가운데 성립되었다.[42] 성립

「開會抵制」, 『山種集』, 鉛印本, 1905, 11~25면.

40. 같은 책, 11~13면, 53면, 77면, 83면.

41. 민두기, 「清末江浙鐵路紛糾와 辛亥革命前夜의 紳士層動向」, 『中國近代史研究』, 一潮閣, 1973, 378~389면.

42. 「浙江拒款會通告各府縣士民文」, 『申報』 1907. 11. 1; 「國民拒款公會開定式大會」, 『申報』 1907. 11. 6; 「專電」, 『申報』 1907. 11. 26.

대회는 전국 각 성을 향해 "21성을 합하여 상하이에 총기관(總機關)을 설치하고 철도주권(路權)을 지켜내자"라고 호소하였다.[43] 성연합을 토대로 전국연합을 이끌어내려 의도한 것이 주목되지만, 실제로 전국총기관이 성립되지는 않았다.

이를 전후하여 거관회 조직은 더욱 확산되어 현(縣)거관회–속(屬)거관회–성(省)거관회의 계통이 확립되었다. 자싱(嘉興), 위야오(餘姚), 쑤저우(蘇州) 등지의 현거관회가 "신상학각계(紳商學各界)"의 대중집회를 거쳐 성립되었다. 이를 바탕으로 가령 항속거관회(杭屬拒款會)가 항저우속(杭屬) 내 1주 8현 각 단체의 거관회를 연합하여 성립되었다. 여기에는 직업단체뿐만 아니라 지역단체, 동향단체, 자선단체, 학생단체 등도 함께 참가하였다.[44] 여기서 주목되는 점이 몇 가지 있다. 첫째, '각계(各界)'라는 용어가 연합을 전제로 사용되기 시작하였다. 둘째, 조직을 집행부와 평의부로 나누되, 평의부는 각 주현의 각 단체마다 대표 2인을 선출해 구성하였다. 그리고 항저우속 거관회는 스스로를 저장성국민거관공회의 분회로 위치 지으면서 그것을 '국민공회(國民公會)'로 약칭하였다. 그러니까 항저우속 1주 8현의 연합은 명의상 지역연합이되, 실제로는 그 지역 내의 각계단체연합이었다. 따라서 그 평의부도 '각지단체(各地團體)'의 대표가 아닌 '각계단체(各界團體)'의 대표로 구성한 것이다.

이로써 현–속·부–성의 지역연합은 그 안의 '각계단체'로 대표되는 직업연합과 상호 침투되어 긴밀히 결합되어 있고, 각계단체가 부와 성의 '국민공회'를 결성하고 국민적 의제에 관한 여론을 주도하는 민의결

43. 「各省復國民拒款公會電」, 『申報』 1907. 12. 7.

44. 「本埠各團體聯合會紀事」, 『申報』 1907. 11. 23; 「杭屬拒款公會開會紀事」, 『申報』 1907. 12. 25.

집 구조가 형성되기 시작하였음을 알 수 있다. '각계'란 용어를 쓰면서도 '각단체연합'이라 할 뿐 아직 '각계연합회'란 명칭은 나타나지 않았지만, '국민(거관)공회'는 사실상 각계연합회이며 5·4운동기 국민대회(國民大會)의 전신이라 할 수 있다.

국민공회의 이름으로 제출된 거관(拒款) 요구는 청조에 의해 거부되었으나, 여기서 기반을 잡은 국민적 합군의 방식과 범위는 2년 뒤 국채상환운동과 국회청원운동에서 부분적인 성과를 거두었다. 두 운동은 상호 긴밀한 내적 연계 속에 거의 동일한 주체들에 의해 진행되었다. 헤이그평화회의에서 열강이 국채를 상환하지 못하는 중국 정부의 재정을 감독하기로 결정한 소식이 전해진 직후, 1909년 말 톈진과 상하이의 상무총회가 주도하고 각계단체가 동참하여 각 지역별로 국채상환회(국채회)가 결성되었다. 국채회는 국채를 상환하고 중국 민의를 대표하는 국회가 정부를 감독하지 않으면 열강에 의한 재정감독이라는 내정간섭을 막아낼 수 없다는 논리를 내세웠다. 상하이국채회를 발기한 상무총회 회장 저우진쩐(周金箴), 저장성국채회를 발의한 신사 루춘장(陸春江) 등은 "국채상환은 국민의 의무이고 국회개설은 국민의 권리이니 의무만 있고 권리가 없어서는 안 된다"는 논리로 "국채상환은 곧 국회속개의 예비"라고 두 운동을 직결시켰다.[45] 이에 각계단체는 국민의 자발적 분담으로 국채를 상환하고 이를 통해 명분과 힘을 쌓아 국회개설 요구를 압박하는 전략을 택하였다.

이런 취지에 호응해 각 성·시의 각계단체가 이 운동에 적극 동참하였다. 1910년 1월 23일 저장성국채회는 정식 성립대회를 개최하고 '각

45. 「上海籌還國債會發表意見」, 『申報』 1909. 12. 17; 「滬人會議籌還國債紀事」, 『申報』 1909. 12. 18; 「陸中丞函請增撫發起籌還國債」, 『申報』 1909. 12. 21.

지대표'가 아닌 '각계대표'를 선출했는데, 신계(紳界) 8명, 학계(學界) 8명, 상계(商界) 26명, 공계(工界)는 미정이었다. 이를 바탕으로 저장성 '신상학군농공각계(紳商學軍農工各界)'는 5천여 명이 참석한 가운데 항저우 명륜당(明倫堂)에서 국민국채상환 특별대회를 개최하여 이후 성 내 각지의 국민연운동(國民捐運動)을 촉발시켰다.[46] 안후이성국채회는 '6계 공동'으로 조직되어 회장 외에 각계에 1명씩 6명의 부회장을 두었다. 6계란 관계(官界), 신계, 학계, 상계, 군계(軍界), 경계(警界)이다.[47] 장시(江西)·후베이(湖北)의 국채회는 성의 지방장관인 독무(督撫)가 교육회로 하여금 발기하도록 종용하고 교육회와 상회의 연합으로 성립되었다. 이는 이 무렵부터 각 성의 독무들도 책임내각 구성과 국회속개를 청원하는 상주를 올리는 방식으로 입헌운동에 동참하여[48] 각계 민간단체와 어느 정도 보조를 맞추기 시작한 사정과 관련된다.

난양권업회(南洋勸業會)는 상전구국론에 의거한 각계연합을 촉진하는 경제적 계기로 작용하였다. 그것은 1910년 6~11월 난징(南京)에서 열렸는데, 1908년부터 농공상국(農工商局)의 주관 아래 상회, 농회, 교육회, 기타 실업단체, 자의국(諮議局, 1909년 10월 소집된 省의회) 및 자치공소, 신문잡지사, 공상기업 등의 대표로 구성된 협찬회(協贊會)에 의해 준비되었다.[49] 이때 『화상연합보(華商聯合報)』는 "사농공상병(士農工商兵)

---

46. 「籌還國債期成會紀事」, 『申報』 1910. 1. 3; 「國民籌還國債大會紀事」, 『申報』 1910. 1. 5; 「浙省籌還國債正式大會祥情」, 『申報』 1910. 1. 27.

47. 「愛國海軍義捐公會成立紀事」, 『申報』 1910. 3. 11.

48. 侯宜杰, 『二十世紀中國政治改革風潮: 淸末立憲運動史』, 北京: 人民出版社, 1993, 269면, 277면.

49. 「端方批文」(1908), 「南洋第一次勸業會協贊會草案」(1909), 華中師範大學歷史研究所 等 編, 『蘇州商會檔案叢編』 2輯, 武昌: 華中師大出版社, 1991, 389~390면; 「蘇省農工商務局爲籌設協贊會物産會照會」(1909), 같은 책, 396~398면.

이 모두 각기 그 마음과 힘을 다해 연합해야만 학전(學戰), 농전(農戰), 공전(工戰), 상전(商戰), 병전(兵戰)의 세계에서 승리할 수 있다"고 각계 연합을 촉구하였다. 이를 위해 '광역연합'이 주창되었는데, 당(黨)의 연합, '학상농공(學商農工) 각계의 연합', 화교(華僑)의 연합, 그리고 이 셋을 포괄하는 국회 차원의 연합이 그것이다.[50] 『관회지남(觀會指南)』은 "세계 문명국가의 진화가 어찌 우연이겠는가? 반드시 실업(實業)의 단체가 있고서야 가능하였다"라면서 "이른바 전승(戰勝)이란 병(兵)에 있는 것이 아니니 농공상(農工商)이 협력하여 경진대회를 농공상의 광고장(廣告場), 국민의 대학교(大學校)로 간주하여 농전·공전·상전에 대비해야 한다"고 하였다.[51]

따라서 1910년은 정치경제적으로 각계연합의 발전을 위한 중요한 전기였다. 그해 초부터 국회청원운동은 국채상환운동과 동일한 방식의 대합군(大合群)으로 형성되었다. 안후이성 각계가 1910년 1월 국회청원 대표단을 위한 환송대회를 열었을 때 그 명칭이 "신상학농군경노광각계연합대회(紳商學農軍警路鑛各界聯合大會)"로서,[52] 여기서 '각계연합대회'란 용어가 처음 등장하였다. 각계에 군경계(軍警界)와 노광계(路鑛界)가 추가되었는데, 각계의 참가범위는 이처럼 필요에 따라 확대되었다.

국회청원동지회는 바로 이러한 각계연합의 형태로 성립되었다. 가령 1910년 4월 광둥성(廣東省) "신상농공각계(紳商農工各界)" 14개 단체가 연합하여 광둥성 국회동지회를 설립하였는데 자의국과 자치공소 외에 상회, 교육회 등이 동참하였다.[53] 산시성(山西省) "농상신학각계(農

---

50. 陳頤燾, 「華商聯合會序目」, 『華商聯合報』 1期, 1909. 4; 林作屏, 「廣聯合篇」, 『華商聯合報』 18期, 1909. 9. 30; 陳頤燾, 「廣廣聯合」, 『華商聯合報』 19期, 1909. 10. 15.
51. 南洋勸業會事務所編纂科, 『觀會指南』, 南洋勸業會場勸業日報總發行所, 1910, 1~3면.
52. 「歡送代表聯合大會紀事」, 『申報』 1910. 1. 9.

商紳學各界)"에 의해 결성된 국회기성회(國會期成會)는 조직을 집행부와 평의부로 나누고 평의원 20명을 농회·상회·교육회·자의국·자치국이 각기 5명씩 선출하기로 하였다.[54] 이는 직업단체와 지역자치단체가 국민적 과제의 해결을 위한 연합체를 결성하고 그 연합체의 내부 민주주의를 제도화하기 위해 역시 각계단체로 하여금 대표를 선출해 파견하도록 한 민의결집의 방식이다.

그리하여 1910년 1월의 제1차 청원대표단이 자의국 의원(議員)으로 구성된 것과 달리 그해 6월의 제2차 청원대표단의 주체는 대부분 각계단체의 연합체인 국회청원동지회였다. 이는 그만큼 직업단체와 각계연합의 정치적 영향력이 성장하였음을 반영한다. 청원대표단은 연명으로 단일청원서를 제출하는 동시에 각 직업·직능별로 10부의 청원서를 따로 제출하였다.[55]

청조는 이제 청원운동 자체를 금지하였지만, 각계는 곧바로 제3차 청원을 시도하였다. 1910년 9월 청조가 자정원(資政院)을 소집했으나 이는 곧 성립될 황족 내각의 자문기구에 불과해서 이것으로 각계의 국회청원 요구를 잠재울 수 없었다. 마침 러일협정의 체결과 한일합병조약의 체결이 만주 위기를 조장하여 이 청원운동을 더욱 자극하였다. 각 성·시의 청원동지회는 대규모 대중서명과 대중집회, 그리고 가두행진을 시도하였다. 1910년 10월 5일부터 30일까지 전국 각 성의 청원동지회는 적게는 수천 명, 많게는 1만 명이 모여 집회를 열고 서명한 다음 대오를 지어 독무 관서로 행진하여 청원서를 제출하였다. 그들은 독무가 직접 국회속개(國會續開) 상주(上奏)를 올리겠다는 약속을 받고

53. 「粵省國會同志會開第三期會議」, 『申報』 1910. 4. 17.

54. 「晉省國會期成會成立」, 『申報』 1910. 3. 5.

55. 侯宜杰, 앞의 책, 289면.

서야 해산하였다. 실제로 19개 성의 독무가 10월 25일 국회속개를 촉구하는 연합상서를 올렸다.[56] 각계의 민간단체 연합이 시위와 청원을 통해 정치적 요구를 본성(本省) 독무에게 관철시킨 것이다. 대중집회와 시위는 이미 5·4시기를 연상시킬 정도로 진화하고 있었다. 이에 청조는 고조되는 만주 위기를 심각하게 여겨 원래 일정보다 2년 앞당겨 1913년의 국회개설을 약속하였다. 이로써 정부를 상대로 진행한 민간단체의 정치운동인 국회속개청원이 처음으로 부분적인 성과를 거두었다.

이렇게 형성된 성·시 범위의 각계연합은 민국 성립 이후 더욱 보편화되었다. 1913년 중화민국의 초대 국회를 이끌어갈 지도자로 꼽히던 쑹자오런(宋教仁)이 암살되자 각계단체가 진상규명을 요구하는 성시연합대회(武漢國民大會, 湖南省公民聯合大會, 江西省公民聯合大會 등)를 개최한 것이 그런 예이다.[57]

전국 범위의 각계연합(1915~1919)

신해혁명 직전 형성된 성·시 범위의 각계연합은 1915년 '21개조 반대운동'에서 일시적 전국연합을 이룩하였고, 이는 1918~1919년에 이르러 지속적 전국연합으로 발전하였다.

청말 정부를 상대로 국회청원운동을 전개했던 각계단체들은 신해년(辛亥年)의 우창봉기(武昌蜂起) 직후에는 혁명을 지지하는 입장으로 급선회하였다. 상하이총상회가 먼저 전국을 상대로 혁명지지 전문을 발표하였고 각 성과 시·현의 상회·교육회·농회는 서로 연합하여 광복대회

56. 같은 책, 308~314면.

57. 「武漢大會紀」, 『申報』 1913. 5. 9; 「湘省大會之搗亂」, 『申報』 1913. 5. 11; 「贛省公民聯合大會紀」, 『申報』 1913. 5. 13.

(光復大會)를 개최하는 방식으로 혁명을 기정사실화하였다.[58] 새로 성립된 중화민국이 1913년 국회를 개설하자 각계단체는 큰 기대를 갖고 주시하였으나 불과 9개월 만에 총통 위안스카이(袁世凱)에 의해 해산되었다. 따라서 국회가 부재한 공화국에서 각계단체의 민의대표기능은 더욱 필요하고 중요해졌다. '공화만세'를 불렀던 일부 법단들은 량치차오에 의해 "국회의 자살"로까지 표현된 의회정치의 파행에 실망하여, 정국의 안정을 효과적으로 도모할 수 있으리라는 기대 속에 위안스카이의 제제청원(帝制請願)기구인 주안회의(籌安會議)에 참여하기도 했다.

그러나 다수의 각계단체는 베이징정부가 일본의 21개조 요구를 수용함에 따라 1915년 각지에서 각계연합에 의한 국민대회·시민대회를 열고 이를 지지하기 위한 국민운동을 전개하였다. 1915년 3월 18일 상하이 각계는 장원(張園)에서 국민대회를 개최하여 일화배척(日貨排斥)과 설치회(雪恥會) 결성을 결의하고 정부에게 21개조 전문의 공개를 촉구하였다. 5월에도 수만 명이 참가한 가운데 국민대회가 열렸고 그 후 이 같은 집회와 요구 및 일화배척운동은 각 성·시에서 잇달았다. 이는 조약 취소와 항전요구로 발전하였다. 그와 동시에 구이저우성(貴州省)의 "신학상농공각계(紳學商農工各界)"는 "각계연합회(各界聯合會)"를 결성하여 각 성과 연합해 제제반대(帝制反對) 여론을 조성하였다.[59] 각계연합은 이미 국채상환과 국회개설 요구를 긴밀히 연계한 경험 위에서 조약폐기와 제제반대 요구를 연결시켰다. 모두 국민적 의제를 위한 각계연합대회였으나 신해혁명 이전에는 없던 '국민대회'란 명칭이 여기서 사

58. 李侃, 「從江蘇湖北兩省若干州縣的光復看辛亥革命的勝利和失敗」, 『紀念辛亥革命七十周年學術討論會論文集』上, 北京: 中華書局, 1983, 461~463면.

59. 「湖南各界紛紛主戰廢約」, 『時報』 1915. 5. 24; 「各界聯合會開會志略」, 『貴州公報』 1916. 1. 19, 李希泌 等 編, 『護國運動資料選編』, 北京: 中華書局, 1984, 339~340면.

용된 점이 주목된다. 이 명칭은 1913년 5월 쑹자오런(宋教仁) 사건의 규명과 위안스카이의 대차관(大借款) 저지를 위한 각계연합 집회인 '우한 국민대회'에서 처음 사용되었는데, 이제 21개조 반대를 위한 구국저금단(救國貯金團)이라는 연합체의 결성을 바탕으로 전국에 확산되었다. 전국 각지에서 자발적으로 성립된 구국저금단은 상호 연합하여 전국총기관으로 중화구국저금단설립총사무소(中華救國貯金團設立總事務所)를 설립하였다.[60] 그것은 취지와 조직형태 면에서 국민거관회·국채상환회와 극히 유사한데, 전국조직을 결성한 점에서 다르다. 이로써 국민대회란 이름을 사용해도 될 정도로 각계연합의 범위는 전국 규모로 발전하고 있음을 알 수 있다.

이렇게 성장한 전국 규모의 국민운동은 국회의 실패 속에 확산된 정당과 정당운동에 대한 극도의 불신과 상응하여 점차 새로운 사회사조를 조성하였다. 전통적 붕당관이 작용하는 가운데, 정당운동 대신 국민운동이 외정과 내치를 바로잡고 새로운 민국을 건설하는 지름길이라는 인식이 대두한 것이다. 제1차 대전 종전 직후 파리강화회의에 중국도 대표단을 파견해 산둥이권을 회수하라는 여론이 일었지만 대표단을 파견할 통일된 정부가 없었다. 당시 중국의 정부는 남북으로 분열되어 대치하고 있었으니, 이는 국회의 실패와 짝을 이룬 정부의 실패였다. 이에 1918년 봄 상회 등 각 법단을 비롯한 각 지역의 각종 공공단체는 서로 연합하여 '내전정지(內戰停止)와 일치대외(一致對外)'를 요구하는 국민청원을 제출하고 반전여론을 고취하였다. 그들에 의해 1918년 10월 전국화평연합회(全國和平聯合會)가 발기되고 1919년 2월 국민외교협회(國民外交協會)가 설립되었다.[61]

---

60. 羅志田, 「'二十一個條'時期的反日運動與辛亥五四期間的社會思潮」, 『新史學』 1992. 9, 40~55면; 菊池貴晴, 『中國民族運動の基本構造』, 東京: 大安, 1966, 163~168면.

전국화평연합회는 발기선언에서 스스로 "전국 법정단체가 파견한 대표로 조직된 진정한 민의기관"이라고 자처하고 "전국 국민의 공의(公意)를 대표하여 화평통일을 도모하는 것"이 "공화국민으로서의 직무를 다하는 것"이라고 자처하였다.[62] 그 전날 결성된 전국화평기성회(全國和平期成會)가 전국 각지의 법단에 통고하고 각지 법단이 이에 호응하여 그해 말까지 베이징, 상하이, 난징, 우한, 창사, 광저우 등 각 성·시에서 지역 단위의 화평기성회나 화평연합회가 마찬가지 방식으로 조직되었다.

이와 같은 각지 기성회·연합회의 성립을 바탕으로 1918년 12월 18일 전국화평연합회가 정식 결성되어 남북정치세력의 대치 형국에서 제3의 조정자가 되겠다고 자처하였다. 이는 정말부터 군수입헌론에 치우쳐 베이징정부 쪽에 경사되어 있던 법단연합이 그에 대한 비판적 입장을 가지기 시작했음을 의미한다. 화평연합회는 평의부와 간사부를 나누어 구성하는 외에 그 밖의 재야 명망가를 아우르기 위한 참의회(參議會)를 따로 구성하고, 중대한 국내외 문제가 발생할 경우 이들 세 기구의 연석회의를 열어 결정하기로 했다.[63] 1919년 3월 현재 각 성구(省區) 대표는 기본적으로 성의회·상회·교육회로 구성되어 있고 농회 대표는 후난성과 장시성에서만 파견되었다. 그래서인지 제7차 회의는 각 성의 법단에게 대표 파견을 요청할 때 반드시 농회를 지명해서 빠지지 않도

61. 應俊豪, 『公衆輿論與北洋外交』, 臺北: 國立臺灣政治大學歷史系, 2001, 81~94면.

62. 「京師總商會會長等爲發起成立全國和平聯合會致葉蘭舫函并附該會宣言」(1918. 10), 天津社會科學院歷史研究所 外 編, 『天津商會檔案滙編』, 天津人民出版社, 1992, 4534~4536면.

63. 「全國和平聯合會暫行簡章」(1919. 2), 「全國和平聯合會爲請速派代表赴滬致蘇州總商會函」(1919. 3), 蘇州市檔案館 外 編, 『蘇州商會檔案叢編』 2輯, 武昌: 華中師範大學出版社, 2004, 660~661면.

록 하라고 결정하였다.[64] 그 밖에 만몽장족(滿蒙藏族) 등 소수민족 대표와 화교 대표도 포함되어 있다.

따라서 전국화평연합회는 그 취지로 보나 구성으로 보나 사실상 국회의 부재를 대신할 민의기관으로 구상되고 조직된 것이 분명하다. 1918년 12월부터 각계단체의 대표로 대표회의 형태의 국민대회를 개최하여 제헌, 국회, 총통선거를 포함한 국시(國是)를 해결하자는 주장이 여기저기서 나온 까닭은 여기에 있다. 이들은 이제 남북정부 간의 단순한 조정자가 아니라 제3의 새로운 정부를 수립하는 방안까지 구상하기 시작하였다.[65]

5·4사건이 발발함에 따라 화평연합회로 모아진 각 성·시의 각계는 국민대회를 개최하면서 "안으로는 매국노를 제거하고 밖으로는 주권을 쟁취한다"는 5·4민의(五四民意)를 이끌어가는 동력이 되었다. 각지의 각계연합에 의한 대중집회는 자발적으로 개최되었으나 대부분 국민대회(혹은 시민대회)란 명칭으로 통일되었다. 이렇게 결집된 각계단체는 국화유지회(國貨維持會)라는 느슨한 조직 형식을 빌려 연합행동을 지속하면서 각 성·시·현 '각계연합회(各界聯合會)'라는 상설단체로 재조직되었다. 즈리성 톈진시의 사례는 각계연합회란 명칭이 일반화되는 사정을 보여준다. 5월 12일 즈리성의회의 발기로 "소집된 신상학보각계(紳商學報各界)에는 각계대표 200여 명이 참석"하여 상설단체를 결성하기 위한 논의를 진행하였다. 이때 단체 이름에 대하여 '즈리국민대회(直隷國民大會)', '즈리신상각계연합회(直隷紳商各界聯合會)', '즈리각계공민

64. 「全國和平聯合會第七次評議會議事日程」(1919. 3), 「全國和平聯合會各省區族代表一覽表」(1919. 3), 같은 책, 668~674면.

65. 野澤豊, 「五四運動と省議會−民族運動の內部構造の檢討にむけて」, 『人文研紀要』(中央大學人文科學研究所) 2號, 1983. 7, 72면; 味岡徹, 「南北對立と聯省自治運動」, 『五.四運動史像の再檢討』, 東京: 中央大學出版部, 1986, 345~346면.

연합회(直隸各界公民聯合會)’ 등의 안이 제출되었는데, 토론 끝에 결국 ‘즈리각계공민연합회(直隸各界公民聯合會)’로 결정되었다.[66] ‘각계연합회’가 급부상하고 그 대신 ‘신상(紳商)’이란 이름의 호소력이 급속히 감소하고 있음을 보여준다. 이는 무엇보다 ‘신청년’으로 상징되는 새로운 청년학생 세대가 이 운동의 주력으로 등장한 사실과 관련되어 있다.

학생연합회는 뛰어난 조직력과 기동력으로 전국적, 지역적 각계연합을 촉성하고 이끌어내었다. 이는 예컨대 장쑤성 각 현 범위의 각계연합회 8개 중 6개가 학생연합의 주도로 성립된 사실에서도 확인된다.[67] 5·4운동 과정에서 단기간에 직업·직능별 연합과 그것들의 지역연합을 바탕으로 전국연합이 결성된 것은 국민거관회·국채상환회 이래 전국화평연합회에 이르는 10여 년의 경험이 이번에 성립된 전국학생연합회를 매개로 하여 계승·발전되었기에 가능한 일이었다. 그 결과 1919년 11월 전국 범위에서 연합하여 전국각계연합회가 결성되었다. 전국각계연합회는 “전국 인민이 합군자구(合群自救)의 불가피함을 알고 진정한 국민의 총의를 모아 조직된 진정한 민의기관”이라고 자임하면서 정부의 외교가 실패한 까닭은 “정부를 감독할 건전한 민중단체가 없기 때문”이라고 선언하였다.[68] 정부를 감독할 국회의 역할을 민중단체의 각계연합회가 스스로 담당하겠다는 것이다.

---

66. 「順直省議會發起成立直隸各界公民聯合會」, 『人公報』 1919. 5. 13.

67. 이는 中國第二歷史檔案館 等 編, 『五四運動在江蘇』, 南京: 江蘇古籍出版社, 1992, 173~186면의 자료를 분석한 결과이다.

68. 「全國各界聯合會宣言」, 『申報』 1919. 11. 11.

각계연합의 민의기관 모색

1918~1919년 전국화평연합회와 전국각계연합회가 스스로를 진정한 민의기관이라고 자처한 것은 사실 1907~1910년 각계연합이 처음 등장할 때부터 조금씩 축적된 경험의 소산이었다. 앞에서 검토한 각계연합은 주로 군중집회와 연합체 결성의 형태로 나타났고, 그것은 점차 민의결집의 사회관행으로 정착되었다. 이 사회관행이 긴급한 국민적 의제가 제기될 때마다 대중운동의 형태로 표출되곤 했는데, 그 임의성과 한시성을 극복하기 위해 민주적 절차에 의해 선출된 각계의 대표가 참여하는 각계대표회의를 소집해 이를 정식 민의기관으로 제도화하려 시도하였다. 이제 이에 관해 살펴보자.

각계단체들은 이미 청말 입헌운동 과정에서부터 각 성의 지방의회인 자의국 개설 과정에서 추동 역할을 담당했는데, 1913년으로 예정된 국회개설을 위해 나서야 했다. 정당결성과 국회구성 방안에 관한 논의의 주체는 국회청원동지회로 모아진 각계단체들일 수밖에 없었다. 여기서 민간단체가 정당결성과 국회구성을 주도하는 중국 헌정운동의 구조가 형성되었다. 이는 의회개설과 지방자치가 곧 합군진화(合群進化)의 방도라는 한인(漢人) 고관들의 상주를 수용한 청조의 동원전략과 각계단체의 참정운동이 결합된 결과 더욱 촉진되었다.

민의기관(省議會, 國會)의 대표를 어떤 방법으로 선출할 것인지에 대해서는 예비입헌공회가 1907년부터 논의하기 시작하였다. 이 과정에서 서구의 선거제도가 검토되었는데, 구역선거보다 단체선거가 선호되었다. 예비입헌공회는 단체선거란 각 단체로 하여금 대표를 선출하게 하는 것이라 하고, 그 구체적인 선례로 상하이 자의국장정(諮議局章程)을 시내의 12개 단체가 선출한 대표들이 기초한 것과 1860년 초 독일이 이 제도를 시행한 것을 소개하였다.[69] 상하이의 사례는 1905년 중국 최초의 지방의회로 성립된 총공정국(總工程局)을 지칭하는 것으로 보이는데, 그 선거방식이 주목된다.

상하이의 회관과 공소 등 길드성 민간단체들은 1895년 이래 각기 자신의 대표를 내어 시내 구역 단위의 자치기관인 각마로공정국(各馬路工程局)을 건립하였다. 이 민간단체들은 1905년 각마로공정국을 총합한 총공정국(總工程局)을 건립할 때 그 주체로 참여하였다. 따라서 총공정국 의원은 그동안 시의 자치 업무를 부분적으로 담당해온 선당(善堂), 서원(書院), 경무(警務), 각 포단(鋪段)의 이사, 각 행업의 공소와 회관 등 민간단체들이 공동으로 선거하였다. 그 결과 당선된 의원의 대다수는 회관·공소의 이사들이었다. 이들 회관·공소가 상회 회원으로 가입하였으니 상회 설립이 보편화된 이후에는 이런 방식의 선거가 더욱 선호될 가능성이 커졌다. 그리고 농회와 교육회도 이와 같은 민의기관 선거의 주체로 참여하려 한 것은 당연하다.

이는 1906년 7월 성립된 톈진현(天津縣) 의사회(議事會)에서 다시 확인된다. 이 의사회는 시자치국(市自治局) 국원 전체와 자치국이 선출한 신사 12명, 학회가 선출한 20명, 상회가 선출한 10명이 제정한 자치장정(自治章程)에 의거해 구성되었다.[70] 학회와 상회 등 민간단체가 그 주체로 참여한 것이다. 그런데 각지의 자치국이나 자치공소는 이미 그 지역 내의 각계단체 대표들로 구성되는 경우가 많았음을 감안하면 이는 전혀 이상한 일이 아니다.

지방의회 설립을 각 민간단체가 주도하고 민간단체 대표가 의원으

69. 湯一鶚, 「論成立國會實質之豫備法」, 『豫備立憲公會報』 1期, 1907. 1. 28.

70. 「北洋大臣袁世凱奏天津試辦地方自治情形摺」(1906. 7), 中國第一歷史檔案館 編, 『清末豫備立憲檔案史料』 下, 北京: 中華書局, 1979, 720면.

강학회와 각계연합의 국회청원. 강학회가 국회를 개설해야 부강을 이룰 수 있다고 주장한 이래 각계단체는 국회청원운동을 벌였다. 오른쪽은 1910년 제2차 청원운동 당시의 각계대표들이다.

로 진출한 것은 상하이와 톈진만의 일이 아니었다. 청조의 헌정편사관(憲政編査館)이 마련한 지방자치장정은 "새로 설립된 교육회, 상회 등"을 모두 각 지방의 자치단체로 규정하였다.[71] 이와 같은 '공공단체(公共團體)'는 국사(國事)의 일부를 실행하여 관청의 힘이 미치지 못하는 부분을 보조할 "공법(公法)상의 의무를 지는 공법인(公法人)"으로 간주되었다.[72] 이것이 각 성·시 자치회를 교육회, 상회 등이 앞장서서 주도한 배경이다. 구이저우 자치학사(貴州自治學社)가 그 대표적인 예로 교육총회·검학회(黔學會)·상무총회에 의해 주도되었다. 예비입헌공회(豫備立憲公會)와 월상자치회(粵商自治會)도 마찬가지 방식으로 구성되었다.[73]

예비입헌공회는 1908년 국회 개설 절차를 연구하는 국회연구소(國會研究所)를 설립할 때 각 단체로부터 단체원을 추천받아 이들을 회원으로 하여 구성되었다. 이렇게 설립된 국회연구소가 하원의원 구성방법

71. 「憲政編査館奏核議城鎮鄉地方自治章程並擬選舉章程摺」, 『東方雜誌』 6卷 1號, 1909. 2. 15, 55면.

72. 王士森 編, 『城鎮鄉地方自治章程要義』, 上海: 商務印書館, 1909, 4~5면.

73. 侯宜杰, 앞의 책, 120~122면, 143~151면.

을 논의할 때 멍썬(孟森) 등은 그 지방의 상회·학회 등 단체가 선거인을 추천하고 선거인이 의원을 선거하도록 하는 방안을 명확히 제시하였다.[74] "사회는 법인이며 국가도 법인이니 개인은 국가의 대표가 될 수 없다"는 단체주의 사고가 민의기관의 제도화 과정에도 영향을 미치고 있는 것이다.[75] 이는 합군의 사회심리가 얼마나 강렬하게 실제 사회·정치활동에 침투되어 있었는지를 잘 보여준다.

이처럼 단체선거가 선호된 것은 표면상 단체선거의 편리함을 활용하는 동시에 각 단체를 주도하던 입헌파 신상의 집권 열망을 실현하는 실용적 필요에서 나온 것이지만, 본질적으로 단체결성을 부강과 문명의 표준으로 간주하는 선군진화론(善群進化論)의 시각이 반영된 결과라 할 수 있다. 다만 그 단체가 직업단체인가, 지역단체를 비롯한 기타 단체들도 포함하는가의 문제는 아직 모호한 채로 남아 있었다. 그것은 직업단체들만의 직업대표제도 지역단체들만의 구역대표제도 아니었다. 직업단체가 중심이지만 양자를 절충한 방식에 가까웠다.

당시 중국에는 동향단체들이 자선활동을 바탕으로 사회·정치적 영향력을 행사하면서 직업단체들과 연합하여 각계연합의 일원으로 참여하고 있었다. 또 동향단체 안에도 동업단체의 성격이 내포되어 있고 그 반대의 경우도 적지 않았다. 이처럼 동향성(同鄕性)과 동업성(同業性), 지역성과 직업성은 하나의 단체 안에 중첩되어 있었다. 특히 상회는 처음부터 전통적 회관과 공소의 가입으로 성립되었으며, 1919~1920년 상하이 총상회도 사명공소(四明公所: 닝뽀동향회)와 광조공소(廣

---

74. 孟森, 「論中國今日有可以速開國會之理由」, 『豫備立憲公會報』 7期, 1907. 1. 28; 「國會研究所第三次議案」, 『豫備立憲公會報』 8期, 1908. 5. 27.

75. 「豫備立憲公會致各團體函」, 『申報』 1908. 5. 7; 「江蘇紳士豫備開設國會紀事」, 『申報』 1908. 5. 18.

肇公所: 광저우·저우칭동향회)에 의해 주도되었을 정도이다. 그럼에도 상하이시 총공정국 화인대표(華人代表) 선거에서, 동향단체는 특수한 지연관계를 가진 사람들만을 위한 단체로 간주되어 공민(公民)의 공의(公意)를 대표하는 선거 단위의 자격을 부여받지 못하였다.[76] 기타의 임의단체들도 마찬가지였다. 여기서도 판단의 기준은 다른 어떤 단체보다 동업의 직업단체가 부강과 문명과 공화의 진보를 실현하는 데 효과적이라는 합군상전론(合群商戰論)에 의거하고 있는 것으로 보인다. 교육과 재산 정도를 기준으로 선거관과 피선거권을 제한하던 당시에, 직업의 유무를 추가하여 '무직업자' 또는 '부정당한 직업·영업자'의 참정권을 제한하는 각종 민의기관조직법과 선거법이 제정된 것도 그 때문이었다.[77]

그렇다면 이때 중국의 민의기관 선거에 이미 직업대표제가 도입된 것일까? 공단주의(工團主義, 생디칼리즘)와 길드사회주의에 의거한 직업대표제는 5·4운동기에 비로소 중국에 수용되었다. 오스트리아, 이탈리아, 영국에서 19세기 말에 몇몇 직업단체의 대표가 의회에 진출했지만 이는 정부에 의해 임명된 것이어서 직업단체 회원의 선거에 의한 직업대표제와는 거리가 멀었다.[78] 그럼에도 법단을 중심으로 한 각계민간

76. Bryna Goodman, "Democratic Calisthenics: The Culture of Urban Associations in the New Republic," Merle Goldman and Elizabeth J. Perry eds., *Changing Meanings of Citizenship in Modern China*, Cambridge: Harvard University Press, 2002, 79면.

77. '無業者/無職業者'를 배제한 법규: 1905年上海市總工程局議事規程, 1921年浙江省憲法. '營業不正者/不正當職業者'를 배제한 법규: 1909年城鎭鄕地方自治章程, 1914年城鎭鄕地方自治施行條例, 1922年湖南省憲法, 1924年淞滬自治制, 1924年雲南潛行市自治條例. 이상은 「上海總工程局潛行章程」, 『東方雜誌』 3卷 12號, 1907. 1. 9; 葉利軍, 『民國北京政府時期選擧制度研究』, 湖南人民出版社, 2007, 65면, 341면, 355면, 386~389면 참조.

78. 王世杰, 『比較憲法』, 上海: 商務印書館, 1928, 270~271면.

단체가 국채상환운동과 국회청원운동을 주도한 과정에서 확립된 각계연합의 각계민의 결집방식은 직업대표제의 원리를 상당 정도 내포하고 있다. 이 과정을 면밀히 관찰한 위스콘신대학의 정치학 교수인 폴 레인쉬(Paul S. Reinsch)의 말을 들어보자. "중국인은 다양한 길드와 사회단체로 집단화되어 있다. 이들 단체의 업무는 직원과 회원의 회의에서 토론을 통해 처리된다. 따라서 (그들의) 국회 개설 요구는 중국인의 사회생활에 깊이 심어진 관행의 자연스런 결과이다." "최근 성립된 수많은 공공단체는 성·시 자의국이 성립될 때 자신의 방식으로 자신의 문제를 해결하려는 시도 속에 공중(公衆)의 자발적 행동을 대표해왔다. 그런 공공단체는 사실상 소규모의 진정한 의회(議會)이다." 따라서 "민의기관 설립이 준비되는 과정에서 이익대표(representation of interests)의 이념이 중국의 정치평론가들에 의해 강력하게 선호되었다."[79]

이런 관찰에는 부분적으로 법단에 대한 과대평가도 포함되어 있지만 국가와 사회의 관계 속에서 각계 민간단체가 담당한 민의 대변 기능을 간파하고 이를 이익대표(직업대표)의 일종으로 이해한 것은 무리가 아니다. 다만 대중운동 형태의 각계연합이 이익대표의 방식을 취한 것은 분명하더라도, 그것이 민의기관 선거에서 제도화되었는지는 또 다른 문제이다. 실제로 그것은 청조의 자의국·자정원 선거, 중화민국의 성의회(省議會)·국회(國會) 선거에 도입되지 않았다. 이들 민의기관은 모두 구역대표제에 의거해 구성되었다. 이런 대표구성방식은 당시 레인쉬의 관찰대로 각계연합이 각계민의를 주도하면서 사실상 의회 기능을 담당해온 사회관행과 괴리되었다. 이들 민의기관이 정국의 안정에 기여하지 못한 중대한 까닭의 하나는 바로 여기에 있는 것으로 보인다.

---

79. Paul S. Reinsch, *International and Political Currents in the Far East*, New York: Houghton Mifflin Co., 1911, 256~257면, 260~261면, 267~268면.

더구나 민국 초 이들 민의기관이 해산되거나 군벌과 정객의 들러리로 전락했기 때문에 각계연합은 민의기관이라고 자처하고 나섰다. 이는 중화민국 정부가 스스로 상회·농회·교육회가 국회 기능을 대행할 수 있게 해줌으로써 더욱 촉진되었다. 공상부는 1912년 9월 "단체의 결합이 없으면 어떤 일도 성공을 거둘 수 없다"면서 전국임시공상회의(全國臨時工商會議)를 소집하여 각종 상공업 관련 정책을 의결하였다. 여기에는 각 지방의 공상광업 관련 단체의 대표와 화교의 상회대표가 각 성의 실업(實業) 담당 관료와 함께 참여하였고 이들은 공식적으로 '의원(議員)'으로 불렸다. 정부는 회의에 앞서 공상광업 각계의 대표로 하여금 정부의 각종 실업 관련 정책대안을 마련하도록 하였다. 이 계획이 각 성에 하달되자 각 성은 먼저 각 성 공상회의를 열어 전국회의에 나가 논의할 사안들을 점검하였다.[80] 1912년 11월 농림총장이 소집한 전국농회연합회회의도 각 성의 농업상황을 보고한 후 농림부가 제출한 농정 관련 16개 의안과 회원이 제출한 농업진흥 관련 28개 의안을 심의·의결하였다.[81] 교육회도 이와 마찬가지로 1915년부터 매년 소집된 전국교육회연합회회의(全國教育會聯合會會議)에서 교육 방면의 국가정책을 심의·의결하였다. 각 현교육회의 참여 속에 소집된 성(省)교육행정회의는 성급 의제를 다루었다.[82]

그러므로 전국적 조직망을 갖춘 이들 세 단체의 주도적 참여 속에

80. 「直隷都督張轉發工商部召開全國臨時工商會議通知并附會議章程」(1912. 9), 天津社會科學院歷史研究所 外 編, 앞의 책, 2542~2544면; 「直隷勸業道請商會遴員出席直隷工商鑛業討論會函并附章程」(1912. 9), 같은 책, 2567~2568면.

81. 陶昌善 等 編, 『全國農會聯合會第一次紀事』, 臺北: 文海出版社, 1973, 57~61면.

82. 「各省教育總會聯合會議決案」, 『教育雜誌』 3卷 6期, 1911. 6. 10; 「全國教育會第一次聯合會記略」, 『教育雜誌』 7卷 6期, 1915. 6. 15; 「第四屆全國教育會聯合會議決案」, 『教育雜誌』 10卷 12期, 1918. 12. 20; 「組織湖南省教育行政會議議案」, 『湖南教育雜誌』 2卷 7期, 1913. 6. 14.

성립된 1918~1919년의 전국화평연합회와 전국각계연합회가 민의기관이라고 자처한 것은 전혀 허위나 과장이 아니었다. 바로 그 연장선에서 각계단체들은 1919년부터 유럽 길드사회주의의 직업대표제 이론을 급속히 수용해 자신의 입지를 강화하려 시도하였다. 그 결과 특정한 구역이 아니라 특정한 영역(利益)을 대표하는 단체들이 전체를 적절히 대표할 수 있다는 믿음은 더욱 확산되었다. 이는 청말 대두한 합군구국론과 상전구국론의 발전이라 할 만하다.

이상에서 확인하였듯이 각계 사회단체들은 신해혁명 직전부터 각계연합을 결성하여 합군구국을 위한 민의기관건립운동을 전개하였다. 그것은 일시적 집회와 시위, 지속적 연합체, 사안별 대표회의의 세 가지 형태로 나타났다. 이것은 비록 지역적 범위의 현상이었지만 이윽고 5·4운동기에 전국적 범위로 확대·발전되고 그 후에도 사회관행으로 정착되어 지속되었다. 이에 대한 이해는 따라서 신해혁명과 5·4운동을 상호 연관된 하나의 과정으로 파악하는 데 필수적 의미를 갖는다.[83] 신해혁명 직전에 각계대표를 이익대표의 한 형태로 파악한 레인쉬가 베이징 주재 미국 공사로서 근무한 후 1920년 직업대표제에 의거한 국민회의 소집론을 제창한 것은 결코 우연이 아니다. 이제 다음 장에서는 국민회의 소집론이 형성되는 과정을 살펴보자.

---

83. 閔斗基는 신해혁명을 공화정의 제도적 틀을 갖추는 1단계로 간주하고 5·4운동을 그 내실을 갖추는 2단계로 보아 이 둘을 하나의 연속된 공화혁명 과정으로 보자고 제안하였다. 민두기, 「共和革命試論」, 『中國初期革命運動의 硏究』, 서울대학교출판부, 1997.

3 | 국민회의 소집론의 형성

신해혁명으로 성립된 중화민국은 구역대표제의 제한선거(재산, 교육 정도 기준)를 거쳐 국회를 개원했으나 군벌의 정권욕과 내전에 의해 해산과 회복을 거듭하였다. 이러한 정치상황을 배경으로 제기된 국민회의 소집론은 직업대표로 새로운 민의기관을 구성하여 헌법을 제정하고 그에 의거해 새로운 정부를 수립하여 '진정한 민국'을 세우자는 건국방안이다.

국민회의를 이해하는 데서 핵심 문제는 민의기관의 구성원리가 왜 그리고 어떻게 구역대표제에서 직업대표제로 바뀌게 되었는가 하는 점에 있다. 그동안의 연구에서는 국민회의를 국민의 민의기관이 아니라 혁명정당의 통일전선으로 이해했기 때문에 이 점에 주의를 기울이지 못한 것으로 보인다. 일본과 중국 학계가 국민회의를 1923년 공산당에 의해 창안된 통일전선의 한 형태라고 파악한 반면, 타이완 학계는 1924년 11월 쑨원에 의해 제창된 중국의 통일과 건설을 논의하기 위한 일시적 회의체로 이해해왔다. 그러나 양쪽 견해 모두 이 장에서 밝혀질 국민회의 소집론의 실상과 상당한 거리가 있으며, 특히 국공 양당을 주체로 하는 당사(黨史) 중심의 관점에 의거한 견해여서 직업단체를 객체화시키는 한계를 갖고 있다. 국민회의의 구성주체가 각 직업단체인 만큼 당연히 직업단체의 성장과 요구라는 각도에서 국민회의 소집론을 살펴봐야 마땅하다.

이에 이 글은 앞 장에서 검토한 신정~민국초의 합군구국론과 각계연합의 민의결집 경험, 그리고 직업을 가진 자들을 조직하여 사회·정치적 과제를 해결하려는 직업주의를 배경으로 1920년 8월 전 베이징 주재 미국 공사 레인쉬(Paul S. Reinsch)에 의해 명확한 정치적 의제로서 체계적으로 제기되었음을 밝힐 것이다. 이는 그 개인의 일방적 창안이나 제안이 아니라 신해혁명기 이래 각계연합이 민의형성을 주도해온 경험과 사회관행을 정확히 파악하여 체계화한 것이었다.

의회제혁신론과 직업대표제론의 여론화

1913년 4월 8일 개회한 제1대 국회는 11월 13일 위안스카이 총통에 의해 해산되었다. 그것은 1916년 8월 1일 리위안훙(黎元洪) 총통에 의해 회복되었으나 1917년 6월 12일 장쉰(張勳)에 의해 다시 해산되었다. 안후이파 군벌에 의해 1918년 8월 12일 이른바 안복국회(安福國會, 安福俱樂部가 주도한 데서 붙여진 이름인데, 수정된 선거법에 의거했으므로 '신국회'라 일컬음)가 열렸으나 서남 5개 성이 선거에 불참하였기에 정통성이 취약하였다. 신국회는 즈리파 군벌이 집권함에 따라 1920년 8월 31일 해산되었다. 1922년 8월 1일 즈리파 군벌에 의해 제1대 국회('구국회'로 지칭되기도 함)가 다시 회복되었는데, 총통 차오쿤(曹錕)을 선출하는 과정에서 뇌물선거를 자행하여 국민의 비난이 빗발치는 속에 1924년 11월 베이징정변 직후 등장한 돤치루이(段祺瑞) 임시집정에 의해 해산되었다. 그 사이사이에는 각종 형태의 임시적 회의체가 국회를 해산한 세력에 의해 임명된 인사들로 구성되어 국회를 대신하였다.

이렇게 국회가 농락당하고 신뢰를 상실한 일차적 원인은 군벌의 매수·협박·암살에 있지만 철새처럼 행동하여 정객화한 의원 자신과 양자 사이를 매개한 관료의 책임도 크다. 가령 성의회의 경우 1913년 의원들 간의 당파 대립으로 의장단 선거가 파행을 거듭하며 개원(開院) 자체가 지연됨으로써 사회 각계의 불만이 야기되자 교육단(教育團), 농회, 공회, 상회, 보계(報界) 등 각 법단이 '법단연합회'를 개최하여 개원을 촉구하는 압력을 행사한 결과 의장단 선거를 매듭지은 일이 있다.[1] 국회가 해산과 회복을 거듭한 것과 달리 성의회는 1927년 국민혁명에 의해 해산될 때까지 존속했는데, 이 예에서 보듯이 당파적 정당과 공공의 직업단체를 대비시켜 의회정치를 보는 시각이 은연중 자리잡게 되었다.

그리하여 신해혁명 직후 의회제의 도입을 당연시하던 대다수 중국 지식인과 언론은 의회정치가 군벌·관료·정객에 의해 농단되어 좌절되는 것을 지켜보면서 '진정한 민국'을 건설하려면 어떻게 해야 하는지를 모색하기 시작하였다.

우선 정당정치의 사회적 기초에 대한 모색이 눈에 띈다. 민국초부터 정당정치의 실패를 목도한 사람들은 정객식 정당을 타파하고 새로운 정당을 결성하는 '정치적 대항세력'과 정파를 초월하는 '사회적 대항세력'의 양성으로 나누어 그 해결책을 찾으려 했다. 리다자오(李大釗)는 1914년 정치의 정상궤도 안에 각기 다른 정당의 존재를 허용함으로써 이들이 독립정신을 갖고 집권당의 전횡을 견제할 수 있도록 해야 한다

1. 呂實强, 「民初四川的省議會, 1912~1926」, 『中央研究院近代史研究所集刊』 16期, 1987. 6, 258~259면.

고 하였다.[2] 그에 따르면 이러한 정치적 대항세력을 뒷받침하려면 권세와 재물에 휘둘리지 않는 "사회 각 방면의 중견인물"이 있어서 군중을 조직하고 군중의지를 통일해야 그 집적인 민의에 기초한 정당정치가 본궤도에 오를 수 있다. 이런 그의 구상은 정치적 대항세력과 사회적 대항세력의 동시 양성을 꾀하면서도 후자를 더 중시한 것으로 보인다. 장둥쑨도 1914년 두 종류의 대항세력이 필요함을 인정하면서 '무형의 대항세력'인 사회 각 부문의 상호 견제와 조화가 더 중요하다고 하여 사회적 대항세력을 중시하였다.[3] 천두슈가 정당운동을 국민운동으로 전환하라고 촉구한 것은 이 구상을 더욱 급진화한 예이다. 그는 1916년 1월 이제 정당정치는 유럽에서도 과거의 유물이 되어버렸다고 진단하고 중국도 당파운동을 국민운동으로 전환해야 한다면서 청년들에게 1916년을 정당정치에서 국민정치로 나아가는 원년으로 삼으라고 촉구하였다.[4]

정치적 대항세력을 떠받치는 사회 각 방면의 자율적 군중결합이란 무엇일까? 그들은 그것이 무엇인지 명확히 말하지 않았으나, 아마도 단순한 지식인 단체인 학회가 아니라 직업단체를 중심으로 이미 구체화된 각계연합일 가능성이 높다. 이는 청말 입헌운동 이래 각종 직업단체가 법단으로서 여론형성의 사회적 주체 기능을 담당해온 경험의 연장선에서 보면 특히 그렇다. 그러나 이 경험은 위안스카이의 황제체제 부활운동을 거치면서 이들 직업단체가 '공화만세'와 '제제청원(帝制

---

2. 李大釗, 「政治對抗勢力之養成」, 『中華』 1卷 4號, 1914.11.10, 『李大釗文集』 上冊, 北京: 人民出版社, 1984, 99~109면.

3. 백영서, 「共和에서 革命으로-民初論爭으로 본 中國 國民國家 형성」, 『東洋史學研究』 59집, 1997. 7, 43면.

4. 陳獨秀, 「一九一六年」, 『青年雜誌』 1卷 5號, 1916. 1. 15.

請願)' 사이를 오감으로써 사회적 신뢰를 상실한 탓도 있어서 곧장 5·4운동기의 직업대표제로 이어졌다고 보기는 어렵다. 이는 1장에서 본 것처럼 무정부주의자의 동업공회연합에 의한 사회개조론을 매개로 하여 점차 그 방향으로 발전할 것이었다.

이와는 좀 다른 차원에서, 의회정치의 폐단을 인정하고 직접민권을 도입해서 보완하려는 모색도 이루어졌다. 쑨원은 1916년 대의제 하에서 인민은 대의권(代議權)밖에 행사할 수 없어 의회의 입법이 인민의 의지에 반하여도 이를 취소할 방도가 없다고 지적하였다. 이를 시정하기 위해서는 직접민권(창제권, 복결권, 파면권)으로 보완해야 한다면서 이를 선거권과 합친 "4대 민권이 있어야 순수한 민국이라 할 수 있다"라고 하였다. 이때 그가 직접민권을 실행하기 위해 제시한 방법이 '국민대회'이다. 현(縣) 국민대회는 인민의 자발적 발기로 개최하고 과반수의 찬성으로 창제권·복결권·파면권을 행사하며, 각 현 대표로 전국 국민대회를 개최하여 총통의 선거와 중앙입법의 개정 등 전국적 직접민권을 행사하는 것으로 되어 있다.[5] 그의 국민대회 구상은 신해혁명 직후 처음 등장하여 21개조 반대운동을 거쳐 5·4운동에서 일반화된 국민대회와 유사해 주목된다. 전후 맥락으로 보건대 이 국민대회를 주도할 세력도 다름 아닌 직업단체 위주의 각계연합일 가능성이 높다.

이와 같이 신해혁명의 경험을 통해 체득된 선구적인 의회제 비판과 혁신론은 공개적인 논쟁이나 강연을 통해 제기되었고 즉시 신문에 보도되었으므로 점차 적지 않은 영향을 불러일으켰다. 5·4운동기의 의회

5. 「名流政治演說」, 『上海民國日報』 1916. 7. 16; 「記孫中山先生之政見演說會」, 『上海民國日報』 1916. 7. 18; 「民權初步 序」(1917. 2. 21), 『孫中山全集』 3卷, 北京: 中華書局, 1984, 412~413면. 韋杰廷·陳先初의 『孫中山民權主義探微』(桂林: 廣西師範大學出版社, 1995, 89~90면)에서는 쑨원의 이러한 의회제혁신론을 근거로 1916년부터 '신민권주의'로 발전하기 시작했다고 본다.

제 혁신론은 제1차 대전과 러시아 혁명을 전후하여 구미 정치학자와 사회운동가들 사이에 확산된 비의회주의적(non-parlimentary) 급진사상의 영향을 받아 더욱 광범하고 체계적으로 전개되었다.[6]

정당세력과 맞서는 사회적 대항세력이나 국민대회가 직업단체 중심의 각계연합일 수밖에 없다는 추측은 몇 년 후 천두슈의 구상에서 확인된다. 1919년 5월 5·4운동의 경험을 바탕으로 그는 중국 정치의 근본적 구제방법은 학계, 상회, 농민단체, 노동단체 등 "평민단체의 다수의 사"에 의거한 사회적 견제에 있다고 확신하기에 이르렀다. 여기서 그는 명백히 정당을 배제하고 정부와 국회로 하여금 다수 평민의 명령에 복종하도록 해야 한다고 하였다.[7] 그렇다면 평민의 직업단체를 키우는 것이 정치개조의 급선무이다.

5·4운동 직후 『건설』, 『주간평론』(星期評論), 『상하이민국일보』 등 국민당계 언론은 1919년 7월부터 헌법을 제정하지 못한 사실을 근거로 중국 의회제의 실패를 지적하고 국회에 대한 비판과 혁신론을 제기하였다.[8] 이것은 주로 쑨원의 직접민권론을 대안으로 제시하는 선에 그쳤으나 의회제 혁신의 필요성을 널리 환기함으로써 더 근본적인 혁신 대안을 모색하는 데 촉진작용을 하였다. 그와 짝을 이루어 1919년 9월부터 『해방과 개조』, 『동방잡지』, 『신보』 등도 직접민권과 함께 직업대

---

6. 비의회주의 사조의 소개는 『東方雜誌』에 흔히 보인다. 昔塵, 「議會政治之失望」, 『東方雜誌』 17卷 17號, 1920. 9. 10, 20~21면; 王世杰, 「德謨克拉西與代議制」, 『東方雜誌』 18卷 14號, 1921. 7. 25, 123면.

7. 只眼, 「憲法問題」, 『每週評論』 18號, 1919.5.20, 『陳獨秀文集』 1卷, 474면; 「山東問題與國民覺悟」, 『每週評論』 23號, 1919.5.26, 『陳獨秀文集』 2卷, 19면.

8. 仲愷, 「三大民權」, 『星期評論』 6號, 1919. 7. 13; 「議會政治的末路」(社說), 『上海民國日報』, 1921. 2. 21; 仲愷, 「"全民政治論" 序章」, 『建設』 1卷 1號, 1919. 8. 1; 民意, 「國會之非代表性及其救濟方法」, 『建設』 1卷 4號, 1919. 11. 1.

표제를 동시에 실시해야 의회제의 폐단을 근본적으로 혁신할 수 있다고 주장하였다.[9]

그 요지는 다음과 같다. 첫째, 정당 중심의 구역선거제로 대표를 선출할 경우 지역주민의 이해관계가 다양하고 그들이 지속적인 단체로 조직되어 있지 않기 때문에 선거는 지역구를 단위로 조직된 정당이 좌우할 수밖에 없으며 그 결과 정당의 견해가 국민의 민의와 상반되는 정당정치의 구조적 모순이 나타난다. 둘째, 의원과 지역 유권자의 이해가 일치하지 않으며, 의원이 유권자와 일상적으로 접촉하면서 유권자의 이해와 요구를 수렴하는 대의(代議)관계가 성립되지 않고 지역구민의 의사와 상반되는 의정활동을 해도 유권자로서는 이를 견제할 수단이 없다. 셋째, 의원이 군벌·관료에게 쉽게 매수되거나 스스로 민의를 배반하는 까닭은 '무직업자(無職業者)'가 당선되었기 때문이므로 직업을 가진 사람에게만 의원 입후보 자격을 부여해야 한다. 이때 군인·관료·의원은 무직업자로 간주되었다.

이러한 의회제혁신론은 앞 장에서 검토한 대로 직업을 중시하면서 직업을 가진 자로 사회·경제와 정치 문제를 해결하려는 직업주의 사조와 결합하여 직업대표제의 광범한 수용으로 이어졌다. 이를 촉진한 이론이 길드사회주의의 직업대표제론이다. 『해방과 개조』 주편 장둥쑨 등은 1919년 9월부터 길드사회주의 이론을 소개하면서 평화적 방법으로 사유제와 임금제를 폐지하는 경제조직의 개조방안으로 주목하였다. 유럽 사회를 관찰하고 돌아온 량치차오와 장쥔마이(張君勱) 등은

9. 東孫, 「羅塞爾的"政治理想"」, 『解放與改造』 1卷 1號, 1919. 9. 1; 虞裳, 「基爾特社會主義」, 『解放與改造』 1卷 3號, 1919. 10. 1; 延陵, 「廓爾的"實業界的自治"」, 『解放與改造』 2卷 10~11號, 1920. 5. 15, 6. 1; 楊端六, 「社會組織的研究」(上), 『東方雜誌』 17卷 23號, 1920. 12. 10, 14~19면.

1920년 4월 공학사(共學社)를 결성하여 사회개조를 위한 신문화운동을 전개하였으며 그 일환으로 길드사회주의를 적극 소개하고 수용하였다. 이를 위해 『개조』(『해방과 개조』의 후신)를 그 기관지로 활용하면서 1922~1923년에는 공학사 사회경제총서로 길드사회주의 단행본을 번역, 출간하였다.[10] 공학사에는 량치차오와 가까운 장방전(蔣方震), 장쥔마이, 장둥쑨, 란공우(藍公武) 등 젊은 층 외에 차이웬페이, 장젠(張謇), 장위안지(張元濟), 장멍린(蔣夢麟) 같은 저명인사들도 참여하였다. 그들의 목표는 생산자의 동업공회(同業公會)를 경제조직의 기초로 삼고 각기 다른 산업의 길드가 민주적 관리를 실행하도록 하여 노임제도를 폐지하는 것이다.

당시 중국의 가장 영향력 있는 잡지의 하나인 『동방잡지』는 1919년 11월부터 중국의 의회제 혁신을 위한 대안으로서 길드사회주의의 직업대표제론을 소개하였다. 이는 1916년 영국에 유학하여 그것을 직접 배우고 1920년 귀국한 양뚜안류(楊端六)가 『동방잡지』의 편집을 맡음에 따라 더욱 활성화되었다. 먼저 공업 방면에서 민주주의를 실현하기 위한 모색으로서 '산업민주주의(Industrial Democracy)' 이론을 소개했는데[11] 이 원리를 다른 직업에까지 확대 적용하면 직업대표제론으로 이어진다. 콜(G. D. H. Cole), 웹(S. Webb), 펜티(A. J. Penty), 러셀(B. Russel)

---

10. 번역서에는 G. D. H. Cole의 *The World of Labor*, *Guild Socialism*, *Social Theory*, *Labor in Common Wealth*, S. G. Hobson의 *National Guilds*, G. R. S. Taylor의 *Guild State*, A. J. Penty의 *Guild*, *Trade and Agriculture* 등이 포함되었다. 張朋園, 『梁啓超與民國政治』, 臺北: 漢生出版社, 1992, 19~20면, 156~164면.

11. 이것은 공장 내의 생산과 운영과정 일체, 노동조건의 개선에서 구성원 가족의 복지 문제에 이르기까지 각종 사안을 경영주 측 대표와 노동자 측 대표 동수로 구성된 회의기구에서 충분히 토론하여 결정한다는 방법이다. 衡如, 「實業的民治主義之實驗」, 『東方雜誌』16卷 11號, 1919. 11. 15, 64~66면; 扶風, 「實地試驗中工業的德謨克拉西」, 『東方雜誌』18卷 7號, 1921. 4. 10, 119~122면.

職業代表制之比較研究

張榮福

職能的民主主義

黃卓

직업대표제론의 수용과 전파를 보여주는 논설. 5·4운동을 거치면서 유럽의 직업대표제 이론이 소개되어 광범하게 유포되었다.

등의 이론이 소개, 수용되었다. 이들 사이에도 약간씩 구체적인 차이가 있으나 중국에 가장 큰 영향을 미친 것은 러셀과 콜의 이론이었다. 당시 중국에 소개된 직업대표제론의 기본원리를 간단히 정리해 보면 다음과 같다.[12]

직업대표제론은 직능적 사회관과 다원적 국가관에서 출발한다. 인간은 직능에 따라 자신을 분별하고 서로 조직하여 삶을 영위해왔으며 사회란 각종 직능을 가진 사람들이 활동하기 위해 형성된 것이다. 의회정치에서 대표선출의 단위는 당연히 직능을 기초로 삼아야지 거주

12. 張東蓀, 「憲法上的議會制」, 『東方雜誌』 19卷 21號, 1922. 11. 10, 8~18면; 徐六幾, 「中華基爾特社會主義國憲法導論」, 『東方雜誌』 19卷 21號, 1922. 11. 10, 9~15면; 張榮福, 「職業代表制之比較研究」, 『東方雜誌』 21卷 7號, 1924. 4. 10, 17~19면; 黃卓, 「職能的民主主義」, 『東方雜誌』 21卷 8號, 1924. 4. 25, 58~59면.

지 구역을 기초로 삼아서는 안 된다. 거주지 구역은 치안이나 징세 등 행정적 편의를 위한 단위일 뿐이다. 따라서 진정한 민주주의 실현은 직업별 자치의 원칙에 따라 각 직업 단위의 기층 소조직에서 시작되며 이를 바탕으로 누층적으로 동일 직업 전체로 확대되는 것이다. 국가는 이와 같은 각종의 직능적 사회조직들이 모여 형성된 것이므로 다양한 직업구성원의 이해와 요구가 정책결정에 반영될 수 있도록 하려면 당연히 국민의 정치적 대표도 직업 단위로 선출해야 하며 의원 수는 직업별 인구수에 비례하여 배분해야 한다.

위와 같은 사회조직의 원리로부터 출발한 직업대표제론은 대의정치에서의 '대표(代表)'의 개념과 원리 면에서 기존의 이론을 재검토하지 않을 수 없게 한다. '대표'는 다수의 피대표인들 또는 그들의 의지를 대표하는 것이 아니라 일정한 공통의 목적과 직능을 대표하는 것이며 이것이 직능적 대표의 원리, 진정한 이익대표(利益代表)의 원리이다.[13]

직업대표제론은 직능적 사회관과 다원적 국가관에서 출발하기 때문에 국가권력의 집중과 강화에 반대하고 분권을 추구하지만 국가기구를 무정부주의처럼 부정하거나 공단주의(생디칼리즘)처럼 직업조직으로 대체하려 하지 않고 대체로 양자의 조화를 꾀하려는 경향을 보인다. 특히 러셀은 새로운 제도와 사회를 건설하기 위해서는 인간의 '사유욕구'를 억제해야 하는데, 이를 위해서는 국가권력의 간섭이 필요하다고 보아 길드와 국가의 공치(共治)를 주장하였다.

직업대표제론자들은 이런 이론에 근거하여 기존 의회제의 폐단을 다음과 같은 점에서 극복할 수 있을 것으로 기대하였다. ① 직업단체 단위로 대표를 선출하면 대표가 제한된 목적과 지능에 한하여 권한을

13. 六幾, 「基爾特社會主義的原理」, 『東方雜誌』 18卷 22號, 1921. 11. 25, 23~25면.

행사하므로 의원이 지역유권자의 전체 의지를 대신하여 모든 영역에서 만능적 대표로 군림하는 폐단을 방지할 수 있다. ② 유권자가 직업단체 단위로 조직되어 있으므로 이를 바탕으로 의원과 지속적으로 만나 대의과정(代議過程)을 형성하고 의정활동을 감시하며 나아가 임기 전에 교체할 수도 있어 직접민권을 실행하기에 용이하다. ③ 의회를 재력과 권력을 가진 소수의 기관으로부터 다양한 직업종사자를 대표하는 진정한 국민대표기관으로 변화시켜 진정한 다수에 의한 정치를 할 수 있다. 그 결과 정치적 민주뿐만 아니라 사회·경제적 민주를 실현하기가 용이하다. ④ 각 직업 방면의 경험과 지식을 바탕으로 의정활동의 전문성과 효율성을 증대시킬 수 있다.

직업대표제론을 도입해야 한다고 여론화하는 데 가장 중요한 역할을 담당한 것은 『동방잡지』와 그 주변의 지식인들이었다. 양뚜안류를 중심으로 한 이 잡지는 "대의정치의 문제점을 개선하는 길은 직업대표제밖에 없으며", 이것은 "최대다수를 대표하는 민주주의 사상의 극치가 될 것"이라면서,[14] 1919년 가을부터 1924년 봄까지 지속적으로 직업대표제론의 확산을 위해 노력하였다. 공학사 동인들도 1920년 10월 러셀을 초청하여 길드사회주의를 확산시키면서 그의 직업대표제론을 성자치운동(省自治運動)에 적용하기 시작하였다. 후스(胡適)의 주도로 1922~1923년 사이에 간행된 『노력주보(努力週報)』도 직업대표제론을 적극 주장하였다.[15] 러셀의 강연에 이은 장캉후(江亢虎)의 강연도 중국사회당의 조직력에 힘입어 직업대표제론의 확산에 기여한 것으로 보

14. 昔塵, 「代議政治改善論」, 『東方雜誌』 17卷 24號, 1920. 12. 25, 23~26면; 六幾, 앞의 글, 14면.

15. 가령 衛挺生, 「職業參政芻議」, 『努力週報』 22期, 1922. 10; 慰慈, 「德國的經濟會議」, 『東方雜誌』 31-32期, 1922. 10 등을 보라.

인다. 당시 그는 직접민권과 직업대표제의 결합을 세계적 조류에 따라서 '신민주주의(新民主主義)'라고 불렀다.[16]

그런데 직업대표제의 실행을 주장하는 중국의 논자들 사이에 직업단체 및 대표의 위상과 역할을 둘러싸고 이견이 있었다. 서구의 직업대표론자들과 마찬가지로 중국의 논자들도 구역선거를 폐지하고 직업대표제로 대체하자는 주장과 양자 병행을 주장하는 두 견해로 나뉘어 있었는데 당시에는 러셀과 콜의 견해에 따른 병행론이 우세하였다.[17] 직업단체의 직권에 관해서는 노농세력이 입법·행정권을 행사하는 소비에트식 직업대표제(자본가, 지주 배제)는 독재의 위험이 있다는 이유로 대부분 반대하고 그 대신 독일의 경제회의(자본가 대표도 노동자 대표와 동수로 참여)처럼 일부 입법권을 행사하면서 구역대표의 정치의회를 보완하는 자문기구로 삼자고 하였다. 여기서 나아가 입법·행정·사법권의 일부까지 행사하는 기관으로 격상시켜야 한다는 주장도 있었다.[18] 실시 시기에 관해서도 당장 실행해야 한다는 주장, 무인·관료에게 이용당하지 않으려면 직업단체를 더욱 확대·조직하고 강화·개조하면서 필요한 여건을 충분히 조성한 다음 실행하자는 주장으로 나뉘었다.

위와 같이 현행 의회제도와 선거제도의 폐단을 비판하고 혁신하자는 여론은 신해혁명이 좌절된 이후 제기되기 시작하여 5·4운동 직후 광범하게 확산되었고 1922년 전후에 이미 정점에 달했다. 이런 여론은 1918년의 국회 선거와 1921~1922년의 성현(省縣) 의회 선거가 금권과

---

16. 江亢虎, 『江亢虎博士講演錄』 1輯, 上海: 南方大學出版部, 1923. 6, 18~19면, 116~117면.

17. 구역대표제든 직업대표제든 하나의 가정에 기초한 것이라는 견해가 있다. 하인츠 율로·죤 윌크 편, 이병화 옮김, 『代議政治論』, 전예원, 1985, 146~149면.

18. 衛挺生, 앞의 글, 132~135면.

관권에 의해 좌우되어 민의를 져버린 정치현실과 결부되어 널리 공감될 수 있었다.

직업대표제 국민회의 소집론의 형성

직업단체의 성장과 각 성·시 국민대회

제1차 대전기의 상공업단체의 성장, 민국 이래 학교제도의 확충에 따른 교육단체의 성장 등을 바탕으로 각 성·시의 법단과 기타 직업단체들이 국민적 여론형성의 중심세력으로 성장하였다. 이제는 법단처럼 정부의 공인을 받지는 않았지만 공공 목적의 단체라는 의미의 공단(公團)이 다수 성립되어 때로는 법단과 함께 때로는 그와 별도로 각계 민의를 결집하는 주체로 부상하였다.[19] 흔히 '공법단(公法團)'이라 통칭된 것은 양자를 합쳐서 일컫는 말이다.

1918년 5월부터 베이징, 상하이를 비롯한 전국 각 성·시의 교육회, 상회, 농회, 공회, 보계연합회 등 직업단체들이 정부에 일본과의 군사협정 취소, 철도차관 반대 등을 요구하거나 파리강화회의의 중국 대표에게 산둥이권의 반환을 촉구하였다. 부실한 '정부외교'를 일면 비판하고 일면 지원하는 '국민외교'의 여론을 형성하기 시작한 것이다.[20] 같은 해 6~7월 상하이와 광저우에서도 현지 법단들이 상호 연합하여 남북간의 내전정지와 일치대외를 촉구하면서 각 성·시 국민대회를 열더니

19. 예를 들면 商界 방면에서는 소수 부상들의 단체인 總商會나 縣商會 대신 대다수 중소상인 중심의 各馬路 商界(總)聯合會가 商界의 公意를 대표하는 기관으로 등장하였다. 李達嘉, 「五四前後的上海商界」, 『中央硏究院近代史硏究所集刊』 21輯, 1992. 6, 230~231면.

20. 「國民外交的眞面目」, 『上海民國日報』, 1919. 2. 7.

이를 기반으로 상하이에서 전국국민대회를 소집하고 국민공의로 제헌과 국회선거 문제 등을 해결하자고 호소하였다. 산둥성 지난에서도 같은 해 11월 교육회·상회·농회·공회가 성의회와 함께 산둥주권회수를 위한 산둥외교상각회(山東外交商榷會)를 결성하였고, 이듬해 4월에는 10만여 명의 참가 속에 공민대회를 열고 산둥의 철로·광산 이권과 칭다오(青島) 수호를 결의하였다.[21]

베이징에서 5·4사건이 발생하자마자 5월 6일 구속학생의 석방을 촉구하면서 학생운동을 성원하는 여론을 조성한 것은 상하이상업공단연합회(上海商業公團聯合會), 상하이와 장쑤의 상회·교육회·보계·율사공회(律士公會) 등이었다. 그 후 각 직업단체는 자발적으로 집회와 시위, 청원 등의 방식으로 반일·반군벌운동에 참여하였다. 집회와 시위는 학생연합회가 앞장서 이끌었지만 여러 공법단과의 연합집회로 진행되었고 따라서 집회 명칭도 '국민대회'로 거의 통일되어 있었다. 1919년 5월 7일 베이징시의 각 단체가 국민대회를 개최한 이래 상하이, 청두, 창사, 우한, 난징, 지난 등 전국의 대도시에서 국민대회가 개최되었다. 이 과정에서 상하이의 국민대회사무소는 각 성의 각계단체가 대표를 1명씩 상하이사무소로 파견하여 구망(救亡)을 위한 '전국일치의 국민대회'를 거행하자고 전문을 보냈으며, 5월 30일 청두 국민대회는 각 현에 대표를 파견해 각 현 국민대회 추진을 고취하고 각 성 국민대회에 전문을 보내 '중화민국 국민대회 총기관'을 조직하여 전국적으로 일치된 행동을 하자고 결의하였다. 같은 해 8월 말의 후난 국민대회와 다음해 10월의 후베이 국민대회도 각 성의 동의를 얻어 '중화민국 국민대회'를 개최하여 시국에 관한 일체 문제를 해결하자고 호응하였다.[22] 국민대회는 1919년

21. 末次玲子, 「五四運動과 國民黨勢力」, 『五·四運動史像の再檢討』, 東京: 中央大學出版部, 1986, 296~300면.

11월 16일 발생한 푸저우 사건(福州事件, 일본인이 중국 학생을 구타하여 살해한 사건)에 대하여 일본 정부의 사과와 책임자 처벌 및 배상 등을 요구하기 위해 1920년에도 전국 각지에서 계속 개최되었다. 푸저우 사건이 산둥 문제의 처리와 결합되어 중국 각계의 반일의식을 증폭시켰기 때문인데 이 과정에서 각지 각 단체 간의 상호 연대가 지속되거나 강화되었다.

그리하여 이들 대회가 일회성으로 그치지 않고 각계연합회의 결성으로 발전함으로써 그 후 일화배척(日貨排斥)운동, 산둥의 독일이권회수운동 등 민족주의운동을 지속적으로 벌일 수 있는 기반을 마련하였다. 각 성·시의 각계연합회는 1919년 6월 18일 톈진에서 먼저 성립된 이후 베이징, 상하이, 난징, 한커우, 창사, 광저우 등지에서 잇달아 성립되었다. 각계연합회는 기존의 법단 구성원 중의 일부 진보적 인사들도 포함하지만 5·4운동을 전후하여 새로 조직된 공단들, 가령 학생연합회, 상계연합회, 교직원연합회 등이 주도하였다. 주로 상층 국민의 이해를 대변해온 상회, 교육회, 농회 등 법단은 5·4운동기에 중하층 국민의 이해를 대변하여 새로 성립된 공단들과 함께 공동의 민족주의적 목표를 위해 경쟁하고 타협하면서 활동했는데, 때로는 입장의 차이로 인해 각계연합회에 가입하지 않은 경우도 있었다. 그리하여 상하이, 광저우, 창사 등지에서는 법단연합회와 각계연합회가 따로 구성되었다.[23] 필자가 주목하는 것은 어느 쪽이든 각 직업단체들이 연합하여 성·시 단위의 각계

22. 「國民大會上海事務所成立通告」, 『申報』 1919. 5. 17, 中國社會科學院近代史研究所 近代史資料編輯組 編, 『五四愛國運動』 上, 北京: 中國社會科學出版社, 1979, 273면, 345~356면; 張影輝·孔祥征 編, 『五四運動在武漢史料選輯』, 武漢: 湖北人民出版社, 1981, 239~240면.

23. 「各界聯合會開會紀事」, 『長沙大公報』, 1919. 7. 18. 末次玲子에 따르면 이런 현상은 이미 1918년 여름 상하이와 광저우에서 발생하였다.

(각공법단)연합회를 조직하고 그 위에서 전국각계연합회(全國各界聯合會, 1919. 11. 10 성립)를 조직했으며[24] 이들 연합회가 그 후 지속적으로 국내외 주요 정치 문제의 해결에 적극 발언하고 나섰다는 사실이다.

전국각계연합회는 각 성·시의 각계연합회에 전문을 보내 푸저우 사건의 처리와 산둥이권을 회수하기 위한 전국 일치항일(一致抗日)을 촉구하면서 각지 국민대회를 독촉하였다. 그뿐만 아니라 국제연맹의 개회에 즈음해서는 세계 각국에 "중화민국을 대표하여 우리 국민의 진정한 민의를 발표"하는 전문을 보내, "중화민국의 주권을 탈취한 소수 무인 관료가 민의를 가탁하여 우방을 속이고 있다"고 정부를 비판한 뒤 제1차 대전 이후 발생한 중국과 일본 간의 불평등조약 일체를 취소할 것 등을 촉구하였다.[25]

이 시기 각 법단 또는 각계연합회의 여론형성 범위는 주로 외교 문제에 집중되어 있었지만 거기에 국한되지는 않았다. 각계단체는 "정부의 외교가 실패하고 온 누리가 멸망의 위기를 두려워하고 있는 것은 정부를 감독할 건전한 민중단체가 없었기 때문"이라는 인식 위에 "민의를 전제로 외교의 뒷받침이 되기 위해" 각계연합회를 조직한 만큼,[26] 외교에서는 물론 내정에서도 민의를 무시하는 무능하고 부패한 군벌정부와 의회를 혁신하는 데 중요한 여론형성 작용을 할 수 있을 정도로 성장하였다. 가령 1919년 6월 상하이의 각 단체가 신국회의 해산을 촉구하고 상하이 국민대회가 매국정부와 관계를 끊고 납세를 정지하겠

24. 249개 단체 697명의 대표가 참여하여 성립된 전국각계연합회는 민생발전·민주촉진·국권옹호를 목적으로 내세웠다. 「紀全國各界聯合會成立會」, 『申報』 1919. 11. 11; 「全國各界聯合會章程」, 『申報』 1919. 12. 5.

25. 「全國各界聯合會告各友邦文」, 『申報』 1919. 12. 3.

26. 張影輝·孔祥征 編, 앞의 책, 194~195면.

다고 선포한 것, 장쑤성 8개 단체가 안복국회(신국회)는 당파의 사리(私利)를 위해 국민의 공적(公敵)이 된 지 오래라며 산둥 문제를 일본과 직접 교섭하려는 안복계 정치집단의 해체를 촉구한 것은 그 단초를 보여주는 예이다.[27] 그렇기 때문에 국민당과 연구계를 비롯한 각 정치세력들은 각종 방법을 동원하여 국민대회나 각계연합회에 영향력을 행사하려 기도하였다.[28]

전국각계연합회는 1919년 11월 설립선언에서 오늘의 세계는 다수국민의 자결(自決) 시대이지 소수인이 지배하는 시대가 아니라면서 "전국 각지 인민이 합군자구(合群自救)의 불가피함을 알고 진정한 국민의 총의를 모아 각계연합회를 조직한 것이니 전국 인민은 일치하여 수년래의 우리나라 국시(國是)를 해결하자. 각계연합회는 평민의 조직이고 각지 인민을 주체로 한 조직이다"[29]라고 하여 스스로 진정한 민의기관임을 자임하고 국내정치의 핵심인 국시 문제를 직접 해결하려는 자세를 보였다. 각계연합은 워싱턴회의 개최를 계기로 1921년 10월부터 전국 국민외교대회를 조직하여 전국 각지에서 '국민(외교)대회'란 이름의 집회와 시위를 계속하였다. 국민외교대회는 중국 정부의 외교실패는 좋은 정부와 공정한 관리(官吏)가 없기 때문이라면서 이러한 '외교상의 낡은 장애'를 제거하지 않으면 안 된다고 선언하였다.[30] 이는 각계연합회가 베이징정부를 부정하고 새로운 정치질서를 만들겠다는 의지를 재확인해준다. 여기서 우리는 대외 문제로 인해 조성된 민족주의가 내정 문제에 관한 민주주의운동을 촉진하고 있음을 볼 수 있다.

---

27. 「八大團體要電兩則」, 『申報』 1919. 11. 15.
28. 末次玲子, 앞의 글, 326~327면.
29. 「全國各界聯合會宣言」, 『申報』 1919. 11. 11.
30. 「國民外交大會之代表大會」, 『申報』 1921. 12. 25.

이처럼 각계연합회가 중국의 주요 정치 문제 해결에 국민을 대표하여 진정한 민의의 대표자로 나선 것은 5·4운동의 부분적 승리를 통해 국민 직접행동의 효용성과 필요성을 더욱 확신하게 되었기 때문으로 보인다. 1913~1919년 사이 베이징 주재 미국 공사로 재임하면서 민국 이래 정치사를 지켜본 레인쉬도 5·4운동을, 제제(帝制) 기도와 복벽(復辟) 기도를 저지한 흐름의 연장선에서 나타난 "중국 민의의 조직적 대운동", "중국 민의의 대각성"으로 인식하고 이는 "중국의 생활상 하나의 신세력이 발생한 것"이라고 강조하였다.[31]

이 시기의 국민대회나 각계연합회에는 직업단체 이외의 다양한 단체들이 함께 참여하였다. 가령 상하이국민대회 준비위원회(1919. 5. 9)의 구성단체 21개 중 8개가 각 성 동향회였을 정도로 동향회를 비롯한 비직업단체가 적지 않은 상황에서 직업대표제를 도입하려면 상당한 저항이 예상된다. 그럼에도 양뚜안류는 중국의 전통적 회관, 공소는 소극적 활동에 그쳤으나 근대 도시에서 성립된 상회나 각종 공회(公會)는 종래의 수수방관적 태도를 버리고 사회·정치적 일반 문제에까지 적극 발언하고 활동하기 시작했다고 하여 5·4운동기에 분출된 '민의의 조직적 대운동'이 직업단체의 성장을 바탕으로 한 것임을 분명히 하였다.[32] 양뚜안류와 레인쉬는 뒤에서 서술하듯이 서구의 직업대표제론을 이러한 현실에 근거하여 구체화하고 여론화한 주역이었다. 따라서 이와 같은 직업단체연합회의 사회·정치적 성장이야말로 바로 이 시기 서구의 의회제 비판과 혁신론으로서의 직업대표제론이 신속히 수용될 수 있었던 객관조건이라 하겠다.

---

31. 芮恩施, 「政治與民意」, 『東方雜誌』 16卷 11號, 1919. 11. 15, 164~166면.
32. 楊端六, 「社會組織之研究」(下), 『東方雜誌』 17卷 24號, 1920. 12. 25, 7~9면.

전국 국민대회(국민회의) 소집론의 형성

직업대표제론이 널리 수용된 직접 계기는 1920년 8월, 제1차 봉직전쟁(奉直戰爭) 직후 본격 논의된 (전국) 국민대회 개최 문제였다. 지금까지의 연구에서는 국민대회를 우페이푸(吳佩孚)가 제창하고 각계가 이에 찬성했다고 설명하였으나 필자는 앞에서 검토한 각 성·시 국민대회의 연장선에서 보고자 한다.[33] 이것은 우페이푸의 제안에 대한 각 직업단체의 반응을 보면 알 수 있다. 우페이푸와 북방 8성의 반(反)안후이파 동맹이 1920년 6월 14일과 22일 '국민대회'를 개최하여 시국 문제 일체를 해결하자고 제안하였으나 우페이푸의 제안은 즉시 여론의 지지를 받지 못했을 뿐 아니라 오히려 불만과 비판을 불러일으켰다.

우선 상하이의 10개 단체는 우페이푸의 제안을 비판하면서 "각군(各軍)은 정권을 사사로이 하거나 외세에 의존하려고 해서는 안 되며 민의에 복종하여 신속히 국민공의(國民公議)를 널리 취해 헌법회의를 조직하라"고 촉구하였다.[34] 또 상하이 상업공단연합회와 상하이 상총연회는 국민대회는 군인·정객에 이용될 뿐 아니라 약법에 위배되니 기존의 선거법에 따라 합법국회를 개회하라고 주장하였다.[35] 이런 비판과 반대가 나온 현실적인 이유는 우페이푸가 국민대회의 대표 선출방법과 직권에 관해 구체적으로 밝히지 않은 때문으로 보인다.

이에 우페이푸는 7월 30일 「국민대회대강(國民大會大綱)」을 제시하였

---

33. 가령 국민회의 연구를 처음으로 시작한 野澤豊은 吳佩孚의 국민대회 구상이 국민혁명기에 제창된 국민회의 방식에 접근하는 것이라고 직결시켜 이해하였다. 野澤豊, 「五四運動と省議會－民族運動の內部構造の檢討にむけて」, 『人文硏紀要』(中央大學人文科學硏究所) 2號, 1983. 7, 76면.

34. 「十團體對時局之主張」, 『申報』 1920. 7. 28.

35. 「商業公團對時局之緊要函電」, 「各路商界對時局之主張」, 『申報』 1920. 7. 29.

다. 그 요지는 국민자결주의를 취하여 전국 각 현의 법단 대표로 국민대회를 소집하여 헌법을 제정하고 선거법을 개정하자는 것이다.[36] 이러한 「대강」은 앞에서 본 대로 5·4운동 이래 각 성·시에서 직업단체들이 주도한 각지 국민대회의 경험과 틀을 수렴하는 방안이었다. 따라서 각지의 각 단체로부터 즉시 광범한 지지를 받았으니, 예컨대 「대강」을 발표하기 직전까지 우페이푸의 국민대회 제안을 비판하였던 상하이 10개 단체는 즉시 지지하는 입장으로 돌아섰다.[37] 그 후 대부분의 법정 직업단체는 우페이푸가 관료 및 정파의 참여나 간섭을 배제한다고 한 말을 믿고 종래 활동의 연장선에서 자발적으로 국민대회촉진회(그 명칭은 책진회, 협진회 등으로 다양함)를 결성하여 촉성운동을 벌였다.

그러나 한편에서는 우페이푸의 제안에 대하여 경계와 비판의 입장을 강하게 나타내었다. 톈진(天津) 각계연합회는 "국민대회의 개최 여부는 불투명하고 관료·무인이 지명한 대표로 가짜 국민대회가 만들어질지도 모른다"라는 위구심을 갖고 있었다.[38] 상하이의 각계연합회는 국민대회를 국민이 스스로 조직하고 의안을 제출해 표결하지 않으면 황제제도 부활에 이용된 공민대회처럼 되어버린다면서 국민대회조직법을 '순수 민간단체'가 제정하자고 전국 동포에게 환기하는 글을 발표하였다.[39] 곧이어 상하이학생연합회는 「국민대회에 대한 의견서」를 발표하여 구체적으로 조직법을 제시했는데 ① 각 현의 민간단체가 없는 경우 즉시 조직하고 무직업자나 법단과 같은 '반(半)관료성 단체'를 배

36. 「專電」, 『申報』 1920. 7. 31.

37. 「組織國民大會之滬公團意見」, 『申報』 1920. 8. 6; 「贊成國民大會函電」, 『申報』 1920. 8. 8.

38. 「天津各界聯合會紀事」, 『申報』 1920. 9. 8.

39. 「上海各界聯合會對於國民大會之意見」, 『申報』 1920. 8. 13.

제한다, ② 임시대총통 및 국무원을 선출하여 임시정부를 조직하며 국무원은 국민대회에 대하여 책임을 진다, ③ 현재의 남북당국은 국민대회의 결의에 복종해야 하고 임시정부가 조직되면 남북정부를 즉시 취소한다, ④ 전국국민대회에서 현(縣)국민대회의 의견과 다른 표결을 하거나 수뢰·청탁하는 대표는 파면하고(縣국민대회가 파면권 행사) 몇 년간 공민권을 박탈한다는 등 새로운 내용을 주장하였다.[40] 이것은 우페이푸의 「대강」과 상당히 다른데, 이때 학생연합회가 이와 같은 구체적인 조직법에 따르지 않을 경우 국민대회는 관료·군인·정객에게 이용될 가능성이 크다고 보아 의견서를 제출한다고 밝힌 점이 주목된다. 이것은 우페이푸의 「대강」에 대한 불신의 표현이며 '각 현 법단'을 진정한 '민간단체'로 볼 수 없다는 의사표현이다.

이런 비판과 불신이 제기된 이유는 크게 두 가지로 정리될 수 있다. 우선 우페이푸의 「대강」이 민의를 빌려 차오쿤(曹錕)과 장쭤린(張作霖)을 제압하려는 의도에서 나온 것이어서 군벌들 간의 권력투쟁 도구로 이용될 가능성이 크다고 보았기 때문이다.[41] 특히 국민대회 구성주체로 지정된 법단은 군벌·관료·정객에 의해 좌우되고 있다는 점이 지적되었다. 각계연합회가 국민대회촉진회를 주도한 곳에서는 법단 중심의 촉성회를 관료·정객이 주도했다 하여 '가짜' 또는 '어용'이라고 비난했으며 상하이의 경우 법단은 각계연합회가 주도한 국민대회 준비위원회에 불참하였다.[42] 전국각계연합회는 마침내 우페이푸에게 직접 공

---

40. 「學生會對於國民大會之意見」, 『申報』 1920. 8. 19; 「上海學生聯合會再告全國書」, 『長沙大公報』 1920. 8. 25~26.

41. 楚傖, 「今後之國民大會」, 『上海民國日報』 1920. 8. 8.

42. 상하이국민대회준비위원회는 대부분 군소단체들 중심으로 성립되었다. 「國民大會促成會出現」, 『申報』 1920. 8. 14; 「上海國民大會籌備會開會紀」, 『申報』 1920. 9. 6; 「御用的國民大會的內容」, 『長沙大公報』 1920. 9. 4; 湘君, 「快反對官立國民大會」,

문을 보내 "각 성현(省縣)의 농공상학 법단은 모두 악신토호(惡紳土豪)의 근거지로서 안복계에 매수되어 평민에게 버림받은 지 오래인데 어찌 민의를 대표할 수 있겠는가?"라고 우페이푸의 「대강」을 정식으로 거부하였다.[43] 이는 직업단체의 대표로 국민대회를 구성한다는 원칙을 공유한 위에서, 법단과 대표권 쟁탈을 벌여야 하는 각계연합회가 법단을 배제하고 스스로 국민대회를 주도하겠다는 의견으로 보인다.[44]

국민대회를 비판하는 또 다른 이유는 군인·관료·정객에게 이용될 우려가 크다는 현실적인 문제 외에, 왜 국회를 부정하고 굳이 국민대회라는 새로운 기관을 조직해야 하는가에 관한 법리상의 분명한 논리적 설명이 결여되었다는 점에도 있었다. 가령 쑨원과 서남 각 성이 약법 수호를 내세우며 제1대 국회(舊國會)를 옹호하고 있는데 이를 무시할 수 없으며 국민대회는 약법과 모순된다는 주장이 많았다.[45] 이런 상황에서 전 미국 공사 레인쉬와 『동방잡지』 편집인 양뚜안류가 이 문제에 관한 이론적, 체계적인 설명을 제시하였다.

먼저 레인쉬는 8월 24일 중화민국 국무총리에게 제출한 「중국의 시국에 대한 건의」에서 "신국회는 법률적 근거가 없고 구국회는 분열되어 수시로 옮겨 다녔으며 약법은 원래 임시적인 것이므로 근본대법에 의해 대체되어야 한다," "현재 중국 정부의 치명적인 결함은 인민을 대표하는 국회가 없다는 데에 있으며 그로 인해 명실이 부합하지 않는 정

『上海民國日報』1920. 8. 27.

43. 「各界聯合會與吳佩孚往來函」, 『申報』1920. 8. 29.

44. 이때 국민대회를 법단대표로 구성해야 한다는 견해에 맞서 각계연합회는 '편협한 법단주의'를 비판하고 구역대표제의 보통선거로 국민회의를 소집할 것을 요구했다는 견해가 있으나 이렇게 일반화할 수 없음은 이 책에서 밝혀진 대로이다. 味岡徹, 「南北對峙と連省自治運動」, 『五·四運動史像の再検討』, 369면.

45. 「各路商界對時局之主張」, 「盛孝先之對於國民大會之考慮」, 『申報』1920. 7. 29, 8. 11.

부가 생긴 것이니 중국은 아직 완비된 근대 국가라 할 수 없다"라고 하였다. 이런 이유로 그는 국회가 헌법을 제정해야 한다는 약법규정을 부인하고 새로운 '헌법제정 국민회의'를 소집해야 한다고 주장하였다.[46] 이어서 양뚜안류는 9월 10일 「국민대회평의(國民大會平議)」에서 "금일 인심은 이미 선거법의 존재와 약법의 유효를 부인하고 있다," "헌법을 제정할 수 없는 국회에게 억지로 제헌을 강요하는 것이 약법의 잘못이며 국정에 맞지 않는 약법에 얽매인다면 국가의 근본대법은 끝내 만들 수 없다"라고 하였다. 따라서 그는 민국의 근본대법은 미국의 헌법회의와 같은 국민대회를 소집하여 제정하지 않으면 안 된다고 주장하였다.[47]

그러면 레인쉬와 양뚜안류가 제안한 제헌국민회의(국민대회)는 어떻게 조직하는가? 왜 반드시 직업대표제 방식으로 조직해야 하는가? 이에 관해 레인쉬는 다음과 같이 설명하였다.

> 모든 입법의 기본은 公共 民意의 질서 있는 표현에 있다. 현재 중국의 상황을 볼 때 시국해결 방법은 이론상으로나 실제상으로나 國民會議를 소집해 公議를 널리 구하는 길밖에 없다. 국민회의 소집 시 반드시 현존 단체를 근거로 해야지 선거를 위해 급조된 신단체를 참여시키면 안 된다. 상회, 공회, 교육회 및 성의회 등 현존 단체를 중국의 진정한 통치권의 소속으로 삼고 장차 이 단체들만이 중국 정부에게 전국을 대표하는 권한을 부여할 수 있다. [⋯]
>
> 이런 憲法會議를 소집하되 위의 취지를 벗어나서 소집할 경우 불량분자에게 기회를 주어 진정한 대표를 구할 수 없게 만들 우려가 있다. 현재 중국에는 工商學 各界의 단체가 성립되어 활동하고 있는데 그 회원들은 모두 직업을 가진 자로서 國事에 대해 일상적으로 매우 절실한 고통을 겪고 있으며 이런 직업과 상관없어서 매관매직의 도구로 매수되어 이용되는 유권자와 전혀

46. 「芮恩施對於中國時局建議」, 『申報』, 1920. 8. 30~31.

47. 楊端六, 「國民大會平議」, 『東方雜誌』 17卷 17號, 1920. 9. 10, 11~13면.

다르다. 우리는 중국이 진정한 국민대표의 선출을 원한다면 기존의 공상학 단체를 기초로 삼는 외에 다른 방법이 없다고 본다. […]

이들 직업단체의 당면한 유일 임무는 헌법 및 국회 선거법을 제정하여 정부 각부가 법률적 기초 위에 건설될 수 있도록 하는 것이다. […] 이러한 國民制憲大會(The People's Constitutional Convention)가 제정한 헌법에 의거해 정식 국회를 선거하고 장래 정식 국회선거법도 현존 직업단체를 활용하여 農工商學 각 방면의 권익을 도모토록 해야지 투표구역만을 대표토록 해서는 안 된다. 이것이 근대 이익대표의 학설로서 현재 세계정치의 조류가 되었다.[48]

인용된 건의문의 첫머리에서 "이론상으로나 실제상으로"라고 한 것은 각각 직업대표제론과 중국 각 직업단체(연합회)의 사회·정치적 성장을 말하는 것임이 분명하다. 끝으로 그는 "중국의 존망 여부는 이러한 민의기관을 세우는가의 여부에 달려 있다"고 직업대표제 국민회의 소집을 촉구하였다. 여기서 그가 성의회를 포함시킨 것은 민국 이래 각계 직업단체가 흔히 성의회와 연대해온 현실을 감안한 결과로 보인다. 이 건의는 당시 국민대회 소집 여부와 진정한 민의대표 선출방법이 분분히 논의되던 상황에서 체계적인 견해를 제시한 것으로 볼 수 있다. 우페이푸의 「대강」은 법단 대표가 직업대표제론에 근거한 것인지 분명치 않은 데다 국민대회를 6개월 시한부의 임시기구로 소집하는 데 그친 반면 레인쉬의 「건의」는 '이익대표의 원리'에 근거해 이를 국민회의에서뿐만 아니라 이후의 선거법에도 상설제도로 법제화하라고 한 점에서 다르다.

레인쉬는 1913년부터 1919년 8월까지 베이징 주재 미국 공사로 재직했기에 민국 이래 중국 정치사와 민의의 향방을 누구보다도 면밀하

48. 「芮恩施對於中國時局建議」, 『申報』 1920. 8. 31. 이 건의문은 『申報』에 9월 2일까지 연재됨.

게 파악할 수 있는 위치에 있었다. 게다가 그는 1918년 10월부터 윌슨 대통령의 지시에 따라 남북화평회의를 성사시키기 위해 백방으로 뛰었는데, 특히 남북대치의 전선에 위치한 탓에 남북통일 욕구가 큰 도시들, 예컨대 우한·창사·난징을 방문해 각계 인사들과 만났다.[49] 화평회의는 1919년 5월 결렬되었지만, 이런 경험 위에서 레인쉬가 5·4운동을 이끌어간 각계연합의 힘을 목격하고 직업대표제 국민회의 소집론을 제기한 것은 그 자체로서 중국 민의의 정치적 표현이 아닐 수 없다. 공사 이임 직후 그가 베이징정부의 고등정치고문으로 초빙되어 있었다는 점을 감안하면 그의 건의는 결코 가볍게 볼 수 없다. 『신보』, 『창사대공보』, 『상하이 민국일보』, 『동방잡지』 등 영향력 있는 신문과 잡지가 잇달아 그의 건의문 전문을 연재하고[50] 『신보』의 평론자가 "완전한 민국을 건설하는 방법은 레인쉬의 건의 외에 없다"라고 명확히 지지한 것[51]은 당시 중국의 언론으로부터 상당히 주목받았음을 말해준다. 또 베이징 주재 외국 언론도 베이징정부의 총리로 하여금 외신기자 회견을 열어 정부당국의 입장을 밝히도록 하였고, 『노스차이나 데일리 뉴스(The North China Daily News)』는 한 걸음 더 나아가 국민대회를 이용해 중국 국민은 군벌·관료와 투쟁하는 한편 민주주의를 촉진할 수 있다고, 총리나 정부가 아닌 국민에게 직접 권고하였다.[52]

49. 그는 남북화평회의가 결렬된 후 1919년 10월 미국으로 돌아갔다가 우페이푸가 베이징의 실력자로 급부상하면서 정국이 혼란해지자 이듬해 8월 베이징에 건너가서 「중국의 시국에 관한 건의」를 발표하였다. Noel H. Pugach, *Progress, Prosperity and the Open Door: The Ideas and Career of Paul S. Reinsch*, Ph.D. thesis University of Wisconsin, 1967, 466~472면, 550~551면.

50. 「芮恩施解決中國時局之條陳」, 『長沙大公報』 1920. 8. 30~9. 7; 「芮恩施博士建議書」, 『上海民國日報』 1920. 8. 31~9. 3; 芮恩施, 「對於中國時局之建議」, 『東方雜誌』 7卷 18號, 1920. 9. 25.

51. 默, 「芮恩施之建議」, 『申報』 1920. 9. 1.

그런데 직업단체 대표 중심의 국민대회 혹은 국민회의 소집 구상이 레인쉬에 의해 처음 제기된 것은 아니었다. 5·4운동기 각 성·시 국민대회를 주도한 직업단체는 물론이고 이들 단체와 직접 관련 없는 인사들도 개인적으로 비슷한 생각을 하고 있었다. 예컨대 1919년 1월 『매주평론』의 한 독자는 "교육회·상회·성의회가 재야의 능력 있는 자를 선출해 국민대회를 조직하자"고 했으며,[53] 『해방과 개조』의 장둥쑨도 량치차오의 직업대표제 구상에 따라 각각 1920년 2월과 7월 관료·군인에 장악된 의회를 폐지하고 직업을 가진 자를 대표로 뽑아 국민대회를 소집하자고 주장하였다.[54] 이것은 중국 지식인들이 서구의 직업대표제론을 청말 신정 이래 성장한 직업단체의 사회·정치적 활동과 연계시켜 수용할 수 있는 발상을 보여준다. 다만 그것은 아직 베이징군벌 정권의 변동과 결부된 구체적인 정치일정 속에서 주목되어 실천되지 않았기 때문에 개인의 의견에 불과했다.

필자는 각계연합의 경험에 의거한 이런 편의적인 발상이 1920년 8월 레인쉬에 의해 종합되어 중화민국 총리에게 당면한 시국의 해법으로 제출됨으로써 개인의 구상을 넘어 사회적 의미를 갖는 정치일정 속으로 급부상한 것으로 보고 싶다. 영국 유학중 직업대표제론을 익히고 돌아온 양뚜안류는 레인쉬의 건의를 바탕으로 1920년 9월 10일 "우페이푸가 말하는 소위 상회·학회를 현재의 상회·교육회로 한정하지 말

---

52. 베이징정부는 우페이푸의 '국민대회'와 레인쉬의 '국민헌법회의' 모두 혁명적 상황을 전제로 한 방안으로서 법률적 근거가 없다고 보아 반대하였다. 「新總理招待外報記者」, 『申報』 1920. 9. 2.

53. 只眼, 「請問蔣觀雲先生」, 『每週評論』 6號, 1919. 1. 26, 『陳獨秀著作選』 1卷, 上海人民出版社, 1993, 456~457면.

54. 張東蓀은 1920년 2월 『時事新報』에서 이런 의견을 제기하였는데 곧바로 국민당 측의 비판을 받았으나 7월 다시 제기하였다. 東蓀, 「中國之前途德國乎俄國乎」, 『解放與改造』 2卷 14號, 1920. 7. 15, 14~16면.

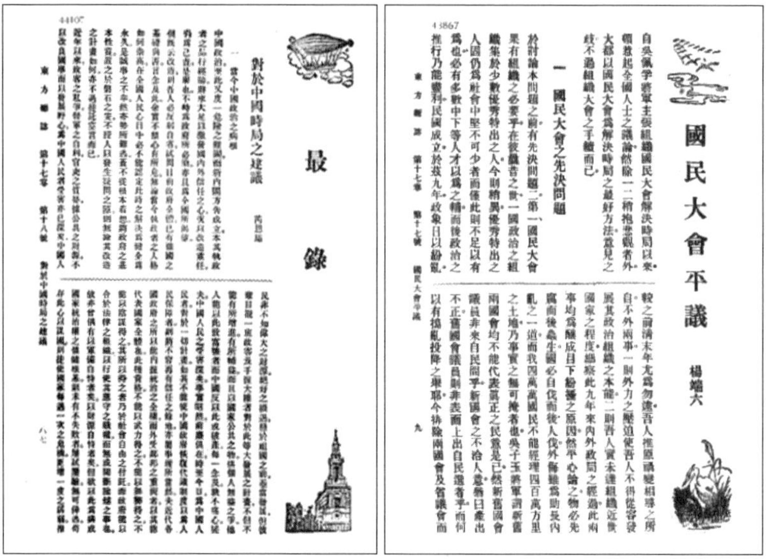

國民大會平議

楊端六

一 國民大會之先決問題

最錄

對於中國時局之建議

레인쉬와 양뚜안류의 국민회의 소집론. 1920년 8월과 9월 레인쉬와 양뚜안류가 직업대표제 민의기관인 국민회의 구성방안을 제시하였다.

고 중학 이상 학생연합회, 신사 및 각급 학교 교직원 등 기타 직업단체를 포함해야 하며, 보수주의자뿐만 아니라 진보주의자까지 동시에 아울러야 한다"라고 참가단체의 범위를 확대였다. 동시에 국회의원과 성의회 의원, 군대와 경찰은 배제해야 한다고 제한하였다.[55] 레인쉬가 국민회의의 구성주체에 직업단체가 아닌 성의회를 포함시킨 것은 민국 이래 양자가 함께 각계연합을 형성해온 관행을 인정한 결과로 보인다. 이를 배제한 양뚜안류의 제안은 군인·관료와 정당·정객에 대한 뿌리 깊은 불신을 나타내며 직업대표제론에 충실한 방안이라 하겠다. 따라서 직업대표제론에 근거한 국민회의 소집론은 량치차오와 장둥쑨 등의 개인적 구상을 이어받은 레인쉬와 양뚜안류에 의해 형성되었다고

55. 楊端六, 「國民大會平議」, 16~18면.

볼 수 있다.

직업대표제 방식의 국민대회 소집론자들 사이에 현직관료와 경찰 및 군인, 그리고 정당을 배제하자는 것에는 대체로 이의가 없었으나 성의회와 학생회에 관해서는 이견이 있었다. 성의회는 국회처럼 제한선거에 의해 구성되었기 때문에 신사나 토호의 회의에 불과하다는 인식이 진보적 신청년 사이에 확산되어갔다. 학생회의 포함 여부에 대해서는 보수적 성향의 법단들이 반대한 반면 비교적 진보적인 논자들이나 법단과 경쟁하는 공단들은 5·4운동을 통해 드러난 학생층의 역할과 혁신적 경향을 인정하고 학생회를 참여시키고자 했다. 특히 평민주의 사조가 직업단체를 법단으로 한정하는 것에 비판적인 여론을 조성하였다. 국민혁명의 실세가 조성됨에 따라 "농회는 지주회, 교육회는 교장회, 상회 및 공회는 상공업주회"일 뿐 대다수 국민의 단체가 아니어서 진정한 민의를 대표할 수 없다는 견해가 점차 커져갔다.[56] 그렇더라도 직업대표제를 버리고 다시 구역대표제로 되돌아가자는 여론이 조성되지 않은 것은 주목할 만한 현상이다. 성의회는 각계연합에 참여하는 한편 1918~1919년 독자적인 성의회연합회를 결성하여 남북으로 분열된 국회를 대신하려는 시도를 하기도 했지만 이듬해 후반부터 급속히 동력을 상실하였는데, 그 연유도 다른 데 있지 않을 것이다.[57]

---

56. 堅瓠, 「余之國民大會觀」, 『東方雜誌』 17卷 17號, 1920. 9. 10, 2면; 堅瓠, 「地方輿論」, 『東方雜誌』 20卷 23號, 1923. 12. 10, 1면.

57. 野澤豊, 앞의 글, 38면, 70면.

직업대표제의 법제화 시도

참여단체의 범위와 대표권을 놓고 각계 내부에서도 경쟁과 이견이 있었지만, 직업단체 대표로 구성된 국민대회(국민회의)를 소집하자는 여론은 실제로 각 성·시의 각 직업단체가 1920년 8월부터 각 성·시에서 국민대회 촉진회(또는 策進會, 協進會), 국민대회 준비위원회를 조직하여 활동함으로써 확산되었다. 촉진회는 8월 13일 베이징을 시발로 상하이, 산둥, 안후이, 장시에서 8월 중에 촉성회가 성립되었고[58] 이후 전국에서 잇달았다. 촉진회가 성립된 곳에서는 이를 바탕으로 각지의 국민대회 준비위원회가 조직되었다. 그 위에서 1921년 1월 10~28일 국민대회책진회 각 성·구(省區) 대표대회가 열려 아직 촉성회가 없는 지역에 조직을 확대하기로 결의하는 등 국민대회촉성운동은 절정에 달했다.[59]

그런데 각계연합회가 독자적, 자발적으로 국민대회촉성운동을 주도하자 국민대회를 자기 의도대로 추진하려는 우페이푸와 알력이 빚어지는 상황에서 우페이푸는 1921년 8월 '국민대표와 군인대표'로 루산국시회의(廬山國是會議)를 소집하자는 새로운 주장을 내놓아 자신의 저의를 드러냈으니 종래 우페이푸의 제안에 찬성하던 언론으로부터 북방군벌이 민의를 위조하려는 기도라고 비난받으면서 촉성운동이 침체되었다.[60] 이와 같은 각계연합회와 우페이푸 간의 대립, 남북정부 당국

---

58. 「國民大會促成會出現」, 『申報』 1920. 8. 14; 「國民大會策進會成立紀」, 『申報』 1920. 8. 21; 「國民大會之贛魯觀」, 『申報』 1920. 8. 24; 「山東國民大會促進會成立」, 『申報』 1920. 9. 2.

59. 「國民大會策進會評議會紀」, 『申報』 1921. 1. 3; 「國民大會策進會開會紀」, 『申報』 1921. 1. 10; 「國民大會策進會代表大會閉會宣言」, 『申報』 1921. 2. 14.

60. 黙, 「民意與政客」, 『申報』 1920. 8. 7; 「各種會議與國民會議」, 『申報』 1921. 10. 17, 「廬

의 견제를 극복하고 국민대회 소집을 통한 전국적 민의기관을 형성하기 위해서는 무엇보다도 직업단체의 단결과 강화가 필수적인데 법단과 각계연합회 간의 대표권쟁탈, 전체 직업단체를 아우를 수 있는 통일적 지도력의 결핍 등 직업계 내부의 한계로 인해 1920~1921년의 국민대회촉성운동은 결국 뜻을 이루지 못하였다. 대표권 쟁탈은 상층의 법단과 중하층의 비법단 간에는 물론이고 5·4 이후 각계연합을 주도한 비법단들 안에서도 치열하였다.[61]

그러나 직업대표제론은 국민대회촉성운동의 침체에도 불구하고 각 성헌법(省憲法) 제정운동과 국시헌법(國是憲法)에 수용되었다. 성헌법 제정운동이 가장 먼저 일어난 후난성에서는 1920년 8월부터 자치운동방법에 관한 논의가 진행되어 성헌법을 제정하기로 의견이 모아졌다. 그러나 제헌의 주체에 관한 논의가 분분했다. 성정부나 성의회가 제정해야 한다는 주장에 맞서 성정부, 성의회, 농회·상회·교육회 등 법단이 함께 제정해야 한다는 주장이 일었다. 그런데 10월 5~6일 제출된 후난인민헌법회의 소집 건의서는 성정부와 성의회는 물론 농회·상회·교육회 등 법단도 모두 기존의 법질서에 의거한 기관이므로 법리상 그것을 부정하고 새로운 법질서를 수립하는 헌법을 제정할 권한은 없다면서 보통선거에 의거해 헌법회의를 구성하라고 촉구하였다.[62] 하지만 이 건의서를 기초한 마오쩌둥은 그 직전인 6월과 9월 직업을 가진 자만이

議與北伐」, 『申報』 1921. 10. 25.

61. 가령 상하이의 各路商界聯合會는 1919년 7월부터 1920년 4월 上海市工程局 華人諮問委員會 대표 신출권을 놓고 대립했을 뿐만 아니라, 1921년에는 국민대회 주비위 주도권 문제 등으로 갈등하다가 양분되었다. 1923년에는 일본상품배척운동을 위해 재통합되었다.

62. 이 건의문은 '政, 學, 紳, 商, 農, 工, 法, 報, 各界' 인사 377명의 연명으로 제출되었다. 그들은 법단 대표가 아니라 각계대표인 셈이다. 「由'湖南革命政府'召集'湖南人民憲法會議'制定以建設'新湖南'之建議」, 『長沙大公報』 1920. 10. 5~6.

집정(執政)과 의정(議政)을 담당할 수 있게 해야 한다면서 제1차 대전 후 유럽에서는 이런 원칙에 의거한 새로운 정치와 법률이 나타나고 있어 종래의 정치와 법률은 곧 쓸모없게 될 것이라고 주장한 바 있다.[63] 따라서 그와 함께 건의문을 제출한 인사들은 주로 법단과 거리를 둔 각계연합회 측의 입장에 서 있었으므로 레인쉬, 양뚜안류 등의 제안에 영향받아 직업대표제를 선호했음에도 당장 성헌법회의 구성에 이를 적용하지 않은 것은 법단의 대표권을 부인하기 위한 전략으로 보인다. 그렇다면 성헌법 안에 직업대표제를 도입해 법제화하라고 요구할 가능성은 있었다.

후난성의 각계 30여 개 단체가 헌법회의의 소집을 촉구하는 시위와 청원을 벌였지만 이를 무시하고 결국 성정부와 성의회 주도로 후난성 헌법 초안이 기초되어(1921. 4. 21) 심의와 성민 투표를 거쳐 공포되었다(1922. 1. 1).[64] 직업대표제 도입을 명시한 초안은 심사 과정에서 수정되어 취소되었다. 다만 "법정 성교육회, 농회, 공회, 상회, 율사공회 및 기타 법률에 의거해 조직된 각 직업단체는 각 단체 범위 내에 관련된 법률안을 제출할 수 있고 성의회는 반드시 이를 심의에 부쳐야 한다"[65]라는 조항을 두어 극히 제한된 범위에서나마 직업단체의 법률안 제출권을 인정하였다. 이와 함께 3대 직접민권(창제권, 복결권, 파면권)을 인정한 점도 의회제혁신론의 맥락에서 주목되는 조항이다.

그 직후 저장, 광둥, 쓰촨 등지에서도 잇달아 성헌제정운동이 벌어졌고 모두 직업대표제를 부분적으로 법제화하려고 시도하였다. 예컨

63. 「湖南改造促成會對于'湖南改造'之主張」, 『長沙大公報』 1920. 7. 6; 澤東, 「釋疑」, 『長沙大公報』 1920. 9. 27.

64. 胡春惠, 『民初的地方主義與聯省自治』, 臺北: 正中書局, 1983, 199~201면.

65. 「湖南省憲法」(1922. 1. 1 公布), 『東方雜誌』 19卷 22號, 1922. 11. 25, 7면.

대 1921년 9월 9일 공포된 저장성헌법은 성과 각 현의 직업단체가 선거회를 조직하여 성장을 선출한다고 규정하였다.[66] 그 밖에 안후이, 장시, 산시(陝西)에서도 성헌법 제정에는 이르지 못했으나 각 직업단체들이 성헌제정운동을 전개하였다.[67] 1922년 8월 산시성에서는 공진사(共進社)가 직업대표제가 아니면 진정한 민의를 대표할 수 없다면서 이를 기초로 하지 않은 연성자치(聯省自治)는 무인·관료·정객의 '연성전치(聯省專治)'가 될 뿐이라고 지적하고 반드시 직업대표제에 의거한 성자치의 법제화를 촉구하였다.[68]

이처럼 성자치운동에 직업대표제론이 비교적 쉽게 적용될 수 있었던 것은 원래 직업대표제론이 직업단체의 자치를 강조하면서 중앙집권을 반대하는 다원적 국가관에 근거하고 있어서 베이징의 중앙권력에 맞서려는 성(省) 중심세력의 분권주의적 경향과 상호 부합했기 때문으로 보인다.

이상은 성헌(省憲)에서의 법제화에 관한 것이고 이제는 국시헌법(國是憲法)에서의 법제화를 검토할 차례이다. 국시헌법은 1922년 5~8월 상하이에서 개최된 8단체 국시회의에 의해 제정, 공포되었다. 국시회의는 대표선출방법 면에서 루산 국시회의의 구상과 다르고 오히려 양뚜안류·레인쉬의 국민대회(국민회의) 구상과 유사하므로 국민대회촉성운동(1920. 8~1921. 3)의 연장선상에서 이해될 필요가 있다.[69] 각 직업단체

---

66. 「中華民國浙江省憲法施行法」, 『東方雜誌』 19卷 22號, 1922. 11. 25, 26면.

67. 胡春惠, 앞의 책, 309면, 321면; 呂芳上, 앞의 글, 254면.

68. 劉雲漢, 「對於未來憲法之要求」, 『共進』 20號, 1922. 8. 25. 이와 비슷한 주장은 武堉幹, 「聯省自治與職業主義」, 『太平洋』 3卷 7號, 1922. 9, 3~5면에서도 보인다.

69. 국시회의에 관해서는 다음을 참조. 金子肇, 「一九二0年代前半における各省'法團'勢力と北京政府」, 横山英 編, 『中國の近代化と地方政治』, 東京: 勁草書房, 1985, 135~142면. 그는 국시회의가 우페이푸의 1920년 국민대회 제안을 계승한 면이

의 자발적 참여로 전개된 국민대회촉성운동이 우페이푸의 루산 국시회의 제안에 이르러 분열되면서 침체되었다가 워싱턴회의를 계기로 '국권수호'를 위해 '민주발전'이 선행되어야 한다는 판단에 따라 다시 모색되었다. 다만 이때에도 상회, 교육회 등 대법단이 "중화민국 8단체 국시회의"를 주도하는 한편에서 학생연합회와 각 군소단체가 "중화민국 각단체회의"를 구성하고 별도의 활동을 벌였기 때문에 각 단체의 민의가 국시회의로 집약될 수는 없었다.[70] 국시헌법은 이런 한계 속에서 제정되었지만 전국적 차원에서 직업대표제론의 법제화를 시도했다는 점에서 주목되며 관련된 부분을 보면 다음과 같다. ① 대총통은 성(省) 교육회·상회·농회·공회가 성의원 수와 동수의 대표로 선거회를 조직해 선거하며 참의원은 각 성의회가 5명, 성 교육회·상회·농회·공회가 각 2명, 관립·사립의 대학이 각 1명을 선거하여 조직한다. ② 국가는 생계정책상의 입법에 관하여 상회·농회·공회의 의견을 자문해야 하며 5개 성 이상의 전체 법단은 헌법개정을 발의할 수 있다.[71] 이것은 성의회를 배제하지 않고 직업단체에게 참의원 및 대총통 선거권, 경제입법 자문권, 헌법개정 발의권을 부여하는 식으로 직업대표제를 도입한 것이다. 그 밖에 의원에 대한 파면제도 규정하였으니 이런 점에서 유럽 신헌법에 규정된 직업대표제와 직접민권의 취지를 일부 반영한 것이라 하겠다.

국시헌법과 성헌법은 군벌정권하에서 정치적으로 실효를 거둘 수

있다고 볼 뿐 국시회의 이전의 직업대표제 여론에 관해서는 주목하지 않았다.

70. 중화민국 각단체회의는 1922년 3월 18일 各省區 대표 40여 명이 모여 성립되었는데 내정개혁, 민치실행, 救亡을 종지로 내세웠으며, 우페이푸군의 川鄂戰爭과 湘鄂戰爭을 계기로 그의 국민대회 주장을 국민기만이라고 비난하였다. 「各團體會議討論章程」, 『申報』 1922. 3. 19; 「各團體會議之宣言與請願」, 『申報』 1922. 4. 6.

71. 「國是會議憲法草案」(甲種), 『東方雜誌』 19卷 21號, 1922. 11. 10, 15·17면, 21~22면.

없었지만 그렇다고 이를 단순한 '군벌의 들러리' 또는 '자산계급의 환상'이라고 비판할 수 있을까?[72] 이것은 이 시기의 법제화 추진이 사실은 앞서 살펴본 대로 5·4 이래 성장한 각계의 소망을 반영한 것이었다는 사실을 간과한 비판이다. 필자는 각 직업단체가 직업대표제를 법제화함으로써 군벌정권의 부속물이 되어버린 기존 의회제를 대체·혁신하려 한 점, 이러한 법제화 추진을 계기로 직업대표제론이 더욱 확산될 수 있었다는 점을 주목한다.

한편 국민대회촉성운동이 침체되고 법제화 시도가 좌절된 후에도 직업단체 중심의 국민대회(국민회의)론을 지속적으로 확산시키는 노력은 계속되었다. 특히 『동방잡지』는 중국의 국시헌법과 성헌법을 제1차 대전 후 유럽 5개국이 제정한 신헌법과 비교하여, 직업대표제를 실현 가능한 제도로서 보여주고자 노력하였다.[73] 편집인 양뚜안류와 베이징대 교수 왕스제(王世杰)·장웨이츠(張慰慈) 등이 권두언, 논문, 시평 형식으로 이 문제를 지속적으로 다루었으며 나아가 『신청년』, 『노력주보』, 『개조』, 『신보』 등 다른 잡지나 일간지에 기고된 관련 논문을 전재하거나 논평 형식으로 소개하여[74] 이와 관련된 논의를 집약하려고 노력하였다. 이런 노력은 국공합작 직후인 1924년 봄까지 계속되었다.

---

72. 力子, 「蜂腰式」, 『上海民國日報』 1922. 3. 16; 平心, 『中國民主憲政運動史』, 上海: 進化書局, 1947, 167면.

73. 『東方雜誌』 19卷 21·22號(1922. 11. 10, 11. 25)의 "憲法研究專號"(上·下).

74. 가령 20卷 1號(1923. 1. 10), 20卷 2號(1923. 1. 25), 20卷 6號(1923. 3. 25), 20卷 7號(1923. 4. 10)의 「評論之評論」란에서 그러한 예를 볼 수 있다.

민의기관 구성주체의 범위와 비직업단체의 배제

앞에서 검토한 대로 국민회의 소집론은 1920년 8~9월경, 5·4운동을 통하여 사회·정치적으로 성장한 각 직업단체의 요구를 서구에서 도입된 직업대표제론으로 체계화함으로써 형성되었다. 그것은 이미 직업단체 중심의 각계연합이 민의결집 기능을 담당하고 있던 조건에서 무정부주의자의 동업자치론과 그것을 떠받친 직업주의가 확산된 위에 길드사회주의의 직업대표제론이 수용되어 결합된 결과였다. 레인쉬와 양뚜안류는 국민회의론을 체계화하는 데 핵심 역할을 담당하였다. 국민회의 소집론은 신해혁명 전후 성·시 차원의 각계연합이 5·4운동기의 전국적 연합으로 발전하는 과정에서 탄생한 것인 만큼 신해혁명과 5·4운동을 통일적으로 파악할 근거를 제공해주는 의미를 갖는다.

직업대표제론의 수용과 국민회의 소집론의 형성을 계기로 근대 중국의 사회단체 중에서 직업단체가 갖는 사회·정치적 지위는 특별해졌다. 여러 종류의 사회단체 중에서 직업단체만이 참정의 주체로 인정되었기 때문이다. 이는 이미 청말~민국 초에 각계연합과 각계대표가 각계민의를 결집하는 과정에서 등장했는데 이로서 제도화 단계에 진입한 셈이다. 그럼에도 왜 직업단체인가에 대한 학계의 관심은 미미하다.

근대 중국에는 각종 사회단체들이 동향, 거주지, 직업, 동문동학, 동호취미, 사상이념 등 다양한 연결망을 기반으로 성립되어 활동하였다. 그런데 이러한 연결망은 상호 배타적이 아니어서 서로 중첩되면서 단체결성을 촉진하였다. 특히 처음부터 회관과 공소를 바탕으로 성립된 상회가 그러하였고 그 정도로 두드러지지는 않았지만 공회나 학생회의 경우에도 예외가 아니었다. 근대 중국에서 사람들의 정체성을 규정하는 일차적 요인은 여전히 동향과 거주지 등 지연관계였다.

그러다 보니 동향단체가 중요한 역할을 담당하였다는 견해가 특히 계급론적 혁명사 연구가 퇴조하는 것과 동시에 유행하였다. 예컨대 브리냐 굿맨(Bryna Goodman)은 민국 초 여론형성과 사회·정치적 동원 면에서 동향회가 가장 큰 역할을 담당하였으며 다만 5·30운동(1925)과 4·12쿠데타(1927) 사이의 잠깐 동안만 직업단체가 좀 더 중요한 역할을 담당했을 뿐이고 그 후에 곧바로 동향회의 활력이 회복되었다고 보았다.[75] 이런 시각은 국내학계에도 영향을 미쳐 1920~1930년대 노동운동과 학생운동 연구에서도 동향회나 동향 연결망이 노동조합과 학생회라는 근대적 조직의 형성과 운영에 어떻게 작용하였는지를 밝히는 데 역점이 두어졌다.[76] 이병인은 각종 사회단체는 사실상 동향회의 연합에 불과하다면서 난징국민정부가 초기에 동향적 연결망을 분열주의의 원천으로 간주해 타파하려 시도한 잠깐 동안을 제외하고는 동향회가 줄곧 사회·정치적 동원의 가장 중요한 기제였다고 강조하였다.[77]

이와 달리 티머시 브룩(Timothy Brook)은 동향단체가 급속히 감소하는 대신 동호단체가 급증하였고 국민당 훈정체제에 대한 정치적 압력을 행사하는 데는 문인, 교수 등의 동호단체가 가장 중요한 역할을 담당한 것으로 파악하였다. 이때 직업단체는 극히 미미한 역할밖에 담당하지 못했다고 한다.[78] 직업단체의 사회·정치적 역할에 대한 연구는 최

---

75. Bryna Goodman, *Native Place, City, and Nation: Regional Networks and Identities in Shanghai, 1853~1937*, Berkeley: University of California Press, 1995, 271~272면, 281~282면.

76. 전인갑, 『20세기 전반기 上海社會의 지역주의와 노동자』, 서울대학교출판부, 2002; 정문상, 『중국의 국민혁명과 상해학생운동』, 혜안, 2004.

77. 그는 상하이의 대다수 직업단체를 동향회의 연합체에 불과하다고 보았다. 이병인, 『근대 상해의 민간단체와 국가』, 창비, 2006, 26면, 345면, 350~355면.

78. 그의 조사에 따르면 당시 동호단체 65개, 직업단체 60개일 때 동향단체는 19개였다. Timothy Brook, "Autonomous Organizations in Chinese Society", Timothy

근에 와서야 이루어지기 시작했으나 이를 직업대표제과 연관지어 파악한 예는 보이지 않는다. 상회를 비롯한 법정 직업단체의 지방 공공업무 수행을 강조한 연구나 공상동업공회(工商同業公會)가 훈정체제하의 국민당의 정책 추진과 정치적 동원에서 담당한 역할을 분석하여 동업공회의 정치참여를 '사단정치(社團政治)'라고 파악한 연구가 그런 예이다.[79] 동호단체의 활동도 이 '사단정치' 개념 속에 포함될 수 있다.

정당정치와 대비되는 사단정치라는 개념은 사회단체 일반의 정치활동을 강조한 것이어서 각계연합을 중심으로 한 민족민주운동사를 새롭게 탐색하는 데 도움을 준다. 실제로 각계연합이 대중집회를 개최할 때도 직업단체와 비직업단체를 구분하지 않고 광범하게 연대하여 세력을 극대화하고자 했다. 따라서 각계연합회의 구성단체에 동향·거주지·동호·동문단체를 비롯한 각종 비직업단체가 포함된 것은 당연하다. 정치학에서도 원래 자율적 사회단체 속에서 시민의 민주적 자질과 능력이 함양될 수 있다는 믿음에 의거해 사단민주주의(associational democracy)나 사단정치(associational politics)가 중시되는데, 위 연구들은 대부분 이러한 입장에서 크게 벗어나지 않는 것으로 보인다. 시민사회론자들이 주장하는 "시민사회의 초보형태"라는 것도 실은 이러한 사회단체 일반의 지방공무 수행이나 사회·정치적 활동, 곧 사단정치를 지칭하였다.[80] 사단정치나 시민사회를 주장하는 연구들은 거의 예외 없

Brook and B. Michael Frolic eds., *Civil Society in China*, New York: M.E. Sharpe, 1996, 33~35면.

79. David Strand, "Civil Society and Public Sphere in Modern Chinese History", Roger V. Des Forges and Luo Ning et al. eds., *Chinese Democracy and the Crisis of 1989*, State University of New York Press, 1993, 59~60면; 魏文亨, 「社團政治: 近代工商同業公會的政治參與, 1928~1947」, 胡春惠・薛化元 主編, 『近代中國社會轉型與變遷』, 臺北: 國立政治大學歷史學系・香港珠海書院亞洲研究中心, 2004.

80. 가령 David Strand, 앞의 글, 59~60면이 대표적인 예이다. 그러나 시민사회론자

이 그것을 지방수준의 영역에 한정할 뿐 전국 범위로 넓혀서 파악하려 하지 않는 공통점을 보인다.

그러나 그런 지방 수준의 대중운동을 바탕으로 민의기관 형성을 전국범위의 국민적 의제로 삼고 이를 국가의 법제로 제도화하려는 시도, 그리고 그때 어떤 원리와 방식에 의해 민의대표를 선정하고 구성할 것인가의 문제는 사회단체 일반의 활동, '사단정치'의 개념으로 설명될 수 없다. 앞에서 검토한 대로 상하이시 총공정국 화인대표 선거에서 동향단체는 사적 이익을 대변하지만 직업단체는 공공의 이익을 대변한다는 구별이 강조된 것은 분명히 직업주의의 표출이었던 만큼 그 밑바닥에 놓여 있는 사회심리가 함께 파악되지 않으면 안 된다. 동시에 1장에서 검토한 직업주의 사조를 고려하더라도 개별 직업단체는 역시 집단이기주의에 빠지기 쉽기 때문에 꼭 공공의 이익을 대변한다고 속단할 수도 없다.

그렇기 때문에 유력한 특정 직업단체가 자기 직업의 이해를 돌출적으로 대변하지 못하도록 각종 직업단체가 참정권을 갖고 민주적 협상을 통해 대표권을 분배하여 그들 상호 간에 견제와 타협을 통해 균형을

들은 중국에서 시민사회라 할 만한 영역이 제도화되지 못하고 초보형태에 머물 수밖에 없었다고 고백했는데, 이는 원래 시민사회란 국가의 법제에 의거해 사회단체들의 자율적 영역이 보호될 때 비로소 성립된다는 사실에 비추어 보면 동어반복에 불과하다. 한편 자율적 사회단체의 상호연합을 통한 중국의 국가통일 가능성 혹은 근대적 전환을 전망한 1910~1920년대 일본학자(三浦周行, 內藤湖南, 橘樸)의 견해를 근거로 岸本美緒는 1980년대 이래 구미 학계의 '시민사회론'도 사실상 이들의 견해를 재구성한(reframe) 것이라고 보았다. 그러나 그녀는 그 직전에 발표된 다른 글에서 자율적 사회단체의 확장도 결국 전제적 국가의 형성으로 귀결되고 말았음을 강조하였다. 그렇다면 그녀는 위의 동어반복 논리에서 벗어난 것일까? Kishimoto Mio, "Social Turbulence and Local Autonomy: Japanese Historians Interpret Chinese Social Groupings," *The Late Imperial China* Vol. 30-1, June 2009, 144~145면; 岸本美緒, 「中國中間團體論の系譜」, 山本武利 外 編, 『帝國日本の學知』3卷, 東京: 岩波書店, 2006, 266면.

잡도록 하는 제도적 장치가 필요한 것이다. 그것이 바로 직업대표제의 다원주의 원리이다. 요컨대 대중운동 차원에서는 사회·정치적 참여와 동원을 위해 각계연합의 구성주체에 다양한 사회단체들이 망라되었지만 민의기관 구성주체로서는 사회단체 일반이 아니라 직업단체로 한정되는 경향이 강하였다. 물론 직업이 아닌 직능(학생, 청년, 부녀, 종교자선, 항일 각 단체 등의 사회적 기능)별 단체까지 포함하는 경우도 나타났으나 이 역시 직업대표제의 구체화 과정에서 나타난 탄력적 적용이라 하겠다.

이런 직업대표성의 중시를 꼭 유럽에서 전래된 신사조의 소산이라고만 좁게 이해해서는 안 된다. 각계연합의 각계대표에서 보듯이 계별 대표성을 중시하는 관행이 그것을 뒷받침하였다. 가령 1925년 5·30운동에 참가한 150여 개 단체는 다시 각계(상계, 공계, 교육계, 학생계, 보계, 율사계, 은행계 등)로 분류되었는데,[81] 이는 1910년 1월 저장성 국채회가 참가단체를 신계(紳界), 학계(學界), 상계(商界), 공계(工界) 등으로 나누어 각계대표를 선정한 전례를 상기시킨다. 상하이 총상회는 처음부터 회관과 공소를 회원으로 하여 결성되었기에 다수의 동향단체를 포함했지만 그 안에서 이사(董事)를 선출하는 단위는 동향별이 아니라 행업(行業)별로 구획되었다.[82] 브룩이 동호단체로 분류한 문인·교수 단체는 문화계와 학계로 분류되었고 함께 문화단체로 통칭되기도 했지만 '자유직업단체'로 분류되었다. 상하이의 대학교수협회는 "동향회는 가정의 연장"이지만 "직업단체는 개인의 단결을 배양하는 동시에 사회의

81. David Strand, 앞의 글, 61~63면.

82. 1918년 이사 35명의 선출 단위는 매판 겸영 공상업 12명, 공광업 2명, 상업 11명, 은행업 3명, 錢庄·票滙業, 보험업 2명, 항운업 1명, 직업매판 1명이다. 徐鼎新·錢小明, 『上海總商會史, 1902~1929』, 上海社會科學院出版社, 1991, 246면.

기초를 구성한다"라고 대비시켰다.[83] 동향회도 스스로 사적 집단이 아님을 강조하기 위해 공소(公所)라는 이름을 쓰면서 공공의 목적을 실현하기 위한 공단(公團)이라고 자처했지만 민의대표의 사회영역인 하나의 독립된 계(界)로서 인정받지는 못하였다.

직업단체는 5·4운동을 지나면서 급속히 성장했지만 여전히 제한적이었고 분산적 한계를 극복하지 못하고 있었다. 특히 무력을 가진 군벌정부를 타도하지 않고는 평화적 국민회의 소집을 실현하기가 어렵다는 현실을 직시하게 되었다. 직업단체가 직업대표제에 의거해 새로운 민의기관을 건립하자는 국민회의운동을 벌이면서 초기의 입장을 바꾸어 혁명정당과 결합하지 않을 수 없게 된 이유가 여기에 있다. 그 갈림길은 1923년이다.

종래에는 국민회의 소집론이 1923년 약법체제의 정통성(法統)이 붕괴되면서 처음 등장한 것으로 이해되어왔으나[84] 오히려 그해는 이미 성립된 국민회의론이 혁명정당과 결합하여 새로운 단계로 진입하는 분기점이었다. 그 이전 시기는 일체의 정당을 배제한 채 직업단체 독자의 힘으로 민의기관 설립을 시도하는 특징을 보였다. 필자는 이를 제1기(1920~1922)운동이라 불러 그 후의 제2기(1923~1927)와 구별하고자 한다. 제1기에는 '국민대회'와 '국민회의'라는 용어가 혼용되었으나 점차 혁명정당과 연대하는 제2기에는 이 둘이 전혀 다른 의미를 갖는 것으로 구별되었다. 이제 '국민대회'는 쑨원의 건국방략에 명시된 헌정기의 구역대표제 민의기관을 지칭하고 '국민회의'는 새로운 직업대표

83. 徐小群, 『民國時期的國家與社會: 自由職業團體在上海的興起, 1912~1937』, 北京: 新星出版社, 2007, 289면.

84. 1923년 법통이 소멸되자 그 대안의 하나로 국민회의론이 제기되었다는 견해가 있다. 윤혜영, 『中國現代史研究—北伐前夜 北京政權의 내부적 붕괴과정, 1923~1925』, 일조각, 1991, 84면, 92면.

제 민의기관을 의미하는 것으로 한정된 것이다.

제2기 국민회의운동은 다음 장에서 살펴보듯이 직업단체가 혁명정당의 당군으로 군벌체제를 타파하는 국민혁명과 결합하는 혁명적 모습을 보이게 되었다. 그런 면에서 국민회의 소집론은 5·4운동에서 확인된 민중의 힘과 단체의 힘을 전국적으로 조직하여 국민혁명운동으로 연결해주는 고리 역할을 담당하게 되었다. 국민회의와 국민혁명은 군벌·제국주의의 체제를 타파하고 헌정국가를 수립하려는 목표를 공유하고 있지만, 전자가 평화적 수단의 각계민의에 호소한 것과 달리 후자는 혁명군의 무력에 의지한 점에서 다르다. 결국 직업단체가 초기의 독자적 국민회의 운동에서 실패한 경험을 살려 자신의 목표를 실현하려면 혁명정당과 연대하여 국민혁명운동에 적극 참여하는 수밖에 없다는 판단에 도달한 것이다. 다만 이때 혁명정당은 정객들의 정당과 다르다는 전제가 충족되어야 했고 직업단체는 혁명정당의 정치적 필요에 부응하는 쪽으로 활동할 것이 요구되었다.

4 | 혁명정당과 국민회의운동

앞 장에서 국민회의 소집론의 형성과 제1기 운동을 살펴보았으니 이제 제2기 운동을 검토할 차례이다. 서로 배타적이었던 직업단체와 국민당, 공산당 등 혁명정당이 각기 따로 전개한 새로운 민국 건설을 위한 노력은 군벌과 제국주의 세력에 의해 무시되거나 탄압받고 침체되었기에 이윽고 연대의 필요성을 느껴 협력하면서 경쟁하는 것이 제2기 운동의 특징이다.

공산당은 대중운동을 중시하던 입장 위에서 1923년 국민회의 소집을 주장하면서 각계단체와 연대하였고, 그에 대해 냉담한 반응을 보이던 국민당은 1924년 11월 쑨원의 북상선언에서 국민회의 소집론을 주장하였다. 이로써 직업단체와 혁명정당이 서로 연대하여 국민혁명운동을 추진하게 되었다.

양당의 국민회의 주장에 대한 학계의 이해는 국공 양당이 각기 국민회의론을 창안했다는 견해와 공산당이 창안하고 국민당이 그 권고에 따라 수용했다는 견해로 나뉘어 있다. 쑨원이 공산당의 제안을 수용하였다는 견해는 다시 그가 원래 무력통일론자여서 자신의 사상체계 속에서 내적 필요에 따라 국민회의론을 수용할 수 없었고 다만 임기응변의 책략으로 수용했을 뿐이라는 견해와, 당시 쑨원 사상이 대중운동을 중시하는 방향으로 변화·발전하고 있었음에 주목하고 그 연장선에서 공산당의 제안을 새로운 통일건국론으로 수용했다고 보는 견해로 나뉜다.

어느 견해든 국민회의 소집론을 1923년 이후로 한정하여 이해할 뿐 그 이전의 제1기 국민회의운동과 관련지어 보지 않은 점에서 마찬가지이다. 필자는 국공 양당의 국민회의 주장은 양당 어느 쪽의 창안도 아니며 제1기 국민회의운동에서 형성된 각계의 여론과 민의결집 관행을 양당이 수용한 결과로 이해하고자 한다. 따라서 이에 대한 검토는 5·4운동이 국민혁명운동으로 진전되어 가는 과정에서 국민회의 소집론이 담당한 역할, 그리고 직업단체와 국공 양당의 상호관계를 드러내는 중요한 의미를 갖는다.

중국공산당의 국민회의 소집론

중국공산당이 성립되기 전에 이미 직업대표제로 의회제를 혁신하고 헌법을 제정하자는 여론은 널리 확산되어 있었지만, 국공 양당이 이를 즉시 수용하기는 어려웠다. 그 이유는 직업대표제론이 원래 정당의 이해관계에 따른 구역대표제를 의회제의 각종 폐단의 근원으로 지적하면서 정당을 배제하려 했을 뿐만 아니라 국가건설 구상 면에서 권력의 배분과 직업자치를 바탕으로 분권주의와 다원주의를 추구했다는 점에서 강력한 권력집중을 추구하는 국공 양당의 이당치국론(以黨治國論) 및 프롤레타리아 독재론과 대립되기 때문이다.

특히 공산당 인사들은 프롤레타리아 독재론에 근거한 러시아식 사회주의혁명을 중국 개조의 유일한 방안으로 보고 『개조』측 길드사회주의자들을 상대로 치열한 논전(1920. 11~1922. 7)까지 벌이고 있었으니 소비에트제를 '빈민독재'라고 비난하는 길드사회주의의 직업대표제론을 수용할 리 없었다. 국민당 인사들은 우페이푸(吳佩孚)와 레인쉬의 국민대회 또는 국민회의 소집론에 대하여 우페이푸와 차오쿤(曹錕)·장쭤린(張作霖) 간의 권력투쟁 도구라거나, 선출된 소수의 대표에 의한 회의는 진정한 국민대회가 아니라는 이유로 반대하였다. 또는 농공상학 법단의 대표로 구성되는 국민대회는 '신사회의, 명류회의'일 뿐 국민대회가 아니라고 법단의 대표성을 문제삼았다.[1] 그러나 실제로는 약법을 수호하기 위해 호법전쟁(1920. 11~1922. 6)을 벌이고 있던 국민당이 약법을 부정하는 국민대회를 수용할 수는 없었고, 호법전쟁이 실패로 끝난 이후에도 구(舊)국회에 대한 기대가 남아 있어서 그것을 부인하는 국민회의를 수용하기는 어려웠다.

그런데 공산당원들은 창립(1921. 7) 당시 프롤레타리아 사회주의혁명의 직행론을 내건 극좌편향을 시정하고 1922년 7월 제2차 대회에서 부르주아 민주혁명을 당면과제로 설정하면서(이때가 바로 직업대표제론이 전국적으로 여론화되고 법제화 작업까지 추진되고 있던 시점이다) 직업대표제론을 단계적으로 수용할 실마리를 마련하였다. 반제·반군벌의 민주혁명세력을 광범하게 결집하기 위해 공산당은 1922년 6~7월 처음으로 "공회, 농민단체, 상인단체, 교직원연합회, 학생회, 부녀참정동맹단체, 율사공회, 신문기자단체 등을 결집해 전국 각 도시에서 민주주의 연합전선(민주주의 대동맹)을 조직한다"[2]라고 결의하였다. 이것은 기존의 직

---

1. 佐治, 「吳佩孚之行動」, 『上海民國日報』 1920. 7. 1; 楚傖, 「今後之國民大會」(社論), 『上海民國日報』 1920. 8. 2~3, 8. 6; 際安, 「國民大會」, 『上海民國日報』 1920. 8. 4; 佐治, 「國民大會是什麽」(社論), 『上海民國日報』 1920. 9. 2.

업단체연합회 또는 각계연합회의 사회·정치적 영향력을 인정한 위에서 각종 직업단체를 적극 활용하여 민주주의 연합전선을 결성하자는 것인데 이 연장선에서 1923년 8월 제2차 시국주장에서 직업대표 중심의 국민회의 소집론을 수용할 수 있었다고 보이기 때문이다.

프롤레타리아 독재를 국가건설방안으로 삼고 있었다는 점에서 국민당인들보다 직업대표제를 수용하기가 더 어려웠을 것으로 보이는 공산당인들이 왜 먼저 이를 받아들일 수 있었을까? 필자는 여기서 천두슈(陳獨秀)와 리다자오(李大釗)의 역할을 주목하고 싶다.

천두슈는 공산주의를 받아들이기 시작하던 1919년 12월 "민주정치 실행의 기초는 소조직의 지방자치단체와 각종의 동업연합이며 이 두 가지 조직을 결합하여 최소 범위에서부터 사회·경제적 평등과 권익을 실현해야 진정한 민주주의가 실현된다"라고 주장하였다.[3] 이것은 구역대표제와 직업대표제를 병행하여 의회제의 폐단을 혁신하려 한 영국의 길드사회주의 원리와 극히 유사한 발상이다. 리다자오 역시 "각 업종(行業)은 모두 소조직을 만들고 이를 바탕으로 대연합을 이루어야 한다. 이러한 횡적 조직이 있어야 비로소 진정한 민주정치의 기초를 확립할 수 있다"[4]라고 보았다. 그는 1920년 8월, "우페이푸 장군이 제창

---

2. 「對于時局的主張」(1922. 6. 15), 中央檔案館 編, 『中共中央文件選集』1冊, 北京: 中共黨校出版社, 1982, 45~46면; 「關于"民主的聯合戰線"的決議案」(1922. 7), 같은 책, 66면.

3. 陳獨秀, 「實行民治的基礎 – "地方自治與同業聯合兩種小組織"」, 『新青年』 7卷 1號, 1919. 12. 1, 16~18면, 20~21면. 이 글은 『東方雜誌』17卷 1號(1920. 1. 10)에 「實行民治主義之基礎」란 제목으로 전재되었다.

4. 孤松, 「大聯合」, 『新生活』19期, 1919. 12. 28; 守常, 「由縱的組織向橫的組織」, 『解放與改造』2卷 2號, 1920. 1. 15, 『李大釗文集』下冊, 北京: 人民出版社, 1984, 174면, 203면. 이보다 앞서 毛澤東이 제창한 '민중의 대연합'(1919. 7~8)도 이와 동일한 발상이다.

한 국민대회는 우리 민중의 의사를 받든 것에 불과하다. […] 5·4 이래 매국장관을 파면하고 이번에 안복계 군벌을 축출한 것은 자발적으로 소집된 국민대회의 효력이 아닌가? […] 여러분은 모두 떨쳐 일어나 기존의 직업단체를 개조하고 단체가 없는 직업은 신속히 동업을 연합하여 조직하기 바란다. 이것이 바로 인민대회의 영구적 기초이다"[5]라고 하였다. 소수인에 의해 좌우되는 기존의 법정 직업단체를 개조하는 한편, 새롭게 직업단체를 조직하고 이러한 직업단체를 기초로 진정한 국민대회를 개최하자는 것이다.

천두슈와 리다자오의 이런 구상은 중국의 현실에 기초한 발상이었지만 공산당 결성 전후에는 코민테른의 프롤레타리아 사회주의혁명 노선에 억눌려 있다가 제2차 대회에서 국민혁명 노선을 채택한 이후 되살아난 것으로 보인다. 갓 태어난 공산당 자신은 물론 민주혁명의 역사를 갖고 있는 국민당도 군벌을 대체할 역량을 갖고 있지 못하다는 현실을 인정하면서[6] 기존의 법정 직업단체나 이를 기초로 한 국민대회 소집 여론을 주목하지 않을 수 없었을 것이다. 그리하여 1923년 2월 7일 천두슈는 드디어 직업단체대표로 구성된 국민회의의 소집을 다음과 같이 명확하게 주장하고 나섰다.

> 서구 의회제는 자산계급의 산물이고 대부분의 의원은 상당한 직업을 갖고 있으나 중국의 의회는 그렇지 못하다. 직업 없는 游民이 의원을 직업으로 하여 私利 추구의 도구로 삼고 있다. 이런 폐단은 의원 자신의 죄악이라기보다 구미의 의회제를 억지로 도입하여 중국 사회상황과 부합하지 못한 결과이

5. 李守常, 「要自由集會的國民大會」, 『晨報』 1920. 8. 17, 『李大釗文集』 下冊, 240~241면.

6. 陳獨秀, 「對于現在中國政治問題的我見」, 『東方雜誌』 19卷 15號, 1922. 8. 10, 374~378면.

> 다. 따라서 의회 문제를 해결하는 길은 오직 혁명적 수단으로 현행 각급 의회의 조직법과 선거법을 폐지하고 현존단체(공회, 상회, 교육회, 율사공회 등 – 원문대로)가 선거한 國民會議, 市民會議, 縣民會議로 바꾸어 현재 직업의원의 국회 및 각급 지방의회를 대체하는 것뿐이다. 이러한 국민회의는 그 직업단체의 의견과 이익을 대표하여 일정한 후원을 갖고 정부를 감독하는 실효를 거둘 뿐 아니라 매년 1차 개선하고 매 회기를 1~2개월 이내로 함으로써 의원 고유의 직업을 방해하지 않고 현재의 직업의원의 폐단을 막을 수 있다.[7]

여기서 천두슈가 직업대표제 민의기관의 명칭을 '국민회의'로 표기한 것은 그동안 '국민대회'로도 표현되어온 용법과 거리를 두고 레인쉬의 '국민회의'론을 이어받은 것이라 할 수 있다. 레인쉬의 국민회의 방식을 성(省)과 시(市)·현(縣) 단위까지 확대 적용하여 현민회의·시민회의–성민회의를 구성하고 이것을 국민회의의 기반으로 삼으려 한 것이다. 이는 분명히 국민회의론의 발전이라 할 만하다. 천두슈의 이러한 구상은 1923년 8월 1일 중국공산당의 2차 「시국에 대한 주장」으로 이어져, "국민회의가 있어야 비로소 국민을 진정으로 대표하여 헌법을 제정하고 신정부를 건설하여 중국을 통일할 수 있"으니 "국민당이 앞장서 전국의 직업단체에 호소해 국민회의를 개최하라"고 공식 선언되었다.[8]

위에 인용된 천두슈 개인의 글과 공산당의 공식 선언은 1919년부터 제기된 의회제혁신론과 직업대표제론을 천두슈와 공산당이 완전히 수용하였음을 보여준다. 이것은 1920년 8~9월에 이미 명확히 제기된 레인쉬, 양뚜안류, 상하이학생연합회의 국민대회(국민회의, 이하 국민회의로 표기함) 소집론을 이어받은 것으로 볼 수 있으며 국민회의의 직권 면

7. 獨秀, 「中國之大患–職業兵與職業議員」, 『嚮導』 19期, 1923. 2. 7.

8. 「中共黨對于時局之主張」, 『先驅』 24號, 1923. 8. 1, 『中共中央文件選集』 1冊, 177~178면.

에서 보면 헌법제정 외에 정부수립권까지 인정한 상하이학생연합회의 주장에 가장 가깝다. 중국사회주의청년단도 1923년 10월 차오쿤 총통의 뇌물선거로 국회의원이 '돼지 의원'으로 조소되고 있는 현실을 지적하고, 그러나 의회제를 완전 부정하면 군주제로 복귀하게 될 터이니 그 개선책을 모색해야 하는데 직업대표제와 직접민권을 결합하여 동시에 실시하는 것이 그 대안이라고 직업대표제 수용을 분명히 하였다.[9]

직업대표제론자들도 국민회의촉성운동과 법제화의 노력이 군벌관료 세력에 밀려 좌절되는 가운데 정당과의 관계를 새삼 정립하지 않을 수 없게 되었다. 1923년 12월 10일자 『동방잡지』에 실린 「누가 어떻게 중국을 구할 수 있는가?」는 이러한 고민의 산물로 보인다. 그 요지는 다음 세 가지이다. 첫째, 직업단체는 각기 자기 단체의 이해에 치우쳐 단결하기 어려우니 별도의 정치단체를 조직해 전국적으로 단결할 필요가 있다. 둘째, 정치단체는 직업단체에서 정치지식이 뛰어난 자로 조직하며 직업단체는 정치단체를 중심으로 삼는다. 셋째, 이렇게 양자가 밀접한 관련을 맺지 않으면 정치단체는 정치로 밥 벌어먹는 정객들의 단체로 변모할 것이다.[10]

요컨대 정당의 힘을 빌려 전국적으로 단결하는 한편, 정당의 정객화를 방지하기 위해 적극적으로 정당과 결합해야 한다는 논리이다. 직업대표제론의 수용과 전파에 앞장서온 양뚜안류가 1923년 1월, 영국·미국과 같은 강력한 정당을 조직해야 한다는 주변의 주장을 비판한 것으

9. 但 ,「我們還要議會制度否」,『中國青年』2期, 1923. 10. 27, 5~9면. 뿐만 아니라 中國社會黨도 江亢虎의 영향으로 국민당의 北上宣言 이전에 직업대표제론을 당론으로 확정하였다. 「中國社會黨臨時政略」(1924. 6. 15), 中國第二歷史檔案館 編,『中華民國史檔案資料滙編』3輯 政治(1), 南京: 江蘇古籍出版社, 1991, 622면, 727~728면.

10. 倬章,「誰能救中國如何救中國?」,『東方雜誌』20卷 23號, 1923. 12. 10, 125~131면.

로 볼 때[11] 직업대표제론자들이 모두 이 논리를 받아들였을지는 알 수 없다. 그러나 대부분의 직업단체는 기존의 정객들의 정당과 다른 새로운 혁명정당과의 결합을 전제로, 그리고 개조된 국민당의 출범을 계기로 국민당도 참여하는 국민회의 소집론을 수용했을 것으로 보인다. 다만 '이당건국(以黨建國)'을 원칙으로 삼고 있던 국민당과의 결합을 인정하는 순간, 당치(黨治)하에서 직업단체의 자주성을 지켜나가야 한다는 부담을 짊어지지 않을 수 없게 되었다.

국민당 개조와 쑨원의 국민혁명론

국민당의 개조는 1923년 1월부터 이듬해 1월 사이에 진행되었는데, 국민회의와 관련해 주목되는 내용은 국민대중을 조직하여 국민에 의한 국민혁명을 추진하기 위한 정책이 확정된 점이다. 중앙집행위원회 안에 먼저 농공위원회를 둔 것, 이윽고 이를 농민부, 공인부, 상인부, 부녀부 등으로 세분하여 대중의 조직화에 힘을 쏟은 것이 이를 말해준다. 물론 이들 부서의 핵심 책임자는 대부분 국민당에 가입한 공산당원들이었다. 이미 국민회의 소집론을 수용한 공산당원들은 국민당 기구를 통한 대중조직활동에서 당연히 국민회의 소집론을 확산시키려 노력하였다. 그 호기는 1923년 6~10월 리위안훙(黎元洪) 총통이 축출되는 베이징정변과 차오쿤(曹錕) 총통 당선을 위한 국회 뇌물선거에 의해 주어졌다.

정변 발생 직후 상하이 '8단체 국시회의' 대표가 전국 각계를 상대로

11. 楊端六, 「時局問題之根本討論」, 『東方雜誌』 20卷 1號, 1923. 1. 10.

국민회의 소집을 호소했고, 이어서 공산당은 제2차 시국주장을 내어 국민당이 앞장서 농공상회와 학생회 등 각 직업단체를 소집해 국민회의를 개최하라고 제안하였다. 흔히 쑨원은 이 제안을 즉시 묵살한 것으로 알려져 있지만 그렇게 간단하게 볼 일은 결코 아니다.

공산당 중앙위원회는 1923년 7월 시국주장을 발표하는 동시에 중앙위원 연명의 서한을 쑨원에게 보내 국민회의 소집을 간곡하게 요청하였다. 그들은 이번 북방위기를 국민당 발전의 호기로 삼아 광저우에서의 군벌군대에 의존한 군사활동을 끝내고 당의 조직과 선전활동을 상하이와 베이징 등 전국으로 확대하여 국민당을 전국정당화하는 동시에 국민에 의거한 혁명무력을 형성하자고 촉구하였다.[12] 그들은 이 두 가지 과제를 동시에 실행하는 방법으로 국민당이 여론의 중심지인 상하이로 가서 국민회의를 소집하라고 요구한 것이다.

당시 국민당의 개조와 국공합작 추진을 위해 긴밀한 관계를 유지하고 있던 코민테른 동방부 책임자인 마링(H. Maring)의 보고에 따르면, 직업단체 대표로 국민회의를 개최하자는 주장에 대하여 쑨원은 "그들이 시험 삼아 해보는 것에 반대하지 않으며 당원들도 개인 신분으로 지원할 수 있으나 당이 개입해서는 안 된다. 국민회의를 개최하는 운동은 하나의 엄숙한 운동이 될 수 없다"[13]라고 하였다. 쑨원은 그때 자신의 군사력을 발전시켜 광둥에 근거지를 건립하는 데 집중하였고 그런 후에 동북 및 서북의 군대와 합작해 그 힘으로 혁명을 승리로 이끌 수 있다고 보았다. 따라서 당장 전국적인 국민회의촉성운동에 국민당이

---

12. 「陳獨秀, 李大釗, 蔡和森, 譚平山和毛澤東同志致孫中山的信」, 中共中央黨史研究室 第一研究部 譯, 『聯共(布), 共産國際與中國國民革命運動』 2冊, 北京圖書館出版社, 1997, 495~496면.

13. H. 馬林, 「向共産國際執行委員會的報告」(1923. 7. 15), 같은 책, 497~499면.

직접 나서지 말라고 했을 뿐 국민회의 소집 자체를 반대했다고 보기는 어렵다.

한편 당시 쑨원은 호법전쟁의 실패에도 불구하고 아직 제1대 국회에 대한 미련을 버리지 못하고 있었다. 정변 직후 베이징에서는 국회가 남방으로 이전할 것이라는 소문이 파다하였고, 이어서 국회의원 185명이 군벌에 포위되어 있는 베이징에서는 국회의 자유로운 직권을 행사할 수 없다고 선언하고 상하이로 떠났으며,[14] 이에 호응하여 쑨원은 베이징의 국민당 의원들에게 남행을 촉구하는 전문을 발송하고 왕징웨이(汪精衛) 등 측근을 파견해 의원을 맞이하게 하였다.[15] 이런 상황에서 국회와 국회의원을 전면 부인하는 국민회의 소집 요구를 쑨원이나 국민당이 수용하기는 어려웠을 것이다.

국민당의 이름으로 국민회의운동을 벌일 생각이던 공산당원들은 따라서 독자적으로 북방사태를 국민당의 개조와 확대 기회로 삼아나갔다. 그들은 '시국선언' 전단과 『향도(嚮導)』 주보를 통해 북방정국의 위기와 국민회의 소집의 필요성을 알리는 선전활동에 주력하였다. 1923년 10월 차오쿤 총통 당선을 위한 국회의 뇌물선거에 대한 각계의 규탄집회가 속출하는 가운데 상하이의 각 공법단은 국민회의 소집을 제안하여 대회 의결사항으로 채택하였고 전국학생총회도 이를 지지하였다. 심지어 호법의원의 일부까지 국민회의 소집을 주장했으니, 이는 대다수 국회의원이 차오쿤에게 매수되었기 때문이다.[16] 이로써 국회부

14. 「南方召集國會問題之緊迫」, 『大公報』 1923. 6. 17; 「國會議員離京宣言」, 『大公報』 1923. 6. 22.

15. 「孫中山電令國會南遷」, 『大公報』 1923. 6. 28.

16. 윤혜영, 『中國現代史研究-北伐前夜 北京政權의 내부적 붕괴과정, 1923~1925』, 일조각, 1991, 93~94면.

정 여론이 폭증했으니 쑨원과 국민당이 국민회의 소집론에 거리를 두게 만든 걸림돌 하나가 제거되었다고 볼 수 있다.

그렇더라도 국민회의를 대중집회로서든 대표회의로서든 수용하려면 우선 직업단체를 비롯한 대중조직이 국민혁명운동에서 갖는 의의와 역할에 대한 새로운 인식이 확립되어야 한다. 쑨원은 국민당 개조작업을 단행하면서 전국 인민에 대한 선전과 조직활동이 군벌타도의 필수적 절차임을 인식하게 되었다.

쑨원은 1923년 2월 즈리파 군벌의 베이징정부가 노동자 파업을 유혈진압한 2·7참안 직후 그 군벌의 수령인 "우페이푸의 오늘을 있게 한 것은 여론의 뒷받침이 있었기 때문이니 이제 그를 타도하려면 먼저 여론을 전환시키지 않으면 안 된다. 주의(主義)의 선전이야말로 혁명군의 향도이다"라면서 베이징학생연합회는 선전활동에 적극 종사하라고 촉구하였다.[17] 그해 10월 차오쿤의 뇌물선거가 발생하자 곧바로 그는 국민당원을 상대로 한 연설에서, 그동안 국민당은 주로 해외활동에 주력해서 국내 기반이 극히 박약하고 당의 국내활동도 무력에만 의존함으로써 무력의 실패와 더불어 당도 실패했음을 인정하고, 앞으로는 '인민의 심력(心力)'을 획득하여 당 자신의 역량으로 삼고 무력과 병행해야 한다고 주장하였다. 이때 '인민의 심력'에 호소하는 선전의 분투가 무력에 의거한 군사적 분투보다 더 중요한 것으로 파악되었다.[18]

대중선전에 대한 쑨원의 강조는 1924년 1월 제1차 전국대표대회에서 통과된 국민정부 건국대강에 명시되었다. 군정시기에 "정부는 한편

---

17. 「在香港工商界集會的演說」(1923. 2. 20), 『孫中山全集』 7卷, 北京: 中華書局, 1985, 118면; 「實行裁兵宣言」(1923. 2. 24), 같은 책, 131면.

18. 「在廣州中國國民黨懇親大會的演說」(1923. 10. 15), 『孫中山全集』 8卷, 286면; 「在廣州大本營對國民黨員的演說」, 같은 책, 430~431면.

에서 병력으로 국내의 장애를 제거하고 다른 한편에서 주의를 선전하여 전국의 인심을 개화시켜 국가의 통일을 촉진한다"라는 것이다.[19] 이어서 그는 각 성의 인민이 자발적으로 자신의 단체를 결성하여 건국대강의 실천을 촉진하고 전국의 사농공상이 하나로 단결하여 일대 시위운동을 벌이면 어찌 군벌이 타도되지 않겠는가?"라고 하였다.[20] 그 직전에 그가 공산당 서기로서 국민당에게 국민회의 소집을 공식 제안한 천두슈를 광둥군정부 대본영 선전위원회 위원장으로 임명한 것은 특히 주목된다.[21] 여기서 군사력에 의한 북벌전쟁과 함께 광범한 선전·조직 활동으로서의 국민회의운동을 추진할 가능성이 엿보인다.

개조된 국민당이 공식 출범하고 공인부와 농민부가 설치된 직후, 1924년 3~8월 쑨원은 잇달아 전국 각계 인민에게 자신의 단체를 결성하라고 호소하였다. '민권주의 강연'에서 중국인은 단체를 만들지 못해서 저항력이 없으며 결국 '쟁반에 흩어진 모래'가 되었고, 이 때문에 외국 제국주의의 침략과 경제적 상전(商戰)의 압박을 받아도 저항할 수 없는 것이며, 큰 단체를 이루지 못하면 우리 혁명의 목적은 영원히 성공할 수 없으니 국민당의 '혁명주의'를 시멘트로 삼아 대단체를 결성하라고 호소하였다.[22] 그 논리는 한마디로 청말 이래 합군구국론의 연장이었다. 그 후 곧바로 전국 각계에 전문을 보내 전국의 학·농·공·상 등 각계가 국민당과 함께 혁명에 참가해야 비로소 군벌과 외세의 지배를 타파하는 혁명이 성공할 수 있으며 각계의 민생과 이익을 도모할 수 있

19. 「國民政府建國大綱」(1924. 1. 20), 榮孟源 主編, 『中國國民黨歷次代表大會及中央全會資料』上, 北京: 光明日報社, 1985, 35면.
20. 「關于組織國民政府案之說明」(1924. 1. 20), 『孫中山全集』9卷, 103면.
21. 「給陳獨秀的指令」(1923. 12. 17), 같은 책, 525면.
22. 「民權主義」(1924. 3. 16), 같은 책, 281~283면.

다고 호소하였다.[23]

이어서 쑨원은 농민·공인과 직접 만나서 이들의 단체결성을 촉구하였다. 광저우시와 근교의 공인·농민에게 각기 자신의 단체를 결성하여 단체별 이익을 도모하는 동시에 국민으로서의 책임도 완수해야 한다면서 국민의 책임은 불평등조약 폐지와 국내 정치 문제의 해결에 나서는 것이라고 호소하였다. 특히 인구의 8~9할을 차지하는 농민이 상인과 노동자처럼 대단체를 결성하여 역량을 가져야 비로소 진정한 민국이 될 수 있다고 농민협회 결성을 고무하였다.[24]

물론 이렇게 조직된 단체를 바탕으로 쑨원이 계급혁명을 추진하려 한 것은 아니었다. 노동자는 공회를, 농민은 농회를, 상인은 상회를 조직하게 하여 정부가 이들 각 직업단체와 협력하여 민생 문제를 해결하되, 지주·자본가를 배제하지 않고 농민-지주, 노동자-자본가 쌍방의 권익을 동시에 도모하는 방식이라야 한다고 보았다. 이것은 지주와 자본가를 배제하고 농민·노동자·병사의 권익만 대표하는 소비에트 원리와는 다르며, 오히려 직업대표제 원리와 부합한다.

이로써 쑨원은 국민당 개조를 거치면서 무력 일변도에서 벗어나 '무력과 국민'을 결합하여 국민혁명을 추진해가고 있었음을 알 수 있다. 그러나 이는 그가 국민회의 소집론을 수용할 필요조건에 불과하다. 그렇다면 충분조건, 곧 직업단체가 여론형성 면에서 갖고 있는 현실적인 영향력을 인정하고 점차 직업대표제를 수용하는 방향으로 나아가고 있었음을 확인해보자.

쑨원은 일찍이 1916~1917년 인민의 자발적 발기로 현 단위 국민대

23. 「致全國學農工商通電」(1924. 4. 12), 『孫中山全集』 10卷, 59면.

24. 「在廣州市工人代表會的演說」(1924. 5. 1), 같은 책, 148~149면; 「在廣州農民聯歡會的演說」(1924. 7. 28), 같은 책, 463~466면.

회를 소집하여 현 단위 인민의 4대 민권을 행사하고 각 현의 대표로 전국 국민대회를 개최하여 전국 단위의 4대 민권을 행사하도록 하는 건국구상을 제시한 바 있다. 이 국민대회가 후에 형성된 직업대표제 국민회의와 동일한 것은 아니지만 인민대중의 자발성을 중시한 민의기관 구상을 갖고 있었다는 점에서 주목된다. 그 후 그는 국민당 바깥에서 제1기 국민회의운동이 전개된 직후인 1921년 7월 이미 국민회의 소집론을 제한된 범위 안에서 수용하였다. 그는 당시 '국가건설 전서'의 하나로 『외교정책』이란 책을 저술할 계획을 세웠는데, 그 저술목록 22개 중 하나로 "국민회의 개최를 주장하여 본당의 대외정책을 실행하고 중국 외교의 실패를 구한다"라는 항목을 설정하였다.[25] 호법전쟁을 벌이고 있던 상황에서도 그는 대외 문제라는 제한된 영역에서 민의결집의 새로운 장치로서 국민회의를 활용하려 한 것이다. 이 책은 저술되지 못했지만 그 후 국민회의 소집 문제는 다음과 같이 구체화되었다. 1923년 1월 군대를 감축해 병사를 노동자로 전환한다는 '화병위공(化兵爲工)'의 취지에 따라 각 군의 병력을 절반으로 감축하기 위해 전국의 직업단체 대표로 하여금 법정 감독기관과 함께 재병차관(裁兵借款)의 용도를 감독하게 하자는 요지의 화평통일방안을 제시하였다.[26] 이것은 그가 1922년 9월 이래 펑톈파의 장쭤린, 안후이파의 돤치루이와 함께 반즈리파(反直隸派) 3각동맹을 맺고 무력에 의한 남북협공으로 통일을 추구하던 도중에 베이징 정권을 장악한 즈리파가 축출될 경우를 염두에 두고 내놓은 통일방안이다.[27]

---

25. 「復寥仲愷胡漢民函」(1921. 7. 3), 『孫中山全集』 5卷, 569면.

26. 「和平統一宣言」(1923. 1), 『孫中山全集』 7卷, 50면.

27. 따라서 이는 이듬해 실제로 즈리파가 축출된 이후 쑨원의 대응을 예견하게 한다. 배경한, 「反直三角聯盟과 孫文의 北上」, 『釜山史學』 8집, 1983, 246면.

그러나 즈리파의 수령인 우페이푸가 그 직후 노동운동을 유혈진압한 2·7참안을 일으킴으로써 쑨원의 화평통일방안은 무시되었다. 이에 베이징의 각계는 광둥정부의 출사북벌(出師北伐)을 촉구하고 나섰다. 쑨원은 그에 즉각 호응하기보다 "즈리파 군벌에게 화평통일의 성의가 없음이 확인된 만큼 이제부터는 오직 국민에 대해 직접 화평통일을 선전하여 인민의 대각성을 촉진하고 군중의 대혁명을 준비할 따름"이라고 국민혁명 노선을 분명히 하였다.[28] 그가 홍콩의 공상계 집회와 광둥 각계인사 환영회에 나가 "본성의 농·공·상·학계와 보계(報界, 신문계) 등 5계가 각기 대표를 파견해 재병차관의 용도를 채권단과 함께 감독하도록 하자"라고 직접 제안한 것, 그리고 전국 각 성의 교육회, 상회, 농회, 공회, 각 법단과 신문사, 기타 병방가들에게 재병실행 선언문을 발송한 것은 모두 그런 대국민 직접선전의 실천이었다.

이런 그의 구상은 그로부터 1년 뒤 국민당 제1차 전국대표대회 선언에서도 이어졌다. "각 성의 직업단체(은행계, 상회 등)와 사회단체(교육기관 등) 회의를 소집해서 외채상환 방법을 마련하여 채무연체로 인해 처하게 된 반식민지 지위로부터 탈피한다"라고 명시한 것이다. 그리고 이때 함께 통과된 중국국민당총장에도 "정부기관, 구락부, 사회(社會, 會社), 공회(工會), 상회, 국회, 각급 지방의회, 학교 등에 국민당 당단(黨團)을 특별히 조직한다"라고 규정하여 각종 직업 단위를 당 조직과 긴밀히 연계하려고 계획하였다.[29] 선언과 총장은 비록 보로딘(M. M. Borodin)을 비롯한 공산당 측의 주도로 작성되었지만 쑨원의 이전 구상으로부터 크게 벗어난 것으로 보이지는 않는다.[30]

---

28. 「批答沈鴻英之"和平統一"宣言」(1923. 4. 14), 『孫中山全集』7卷, 326면.

29. 「中國國民黨總章」(1924. 1), 榮孟源 主編, 앞의 책, 26면, 32~33면.

30. 「中國國民黨第一次全國代表大會宣言」, 『孫中山全集』9卷, 123면. 대회선언은 보

이와 같이 쑨원은 이미 특정 영역의 국민적 의제를 논의하기 위한 제한된 민의기관으로 직업대표제를 수용하기 시작했는데, 1924년 2월 드디어 국내통일 문제를 의결할 국민회의 소집 구상을 드러내었다. 일본 언론인(松島宗衛)과의 회견에서 중국 역사상의 통일은 모두 북방세력의 남벌로 달성되었는데 광둥군 정부가 지금 추진하고 있는 북벌이 장강(長江) 이북에 도달할 수 있겠는가 하는 질문에 대하여 그는 "북벌군이 일단 장강 유역을 점령하면 북방동지 돤치루이 일파와 제휴하여 서서히 통일 국면을 열어나갈 것이다. 남북통일 국민대회를 소집하여 약법과 기타 국헌을 제정하고 각 성 군대의 감축을 실행할 것"이라고 답하였다.[31] 여기서 말한 '남북통일 국민대회'는 그의 건국대강에서 말하는 헌정 단계의 국민대회가 아니라 훈정 단계의 민의기관에 해당한다. 북방정국에 변화가 생기면 약법은 물론 헌법까지 제정하고 그에 의거해 통일정부를 수립하는 국민회의를 소집하겠다는 구상이 분명하다.

뿐만 아니라 쑨원과 광둥군 정부는 이미 직업대표제를 실제 정부정책의 집행과 결정 과정에 활용하는 방안을 구체화하고 있었다. 대원수부는 1924년 9월 장강 유역에서 강절전쟁(江浙戰爭)이 폭발하자 북벌공작에 박차를 가하여 장시성(江西省) 점령을 전제로 감남선후회의잠행조례(贛南善後會議暫行條例)와 관련 세칙을 제정하였다. 그에 따르면 위원

로딘이 기초했는데, 발표 전날 쑨원이 취소하라고 요구하였다고 한다. 따라서 쑨원사상에서 당 대회 '선언의 논리'와 그 개인의 '강연의 논리'가 다르다는 지적이 있지만 대중의 선전과 단체결성의 중요성을 인정하고 이를 촉구한 점에서는 양자 간에 차이가 없다. 山田辰雄, 『中國國民黨左派の硏究』, 東京: 慶應通信, 1980, 74~86면; 山田辰雄, 「中國政黨史論」, 『現代中國の政治體制』, 東京: 岩波書店, 1989, 165~167면; 王奇生, 『黨員, 黨權與黨爭』, 上海書店出版社, 2003, 110면.

31. 「與日人某君的談話」(1924. 2), 『孫中山全集』 9卷, 535~536; 陳錫祺 主編, 『孫中山年譜長編』 下, 北京: 中華書局, 1991, 1850면.

장은 선후위원과 현지사 외에 상회, 교육회, 농회 등 각 현 법단대표와 명망 있는 공정 신사로 선후회의를 소집해 군대가 지켜야 할 공약(共約)을 제정하고, 징발된 물품의 가격을 산정하며, 인력과 물자의 징발·운송업무를 담당할 기구의 설치 등을 결정하도록 하였다. 아울러 각 현 법단 대표에게 4급 직원 직위(당시 현지사는 3급, 징발소 소장은 5급)를 부여하였다.[32] 이 구상은 직업단체 대표를 성 단위의 훈정시기 혁명정부, 특히 지방민의기관의 구성주체로 명시한 것으로서 주목된다. 그에 앞서 재정부는 1923년 8월 광둥의 금융을 유지하고 지폐를 정리하기 위해 증권을 발행하고 그 관리조례를 제정하였다. 이때에도 증권의 관리와 감독 기능을 수행할 증권기금위원회는 광저우 총상회, 광둥 상회연합회, 은업공회(銀業公會), 칠십이행상(七十二行商), 총공회, 구선당(九善堂), 시참사회(市參事會)가 각각 1명씩 선출한 대표와 정부대표 2명으로 구성하도록 했다.[33] 위 두 조례는 모두 쑨원의 승인을 거쳐 『대본영공보(大本營公報)』에 공포되었다.

요컨대 쑨원과 그의 측근인 국민당 주요 인사들은 신해혁명 이래 호법전쟁에 이르기까지의 혁명활동을 비판적으로 성찰하여 대중에 대한 선전과 조직활동의 중요성을 깨닫고 직업단체를 활성화시켜 그로 하여금 군대감축 여론의 확산과 그 실행의 감독, 증권의 관리감독을 통한 금융유지 기능을 담당하도록 하고 나아가 이를 바탕으로 훈정기 국민혁명세력의 지방·전국 정권을 수립하려는 정치적 구상을 가다듬어 가

32. 위원장은 대원수가 임명하고, 위원은 각 현에서 1인을 위원장이 인선하여 제청하면 대원수가 임명한다. 「公布"贛南善後條例"等令」(1924. 10. 10), 『孫中山全集』 11卷, 154~161면.

33. 1장에서 언급한 대로 시참사회는 1921년 각 직업단체 대표로 구성된 선거회의 선거를 통해 성립되었다. 「給葉恭綽的指令 附 廣東造幣余利憑券條例」(1923. 8. 28), 『孫中山全集』 8卷, 172~175면.

고 있었다. 따라서 일단 전국적 정치상황이 변화되면 "하나의 엄숙한 운동"으로서의 전국적 국민회의 소집론이 수용될 가능성은 이미 그 안에 내장되어 있었다.

북상선언과 쑨원의 국민회의 구상

쑨원은 반즈리파 3각동맹을 통해 베이징의 군벌정권을 협공하는 공작을 펼치는 동시에 각계 대중의 단체결성을 독려하였다. 그러던 중 1924년 10월 23일 펑위샹군(馮玉祥軍)에 의해 즈리파 군벌인 차오쿤과 우페이푸가 축출되는 베이징정변이 발생하였다. 이에 각지 각계는 국민회의 소집에 의한 시국 해결을 다시 주장하였고, 북방의 우군은 쑨원의 북상을 촉구하였다. 이에 쑨원은 북상선언을 발표하여 갑자기 국민회의 소집을 주장하였다. 그렇다면 그의 국민회의 주장이 내적 필요성의 소산이 아니라 보로딘과 같은 외부의 권고를 받아들인 것이라고 단정할 이유는 없어 보인다.[34]

이 긴박한 상황에서 그가 구체적으로 의도한 바는 무엇이며 국민회의를 어떤 절차에 따라 소집하려 했는지, 그리고 그런 결정을 하기까지 어떤 내외의 요인들이 영향을 미쳤는지는 따로 검토해봐야 한다.

우선 베이징정변이 발생한 10월 23일부터 북상선언이 발표된 11월 10일까지의 경과를 살펴보자. 이에 대해서는 학계의 오해도 있으니 이를 바로잡을 필요가 있다.[35] 정변 당시 쑨원은 광저우 북방의 샤오관(韶

34. 공산당 및 보로딘 권고설은 다음을 참조. 이승휘, 「中國의 '國民會議運動'과 上海商工階層」, 『歷史學報』 144집, 1994. 12; 이승휘, 「孫文과 國民會議」, 『歷史學報』 166집, 2000. 6.

關)에서 북벌전쟁을 지휘하고 있었는데, 24일 베이징의 국민당 지도자 구멍위(顧孟餘)·이페이지(易培基)·리스쩡(李石曾) 등으로부터 차오쿤·우페이푸가 몰락해 곧 정부개조가 이루어질 터이니 급히 상경해 대정(大政)에 참여하라는 전보를 받았다. 26일 후한민(胡漢民)에게 밀전을 쳐서 베이징정변에 대한 선언을 발표하기 위해 논의할 테니('議稿'라 하여 선언문 기초를 맡길 것까지 시사) 왕징웨이(汪精衛) 등을 샤오관으로 보내라고 하였다. 쑨원은 27일 샤오관에 온 왕징웨이·랴오중카이(廖仲愷)와 정변 후의 대응방안을 상의하고 북방우군에게 곧 북상하겠다는 전보를 쳤다. 그는 동시에 장쭤린 측과의 협상을 위해 펑톈에 파견되어 있던 아들 쑨커(孫科)에게 밀전을 쳐서 북상할 테니 지인을 톈진에 보내 대기시키라고 하였다. 왕징웨이와 랴오중카이는 29일 광저우에 돌아와 이튿날 제11차 중앙정치위원회에, 쑨원은 30일 광저우로 돌아와 11월 1일 제12차 중앙정치위원회에 참석하였다(광저우와 샤오관 사이의 왕래는 기차 편으로 이루어졌다). 제11차 회의에서 북방회의에 제출할 조건(국민회의 제안 포함)과 그것이 수용되지 않을 경우 국민당은 회의에서 퇴출할 것을 결정하였다. 또한 쑨원이 제12차 회의에서 먼저 상하이로 가서 협상조건을 발표한 후 북방이 동의하면 합작하기로 결정하였다. 11월 2일 왕징웨이는 쑨원의 지시에 따라 북상선언을 기초하였다.[36] 11월 3일 쑨원은 황

---

35. 쑨원이 韶關에 있는 동안 29일(중앙정치위원회 회의기록에 따르면 30일) 광저우의 제11차 중앙정치회의에서 국민회의 주장이 보로딘의 제안으로 결정되었고, 그때 韶關과 광저우 사이에는 의견교환이 없었다고 보는 견해가 있다. 이승휘, 같은 글, 113~114면.

36. 羅家倫 主編, 『國父年譜』, 臺北: 黨史資料編纂委員會, 1969, 1144~1151면; 「致胡漢民電」(1924.10.26), 『孫中山全集』11卷, 248~249면; 陳福霖·余炎光 編, 『廖仲愷年譜』, 長沙: 湖南出版社, 1991, 288~289면; 蔡德金·王升, 『汪精衛年譜生平紀事』, 北京: 中國文史出版社, 1993, 57~59면; 『邵元沖日記, 1924~36』, 上海人民出版社, 1990, 72면. 제11차 중앙정치회의 일자가 『邵元沖日記』에는 10월 29일, 『廖仲愷年譜』에는 10월 30일로 되어 있는데, 중앙정치위원회 회의기록에 의거한 후자가

푸군관학교에서 북상에 즈음한 고별연설을 행하였다. 10일 북상선언을 발표하고 13일 광저우를 출발해 배편으로 북상 길에 나섰다. 북상선언의 요지는 9종 단체(현대실업단체, 상회, 농회, 공회, 교육회, 대학, 각성 학생연합회, 차오쿤·우페이푸에 반대하는 각 군대, 정당)의 대표로 국민회의를 소집하여 중국의 통일과 건설을 이룩하자는 것이다.

쑨원은 베이징정변 직후의 대책을 사전에 논의할 상대로 왜 왕징웨이와 랴오중카이를 택했을까? 그들은 누구보다 쑨원의 국공합작정책을 지지하는 국민당 좌파 영수로서 대중운동을 중시하는 입장에 서 있었다. 특히 왕징웨이는 쑨원이 "국민회의 개최를 주장하여 본당의 외교정책을 실현하고 정부의 외교실패를 구한다"는 구상을 한 직후, 1921년 10월 12~14일 상하이에서 태평양회의 참석대표 문제를 논의하기 위한 전국상회교육회연석회의(全國商會教育會聯席會議)에 광둥성교육회 대표로 파견된 바 있다. 이 회의는 제1기 국민회의운동의 연장선에서 각계 민의를 결집하는 방식으로 긴급한 대외 문제에 대응하는 한편 남북 간의 전쟁종식을 촉구하기 위해 상회와 교육회의 주도로 개최되었다. 그는 여기서 남북정부 통일대표단을 파견하자는 제안에 대해서는 베이징정부를 부인하여 반대했으나 '전쟁종식 권고안'에는 찬성하였다. 상회와 교육회가 국민의 민의를 대변하여 남북 간의 시시비비를 가리는 재판관 역할을 해줄 것으로 믿었기 때문이다.[37] 상회와 교육회는 이 연석회의를 발판으로 1922년 5월 '8단체 국시회의' 개최를 주도하고 국시헌법을 의결함으로써 전쟁종식과 정부통일을 촉구하였다. 이상의 경

더 신뢰할 만하다. 중요한 것은 汪과 廖가 29일의 회의에도 참석한 것으로 되어 있다는 점이다.

37. 精衛, 「爲太平洋會議派出代表問題」, 『廣東省教育會雜誌』 1卷 5號, 1921. 11; 精衛, 「廣東省教育會對於太平洋會議之意見」, 『廣東省教育會雜誌』 1卷 6號, 1921. 12; 精衛, 「國民今日應有之決心」, 1卷 6期, 1921. 12.

과는 쑨원과 왕징웨이가 직업단체의 민의결집 관행을 주시하면서 그 중심세력과 모종의 연계를 맺고 있었음을 말해준다. 1923년 1월 쑨원이 직업단체 대표로 하여금 군벌군대의 병력감축을 위한 차관의 용도를 감독하도록 하는 방안을 구상한 것도 상교(商教)연석회의의 '전쟁종식 권고안'과 유사한 발상이다. 그해 9월 왕징웨이는 쑨원에 의해 펑톈에 파견되어 장쭤린·장쉐량(張學良)과 함께 즈리파의 베이징정부에 대한 남북협공 방안을 논의하던 중 즈리파 타도 이후 정국수습 방안으로 국민회의 소집을 제안하였다.[38] 남북협공 계획이 1923년 10월 차오쿤의 뇌물선거로 인해 더욱 탄력을 받게 되면서 쑨원의 광둥군 정부가 1924년 9월 북벌선언을 발표하자, 10월 1일 돤치루이 측의 대표 쉬스잉(許世英)이 광저우에 왔다. 랴오중카이가 그를 대동하고 사오관으로 가 쑨원과 즈리파 타도 이후 정국 수습방안을 논의하였는데, 이때 쑨원이 직접 국민회의 소집에 관해 그 개요를 설명했다.[39]

따라서 쑨원이 단지 보로딘의 일방적 권고에 의해 국민회의를 주장한 것이라고 보는 것은 설득력이 약하다. 쑨원과 왕징웨이 등 대중운동을 중시하는 당 내 좌파들은 베이징정변을 계기로 국민회의 소집론을 전면 수용하여 정국을 자신에게 유리하게 만들어 갈 구상을 할 충분한 이유와 근거를 갖고 있었던 것이다.

이와 관련해 쑨원은 "기본적으로 국민회의의 길을 택하되 당내 일각에서 적극 추진하고 있던 북방우군과의 무조건 합작 가능성을 타진하

---

38. 왕징웨이는 쑨원의 명에 따라 1922년 9월 펑톈에 가서 장쭤린과 反直 군사정치 합작계획을 논의한 이래 1922년 12월, 1923년 4월과 5월에도 같은 목적으로 파견된 바 있다. 何柱國, 「孫段張聯合推倒曹吳的經過」, 杜春和 外 編, 『北洋軍閥史料選集』 下册, 北京: 社會科學出版社, 1981, 111면; 蔡德金·王升, 앞의 책, 37~43면.

39. 『國父年譜』는 접견일을 10월 4일이라 했지만 이는 착오이다. 陳福霖·余炎光 編, 앞의 책, 285면; 陳錫祺 主編, 앞의 책, 2019면.

려는, 두 가지 길의 절충적인 입장에서 북상선언을 발표한 것"이라는 견해가 있다.[40] 그러나 쑨원은 무조건 합작이 아니라 북방군벌을 견제하면서 국민당 조직을 확대할 수 있는 기회로서 국민회의 소집론을 수용하고 이를 통해 조건부 합작을 모색하려 했던 것으로 보인다. 특히 정변 직후 펑위샹이 자기 군대를 '국민군'으로 자처하면서 베이징 지역에서 국민당과 공산당의 공개활동, 집회와 출판의 자유를 광범하게 허용했기 때문에 이러한 조건이 유지되는 한 카라한(L. M. Karakhan)과 보로딘도 펑위샹과의 합작 가능성에 큰 관심을 두고 있었다.[41] 11월 3일 황푸군관학교 연설에서 그는 그간의 지방혁명과 달리 소수의 베이징 지역 당원이 중앙혁명을 시도하여 베이징정변이 일어났으나 그들의 역량이 부족해 정권은 여전히 관료·군인의 수중에 있다고 북방정세를 냉정하게 인식하고 있었다. 그럼에도 북상하는 까닭은 북방동지와의 약속을 지키는 한편 국민회의촉성운동을 통해 혁명의 주의를 북방에 선전해 당의 기초를 형성하고 이를 혁명기지로 삼아 장기적으로 대규모의 중앙혁명을 도모하기 위함이라고 밝혔다.[42]

그러면 조건부 합작에 의한 군벌견제 방안은 구체적으로 어떤 것일까? 그것은 한마디로 말해 국민과 무력을 결합하는 것이다. 그 방법은 국민회의를 소집하여 국민이 자기에게 이익이 되는 바를 스스로 선택하게 하고 신시대의 무력으로 국민의 이익을 옹호하며 그 장애물을 제거하는 것이다.[43] 쑨원과 왕징웨이는 국민과 무력을 결합하여 군벌을

---

40. 윤혜영, 앞의 책, 108~109면.

41. 카라한과 모스크바 당국의 馮玉祥에 대한 관심이 고조되었고, 1925년 1월 보로딘은 馮玉祥군의 본부를 방문하여 합작 가능성을 타진하는 회담을 열 정도였다. Dan N. Jacobs, *Borodin: Stalin's Man in China*, Cambridge: Harvard University Press, 1981, 168면.

42. 「在黃埔軍官學校的告別演說」(1924. 11. 3), 『孫中山全集』 11卷, 264~266면.

견제할 수 있는 힘과 명분을 국민회의에서 얻고자 했던 것이다.

이것은 그들이 이전의 어떤 국민회의론과도 달리 국민회의의 구성 주체에 각종 직업단체 대표는 물론 정당 및 "차오쿤·우페이푸에 반대하는 각 군"의 대표를 포함시킨 데서 알 수 있다.[44] 그것은 북방 군벌과의 무조건 합작을 도모하려는 것이라기보다 직업단체로 대표되는 국민의 결집된 의사와 힘에 의거하여 각 군을 국민의 편으로 견인함으로써 "무력을 국민과 결합"시키기 위한 것이었다.[45] 그래서 그는 "국민자결이 국민혁명의 첩경임을 믿고" "전국 각 단체가 모두 대표를 파견해 국민회의에 참여하고, 거기서 시국해결의 방법이 결정되면 모든 단체는 군대를 갖고 있든 아니든 그에 따라야 하고 국민회의의 주장에 복종해야 한다"[46]라고 한 것이다.

이러한 쑨원의 의도는 1925년 1월 17일 돤치루이에게 보낸 전문에서도 솔직하게 드러났다. 그에 따르면 국민회의를 "차오쿤·우페이푸에 반대하는 각 군, 정당, 인민단체가 평등하게 참여하여 구성하는 것이야말로 무력과 인민의 결합에 딱 맞아떨어지는 것"이다. 왜냐하면 거기서 지식계급(교육회·대학·학생연합회), 생산계급(실업단체, 농회, 공회, 상회), 군사·정치 실력자(정당, 각 군)가 한 곳에 모여 국가건설의 대계를 함께 마련할 터인데, 정부 관리와 군인은 인민의 공복으로서 최선을 다

---

43. 「北上宣言」(1924. 11), 같은 책, 296~297면.

44. 일부 공산당원은 사실상 군벌에 불과한 이들 '각 군'을 포함시킨 의도를 이해하지 못했기 때문에 처음에는 북상선언을 반대했고, 국민당과 소련 고문들 안에도 찬반양론이 있었다. 윤혜영, 앞의 책, 107면.

45. 동시에 그는 북상 직전 환송회 연설에서 군사적 북벌과 국민회의를 병행하겠다는 입장을 분명하게 밝혔다. 「在廣州各界歡送會的演說」(1924. 11. 12), 『孫中山全集』 11卷, 308~309면.

46. 「在上海招待新聞記者的演說」(1924. 11. 19), 같은 책, 333면.

해 민국의 주인인 인민에게 복무해야 하기 때문이라고 하였다.[47] 그가 후에 보계(報界)연합회를 비롯한 모든 전국적 직업단체가 반드시 참가토록 해야 한다고 민간단체의 참가 범위를 최대한으로 넓힌 것은 군대를 견제하여 복종시킬 국민역량을 극대화하기 위한 것일 터이다.[48] 전화의 종식과 국민 생계의 개량은 물론 불평등조약의 개정도 모두 "국민 전체의 주장"이 되어야 해결될 수 있기 때문이다.[49]

군벌을 견제하기 위해서는 민간단체의 참가 폭을 넓히는 일과 아울러 단체의 대표 결정방법을 쇄신하는 일이 필요했다. 쑨원이 보기에, 민국 이래 수차례 회의가 있었지만 성과를 거두지 못한 것은 회의의 구성분자가 정부에 의해 지명된 군벌 실력파의 대표일 뿐 국민의 대표가 아니었고, 국민이 회의에 대해 발언할 권한이 없었기 때문이다.[50] 그래서 쑨원은 국민회의와 그 예비회의 참석대표는 지명된 대표가 아니라 단체 회원이 직접 선출한 대표라야 한다고 명시하고, 나아가 국민회의의 성공을 위해 반드시 정치범의 대사면을 단행하고 전국 인민과 각 단체의 선전 및 선거의 완전한 자유가 보장되어야 한다고 주장하였다.[51]

그의 구상에서 국민회의의 궁극 목적은 전쟁을 종식시켜 민생을 해결하는 것과 불평등조약을 폐지해 반식민지에서 벗어나는 것이었다. 현재 중국이 혼란한 근본원인은 군벌과 이를 원조하는 제국주의이므로 이 둘을 타파해야 중국은 비로소 평화통일을 유지할 수 있다는 것이

47. 「復段祺瑞電」(1925. 1. 17), 같은 책, 561~562면.

48. 「在長崎對中國留日學生代表的演說」(1924. 11. 23), 같은 책, 368면; 「在神戶歡迎會的演說」(1924. 11. 25), 같은 책, 388면.

49. 「在神戶歡迎會的演說」, 같은 책, 388면.

50. 「復段祺瑞電」, 같은 책, 561면.

51. 「北上宣言」, 같은 책, 297면; 「關于國民黨最小綱領之宣言」, 같은 책, 516면.

다. 따라서 국민회의는 군사적 북벌과 함께 고양될 가능성이 컸다. 그는 "전국 각 부문의 직업단체를 기초로 한 국민회의를 중심으로 정권을 집행"할 뜻을 밝혔고, 국민회의에 군제(軍制)와 재정 등 국가의 통일과 건설에 관한 "최후결정권"을 부여하였다.[52]

이와 같이 최후결정권을 갖고 정권을 집행하는 국민회의는 각계 국민이 그 촉성운동을 통해 국민혁명운동에 적극 동참하도록 고무하는 작용을 극대화할 수 있다. 그것이 단순한 선전용 책략에 그치지 않는 실제의 혁명정권 건립구상임은 앞의 "감남선후조례" 검토에서 이미 확인한 대로이다. 그렇다면 그것은 국민당의 '이당건국' 원칙과 긴장을 야기할지도 모른다. 당과의 관계에서 보면 쑨원에게 있어 국민회의는 당의 강령을 국민 전체의 의사로 결의하고 확인하는 기구였다. 삼민주의, 국민당 1차 대표대회 선언과 건국대강을 국민회의에 상정하여 그 실행에 관한 국민의 이해와 찬조를 구하고 국가가 이를 수용하여 승인하도록 할 계획이었다.[53] 이렇게 국민회의가 당의 의견을 수용하여 국민의 의견으로 만들어주는 역할을 할 경우, 그것은 '이당건국' 원칙과 무리 없이 결합될 수 있다. 그러나 만일 국민회의가 최후결정권을 행사하여 당의 결정을 비판, 수정, 거부할 경우 군대를 거느린 당 지도자들의 불만은 커질 것이다. 나아가 당의 통제 아래서 직업단체가 자율성을 상실한다면 그런 단체로 구성된 국민회의는 당의 결의안을 통과시키는 거수기로 전락할 우려도 있다.

국민회의는 쑨원의 건국대강과도 마찬가지로 양의적인 관계 속에서

52. 「與高木的談話」(1924. 11. 24~26 사이), 같은 책, 392면; 「復段祺瑞電」, 같은 책, 561~562면.

53. 「北上宣言」, 같은 책, 298면; 「關于國民黨最小綱領之宣言」(1924. 12. 22), 같은 책, 514~516면.

파악될 수 있다. 건국대강의 '군정-훈정-헌정'이라는 절차는 전국이 아닌 성(省) 단위로 이행되는 것으로 되어 있다. 이것은 국민당이 전국 정권을 일거에 장악하는 것이 아니라 지방혁명을 통해 각 지역군벌을 타도하면서 먼저 광둥과 같은 성 단위 지역정권을 수립하고 이를 전국으로 확대해 나가려는 절차이다. 그런데 북방우군이 갑자기 베이징정부를 장악한 상황이므로 만일 우군과의 합작이 성사된다면 일거에 전국적 훈정 단계로 들어갈 가능성도 있었다.

건국대강에 따르면 훈정기에 민선의 현(縣)자치정부가 성립된 각 현은 국민대표 1명을 선출해 '국민대표회'를 조직해서 중앙정사에 참여하도록 했다.[54] 쑨원은 다른 누구의 구상과도 달리 예비회의를 개최하여 참여단체들이 자율적으로 회의규칙을 스스로 논의·결정하자고 하였는데, 이것 자체가 진정한 훈정 과정일 수 있다. 국민회의는 이 같은 건국대강상의 훈정기 중앙정사에 참여하는 국민대표회 역할을 담당할 가능성이 있었다. 물론 이 경우에는 국민회의가 최후결정권을 행사할 수 없어 훈정기의 제한된 민의기관에 그치게 된다. 그러나 전향적으로 보면 그 훈정의 내용에 헌정준비가 포함되므로 헌법제정회의로 수용될 여지도 동시에 갖고 있었다. 1924년 2월의 '남북통일 국민대회'가 약법과 국헌을 제정한다고 한 구상이 이를 뒷받침해주는 근거이다.

그렇다면 국민회의 수용이 건국대강과 배치되기 때문에 이를 계기로 쑨원이 건국대강을 수정했을 것이라고 단정하기 어렵다. 건국대강이 혁명 단계를 거시적으로 정리한 강령성 문건이라면 북상선언은 이 강령을 구체적인 상황에서 실현하기 위한 전술적 문건이라고 보아 서

---

54. 그리고 한 성 내 모든 현의 자치가 이루어지면 성의 헌정시기에 들어가며 이때 '국민대표회'가 성장을 선출하여 민선 성정부를 수립하도록 하였다. 성의 과반수가 헌정에 도달하면 '국민대회'를 개최해서 전국적 헌정에 들어간다. 「國民政府建國大綱」, 榮盟源 主編, 앞의 책, 35~37면.

로 배치되지 않는다는 해석이 더 설득력 있게 보인다.[55] 실제로 왕징웨이가 작성한 쑨원 유촉은 "계속 노력하여 건국방략, 건국대강, 삼민주의, 1차 대표대회 선언을 관철하고 최단기간에 국민회의를 실현하라"고 했는데, 이는 그와 왕징웨이가 국민회의 소집을 건국대강과 배치되지 않는 것으로 보았음을 의미한다. 쑨원의 장례가 끝난 후 국민당이 이 같은 내용의 총리 유촉을 그대로 접수하는 공식 선언을 발표한 것도 그 때문이다.[56]

따라서 쑨원의 국민회의 주장을 일부 연구자가 말하는 것처럼 돌발 사태에 따른 '단순한 임기응변'의 책략으로 보기는 어렵다.[57] 국민회의는 조직된 국민대중의 힘으로 군벌을 견제할 뿐만 아니라 더 나아가 상하이총상회의 상인정부론이나 광서우총상회의 상단사건(광둥군 정부의 과도한 징세에 무력으로 저항)에서 보이듯 증대하는 상공업자 세력을 적절히 포용하면서 통제하는 장치로서도 기능할 수 있다.[58] 쑨원과 국민당에 의해 수용된 국민회의는 이제 무력에 의한 북벌과 함께 국민혁명운

---

55. 周興樑의 「孫中山與國民會議運動」(中國孫中山硏究學會 編, 『孫中山和他的時代 – 孫中山硏究國際學術討論會文集』 上, 北京: 中華書局, 1989, 825~828면)에서는 양자가 서로 배치된다고 보아 건국대강을 수정했을 것으로 판단했으며 韋傑廷·陳先初의 『孫中山民權主義探微』(桂林: 廣西師範大學出版社, 1995, 109~110면)에서는 서로 양립할 수 있다고 보았다. 孫宏雲도 「孫中山的民權思想與職業代表制」(『廣東社會科學』 2007年 1期)에서 쑨원은 직업대표제 정신에 따라 국민회의를 수용했으나 이는 그의 민권사상이 변화한 결과가 아니라 정치적 실용주의의 산물이라고 보았다.

56. 「中國國民黨接受總理遺囑宣言」, 『廣州民國日報』 1925. 5. 26.

57. 이승휘의 책략설에 대해서는 일찍이 이병인이 비판하였다. 한편 배경한은 최근에 책략설을 인정했는데 그 근거는 제시하지 않았다. 이병인, 「國民會議와 職能代表制」, 『中國近現代史硏究』 12집, 2001, 129면; 배경한, 「국민혁명기 汪精衛와 反帝問題」, 『中國近現代史硏究』 47집, 2010. 9, 83면.

58. 베르제르는 개항장 상인과 지방엘리트를 동시에 견제하려는 의도에서 쑨원이 국민회의 소집을 주장한 것으로 보았다. Marie-Claire Bergere, *Sun Yat-Sen*, Stanford: Stanford University Press, 1998, 400면.

동을 구성하는 두 축 가운데 하나가 되었으며, 혁명정당 바깥의 직업단체까지 포괄하는 광범한 민의에 의거한 국민혁명세력의 건국방안이 되었다. 물론 국민혁명세력은 다양한 각계각층의 연합이었으므로 그들에게 국민회의란 저마다의 이해와 요구에 의거한 정치체제 구상이 경쟁하고 협상하는 장이었다.[59]

국민회의촉성회 전국대표대회

베이징정변과 북상선언을 계기로 전국 각지에서 국민회의촉성운동이 다시 급속히 활성화되었다. 민간사회의 이러한 움직임에 대응하여, 정변 후의 베이징정부는 자신의 주도하에 선후회의(善後會議)를 소집해 정국을 주도하고자 시도하였다. 결국 초점은 국민의 대표를 누가 어떤 원리에 의거해 결정할 것인가로 모아졌다.

국민군 영수 펑위샹은 정변을 시작하면서 '전국회의'를 구상했는데, 그것은 쑨원의 북상선언이 발표되기 직전 '선후회의와 국민회의'를 이어서 개최하는 것으로 구체화되었다.[60] 민국 초의 국회는 이미 임기가 만료되었고 의원들의 비리와 부정이 극심해 국민 모두가 혐오하므로 해산하고 그 대신 국민회의를 소집하자는 것이었다. 그 소집 절차와 직권에 대해서도 "한 번에 국민회의를 개최하기는 어려울 터이니 먼저 각 성의 명망 있는 원로를 추천하여 선후회의를 개최하고 여기서 국민회의의 조직 및 운영방법을 마련해 신속히 소집해서 헌법 및 기타 여러

59. 백영서, 「중국에 시민사회가 성립되었나?—역사적 관점에서 본 민간사회의 궤적」, 『동아시아의 귀환』, 창비, 2000, 124면.

60. 윤혜영, 앞의 책, 101~102면; 「王承斌與馮玉祥論建國大計」, 『大公報』 1924. 11. 8.

중대한 문제를 의결하도록 한다"고 제시되었다. 이와 함께 총통제를 폐지하고 위원제를 채택해야 한다고 하였다. 국민회의의 직권으로 헌법과 기타 중대한 문제의 의결권까지 부여한 것은 그 동안의 각 직업단체 및 공산당의 국민회의 소집론과 일치한다. 따라서 펑위샹의 선후회의는 쑨원이 말하는 국민회의의 예비회의에 가까운 위상을 갖는다.

그러나 총통제 대신 위원제를 채택한다는 펑위샹의 구상은 베이징 외교단, 장쭤린과 옌시산(閻錫山) 등 군벌 실력자의 압력에 밀려 포기되고 돤치루이를 '임시 집정(執政)'(임시직이긴 했으나 총통과 총리 권한을 겸무하는 특이한 직책)으로 추대하는 쪽으로 굴절되었다. 북상선언이 발표된 지 10여 일 후 임시 집정에 취임한 돤치루이는 민국법통을 취소하고 국회를 폐지하였는데, 펑위샹의 구상과 달리 국민대표회의를 소집하여 일체의 근본 문제를 해결하되 그 준비 단계로 선후회의를 개최한다는 건국방침을 밝혔다.[61] 당시 적지 않은 일반인들에게 국민회의와 국민대표회의가 다르지 않은 것으로 혼동된 것도 이런 사정 때문이었다. 양자가 서로 다르다는 것을 모를 리 없는 쑨원이었지만 돤치루이 측도 쑨원 측도 서로를 간단히 무시하거나 배척할 수 없는 처지였으므로 쑨원으로서는 국민대표회의를 자신의 구상에 최대한 가깝게 이끌어 낼 수 있다고 보고 그 가능성을 타진하였다. 직업단체에 의거한 국민회의 소집은 당시 각계의 공인된 여론이었고 이를 수용한 자신의 구상이 이미 각계의 광범한 지지를 받고 있었기 때문이다.

이에 쑨원은 펑위샹을 비롯한 북방우군과의 합작을 통한 군벌 견제 가능성을 포기하지 않고 1925년 1월 17일 마지막으로 돤치루이의 선후회의에 직업단체 대표도 참가하도록 하자는 타협안을 제시했다. 베이징정변과 이로 인해 성립된 임시 집정정부(執政政府)에 대한 국민의

61. 「合肥東山再起之通電」,『大公報』1924. 11. 22.

기대가 컸기 때문에 집정정부를 부인하는 주장은 당시 소수에 불과했고 집정정부에게 국민회의 예비회의와 국민회의를 수용하도록 촉구하는 경우가 주류였다는 사실을 감안하면[62] 이 타협안은 이중의 의미를 가진 것으로 볼 수 있다. 우선 그것이 수용될 경우 군벌과 외교단의 힘에 밀려 자신의 구상대로 되지 않는 부득이한 상황에서 쑨원은 이를 자신의 국민회의 예비회의를 대신하는 것으로 삼을 수 있지만, 거부된다고 하더라도 돤치루이 측이 국민 여론을 묵살한 형국이 되어 집정정부 반대를 명확히 내걸고 독자의 길을 갈 수 있는 명분을 얻게 되어 있었다. 그렇게 하는 편이 국민당 쪽에서 선후회의 참가를 직접 거부하는 편보다 유리했을 터이기 때문이다.[63]

이 타협안이 거부된 후 비로소 국민당 중앙집행위원회는 선후회의 불참을 결정하고 독자적인 국민회의촉성운동으로 선회하였다. 이때 국민당은 특정 세력의 간섭을 배제하고 민의가 충분히 표현될 수 있도록 하기 위해 "인민단체가 스스로 국민회의 조직법을 제정하라"[64]고 촉구하였다. 북상선언 이후 발전한 촉성운동의 절정은 국민회의촉성회 전국대표대회였다. 북상선언 이후 2~3개월 만에 전국 거의 모든 성·시와 일부 현에 촉성회가 성립되었다. 예컨대 성·시의 촉성회에 가입한 단체는 후베이 120개, 후난 170여 개, 광둥 300여 개, 상하이 143개

---

62. 윤혜영, 앞의 책, 112~114면.

63. 보로딘은 당시 이런 계산을 해서 타협안을 제출하였다고 하였다. 張國燾의 회고에 따르면 이 타협안은 보로딘이 쑨원의 동의를 얻어 국민당 중앙정치위원회에 제출해 토론한 후에 발표된 것이었다. 鮑羅廷, 「關于國民黨的書面報告」(1925. 1. 24), 中共中央黨史研究室 第一研究部, 앞의 책, 572면; 張國燾, 『我的回憶』 1册, 北京: 東方出版社, 1991, 380면.

64. 「中國國民黨反對善後會議制定國民會議組織法宣言」(1925. 2. 10), 『國父全集』 2册, 臺北: 中華民國各界紀念國父百年誕辰籌備委員會學術論著編纂委員會編印, 1965, 肆-73면.

에 달했다. 이 모두가 모두 내실을 갖춘 직업단체였다고 볼 수는 없겠지만 이처럼 신속하게 촉성운동이 발전한 것은 1920~1922년의 제1기 촉성운동 경험과 국공 양당의 추동을 고려하지 않고는 이해하기 어려울 것이다. 대표대회가 열리기까지의 각지 촉성운동은 이미 여러 연구에 의해 밝혀져 있으므로[65] 생략하고 여기서는 대표대회가 마련한 국민회의 예비회의의 구성방법에 관한 부분만 정리하여 쑨원의 구상과 비교해보겠다.

'직업단체의 선후회의 참가'라는 국민당 측 타협안이 돤치루이에 의해 거부된 직후인 1925년 1월 말 국민당은 정부를 감독하고 민중의 역량으로 국시를 해결하기 위해 전국국민회의촉성회 연합회를 베이징에서 결성하기로 결정하였다.[66] 이에 따라 당 조직망을 매개로 전국 각지의 각계단체는 촉성회 역량을 결집하여 연합회 결성 작업에 들어갔고, 3월 1일 전국국민회의촉성회 연합총회 성립대회 겸 전국대표대회가 개최되었다. 예비회의 이전에 굳이 촉성회 대표대회를 연 것은 돤치루이 집정정부가 주도한 선후회의를 부정하고 그 의미를 약화시키는 동시에 이를 통해 예비회의를 준비하려는 의도에서였던 것으로 보인다. 실제로 선후회의 회기(1925. 2. 13~4. 20)와 서로 겹치고, 대표대회에서 제정된 조례에 "전국국민회의촉성회 연합총회를 국민회의 예비회의 준비기관으로 삼는다"고 명시되어 있다.

대표대회는 결의안에서 "10년 이래 소위 인민을 대표하는 기관(국회)은 인민의 이익을 대표하기는커녕 제국주의와 군벌의 무기로 변질되

65. 윤혜영, 앞의 책, 110~127면; 周興樑, 앞의 글, 829~834; 王金鋙, 「論國民會議運動」, 『吉林大學社會科學學報』 1985. 5, 50~52면 참조.

66. 「中國國民黨中央執行委員會關于實現國民會議及巡行示威反對善後會議函」(1925. 1. 31), 中國第二歷史檔案館 編, 『善後會議』, 北京: 檔案出版社, 1985, 13면.

었다"고 의회제를 부정하고 "국민회의는 인민이 제국주의와 군벌로부터 국가정권을 회복하는 기관", "국가의 최고기관으로서 국민이 주인공의 직권을 행사하는 집중장소"이며, "국민회의의 목적은 인민의 정권을 수립하여 일체 내외 문제를 해결하는 것"이라고 규정하였고[67] 대회 주석 구멍위(顧孟餘, 국민당원)도 "국민회의는 인민이 권력을 탈취할 수 있도록 단결시키는 기관이 되어야 한다"고 주장하였다. 이는 집정정부를 부인하고 인민의 정권수립이라는 방향을 명확히 한 것이어서, 북상선언 이후 대회 직전까지 각 세력 및 단체들 간에 존재하던 국민회의 예비회의와 본회의 직권에 대한 견해 차이가 조정되어 통일되어가고 있음을 보여준다. 집정정부를 인정한 위에서 국민회의를 선후회의와 동일시하면서 민의 수렴기구 정도로 보는 견해도 있었고, 국민당도 돤치루이와의 합작을 포기하기 전에는 집정정부를 부인한 위에서 곧바로 예비회의가 정권을 담당하면서 국민회의 소집을 주도해야 한다는 급진적 입장에 대해 비판적이었던 것과 비교된다.

한 달 넘게 계속되는 동안 대표대회는 국제, 국내, 재정, 국민회의운동의 4개 전문위원회별로 각계의 의견을 결집해 결의안을 채택하였다. 이를 간략히 검토해 장차 수립될 '국민회의 정부'가 실현하려 한 목표와 방향을 가늠해보자.

내정 문제 결의안에서 치안경찰조례와 출판법을 근거로 경찰과 군인이 인민의 자유를 좌우하는 현행 법률제도는 법치제도가 아니라 경치제도(警治制度), 군치제도(軍治制度)라고 비판하고 인민의 완전한 자유

67. 「國民會議促成會全國大會國際問題決議案」, 『上海民國日報』 1925. 5. 10; 「內政問題決議案」, 『上海民國日報』 1925. 5. 14. 이들 각종 결의안은 5월 10일부터 28일까지 이 신문에 연재되었고, 『廣州民國日報』에도 5월 18일부터 6월 3일까지 연재되었다.

를 보장하는 인민 자신의 헌법과 법률 제정의 필요성을 밝혔다. 헌법은 국민이 주권을 갖고 있음을 보여주는 증서이며 인민이 권력을 획득해야 비로소 인민 자신의 헌법과 법률을 제정할 수 있다고 하였다.[68]

내정 문제 결의안은 민생과 관련한 문제들을 항목별로 다루었다. 상공업 진흥을 위하여 관세자주권 회수와 이금폐지, 국가주도의 상공업 발전과 개인 자본의 절제를 명시하였는데, 개인 자본을 절제해야 하는 이유로 개인 자본의 폐단 외에 중국의 조건에서는 개인 자본이 외국 자본과의 경쟁에서 승리할 수 없기 때문이라고 하였다. 농민 문제에 관해서는 농민협회, 농민자위군, 향촌자치회, 각종 농업경제기관을 조직하여 농민의 정치경제적 자위를 도모하며, 황무지를 빈농에게 대여하고 토지 소유의 최고 한도를 규정하며 농민의 소작료 인하 요구권을 인정한다는 내용을 담았다. 그 밖에 노동 문제와 부녀 문제도 별도로 다루었다.

대회가 제정한 국민회의 예비회의조례에 따르면, 참가 단체는 북상선언에 언급된 9종 단체보다 많은 11개로 늘어났다. 바뀐 부분을 보면 '차오쿤과 우페이푸에 반대하는 각 군'이 병사경찰연합회로 대체되고, 여성·신문기자·변호사 등 3개 단체가 추가되었는데, 베이징정부 법단으로 한정하지 않고 상업단체연합회, 교육단체연합회, 농민단체연합회, 공계단체연합회, 부녀단체연합회 등으로 넓혀 각계의 폭넓은 대중조직을 포괄하였다.[69] 이러한 참가 범위는 북상선언을 기준으로 보면 쑨원의 구상보다 확대되었지만, 쑨원이 북상 도중에 전국적 조직을 갖춘 직업단체는 모두 참가해야 한다면서 참가범위를 최대한으로 늘려

68. 「內政問題決議案」, 『上海民國日報』 1925. 5. 16.

69. 「國民會議豫備會議條例」, 『上海民國日報』 1925. 4. 20.

야 한다고 밝힌 사실을 고려하면 오히려 쑨원의 구상과 크게 다르지 않다고 하겠다.

이들 각 단체는 성 단위로 각각 2명씩 대표를 파견하도록 하되, 전국공회 중 철로총공회나 해원공회(海員工會)처럼 전국적 단체의 경우 따로 대표를 2명씩 파견할 수 있도록 하였다. 화교 대표도 각 단체별로 1명씩의 대표를 파견할 수 있었다. 20세 이상으로 이들 단체의 회원이면 선거권과 피선거권을 부여받았는데, 민의를 위반한 군벌, 황제제도 부활 기도자 등 민국에 반역한 자들은 제외되었다. 이로써 재산 액수와 학력 정도를 기준으로 선거권과 피선거권을 제한했던 종래 의회제의 구역대표 선거법보다 참정권자의 범위가 크게 확대되었다고 할 수 있다. 각계단체들이 국회의 대표성을 인정하지 않는 이유의 하나는 제한선거로 인해 유권자가 극소수로 한정되었기 때문이다.

이 조례에서 또 하나 주목되는 부분은 베이징정부 '법정단체'의 지위가 격하되었다는 점이다. 하지만 이것도 쑨원이 말한 직업단체를 꼭 농회나 상회 등 베이징정부 법단으로 한정시키지 않고 현존하는 각계의 전국적 직업단체를 의미하는 것으로 본다면 쑨원의 구상에서 벗어났다고 단정하기 어렵다. 실제로 그는 북상선언 이후 '이미 조직이 있는 전국적 단체'로 참가범위를 넓혔기 때문이다. 하지만 여기에는 중요한 문제가 들어 있으니 직업단체의 주도세력에 따라 국민회의의 주도세력이 달라질 수 있고 그 역의 경우도 있음을 시사한다. 한편 베이징정부 법단의 지위가 격하되는 대신 동일 직업계의 상하층 이해를 대변하는 단체를 모두 포함하는 직업별 연합회 단위로 대표권을 부여했으므로 그 안에 복잡한 문제를 내포하지만 이 조례의 정권구상은 상하의 어느 한 쪽으로 편향되지 않은 균형을 유지한 강점을 갖고 있다. 이는 양뚜안류의 국민회의론이 강조한 원칙과 잘 부합한다.

국민회의촉성운동은 돤치루이의 선후회의에 의해 직업단체와 국민당의 힘이 분산되는 바람에 역량을 충분히 결집하지 못한 채 끝났다. 베이징정부가 선후회의와 국민대표회의를 소집해 국시를 해결하겠다고 공포하여 여론에 부분적으로 호응하는 듯한 모습을 취했고, 이에 기대를 건 총상회를 비롯한 직업계의 일부 법단, 그리고 왕징웨이파에 반대하는 국민당 내 일부 당원들이 선후회의에 참가했기 때문이다.

그래도 국민당이 국민회의운동을 통해 얻은 성과는 컸다. 국민회의 여론을 수용한 결과 비로소 전국적 정치세력으로 국민의 지지를 받아 각 성 각 지역에 당 조직을 확대할 수 있었고, 나아가 시국해결 능력 면에서 국민정부는 처음으로 베이징정부와 대등한 평가대상으로 급부상하였다. 그리하여 베이징정부에 대한 각계의 기대가 급속히 감퇴하면서 북방의 언론에서도 국민당 측의 혁명론이 타당한 것으로 받아들여지기 시작하였다.[70] 국민당의 기관지인 『광저우민국일보』가 1926년 5월 국민회의운동을 가리켜 "국민당 개조 이후 가장 큰 성과를 보여주는 것"으로 평가한 것도[71] 이런 사실을 잘 보여준다.

각계 사회단체들은 국민회의촉성회 전국대표대회를 통해 직업대표제 여론을 더욱 확산시키는 효과를 거두었다. 이는 국민혁명에 찬동하지 않는 보수적 세력까지 나서 돤치루이의 국민대표회의를 반드시 직업단체 대표로 구성하라고 요구하면서 자신의 단체에 대표권을 부여하라고 청원한 데서 알 수 있다. 하얼빈 항업공회, 장쑤공회, 상하이회계사공회, 톈진변호사공회, 전국상회연합회 등이 이에 앞장섰다.[72]

---

70. 윤혜영, 앞의 책, 150~151면.

71. 「國民黨今後當有計日程功的工作」(社論), 『廣州民國日報』 1926. 5. 17.

72. 「哈爾濱航業公會要求將航業公會列入參加國民代表會議各法團以內代電」(1925. 1), 「中華全國商會聯合會要求將各省省會列爲商業區并選出國民代表會議代表代

이상의 분석에서 알 수 있듯이 국공 양당은 모두 당시 이미 여론화되어 있던 국민회의 소집론을 수용했는데, 공산당은 처음부터 그것을 전국적 대중운동으로 전개한 반면 쑨원과 국민당은 처음에 외교, 군대 감축, 금융 등 특정 영역의 대표회의로 한정하다가 나중에 남북통일 국민회의를 전면 수용하는 데로 나아갔다. 쑨원의 북상선언은 무력과 국민의 결합, 곧 군사적 북벌과 국민회의의 병행을 천명한 것이며 국공 양당의 조직과 선전에 의거해 국민회의운동의 제2기 촉성운동을 추동하는 정치적 힘을 제공하였다.

쑨원의 국민회의 구상은 그 이전의 것과 비교해볼 때, 직업단체 외에 군대와 혁명정당도 포함시킨 점, 그리고 이들 구성주체들의 예비회의를 통해 본회의 조직 및 운영 방법을 마련하도록 한 점 등의 특징이 있다. 혁명정당도 참가하고 있었지만 대표의 다수는 직업단체의 대표였으므로 정당이 국민회의 조례를 좌우할 수 없었다. 이로써 직업단체의 자발성이 더 많이 고무되고 활성화될 여지가 생겼지만 그와 동시에 군대와 정당에 의해 이들 직업단체의 자율성이 견제당할 가능성도 생겨났다. 서로 다른 방향을 향하는 이 두 경향 사이의 긴장이야말로 직업단체가 혁명정당과 결합할 때부터 예견된 것이었다. 직업단체가 정당을 배제한 채 벌인 제1기 촉성운동 당시의 다원적이고 분권적인 지향은 이제 상당 정도 억압될 수밖에 없었다.[73]

電」(1925. 3. 14) 등의 電文, 中國第二歷史檔案館 編, 앞의 책, 15면, 57면, 59면, 73면, 89면.

73. 이병인(앞의 글, 138~140면)은 이런 차이를 근거로 직업단체와 혁명정당이 결합해서 추진한 제2기의 국민회의를 직업대표제가 아니라고 주장하였다. 그러나 백영서의 「中國現代史上民主主義的再思考－1920年代國民會議運動」(『1920年代的中國』, 臺北: 中華民國史資料研究中心編印, 2002, 96~104면)에서는 이와 달리 각계 직능단체와 정당이 경쟁과 협상을 통해 민주주의를 구체화하는 직능대표제로 이해하였다. 직업대표제에 관심이 없던 중국 학계에서도 최근 필자의 논문을 인

이 긴장은 상호 경쟁을 촉발하는 자극제로 작용할 수도 있고 정당에 대한 직업단체의 종속을 초래할 수 있는 양면성을 갖고 있었다. 더구나 쑨원은 자신의 혁명이론인 이당건국론과 3단계 건국절차를 규정한 건국대강을 갖고 있었는데, 동시에 최후결정권을 행사하는 국민회의를 인정했으므로 양자 간의 관계도 양면적일 수 있었다. 국공 양당 모두 레닌식 당치론을 수용한 만큼 적어도 혁명정당 시기에는 군벌·제국주의를 타도하는 공동목표를 위해 직업단체와 연대하지만 집권당이 되는 순간 직업단체를 통제하려는 방향으로 선회할 가능성이 컸다. 그런 점에서 쑨원 구상 속의 국민회의는 분명 직업단체 자신이 추구한 자율적 국민회의와 공통점을 더 많이 갖고 있었지만 그 후 집권당이 된 국민당의 입장은 점차 달라질 터였다.

용해 직업대표제에 접근하는 연구가 나오고 있다. 孫宏雲, 앞의 글; 孫宏雲, 「平民政權與職業代表制」, 『中國法政大學學報』 2008年 2期; 魏文享, 『國民黨, 農民與農會: 近代中國農會組織研究, 1924~1949』, 北京: 中國社會科學出版社, 2009가 그런 예들이다.

5 | 국민회의운동의 재기와 분기

앞에서 본 대로 직업단체와 혁명정당이 결합하여 제2기 국민회의운동이 시작되어 1925년 3월 국민회의촉성회연합회 전국대표대회에서 절정에 도달하였다. 그 직후 베이징정부의 탄압으로 운동이 침체되었기 때문에 대부분의 연구자들은 이 운동이 쑨원 사망과 겹쳐진 그 시점에서 사실상 종결되었다고 본다.

그러나 국민회의운동은 1925년 5·30사건 이후 국민외교운동과 관세자주운동을 거치면서 국민혁명운동을 추동하는 한 축으로 급부상하였다. 특히 1925년 10~11월의 관세자주운동으로 촉발된 이른바 '수도혁명(首都革命)' 상황에서 제2기 국민회의운동이 재기하여 1927년 5월까지 이어졌다. 이는 국민혁명세력의 급성장을 초래한 광둥통일과 북벌을 거쳐 이듬해 봄까지 이어졌다. 이 과정에서 국민회의 소집의 절차와 그 직권을 둘러싸고 분기(分岐)가 발생하였다. 한편에서는 군벌체제의 타파에 따라 각지의 각계 사회단체들이 급성장하여 활동을 적극 전개하면서 이미 경험한 국민회의운동을 통해 권력주체의식을 키워가고 있었으나, 다른 한편 국민당이 광둥 지역의 집정당으로 성장하고 그 관할 범위가 북벌과 함께 확대됨에 따라 사회단체에 대한 통제를 시도하면서 양자 간의 이견이 커졌기 때문이다.

이 장에서는 5·30운동 이후 북벌시기에 국민혁명운동과 결합하여 전개된 국민회의운동의 실상을 재구성하고 그 속에서 '무력과 국민의 결합', 곧 군사적 북벌과 평화적 국민회의의 결합이 실제로 어떻게 구체화되었는지를 밝히겠다. 이때 특히 그런 조건에서 국민회의운동이 좌우의 두 극단, 곧 공산당의 영향 속에 농민·노동자 단체를 비롯한 하층직업단체 주도의 지역정권 건립운동과 국민당의 영향 속에 상층 직업단체에 의거한 '훈정 국민회의(訓政 國民會議)'의 소집으로 분기하는 맥락을 드러내고자 한다. 국민당 안에서는 왕징웨이파가 국공합작 결렬 이후에도 국민회의 소집을 위해 적극적으로 노력하였고 이에 장제스(蔣介石)파도 경쟁적으로 나서지 않을 수 없게 되었다.

5·30운동 중의 국민외교운동

1925년 2월 상하이의 일본계 방직공장에서 중국인 노동자가 쟁의 도중 사살되자, 5월 30일 수천 명의 학생들이 항의시위를 벌였다. 이에 대해 영국 경찰이 발포해 13명이 사망하고 수십 명이 부상당하였다. 이 5·30사건과 관련된 반제투쟁을 5·30운동이라 한다. 그 일환으로 전개된 국민외교운동은 국민회의식 민의결집방식을 취하였으니 이를 확인해보자.

국민회의촉성회연합회 전국대표대회 직후, 국민당은 기관지인 『민국일보』를 통해, 선후회의가 소수 군벌과 정객들의 회의로서 민의에 대한 일종의 사기극이었음을 폭로하면서 촉성회 대표대회의 각종 결의안을 국민에게 알리고 이에 대한 국민의 관심을 환기하였다. 국민당은 쑨원 유촉에 따라 국민회의 소집과 불평등조약 폐지를 최단기간 안에 실현하겠다고 선언하였다. 이어서 5·30사건이 발생하던 당일, 국민당은 전국 국민에게 선후회의 결과 탄생할 국민대표회의를 거부·저지하고 자발적으로 국민회의와 그 예비회의를 개최하라고 호소하였다.[1]

촉성회로 결집된 직업단체를 비롯한 각종 사회단체들 역시 이 같은 입장을 견지하고 선후회의가 제정한 이른바 '국민대표회의 조례초안'에 대한 반대선언을 발표하였다. 각 직업단체 대표들은 국민회의가 인민을 대표하여 국시를 해결하는 최고기관으로서 국가 근본대법의 제정, 국민정부의 수립, 국가의 대내외 정책 수립 등의 권한을 갖는다고 주장하면서, 이런 권한 없이 단지 거수기 역할만 할 뿐인 '국민대표회의'를 거부하였다. 또 여자와 군인의 선거권·피선거권을 부인한 점을 비판하고 진정한 국민회의는 남녀에게 동등한 국민으로서의 권리를 인정할 것이며, 군벌에 반대하되 일반군인의 참정권은 인정하겠다는 점을 분명히 하였다.[2]

5·30사건이 터지자 전국 각지의 직업단체들은 국민회의촉성운동으로 결집되었던 조직과 경험을 바탕으로 신속하게 광범한 지역연합체를 조직하여 여론을 결집하여 '국민외교'에 앞장섰다. 가령 톈진 지역 각 단체의 대처를 살펴보자. 상하이의 영국 경찰이 학생을 사살한 사건 소식이 전해지자 곧바로 톈진국민회의촉성회는 이에 대처하기 위해 각 단체대표회의를 소집하자고 제의하였고, 이에 따라 6월 4일 열린 회의에서 기존의 각계연합회를 확대개편하여 시위운동을 벌이기로 결정하였다.[3] 몇 차례의 준비회의를 거쳐 6월 10일 톈진각계연합회가 새로이 성립되었고

---

1. 「國民黨第一屆三中全會對于時局宣言」(1925. 5. 22), 榮孟源 主編, 『中國國民黨歷次代表大會及中央全會資料』 上, 北京: 光明日報社, 1985, 82면; 「國民黨對時局之重要宣言」, 『廣州民國日報』 1925. 5. 23; 「國民黨對國民會議之宣言」, 『廣州民國日報』 1925. 6. 1.
2. 「全國代表大會反對國民會議條例草案宣言」, 『廣州民國日報』 1925. 4. 16.
3. 「津人援助滬案之昨聞」, 『大公報』 1925. 6. 5; 「津人援助滬案之熱烈」, 『大公報』 1925. 6. 7.

이 연합회의 주도로 6월 14일 20만 명이 참가한 대규모 시민대회가 열렸다. 대회의 구호는 영·일 제국주의 타도, 영·일 상품 배척, 경제단교(經濟斷交), 불평등조약 폐지와 조계회수 등 대외 문제에 집중되었다.[4] 이어서 톈진각계연합회는 전국의 각 직업단체에 전문을 발송해 전국각계연합회 총기관을 만들자고 호소했고 6월 25일 베이징각계연합회와 연합해 연합 시위를 벌이고 이 두 연합회가 전국총회 조직을 추동하기로 결정하였다.[5]

여기서 주목되는 점은 각계연합회가 결집된 국민의 힘과 여론으로 부실한 정부외교를 일면 비판하고 일면 뒷받침하겠다는 '국민외교'의 취지를 밝힌 것이다. 각계연합회는 정부 당국에 제출한 허가신청서에서 당시 세계적으로 확산되던 "데모크라시 사조"를 지적한 후 "국민외교는 국가의 뒷방패라고 믿어 외교를 안누 사람의 교섭대표에게 맡겨서는 안 된다는 생각으로 60여 단체가 참여했다"[6]라고 하였다. 이는 각계연합회가 국민의 힘과 여론을 결집하는 민의기관임을 자임하고 있음을 알 수 있다. 뒤이어 톈진각계연합회가 영국 국회 하원에 서한을 보내 국회가 영국 정부를 감독하여 공도(公道)를 잃지 않도록 하라고 촉구한 것도 자신의 그러한 위상을 국제적으로 드러내 보인 것이라 하겠다.[7]

이러한 톈진의 사례와 마찬가지로 같은 시기 베이징, 상하이, 한커우, 지난 등 전국 주요 도시에서도 거의 유사한 방식과 형태로 각계연합회가 중심이 되어 국민대회 또는 시민대회를 열고 국민외교운동을 펼쳤는데,

---

4. 이 책에 언급된 대회 참가 인원은 당시 신문이 추정 보도한 수치이므로 정확한 숫자라고 보기는 어렵다. 「本埠各界援助滬案之熱烈」, 『大公報』 1925. 6. 14; 「昨日各界之大游行」, 『大公報』 1925. 6. 15.

5. 「本省各界援助滬漢案之激昂」, 『大公報』 1925. 6. 18; 「全省民衆始終不懈之援助滬漢案」, 『大公報』 1925. 6. 29.

6. 「津人對滬漢英捕慘殺學工案之援助聲: 各界聯合會呈請立案」, 『大公報』 1925. 6. 16.

7. 「團體代表會致英國國會電」, 『大公報』 1925. 6. 19.

이런 운동방식이 사실은 5·4운동과 그 직후 국민회의 소집론이 형성되던 당시에 이미 정형화된 것이라는 사실에 주목할 필요가 있다. 그리고 각계연합회가 스스로 민의대표기관임을 자임하는 것도 이미 그때부터 자리잡은 관행이었다.

톈진각계연합회는 그 후에도 계속하여 각 단체 대표회의를 수시로 열어 5·30사건으로 인한 외교 문제에 대한 대책을 논의하면서 대규모 시민대회를 개최하여 결집된 민의를 과시하곤 했다.

이처럼 5·30사건으로 전국 각지의 여론이 들끓고 각계연합회가 민의대표기관임을 자임하고 나서 국민외교의 여론을 형성하자 이 국민적 여론의 압력을 의식한 베이징정부는 나름대로 민의를 결집할 방안을 강구하지 않을 수 없게 되었다. 베이징정부가 6월 23일 국무회의에서 빠른 시일 안에 국민대표회의를 소집하기로 결정한 것은 이 때문이었다. 각 성의 대표를 선거해 베이징으로 파견하라는 정부의 요구에 대하여 광둥과 윈난을 제외한 각 성·구(省區)의 장관은 모두 호응하였다.[8] 7월 초부터 국민대표회의 대표선거를 위한 사무소가 베이징과 각 성·시에 설립되고 선거준비에 들어갔다.

톈진과 베이징의 각계연합회는 돤치루이의 국민대표회의 소집 결정에 직접 반대의사를 밝히지 않은 채 별도의 민의기관 형성을 염두에 두고 각계연합회 전국 총기관을 조직하기 위한 노력을 기울였다. 10만 명에서 20만 명이 참가한 국민대회가 베이징에서만 6월 10일, 6월 25일, 7월 18일에 열렸으니 5·30사건으로 달아오른 반제투쟁의 열기는 잘 알려져 있

8. 여기에는 馮玉祥과 閻錫山 등 서북지역, 張作霖 등 동북지역, 趙恒惕과 方本仁 및 蕭耀南 등 兩湖지역 각 지역 실력자들이 포함되어 있다. 「國民會議之好消息」, 『大公報』 1925. 7. 6; 「國內要聞: 各方響應舉辦民會選舉」, 『大公報』 1925. 7. 8; 「國內要聞: 促進民會之應聲者」, 『大公報』 1925. 7. 14.

거니와 그 속에서 각계연합회는 국민외교의 명분으로 민의대표기관 형성, 곧 자발적 국민회의 소집을 준비한 셈이다. 특히 7월 18일 천안문 국민대회가 몇 가지 점에서 주목된다. 우선, 베이징각계연합회는 이 대회를 개최하기에 앞서 돤치루이 임시집정과 외교총장 및 5·30사건 교섭특사에게 베이징국민대회에 출석해 교섭경과를 보고하라고 요구하였다.[9] 물론 집정정부는 이 요구에 응하지 않았지만 각계연합회가 스스로를 민의대표기관으로 자임하고 있음을 여기서 재확인할 수 있다.

이 대회에는 전국농계연합회, 전국공계연합회, 전국상계연합회가 각각 5·30사건후원회를 구성하여 참여하였다.[10] 이는 5·30사건을 계기로 각 직업계가 전국적 연합조직을 형성해가고 있었음을 보여주며, 국민회의촉성회 전국대표대회가 마련한 국민회의예비회의조례에서 각 직업계의 대표선거 단위를 농회, 공회, 상회 등과 같이 베이징정부 법단으로 한정하지 않고 농민단체연합회, 공인단체연합회, 상인단체연합회 등으로 명시한 것과 관련지어 볼 때 자발적 국민회의소집운동으로서 주목할 만하다.

이상 몇 가지를 종합해보면 국민외교운동이 사실은 각계단체가 국공합작하의 국민당과 결합해 열기를 북돋아온 국민회의촉성운동이었음을 알 수 있다. 천안문 국민대회에 쑹칭링(宋慶齡), 리스쩡(李石曾), 쉬첸(徐謙) 등 국민당계 명사들이 연사로 초청되어 있었던 것도 이와 무관하지 않은 듯하다.

국민당은 이 무렵 국민과 무력(국민혁명군)의 결합된 힘으로 천중밍(陳炯明) 군벌을 축출하고 7월 1일 광둥 국민정부를 수립하였는데, 이것은

9. 「滬案特刊: 明日天安門之國民大會」, 『大公報』 1925. 7. 17.

10. 「二十萬人烈日下開國民大會」, 『大公報』 1925. 7. 19.

국민회의촉성운동을 통해 국민당에 모아진 국민적 지지를 바탕으로 가능한 것이었다. 이러한 여론의 뒷받침을 받으면서 국민당은 돤치루이의 국민대표회의 소집 움직임에 맞서 7월 13일 자발적 국민회의 소집을 다시 한 번 촉구하였다. 이때 국민당은, 8월 1일에 국민이 자발적으로 베이징에서 국민회의예비회의를 소집하며 이 회의의 구성분자는 북상선언에 명시된 단체의 대표로 한다, 예비회의에서 상하이·칭다오(靑島)·광저우 등 조계가 설치된 지역 인민의 요구와 전국 인민의 요구를 접수하여 민의가 충분히 표현되도록 하고, 불평등 조약의 폐지를 의결하고 그 실행방법을 심의한다고 선언하였다.[11] 그리고 돤치루이의 국민대표회의는 국민회의예비회의와 절대로 같은 것이 아니라는 훈령을 당원들에게 내렸다. 이것은 원래 이 두 회의의 명칭이 비슷한 데다 당시 국민대표회의 선거 준비 소식이 신문에 보도될 때 '대표'라는 두 글자를 빼고 '국민회의'로 줄여 표기되었기 때문에 혼란이 더욱 가중된 때문이기도 하였다.

그러나 펑톈파 군벌을 비롯한 각 지역 군벌은 이 같은 각계연합회와 국민당의 움직임을 막고 자신의 지반을 확대하기 위해 7월 28일 상하이 공상학연합회를 폐쇄하는 것을 필두로 각계연합의 국민외교운동을 탄압하기 시작하였다. 돤치루이 정부는 이 같은 탄압을 막아주기를 바라는 각계연합회와 각 직업단체의 기대를 저버렸고, 여름방학과 겹치면서 학생들이 앞장섰던 이 운동의 활력은 현저히 약화되지 않을 수 없었다. 5·30사건의 교섭이 지지부진하던 상황에서 8월 18일 돤치루이 정부가 관세회의를 10월에 개최하겠다고 발표했으나, 최소한의 민의 반영 기회라 할 국민대표회의조차 9월 20일의 선거기한을 넘기면서 결국 소집되지 못하였다. 5·30사건 교섭도 실패로 끝난 것과 맞물려 각급 학교가 개학

11. 「國民黨關於民會豫備會議之宣言」, 『廣州民國日報』 1925. 7. 14.

한 9월부터 각계의 불만이 조직적으로 터져 나왔는데, 이번에는 돤치루이 정부에 대한 반대 투쟁으로 초점이 옮아갔다.

관세자주운동과 국민회의운동의 재기

5·30사건을 국민의 요구대로 해결하지 못해 국민적 불만을 사고 있던 돤치루이 정부는 열강과의 '협의'를 통해 부가관세를 얻으려고 10월 25일 관세회의를 개최하였다. 베이징을 비롯한 전국 각지의 각계단체는 관세회의에 반대하는 관세자주 시위운동을 벌이면서 국민회의 소집을 다시 촉구하였다.

베이징의 각계단체는 10월 25일 국민대회를 열고 국민회의 소집과 불평등조약 취소를 요구하면서 돤치루이 정부 반대시위를 벌이고 전국적 국민정부 조직을 주장하였다. 11월 22일에는 10여만 명이 참가한 천안문 집회에서 민중의 애국운동을 탄압하는 돤치루이 정부를 반대하고 "민의에 의거해 진정한 국민회의를 소집해서 민중의 이익을 실현하는 국민정부를 건설하자"고 결의하고 이를 전국에 알리기로 하였다.[12] 이렇게 모아진 국민대회의 열기는 28일에는 장스자오(章士釗) 등 돤치루이 정부 요인의 집을 습격하고 신보사(晨報社)를 방화하면서 진압 당국과 격전을 벌여 수많은 부상자가 발생하는 사태로 진전되었다. 다음날 개최된 베이징 국민대회는 돤치루이의 즉각 사직을 요구하면서 "국민위원회 정부를 조직해 중앙정무를 집행토록 하고 이 정부가 국민회의를 소집해서 국민정부를 건설해야 한다"고 결의하였다.[13]

---

12. 「京各界擧行關稅自主示威運動詳情」, 『廣州民國日報』 1925. 12. 8.

각계연합의 이런 움직임에 대해 국민당 중앙집행위원회는 이를 혁명운동으로 평가하면서 이 결의를 완전히 옹호한다고 즉각 호응하였다.[14] 국민당 기관지 『광저우 민국일보』는 국민회의에서 성립된 정부가 아니면 정식 국민정부라 할 수 없으니 임시집정에 불과한 돤치루이 정부를 축출하고 새 과도정부의 책임 아래서 인민은 자동적으로 국민회의를 개최해야 한다고 호소하였다.[15] 각계연합회를 비롯한 대중조직의 활동에 부정적 시각을 갖고 있던 다이지타오(戴季陶) 등 국민당 서산회의파도 이와 동일한 내용의 선언을 발표하였다.[16] 공산당과 사회주의청년단은 1925년 10월 반봉전쟁(反奉戰爭)의 발생을 계기로 인민무장의 필요성을 제기하고, 국민당과 국민군도 참가하는 진정으로 인민을 대표하는 국민회의 소집을 주장하였다.[17]

11월 말 베이징 각계가 집중적으로 제기한 국민회의 소집에 의한 전국통일 국민정부 수립 요구는 때마침 광둥 정부의 반군벌전쟁이 승리하면서 이룩된 광둥통일과 맞물려 새로운 힘을 얻으면서 전국 각지 각계로 확산되었다. 12월 중에 상하이 시민대회, 홍콩·광저우 파업공인대표대회, 전국학생총회, 광둥성 각계단체로 구성된 광둥통일회(廣東統一會), 창사시민대회(長沙市民大會), 국민당 허베이성 당부 등이 매국적 돤치루이 정부 타도와 광둥 정부 옹호, 국민회의 소집을 촉구하고 나섰다.[18] 이는

---

13. 「北京國民革命大運動」, 『廣州民國日報』 1925. 12. 9. 중국공산당은 이로부터 한 달 뒤에야 이런 내용의 통고를 당원들에게 내렸다. 「中央通告第七十一號」(1926. 1. 10), 中央檔案館 編, 『中共中央文件選集』 2册, 北京: 中央黨校出版社, 1982, 2면.

14. 「中國國民黨對北京革命運動勃發宣言」, 『廣州民國日報』 1925. 12. 9.

15. 「新國民建設之原則」(社論), 『廣州民國日報』 1925. 12. 11.

16. 「對時局宣言」(1925. 11. 27), 榮孟源 主編, 앞의 책, 355면.

17. 「中國共產黨中國共產主義青年團對反奉戰爭宣言」, 中央檔案館 編, 앞의 책, 1册, 519면; 秋白, 「反奉戰爭與國民革命運動」, 『嚮導』 134期, 1925. 10. 30.

광둥통일에서 보여준 국민당의 힘, 혁명무력과 국민의 결합이 가져온 구체적인 성과를 전국적으로 과시하기에 부족함이 없었다. 이런 국민적 요구와 여론의 압력에 밀려 돤치루이는 결국 1926년 1월 15일에 국민대표회의를 소집하겠다고 발표하지 않을 수 없었다.[19]

그런데 이처럼 국민당 내 좌파와 우파 모두 국민회의를 소집하자고 주장하던 상황에서 열린 국민당 2차 전국대표대회(1926. 1)는 국민회의 소집 문제에 관해 각계연합회의 요구와 상이한 결의안을 통과시켰다. 결의안에 따르면 국민당이 국민군과 반펑톈파 각 세력 및 각종 직업단체를 영도하여 국민정부를 조직하고 이 정부가 국민회의를 소집하도록 규정하였다.[20] 이는 각 단체가 자발적으로 국민회의를 소집하고 여기서 국민정부를 조직하자는 종래의 국민당 자신의 주장과 각계연합회의 수상을 뒤집어 직업단체와 대중의 자발성을 약화시킨 것이어서 주목된다.[21] 이것은 국민당이 광둥의 집권당으로 부상함에 따라 나타난 중대한 변화라 하겠다. 이에 따라 서산회의파도 입장을 바꿔 국민정부가 국민회의를 소집한다고 선후관계를 뒤집어버렸다.[22]

관세자주운동 이후 이듬해 봄 돤치루이가 축출될 때까지 계속 증폭된 베이징 정국의 혼미는 각계의 국민회의촉성운동을 자극하는 좋은 요인

---

18. 「上海市民反段大會來電」, 『廣州民國日報』 1925. 12. 14; 「罷工代表大會對時局宣言」, 『廣州民國日報』 1925. 12. 18; 「全國學生總會又 一通告」, 『廣州民國日報』 1925. 12. 19; 「統一會聲討段祺瑞宣言」, 『廣州民國日報』 1925. 12. 22; 「長沙市民示威大巡行」, 『廣州民國日報』 1925. 12. 22; 「湖北省黨部對於時局主張」, 『廣州民國日報』 1925. 12. 25.

19. 신문에는 '국민회의' 소집으로 보도되었다. 「本報專電」, 『廣州民國日報』 1925. 12. 22.

20. 「第二次全國代表大會始末記要」(1926. 4. 8), 榮孟源 主編, 앞의 책, 212면.

21. 물론 각계단체 중에서도 국민당의 영향력이 강한 지역에서는 가령 광저우학생연합회처럼 당정을 직업단체보다 우위에 두고, 국민정부가 국민회의를 소집하도록 하자는 경우가 없지 않았다. 「廣州學聯會對時局宣言」, 『廣州民國日報』 1925. 12. 8.

22. 「第二屆全國代表大會宣言」(1926. 3), 榮孟源 主編, 앞의 책, 411면.

이 되었다. 1926년 4월 9일 펑위샹의 국민군이 집정정부를 포위하고 돤치결의안 축출했지만 이윽고 국민군도 반격에 밀려 다시 실각하였다. 이처럼 혼미한 북방정국을 당시 각계연합회는 무정부상태로 간주하고 인민이 권력을 탈취할 좋은 기회라고 선전하면서 여기저기서 자발적 국민회의 소집을 주장하였다. 가령, 1926년 1~2월간 베이징과 톈진 각계, 상하이학생연합회 등은 장쭤린·우페이푸의 국회 회복 기도와 돤치루이의 국민대표회의도 반대하고 자발적 국민회의 소집에 의한 중앙국민정부 수립과 광둥 국민정부의 출사북벌을 촉구하였다.[23] 광둥 각계는 2월 17일 광둥국민회의촉성회를 성립하여 영·일 제국주의와 결탁한 펑톈·즈리연합군을 타도하고 북방 국민군을 옹호하자, 국민회의를 개최해 진정한 인민정부를 수립하자고 주장하였다.[24] 국민당 제2차 대회의 '선(先) 국민정부 수립−후(後) 국민회의 소집' 방침을 각계는 따르지 않고 있는 것이다.

이렇게 촉성운동이 고조되는 속에, '선회의 후정부' 노선과 '선정부 후회의' 노선 간의 입장 차이를 조절하기 위한 타협방안도 모색되었다. 공산당 지도자 취추바이(瞿秋白)는 그 순서를 다음과 같이 제시하였다. ① 광둥 국민정부와 국민군이 각계 인민대표와 연석회의를 열어 국민회의 예비회의를 소집하고 여기서 임시혁명정부를 조직한다. ② 이 임시혁명정부가 일체 반혁명세력을 일소하고 중국을 통일한 후 진정한 국민회의를 소집한다. ③ 국민회의가 중앙국민정부를 선출해 진정한 공화국을 건설한다.[25] 이는 정부와 직업단체의 공동주관에 의거한 '선회의 후정부' 노선이라 할 만하다.

---

23. 「北京各界反日示威運動詳情」, 『廣州民國日報』 1926. 1. 28; 「上海學聯會對時局宣言」, 『廣州民國日報』 1926. 2. 3; 「天津討張反日大會發出宣言」, 『廣州民國日報』 1926. 2. 22.

24. 「國民會議促成會開成立大會」, 「總理週年紀念舉行辦法」, 『廣州民國日報』 1926. 2. 18.

25. 瞿秋白, 「國民會議與五卅運動」, 『新青年』(季刊) 3號, 1926. 3. 25, 20면.

1926년 2월 쑨원 서거 1주년을 맞이하여 각지의 자발적 운동을 전국적으로 조직화하기 위해 베이징에서 전 국민회의촉성회 연합회 총회가 결성되어 전국적 촉성운동에 나섰다. 총회 상무위원회는 3월 1일 각 성도(省都) 촉성회에게 즉시 촉성회 전성 대표대회를 개최하여 조직을 정비하고 확대하라고 통고하였다.[26] 3월 12일 베이징 천안문 광장에는 20만 명이 참가한 쑨원 기념대회가 열렸는데, 이 대회는 쑨원 유언을 담은 전단 40만 장을 배포하면서 국민회의 개최를 주장하였다. 같은 날 상하이와 후난, 창사 등지에서도 대규모 기념대회가 열려 마찬가지 요구가 제기되었다.[27]

국민회의의 구체적인 소집 절차에 관해서는 국민혁명에 찬동하는 각 세력 간에 이견이 있었지만 국회를 회복하려는 북방군벌의 기도에 일치해 반대하고 돤치루이의 국민대표회의에도 반대하였으니, 돤치루이가 축출된 이후에는 더욱 명확히 국민회의 소집 말고는 다른 대안이 있을 수 없게 되었다. 이리하여 장쭤린, 우페이푸 등 군벌세력의 국회 회복 기도에 맞서 1926년 4월 이후에는 갈수록 출사북벌과 국민회의운동, 즉 혁명무력과 국민의 결합으로 각계의 의견이 모아졌다.

이에 광둥 국민정부는 4월 19일 돤치루이의 실각에 즈음한 대내선언에서, 베이징은 이제 무정부상태에 빠졌고 군벌의 붕괴가 임박했으니 "국민은 공고한 단체를 결성하고 자발적으로 국민회의를 소집하여 정권을 획득하라"고 호소하였다.[28] 그런데 이때의 국민회의는 어디까지나

26. 「全國國民會議促成會聯合會總會通告各地注意進行事項」, 『廣州民國日報』 1926. 3. 25.

27. 「上海十萬民衆冒雨擧行孫公紀念大會」, 『廣州民國日報』 1926. 3. 20; 「北京二十萬人公祭孫中山先生」, 『廣州民國日報』 1926. 3. 27; 「湖南民衆紀念孫中山先生之熱烈」, 『廣州民國日報』 1926. 3. 29.

28. 「國民政府對內重要宣言」, 『廣州民國日報』 1926. 4. 20.

당·정부 주관하의 '자발적' 소집임을 분명히 하였다. 이렇게 보면 1925년 5월 이래 국민당이 주장한 '자발적' 국민회의 소집이란 북방 군벌정부의 주도를 배제하고 각계의 촉성운동을 불러일으키기 위한 목적에서 나온 것일 뿐 실제로는 국민당의 주도하에 두겠다는 뜻에 다름 아니다.

1926년 7~8월간 북벌군이 파죽지세로 후난성을 점령하는 새로운 상황에서 공산당은 각지의 각계연합회를 조직해 이를 지방정부에 대한 현지 인민의 대의기관으로 삼고 점차 현민회의·시민회의로 발전시킬 것, 이를 바탕으로 각급 지방정부의 민선을 요구할 것을 통고하였다.[29] '선회의 후정부' 노선을 견지하면서 이를 지방정치 영역에서부터 실행하여 현시민회의와 성민회의를 소집하고, 이를 장차 전국적 국민회의 소집의 기초로 삼겠다는 것이다. 국민정부 관할구역의 확대에 따라 아래로부터의 국민회의가 실행 단계에 들어갔음을 의미한다.

이런 정세의 변동을 반영하여 국민당은 1926년 10월 중앙각성연석회의(中央各省聯席會議)에서 국민회의 소집과 성민회의-현민·시민회의-향민회의 소집을 결의하였다. 그에 따르면, 국민회의 소집의 순서는 ① 당부(黨部)의 지도 아래 먼저 직업단체(農, 工, 商, 교직원, 학생, 자유직업자, 군대, 부녀 단체)의 대표를 포함하는 인민단체연합회(전국-성-현·시 연합회와 각지 화교연합회)를 조직한다. ② 이 연합회가 국민회의 대표선거의 기초단위로서 즉시 선거를 준비하여 직업선거에 의해 성민회의-현민회의-향민회의를 구성한다. ③ 그러나 성·현정부위원은 성민회의·현민회의가 아니라 국민당 중앙성집행위원회가 상의하여 조직한다. 따라서 향민회의-현민회의-성민회의는 각급 정부의 위원을 선출하는 정권기관이 아

---

29. 「中國共產黨對時局的主張」(1926. 7), 中央檔案館 編, 앞의 책, 2册, 153~155면; 「中央通告第一號」(1926. 7. 31), 같은 책, 271면; 「中央通告第十七號」(1926. 9), 같은 책, 312면; 「中央通告第十八號」(1926. 9), 같은 책, 322면.

니라 그 자문기관으로 규정되었다.[30]

그러나 이는 각 직업단체 및 공산당의 노선과 달랐으니, 농민협회와 공회가 주도한 현실의 실제 운동은 국민당의 이 규정을 뛰어넘고 있었다. 이런 노선에 의거한 국민회의운동은 1927년 봄 후난·후베이와 상하이 등 일부 지역에서 현민·시민회의–성민회의 건립과 그에 의거한 현·시정부–성정부 건립이라는 지역정권 수립운동으로 발전하였다. 이 같은 국민회의운동의 지역화는 직업단체와 각계연합회가 주도하는 아래로부터의 국민회의운동으로서, 당군(黨軍)에 의해 북방군벌을 타도하고 전국적 국민정부를 수립한 다음 국민정부가 국민회의를 소집한다는 당정(黨政)의 방침과 서로 대립하였다.

광둥통일 후 광둥의 국민회의운동

국민혁명군이 광둥 전역에서 군벌을 축출하고 정권을 장악한 것은 1925년 12월의 일이다. 이를 국민당에 의한 '광둥통일'이라 부른다. 그 직전 성립된 '광둥인민대표대회'를 바탕으로 광둥국민회의 촉성회가 1926년 2월 성립되어 촉성운동이 급속히 발전하였다. 이 과정에서 당정과 사회단체(국민정부는 이때부터 이를 '인민단체'로 부르기 시작) 간의 경쟁과 타협과 긴장은 피할 수 없었다.

국민당은 광둥 지역에서 '정부와 국민의 결합'을 강조하면서 '광둥 국민정부와 인민단체의 결합'을 효과적으로 추진하기 위해 1925년 8월 초 광둥인민대표대회를 조직하기로 결정하였다. 그 조직규정에 따르면 이 대

30. 「國民會議召集問題決議案」, 「省政府, 地方政府及省民會議,縣民會議決議案」, 榮孟源 主編, 앞의 책, 279~281면.

회는 광둥통일, 경제독립, 국민회의 촉진, 불평등조약 폐지, 파업공인 지원을 취지로 하고, 성내 각계단체 대표가 공동 조직하며 광저우에 총회를 두고 각 현에 분회를 둘 수 있다.[31] 이것은 그 구성분자와 국민회의 촉성이라는 취지에서 보듯이 국민회의촉성회의 모태가 되기에 충분하다.

광둥의 당과 정부는 1925년 9월 24일 광둥통일을 위한 군사작전을 앞두고 대규모 군중집회(6만 명 참가)인 "군정학농공상(軍政學農工商) 각계대회"를 열어 당정과 인민단체가 합작하여 광둥을 통일하고 국민혁명을 완수하자고 널리 선전하였다.[32] 이런 노력을 바탕으로 동강(東江) 지역에 동정군(東征軍)이 출동한 상황에서 10월 25일 '통일광둥각계대표대회'가 성립되었다. 이때 광둥인민대표대회 조직규정을 일부 수정한 새로운 규정이 마련되었는데, 국민당 당부(中央, 廣州市, 南洋 등 3개)와 부녀단체, 지역별 각계연합회(惠潮梅, 八屬 등 2개) 등이 새로 추가되어 참가단체가 13개에서 20개로 늘어났다.[33] 이 대회에서 국민정부 대표 왕징웨이는 수일 내에 광둥을 통일하고 이어서 출사북벌하면 펑위샹의 국민군과 연합하여 북방군벌을 타도하고 전국을 통일할 수 있을 것이며, 쑨원의 북상선언을 실현할 수 있을 것이라고 주장하였다.

각지 인민단체는 물심양면으로 혁명군의 작전을 지원했고 이에 힘입어 12월까지는 실제로 광둥이 통일되었다. 그 후 1926년 2월 17일 광둥각계인민단체대표대회(사실상 각계연합회)는 광둥국민회의 촉성회로 전환되었다. 조직규정에 따르면 광둥각계 27개 인민단체로 구성되는 이 촉성

---

31. 각 단체는 직업별로 통일되지 않고 농민단체 2, 상인단체 4, 공인단체 4개가 각각 참가하는 것으로 되어 있고 각 단체가 파견할 대표 수가 배정되어 있다. 「廣東人民代表大會之組織規程」, 『廣州民國日報』 1925. 8. 1.

32. 「軍政學農工商大會詳情」, 『廣州民國日報』 1925. 9. 26.

33. 「統一廣東各界代表大會」, 『廣州民國日報』 1925. 10. 17; 『廣東各界人民大會詳情』, 『廣州民國日報』 1925. 10. 26.

회는 인민의 정권 장악, 전국통일, 불평등조약 폐지를 취지로 하였다. 집행위원회 산하에 총무, 조직, 선전, 외교, 재정부를 두었고 경비는 각 단체의 출연으로 충당하도록 하였다.[34] 촉성회는 "1년 전 쑨중산(孫中山) 선생이 호소한 국민회의는 인민이 정권을 탈취하도록 하는 도구이며 정권을 접수하는 형식이었으나 당시 인민의 각오가 모자라고 조직도 산만하고 미약해서 군벌에 의지하려는 마음이 컸기 때문에 실패하였다"라고 지적하였다. 이어서 북방 일각에서 국회 회복을 주장하는 것은 실의한 정객들이 군벌에 의지해 자신의 지위를 회복하려는 기도일 뿐이라고 비판하고 오직 국민회의운동만이 인민의 정권수립을 가능하게 할 것이니 모두 국민회의 기치 아래 일치단결하자고 호소하였다.[35] 2월 26일 10만여 명이 참가한 대규모 국민회의 촉성대회가 열렸다. 광둥국민회의 촉성회는 국민정부가 출사북벌하면 국민군을 지휘하여 군벌을 소멸하고 국민회의를 소집해서 통일인민정부를 수립하자고 '선회의 후정부' 노선을 재확인하였다.[36]

이런 열기에 힘입어 촉성운동은 2월 말부터 3월 초 사이 각 현으로 파급되었고 현촉성회가 속속 조직되었다. 마침 쑨원 서거 1주년과 겹쳐 광둥 각 현에서는 쑨원 기념대회가 열렸고 이를 통해 자연스럽게 국민회의 촉성회가 성립되었다.[37] 3월 7일 1만여 명이 참가한 가운데 개최된 둥관현(東莞縣) 국민회의 촉성대회는 출사북벌이나 불평등조약 폐지 같은 전국적 문제 외에 둥관현장 파면, 가연잡세 폐지, 토비숙청, 민단(民團)의 토

---

34. 27개 인민단체 역시 앞의 각계인민대표대회 구성단체와 마찬가지로 직업별로 통일되지 않고 개별 단체가 각각 참가하도록 되어 있다. 「廣東國民會議促成會籌備大會」, 『廣州民國日報』 1926. 2. 17; 「國民會議促成會開成立大會」, 『廣州民國日報』 1926. 2. 18.

35. 「廣東國民會議促成會宣言」, 『廣州民國日報』 1926. 2. 18.

36. 「二十六日廣東國民會議大運動」, 『廣州民國日報』 1926. 3. 1.

37. 「各屬人民紀念總理情形」, 『廣州民國日報』 1926. 3. 15~29 참조.

지부가세 징수 금지 등 현민의 일상생활과 직결된 요구를 제기하였다.[38] 이때 광둥국민회의촉성회 집행위원회는 즉시 각 현에 분회를 조직하라고 통고하면서 '분회장정'을 제정하였는데, 분회는 반드시 광둥 총회의 감독을 받도록 하였다.[39] 이것은 각 현 촉성회의 분산적 개별행동을 막고 집중과 통일을 꾀하기 위함으로 보인다. 그 후 3월 말부터 4월 중순까지 현촉성회 성립이 이어졌다.[40]

이렇게 현 단위까지 촉성회가 확산되고 있었지만 5월 중순부터 출사북벌이 본격 준비되면서 정부와 인민의 합작을 강화하고 북벌후방을 공고히 한다는 명분이 앞세워져 국민회의 촉성운동은 뒷전으로 물러나게 되었다. 그 결과 촉성회 이전의 각계인민대표대회 당시의 조직이 다시 전면에 부상하게 되었으니, 5월 21일 성립된 광둥농공상학연합위원회가 그것이다. 연합위원회는 농민과 공인이 제국주의와 군벌을 타도하기 위해서는 반드시 소자산계급의 지지를 획득해야 한다면서 농공과 상인을 분리하여 혁명역량을 감소시켜서는 안 된다고 강조하였다.[41] 이런 판단에 따라 조직된 연합위원회는 위원 수 배분에서 농민협회·총공회·교육회 대표 각 4명, 자유직업 대표 2명, 상인 대표 12명으로 배정하였다.[42] 이처럼 상인 대표가 특별히 많은 것은 상인층의 지원이 북벌경비 마련에 필수적이었기 때문으로 보인다.

표 1에서 보듯이 동향회를 비롯한 지연성 단체는 거의 포함되지 않았다. 국민당 당적을 가진 교장연합회가 국민회의촉성회 구성분자로 등장

38. 「東莞促成國民會議大會情形」, 『廣州民國日報』 1926. 3. 10.
39. 「國民會議促成會通告」, 『廣州民國日報』 1926. 3. 19.
40. 「各屬新聞」, 『廣州民國日報』 1926. 4. 2~16 참조.
41. 「農工商學聯合會開會詳情」, 『廣州民國日報』 1926. 5. 19.
42. 「農工商學聯委會之會議」, 「農工商學聯合會成立通電」, 『廣州民國日報』 1926. 5. 21.

표 1. 광동 인민대표대회·국민회의촉성회·공농상학연합위원회의 구성단체

구분	통일광동각계인민대표대회 (1925. 10)	광동국민회의촉성회 (1926. 2)	광동농공상학 연합위원회 (1926. 5)
참가 단체	(1) 국민당 중앙당부, 광저우특별시당부, 南洋總支部, 청년군인연합회 (2) 중화전국총공회, 省港罷工委員會, 광동총공회, 광저우시공인대표회 (3) 성농민협회 (4) 성교육회, 광저우학련회 (5) 광저우총상회, 광동상회연합회, 광저우시상회, 광저우상민협회 (6) 廣東報界公會 (7) 부녀해방협회 (8) 廣東各界對外協會, 惠潮梅各界聯合會, 八屬各界聯合會	(1) 국민당 중앙당부, 성당부, 시당부, 黨籍校長聯合會, 청년군인연합회, 화교협회 (2) 중화전국총공회, 광동총공회, 공인대표회, 機器總工會, 중화해원공회, 성항파공위원회, 全港工團聯合會, 廣州洋務工會聯合會, 省港機器聯合會 (3) 성농민협회, (4) 광저우총상회, 시상회, 상회연합회, 상민협회 (5) 성교육회, 광저우학생연합회, 省港學生聯合會, 廣大學生聯合會 (6) 報界公會 (7) 부녀해방협회, 女權운동대동맹	(1) 중화전국총공회 (2) 성농민협회 (3) 성교육회 (4) 광저우총상회, 성상회연합회, 광저우시상회, 시상민협회 (5) 자유직업단체
합계	20	27	8

출처: 「統一廣東各界代表大會」, 『廣州民國日報』 1925. 10. 17.
「廣東國民會議促成會籌備大會」, 『廣州民國日報』 1926. 2. 17.
「農工商學聯合委員會」, 『廣州民國日報』 1926. 5. 21.

한 것은 국민당의 이당치국론이 교육 방면에 어떻게 구체화될 것인지를 시사한다. '자유직업단체'란 용어가 처음 등장한 것도 눈에 띈다. 이는 점차 기자, 변호사, 의사, 회계사 등의 단체를 통칭하는 용어로 자리 잡게 된다. 전문직업이라 할 이들을 먼저 '자유직업'이라 부른 것은 아마도 해당 직업인 자신이 아니라 국민정부일 가능성이 높다.

연합위원회는 농·공·상·학 각계로 결집된 '인민과 정부의 합작'으로

북벌을 성공시키고 국민혁명의 기초를 공고히 하며 인민의 원기를 회복하기 위해 정부에 다음 사항의 실현을 촉구하였다. 석유전매 취소, 홍콩·광저우 파업 해결, 토비숙청과 하도(河道) 정비, 분쟁 조정을 위한 지주-전호 및 노·자 중재기관 설립, 탐관오리와 투기상인 숙청, 황푸(黃浦) 개방과 항구 개선, 광저우-한커우 철로 완성, 교육경비 증액과 교육보급 등 일반적 요구였다.[43]

정부와 인민의 합작이 공식화 단계에 접어든 것은 1926년 2월 22일 개회된 동강각속행정대회(東江各屬行政大會)가 아닌가 한다. 이 행정대회에는 산터우(汕頭), 차오메이(潮梅), 하이루펑(海陸豊) 등 각 속의 행정장관과 농·공·상·학(교육회)·부녀 등 인민단체 대표 124명이 참석하여 297개 제안 및 계획서와 245건의 보고서 및 조사표를 제출하고 토의를 거쳐 3월 3일 건설, 교육, 민정, 재정, 상무(商務), 농공, 부녀 등 각 방면의 93개 결의안을 통과하였다.[44] 그것은 치수와 도로정비, 보위단(保衛團) 취소, 가연잡세 정리, 국산품 애용과 해관회수, 인신매매 금지, 교육의 평민화와 혁명화 등 동강민중이 절박하게 실현을 요하는 문제였다.

이처럼 행정장관과 인민단체대표가 연석회의를 열고 관할구역 내 행정사항을 심의 의결하는 체제는 국민혁명의 진전에 따른 지방정치상의 중대한 변화이다. 사회단체에 불과하던 직업단체가 지방행정의 결정주체로 참여함으로써 일종의 민의기관의 구실을 담당하게 된 것이다. 동강각속행정대회는 사실상 지역(몇 개의 인근 縣을 묶은 屬) 단위 국민회의에 준하는 대의기관, 말하자면 '속민회의(屬民會議)' 내지 지역인민대표대회가 사실상 형성 중임을 보여주며, 이를 기초로 국민회의식 지역정권의

43. 「農工商學聯合會開會詳情」, 『廣州民國日報』 1926. 5. 19.

44. 「東江各屬行政大會宣言」, 『廣州民國日報』 1926. 3. 17.

수립으로 발전할 가능성도 컸다. 그것은 비록 혁명수행의 필요에 쫓긴 탓에 독립된 대의기관이라기보다 행정기관과 대의기관이 결합된 의행합일(議行合一)의 형태를 취했지만, "대중과 무관한 신사나 특수계급이 주체였던 의회정치의 폐해를 일소하고 직업단체로 구성된 국민회의의 신속한 실현을 촉진한다"라는 행정대회선언은 이러한 새로운 형태의 지방정치구조를 바탕으로 앞으로 국민회의운동이 새롭게 전개될 것을 예감케 한다.[45]

앞서 본 대로 공산당이 1926년 7~9월 각계연합단체를 조직해 시민·현민회의 과도기관으로 삼고 지방정부에 대해 현지 인민의 대의기관이 되도록 해야 한다고 한 것은 사실 이와 같은 광둥의 국민회의운동, 바꿔 말하면 광둥의 조보적인 현민회의·성민회의 운동의 경험을 살려 이를 전국에 확대하려 한 것이었다. 북벌 이후 후난·후베이, 상하이와 달리 광둥의 경우 '성민회의'라 하지 않고 '광둥국민회의'라 한 것은 베이징정부와 대치하는 광저우의 국민정부가 광둥성을 통일함으로써 국민혁명의 근거지로 부상한 상황에 걸맞게 전국의 국민회의운동을 불러일으키려는 의도가 반영된 것이 아닌가 한다.

---

45. 유용태, 『지식청년과 농민사회의 혁명−1920년대 중국 중남부 3성의 비교연구』, 문학과지성사, 2004, 362면.

북벌 이후 후난의 성민회의운동

국민혁명군의 북벌 이후 1926년 가을에서 1927년 봄 사이 후난의 성·현 정부가 교체되고 농민협회 조직이 발전함에 따라 토착지배세력이 장악하고 있던 향촌정권이 동요하였다. 그에 따라 농민협회와 국공 양당 지도부는 향민회의-현민회의-성민회의 수립을 통한 새로운 향촌정권-현정권-성정권 수립운동을 전개했으며 이를 국민회의로 확대하여 새로운 전국정권을 창출하려고 했다. 그 무렵 후베이의 성민회의운동과 상하이의 시민회의운동도 같은 맥락에서 전개된 지역 단위의 국민회의운동이었지만 여기서는 후난의 경우만을 살펴보기로 한다.[46]

북벌 개시 직전 후난의 각계단체는 1926년 3월 국민당 후난성 당부와 함께 국민대회 또는 시민대회를 열어 후난임시인민위원회를 조직하고, 성의회 취소, 국민회의 소집, 전국통일정부 수립, 출사북벌 등을 요구하였다. 북벌군이 도래한 직후, 10월 19일 국민당 중앙각성 연석회의가 성민회의-현민회의-향민회의 설립 결의안을 채택하고 그 조직법의 기초를 성당부에 위임하였다. 이때 국민당 우파세력은 '당치(黨治)면 족한데 왜 굳이 그런 민의기관을 설립해야 하는가'라는 논리로 회의하거나 반대하였다. 이에 대하여 좌파세력은 쑨원의 권위를 빌려 반박하거나 민중에 기초한 '국민혁명 연합전선의 강화'를 위해 필요하다고 주장하였다. 당도, 군도 민중의 참여 없이는 혁명의 충분한 기초가 될 수 없으므로 민중의 역량과 원망을 전면적으로 표현해야 비로소 반혁명세력이 다시 살아날 기회를 완전히 차단할 수 있다는 것이다.

46. 이하 후난의 성민회의운동에 관한 서술은 다음에 의거함. 같은 책, 352~371면; 笹川裕史, 「國民革命期における湖南省 各級 人民會議 構想」, 『史學硏究』(廣島大) 168號, 1986.

이런 논리로 성정부는 성당부 및 공법단(公法團) 대표와 함께 1927년 1월, 2월, 4월에 각각 '후난의 구향자치(區鄕自治)와 현자치에 관한 조례를 제정하였으며, 인민단체의 사법권(參審, 陪審) 허용을 포함하는 112개 항의 후난성행정대강(湖南省行政大綱)을 확정하였다. 이렇게 민간 직업단체가 당 및 정부와 함께 자치조례는 물론 성의 시정방침을 의결한 것은 주목되는 일이다. 법단은 아니지만 공공의 목적을 갖고 활동하는 공단(公團)까지 포함하여 참가 범위가 넓어졌다.

여기에 나타난 조례제정 주체는 당정단연석회의(黨政團聯席會議)인데, 이는 비록 일시적 기구이지만 매우 주목되는 형태의 지역 권력기구이다. 광둥의 동강행정대회도 이와 마찬가지 형태를 취하였다. 민간의 사회단체가 당·정부·단체 연석회의에 참여해 의행압일의 권력기구를 구성한 것이다. 후난과 후베이의 사회단체는 이를 통해 각 현의 토호열신심판특별법정 또는 특별위원회를 구성하여 사법권까지 행사했으니, 입법·행정·사법 3권이 합일되기도 한 것이다. 이를 뒷받침하는 당·정·단체는 인적으로 또는 조직상으로 상호 침투하고 상호 중첩되기도 했다. 당·정 역시 이들 사회단체의 도움이 없이는 정책을 집행할 수 없었기 때문에 나타난 현상이다. 사회단체와 국가의 상호 침투가 일어나기 시작한 것이다.

당정단연석회의의 결정에 의해 소집될 현민·시민회의-성민회의의 준비위원회는 사실상 공법단연합회로 구성되었다. 이미 광둥의 경험을 살려 국민당 연석회의가 우선 각급 당부로 하여금 인민단체연합회(농·공·상·학·교직원·자유직업자·군대·부녀)를 조직하여 국민회의를 준비하라고 한 바 있거니와 이를 기초로 후난의 각 현에서는 공법단연석회의가 조직되었다. 단체 역량이 큰 일부 현에서는 이것이 현 내의 주요 문제를 결정하는 의결기관 역할을 담당했고 현장은 이 결정을 집행하는 상황이었다. 이 공법단연석회의가 현민·시민회의-성민회의 준비위원회로 발전했다고 할 수 있다.

현민회의 소집이 지체되는 가운데 4월 말 먼저 창사시민회의와 성민회의 선거가 진행되었다. 조례상으로 보면 구민회의-현민·시민회의-성민회의를 구성하는 각 대표는 구역대표와 단체대표로 구성되는 것으로 규정되었다. 국민회의촉성운동의 제1기에는 민의기관을 직업대표로만 구성하려 했지만 제2기에는 당과 군을 포함시킴으로써 직업대표 외에 당 조직에 의거한 구역대표를 추가할 가능성이 열렸었는데, 여기서 구체화된 셈이다. 사실 각종 직업이 다양하게 발전하고 그들의 단체가 성립되어 있는 도시지역이 아니라 후난 같은 농촌지역에서는 직업대표만으로 민의기관을 구성하기는 어려웠고 그것은 비현실적이었다. 국민당 중앙각성연석회의는 쑨원의 국민회의 구성방법에 따라 "직업선거법(職業選擧法)으로 대표를 선거한다"라고 규정했음에도 후난에서 구역선거를 병행하기로 한 것은 아마도 이런 조건이 고려된 결과일 것이다. 그런데 실제 선거과정을 보면 구역선거도 해당 구역 내의 각 단체들의 선거로 진행되어 사실상 구역선거의 의미는 살려지지 못했다.

창사시민회의 선거에 참여할 수 있도록 허용된 단체는 국공 양당, 농민협회, 총공회, 상민협회, 학생연합회, 교직원연합회, 경찰, 농민자위군, 공인규찰대, 부녀연합회, 자유직업단체(律士公會, 신문기자연합회), 국민혁명군이었다. 이들 단체의 선거를 거쳐 확정된 대표는 모두 439명이었다.[47] 창사시민회의는 곧바로 1차 대표대회를 열고 시정부위원을 선출하여 주젠판(朱劍凡, 국민당 창사시 당부 위원)을 시장으로 하는 창사시정부(長沙市政府)를 탄생시켰다. 시정부위원 선거 때 위원으로 선출된 사람은 모두 국민당 좌파와 공산당원이었고 국민당 우파는 모두 낙선하였다.

47. 「長沙市民會議第一次代表大會日刊」 3期, 『湖南民報』 1927. 4. 20.

한편 성민회의는 국민혁명군의 정변(馬日事變)에 의해 소집되지 못하였다. 국민당 우파와 토착지배세력은 성민회의가 성립되어 성정부위원을 선출하면 창사시정부와 마찬가지 결과가 올 것으로 예상하고 이를 결사적으로 저지했기 때문이다. 게다가 5월 8~19일 국민당 후난성 당부가 대지주의 토지와 공유지·황지(荒地)를 몰수하여 농민에게 분배한다고 결정하였으니 지주 출신 장령을 중심으로 한 일부 후난 주둔 국민혁명군은, 장제스의 4·12 상하이 쿠데타 이후 기회를 보다가 5월 21일 정변을 일으켜 성민회의를 저지했던 것이다.

후난의 각급 행정 단위에서 추구된 국민회의식 지방민의기관은 각각 현지 최고권력기관으로 규정되었다. 이들이 각급 정부의 정부위원을 선출하도록 되어 있었던 것도 바로 이런 지위를 구체화한 것이었다. 이는 각 직업단체와 당·정부가 함께 제정한 조례에 의해 규정된 내용으로서, 국민당 중앙각성연석회의가 그것을 자문기관으로 규정한 것과 비교된다. 이는 국민당이 집정당으로서 직업단체의 위상을 약화시키려고 했지만 북벌 이후 급속히 성장한 직업단체가 당과 정부의 노선에 일방적으로 끌려가지 않고 경쟁과 타협을 통해 자신의 이해와 요구를 관철시킨 결과일 것이다.

그러면 이들 국민회의식 지방민의기관은 주도세력이 말한 바의 '민주연합정권'의 구조와 역량을 갖추었을까? 이를 살피기 위해 참정주체와 대표선출 방법을 분석해보자. 향민회의는 향민 전체로 구성되지만 구민회의(區民會議)-현민·시민회의-성민회의는 단체대표로 구성되는데 이를 도표화하면 표 2와 같다.

향민회의는 조례상 15세 이상의 남녀 향민 전체로 구성한다고 했지만 농민협회 세력이 강한 향에서는 사실상 농민협회의 주도로 성립되었고, 그렇지 않은 향에서는 성립되지 못했다. 민국 이래 선거법이 일관되게

표 2. 후난성 구민회의–현민·시민회의–성민회의 구성단체

구분	구민회의(조례)		창사시민회의(실제사례)		성민회의(조례)	
	단체대표	구역대표	단체대표	구역대표	단체대표	구역대표
참가 단체	국민당 5 농민협회 5 공회 2 상민협회 2 교직원연 2 학생연 2 부녀연 3 (기타 구민회의가 인정하는 단체 각 1~2명)	인구 300명 이하의 향 1명, 인구 300~500명의 향 2명, 인구 500명 이상의 향 2~5명	국민당 40 공산당 24 농민협회 60 총공회 80 상민협회 64 학생연 30 교직원연 16 경찰 4 농민자위군 4 공인규찰대 6 부녀연 40 자유직업 16 위수사령 55	직업단체 선거로 선출	국민당 20 공산당 5 농민협회 20 총공회 7 省軍 각 連 1 학생연 3 부녀연 3 교직원연 3 각 대학 1 경찰협회 1 상민협회 7 광업총회 1 율사공회 1 신문기자연 1	아래의 숫자를 직업단체선거로 선출: 1등현 6 2등현 5 3등현 4 (長沙 6 常德 4 衡陽 3 益陽 1 ……) 광업구역 (석광산 3 수구산 2 ……)
합계			439			

주: '○○연'은 '○○연합회'의 약칭.
출전: 유용태, 『지식청년과 농민사회의 혁명–1920년대 중국 중남부 3성의 비교연구』, 문학과지성사, 2004, 364면.

'글자를 모르는 자'를 제외한 것과 달리 여기서는 문맹자를 제외하지 않음으로써 참정권이 획기적으로 확대되었다. 80%가 문맹이던 농민들을 제외하고서는 진정한 민주자치정권이라 할 수 없기 때문이다. 향민에게 선거권과 함께 파면·창제·복결의 4대 민권(4권)을 인정하여 직접민권을 제도화하였다. 향민회의와 구민회의가 주민 개인에게 4권을 인정한 것에 비해 현민·시민회의와 성민회의는 공인된 단체의 회원에게만 4권을 인정하였다.

시민회의에서는 당과 공상단체가, 구민회의·현민회의·성민회의에서는 당과 농민협회가 대표의 다수를 차지하였다. 대표선출 방식에 있어 새로운 민주주의 요소를 담고 있지만, 이런 면을 볼 때 이해관계가 충돌하는 각 계급 및 계층 간의 세력관계 면에서 과연 실현 가능한 방식인가

하는 의문도 제기될 수 있다.

우선 경제적 기준의 계급 구분을 밑바닥에 깔고, 정권참여 주체를 당이 인정한 직업단체로 한정한 결과 다양한 계층과 단체 및 개인의 참여는 곤란하였다. 농민·노동자 이외에 지식층과 군경 및 부녀의 참여를 보장하여 '소자산계급'의 일부에게 정권참여의 기회를 열어주었지만 중소지주와 부농, 그리고 산업자본가, 대지주·대상인을 포함한 총상회, 지방의회 세력 등 경제력을 가진 집단이 참여할 길은 막혀 있다. 이런 구조는 새 정권의 물적 기반의 취약함으로 연결된다. 그리고 각 분야의 직업과 직업단체가 고루 발달하지 못했기 때문에 농민단체와 물질적 기반이 취약한 학생 및 교직원 단체의 비중이 돌출되었다.

한편 베이징 정부 법단과 그 주도세력은 참정단체 범위에서 배제되었다. 참정 주체를 비교해보면 광둥에서는 농회만 농민협회로 대체되고 교육회와 상회가 참정주체 안에 포함되어 있었으나, 이제 후난에서는 베이징정부 법단인 교육회와 상회도 각각 광둥국민정부 법단인 교육연합회와 상민협회로 대체되었다. 나아가 각 직업계의 상층인사들에 의해 주도된 베이징정부 법단은 아예 폐지되고 국민정부 법단으로 대체되었다. 성정부가 각 현의 농회와 교육회를 폐지하고 사무실과 재산을 농민협회와 교직원연합회에 넘겨주라고 지시한 것을 보라.[48] 지주와 교장들로 구성된 단체를 농민과 교사 중심의 단체로 바꾸려 한 것이다.

국민혁명 세력이 반제·반군벌을 위한 연합전선을 강조했음에도 불구하고 중소지주와 부상을 참정주체에서 배제하였기에 이들은 새로운 민의기관 설립을 결사적으로 저지하려 했다. 그 결과 연합전선은 향촌 내부로부터 붕괴되기 시작하였다. 비직업단체가 참정주체에서 배제된 것

48. 「敎(育)廳廢止各級敎育會」, 『湖南民報』 1927. 4. 14.

은 당연하지만, 국민당은 그런 단체의 해산을 요구하기까지 했다. 국민당 후난성 당부는 1927년 3월 중순 "각종 교우회(校友會), 동향회(同鄉會), 동학회(同學會) 등은 모두 봉건시기의 부락사상에 기초한 단체이니 모두 해산하라"고 결정했고 국민당 중앙집행위원회도 이를 추인해 동일한 내용의 훈령을 내렸다.[49]

이렇게 비직업단체 해산령이 내려진 시점이 1927년 4월 중순인 것은 구민회의와 현민회의 설립 일정이 구체화되면서 동향회·동문회가 직업단체 선거에 개입할 우려가 있었고, 구세력의 지배 아래 있던 교육회가 교직원연합회와 대표선출 문제를 놓고 대립할 것이 분명했기 때문이다. 요컨대 부락단체 해산령과 교육회 해산령은 좌파 중심의 향민회의-현민회의-성민회의 설립에 반발할 구세력의 기반을 제거하려는 의도에서 나온 것이라 하겠으나 그들의 반발은 적지 않았다.

총상회, 농회, 교육회를 비롯한 상층 위주의 직업단체는 자신들이 배제된 국민회의식 지방민의기관과 지방정권의 출현을 저지하고 권토중래를 도모하였다. 그 결과 그들은 국민당 우파와 결탁하여 청당(淸黨)작업에 협조함으로써 중하층 위주의 단체를 붕괴시키고 자기 위주로 개조된 단체를 구성분자로 하는 새로운 국민회의를 모색하였다. 이는 국민회의운동의 분기(分岐)를 초래한 직업단체 내부의 요인이 되었다.

직업단체와 정당 사이의 경쟁도 국민회의운동의 분기를 촉진한 또 하나의 요인이었다. 직업단체는 자신이 자발적으로 국민회의를 소집하고 그 결의에 따라 새로운 국민정부를 수립하는 '선회의 후정부' 노선을 취한 데 비해 이당치국의 국민당은 그 역의 '선정부 후회의' 노선을 취하였다. 대중운동을 활성화시켜 자기 조직을 확대하려는 공산당은 물론 전자

49. 見心, 「取消同鄉會校友會等」, 『湖南民報』 1927. 3. 19; 「省黨部厲行取消部落團體」, 『湖南民報』 1927. 4. 29.

의 노선을 공유하였다. 국민당도 처음에는 자발적 국민회의 소집을 강조했으나 집권당으로 부상하면서부터 선후관계를 뒤집어버렸다. 이렇게 되면 직업단체의 자주성이 손상되고 국민회의의 직권과 의의도 축소될 수밖에 없다. 물론 국민당 안에서도 국민회의를 당치와 대립된다고 보아 반대한 우파와 당치하에서도 민의기관은 필요하다고 보아 찬성한 좌파 간의 입장 차이는 컸다. 이것도 국민회의운동의 분기에 음으로 양으로 영향을 미쳤다.

이상과 같은 몇 가지 요인들이 작용하는 가운데 난징국민정부가 청당을 통해 중하층 주도의 직업단체를 상층 주도로 재편한 후 1931년 5월 소집한 난징국민회의는 창사시민회의와는 반대로 우편향을 보였다. 이는 '선정부 후회의' 노선의 실천이었으니 그와 결별한 공산당은 산간 오지에서 소비에트라는 노농병 대표자회의를 소집하는 좌편향으로 치달았다. 이는 국민회의운동의 분기를 보여주는 극단적인 형태라 할 수 있다.

★

제2부

직업대표제의 지속과 변화

1 | 직업단체와 국민당의 훈정정치

국민회의운동의 분기와 국공합작의 결렬에도 불구하고 국민혁명군은 1928년 군벌체제의 심상인 베이징(그 후부터 1949년까지 군벌지배하의 北京이 국민혁명군에 의해 平定되었다는 의미로 '北平'으로 불렸다)을 점령하고 형식상 통일을 완수하였다. 이에 국민당은 쑨원(孫文)의 건국대강에 따라 군정 단계가 끝나고 훈정(訓政) 단계가 개시되었다고 선포하였다. 훈정은 1928년 10월부터 6년 기한으로 선포되어 1935년에 헌정으로 이행할 예정이었으나 중일전쟁이 발발하면서 장기간 연장되었다. 우여곡절 끝에 국민대회를 소집하여 헌법을 제정하고 선포한 것이 1947년이니 사실상 그때까지 중국은 훈정체제 아래에 놓여 있었다.

훈정이란 선각자를 자처한 국민당이 삼민주의 이념에 따라 인민을 훈련하여 자치능력을 함양하는 것을 의미한다. 공식적으로 정당결성이 금지된 조건에서 성립된 국민당의 당치체제인 훈정체제가 작동하려면 직업단체를 비롯한 사회단체의 조직과 동원이 무엇보다 중요하다. 반면 사회단체의 입장에서 보면 한시적 훈정을 제때에 종식하고 헌정을 실행하기 위해 훈정체제에 적극 참여하면서 인민의 참정 기회를 잡지 않으면 안 된다. 따라서 사회단체의 동원과 참여는 훈정시기의 정치를 이해하는 관건이 아닐 수 없다. 국민당이 국민혁명기의 농민부·공인부·상민부·부녀부를 통합하여 민중훈련부를 설치하고 이를 통해 사회단체를 조직하고 훈정을 실행하려 한 것도 그 때문이다.

이에 이 장에서는 1938년 국민참정회 성립을 계기로 훈정을 전기와 후기로 나누고 이를 관통하는 민의 결집의 원리와 시스템의 중심에 바로 직업대표제가 자리잡고 있다고 보아, 국민당의 직업단체정책과 동원전략을 살펴보고자 한다. 국민당의 역량이 제한되어 있었기에 당치는 중앙에서만 어느 정도 실행될 뿐 성 이하 수준에서는 거의 통하지 않았다. 그럼에도 불구하고 필자는 국민당 훈정체제가 20년 동안이나 지속되면서 항전을 감당해낼 수 있었던 힘은 직업단체를 비롯한 사회단체와의 관계에서 비롯되었다고 보고 이를 확인하려고 한다. 여기서 그 관계는 당의 동원과 직업단체의 참여가 서로 협력하고 경쟁하는 상호작용으로 파악될 것이다.

따라서 직업대표제는 직업단체 자신의 참정 논리와 당의 동원 논리에 각각 의거해 파악되어야 할 양면성을 갖고 있다. 이를 검토함으로써 직업단체의 동원이나 참여 없이는 존립할 수 없던 훈정정치의 기본구조를 새롭게 파악할 수 있기를 기대한다.

직업단체의 일반적 실태

법의 보호를 받는 단체는 당연히 정부가 제시한 기준에 의거해 설립되고 등록되어야 한다. 양자 사이에는 서로 지켜야 할 권리와 의무가 있다. 정부에게는 단체가 설립 목적에 맞게 활동하는지를 감독하는 한편 외부세력에 의해 그 활동이 방해받지 않도록 보호할 권한과 책임이 있고, 단체에게는 규정에 명시된 활동을 벌여 회원 공동의 이해를 도모하고 정부의 감독을 받을 권리와 의무가 있다. 이는 어느 국민국가에서나 일반적으로 통하는 관례이다. 다만 국가와 사회의 발전 정도, 민주화 정도에 따라 단체활동의 자율적 공간의 크기가 달라질 뿐이다.

중화민국 베이징정부시기 직업단체의 통계는 부분적으로만 남아 있다. 『제1회 중국연감』(1924)에 따르면 각 성의 현농회는 227개이고 그 회원 수는 파악되어 있지 않다. 상회는 1,103개이고 회원은 16만 2,490명이다. 교육회와 공회에 관한 통계는 아예 나와 있지 않다.[1] 국민혁명기에는 농민협회 회원 수만 해도 1천만 명에 달할 정도로 직업단체가 급속히 발전하였다. 주로 신사층에 의해 주도되어온 기존의 베이징정부 법단과 경쟁하던 이들 국민정부 법단은 근대 교육을 받은 진보적 지식청년에 의해 주도되었는데, 국민당을 도와 베이징정부를 타도하는 국민혁명운동의 대중기반으로 작용하였다. 그러나 1927~1928년 이들은 국민당이 공산당을 용인하고 농민과 공인의 조직활동을 지원하는 정책을 포기하면서 당과 사회단체에 침투한 용공분자를 척결하는 청당(淸黨)으로 인해 거의 붕괴되거나 개조되었다. 이 과정에서 신사층과 신상(紳商)층이 법단을 주도해온 20여 년 동안의 관행이 거의 사라지는 큰 변화가 일어났다. 가령 교육회의 경우 국민혁명을 지나면서 신사단체적 성격에서 교사단체적 성격으로 바뀌었다.[2]

이윽고 각 단체들은 내적 필요와 국내외적 계기를 활용해 재건되었고 1928년 훈정을 선포한 국민당은 이들을 훈정체제의 사회적 기초로 삼으려고 시도하였다. 청당을 주도한 후한민 같은 우파가 보기에도 당

---

1. 阮湘主 編, 『第 回中國年鑑』, 上海: 商務印書館, 1924, 1186~1187면, 1539~1543면.
2. R. Keith Schoppa, *Chinese Elites and Political Change: Zhejiang Province in the Early Twentieth Century*, Cambridge: Harvard University Press, 1982, 186~190면; 高田幸男, 「近代中國地域社會與地方教育會」, 『民國研究』 1輯, 1994. 11, 251~252면.

지도하의 민중운동은 군정·훈정·헌정의 각 단계마다 필요한 것으로 인식되었고,[3] 인민의 훈련을 위해서는 인민의 조직화가 필수적으로 요청되었다. 이에 국민당과 정부는 '인민단체조직방안'('민중단체'라는 용어도 혼용되었다)을 공포하여 인민단체를 직업단체(농회, 공회, 상회 등)와 사회단체(학생회, 부녀회, 자선단체, 문화단체)로 나누고 설립과 등록에 관한 기준을 제시하였다.[4] 그 결과 이 책의 제1부에서 말한 종래의 '사회단체'는 '인민단체'(혹은 민중단체)로 불리게 되었다. 그에 따르면 직업단체는 발기인 50명 이상, 사회단체는 발기인 5명 이상의 연서로 소재지 현·시 당부에 설립취지서와 함께 허가를 신청하고 당부의 참관과 인가 아래 설립대회를 거쳐 조직될 수 있다.

각종 인민단체 중에서도 국민당은 특히 직업단체를 중시하였다. 중앙민중훈련부는 1928년 10월 "민중단체는 각 직업민중의 대표자인 만큼 (쑨원) 총리가 직업대표제를 중시한 정신(국민회의 조직법에서 알 수 있다)을 관철하기 위해, 지방자치에서 민중단체의 영도적 지위를 존중해야 한다"라고 하였다.[5] 나아가 1930년 3월에 인민단체조직방안을 수정하여 직업단체에는 "진정한 본업 종사자만" 가입하고 "사회단체에는 정당한 직업을 가진 자만 가입할 수 있다"라고 제한하여 비직업단체에서도 무직업자를 배제하였다. 국민당의 이런 방침은 직업을 가진 민중, 특히 직업단체를 기초로 지방자치를 추진하려는 구상으로서, 제1부 1장에서 검토한 직업주의의 반영이라 하겠다. 한편 전문직업 종사자(변호사,

---

3. 윤세철, 「胡漢民과 淸黨」, 민두기 편, 『중국국민혁명 지도자의 사상과 행동』, 지식산업사, 1988, 68~69면.

4. 「人民團體組織方案」(1929. 6), 『中國國民黨年鑑』, 南京: 黨史編纂委員會, 1929, 1128~1133면.

5. 「國民黨中央民衆訓練部擬訂民衆團體三民主義訓練綱要」(1928. 10), 中國第二歷史檔案館 編, 『中華民國史檔案資料滙編』 5輯 1編 政治(3), 南京: 江蘇古籍出版社, 1991, 32면.

의사, 약사, 회계사, 공정사, 기자 등)의 단체를 '자유직업단체'라고 불렀다.[6] 그러나 자유직업의 범위는 일정하지 않아서 가령 교육회는 당초 농회·상회와 같은 직업단체에 속했으나 국민당에 의해 문화단체로 분류되었고 나중에 자유직업단체에 포함되기도 했다.

훈정시기 직업단체가 정비되는 계기는 모두 넷으로 나누어 볼 수 있는데, 특히 민의기관의 설립이라는 정치적 수요와 밀접하게 관련되어 있다는 공통점을 보인다.

첫째, 1931년 5월 소집된 국민회의 대표선거이다. 국민회의 민선 대표 520명의 선거가 직업선거 방식으로 진행되었는데, 이 선거에 참여한 단체는 농회, 공회, 상회 및 현대실업단체, 교육회·대학 및 자유직업단체였다. 이들은 대부분 2~4월 중에 대표선거를 위한 선거인명부에 해당하는 각 단체의 회원명부를 작성하여 선거사무소에 보고하였다. 1930년대의 각종 인민단체 통계표에 각 단체의 설립 연월이 거의 대부분 1931년 4월 전후로 나타나는 것은 그 때문이다.[7] 예를 들면 후난성 59개 현농회 중 47개, 143개 현·시 상회 중 129개가 1931년 2~5월에 결성되었다.[8] 따라서 이들 단체 중 그 후에도 지속적으로 직업단체 구실을 하지 못하는 것도 적지 않았다.

둘째, 일본군의 침략에 대항하기 위한 항일구국회의 성립이다. 1931년 9월 만주사변 전후부터 전국 각지에서 각계단체 연합의 항일구국회가

---

6. 徐小群, 『民國時期的國家與社會: 自由職業團體在上海的興起, 1912~1937』, 北京: 新星出版社, 2007, 97~98면; 朱英·魏文享, 『近代中國自由職業者群體與社會變遷』, 北京大學出版社, 2009, 2~3면. '자유직업단체'란 용어는 제1부 5장에서 본 대로 1926년 광둥에서 처음 등장하였다.

7. 각 단체의 성립 상황에 대해서는 다음을 참조. 張玉法·李榮泰 編, 『中華民國人民團體調查表』, 臺北: 國史館編印, 1999, 171~264면.

8. 「各市縣農工商團體通計」, 『湖南年鑑』(民國二十二年), 長沙: 湖南省政府密書處, 1933, 62~68면.

결성되었다. 이는 개별 직업단체의 성립을 자극하기도 했지만 이미 결성된 직업단체가 기타 단체와 함께 업종별 연합회나 각계연합회를 결성하도록 촉진하였다. 가령 랴오닝성(遼寧省) 국민외교협회(國民外交協會)가 그런 예인데, 여기에 참여한 단체는 농무회, 상공총회, 교육회, 율사공회, 신문연합회 같은 직업단체와 종교·자선단체였다. 이 협회는 국민외교의 방법으로 중국의 자유와 평등을 취득하기 위해 노력한다는 취지 아래 일본인의 경제침략을 조사하고 그에 대항하는 정책을 연구·선전하였다. 특히 주목되는 것은 5·4 이래의 전통을 이어받아 '대일·대러 문제의 민의기관'으로 자처한 점이다.[9]

셋째, 1936년 7월부터 1937년 10월 사이 진행된 국민대회 대표선거이다. 이때 380명의 대표를 직업선거에 의해 선출하도록 되어 있었기 때문에 국민회의 대표선거 때와 마찬가지 효과를 가져왔을 터이다. 이를 계기로 국민회의 개최 이래 일상적 활동이 없어 사실상 유명무실해진 단체들도 다시 선거를 준비하기 위해 임원이 개선되고 회원명부가 작성되어 보고되었다. 가령 후난성 꾸이둥현(桂東縣) 현농회와 25개 구향(區鄕) 농회가 모두 1931년 3월 설립된 후 1936년 6월 5년 만에 처음으로 임원을 개선한 것이 그런 정황을 보여준다.[10] 장쑤성(江蘇省) 장닝현(江寧縣) 지청우구(指呈五區)의 12개 향농회 역시 1931년 봄에 성립되었는데, 그 후 새로 증가한 회원들의 입회시기는 대부분 1936~1937년에 집중되었다.[11]

---

9. 「遼寧省國民外交協會擴大會議ニ關スル件」(1931. 1), 日本外務省外交史料館, A6117; 「外交協會會議開催」(1930. 1), 日本外務省外交史料館, A612003.

10. 「湖南省農會與該省桂東縣各鄕農會章程職員會員名册」(1936. 12), 中國第二歷史檔案館, 全宗號 722/4, 案卷號 773.

11. 「江蘇省江寧自治實驗縣指呈五區各鄕農會章程會職員名册及指導員總報告」(1935. 10~1937. 3), 中國第二歷史檔案館, 全宗號 722/4, 案卷號 744.

넷째, 1938년 이래 국민참정회와 성·시·현(省市縣) 임시참의회의 설립이다. 1933년 통과된 훈정기 국민참정회조직법과 1935년의 현지방자치조례는 비록 실시되지는 않았으나, 참정원 전원과 참의원 일부(각 區 대표 2~3명 외에 농회, 공회, 상회, 교육회, 자유직업단체 각 1명)를 직업선거로 선출하도록 규정했으므로 각종 직업단체의 결성을 자극할 잠재적 요인이 되었다.[12] 그 연장선에서 1938년 실제로 소집된 국민참정회는 처음에는 참정원의 50% 이상, 나중에는 25~33%를 문화단체와 경제단체의 주요 인사 중에서 선정했고 이런 관행은 국민참정회가 존속한 1947년까지 지속되었다. 그리고 1939년 이래 성·시 참의원의 40%, 1941년 이래 현·시 참의원의 30%도 국민참정회 참정원과 마찬가지로 문화·경제단체의 주요 인사 중에서 지명되었다. 후난성의 우강(武岡), 한서우(漢壽), 타오위안(桃源), 자허(嘉禾), 리링(醴陵) 등 4개 현농회와 58개 향농회, 광둥성의 취장(曲江) 등 28현 현농회와 향농회가 모두 1939년 9월부터 1941년 9월 사이에 성립된 것은[13] 지방민의기관 설립과 관련이 있는 것으로 보인다.

이 네 계기는 사실상 민족민주운동의 논리 속에 통일되어 있었으며, 이는 1933년 10월 상하이시상회(上海市商會)의 기관지에서 확인된다. "만주사변 이후 일본인이 국제사회에서 '중국은 무조직(無組織)의 국가'라고 선전하고 있는데 이는 치욕이 아닐 수 없다. […] 분투의 첫걸음

12. 「縣地方自治條例及施行細則」(1935. 10), 立法院編譯處 編, 『中華民國法令彙編』, 上海: 衆花書局, 1936, 119~124면.

13. 「湖南省武岡縣農會暨各鄕農會組織報告」(1941. 9), 中國第二歷史檔案館 全宗號 11, 案卷號 1849; 「湖南省漢壽縣各鄕農會漁會章程名册及組織報告」(1940. 10), 같은 당안, 案卷號 1856; 「湖南省桃源縣農會章程名册及組織總報告」(1941. 9), 같은 당안, 案卷號 1857; 「湖南省嘉禾縣各鄕農會組織總報告」(1940. 12), 같은 당안, 案卷號 1858; 「湖南省醴陵縣各鄕農會組織總報告」(1940. 7), 같은 당안, 案卷號 1878; 「廣東省曲江等二十八縣農會組織總報告」(1941. 1), 같은 당안, 案卷號 1907.

은 무조직 상태에서 빠져나와 시급히 조직을 갖추는 것이다"[14]라고 한 데서 민족적 위기감이 단체조직의 강렬한 동인으로 작용하고 있음을 알 수 있다. 나아가 "삼민주의는 민권을 민족·민생과 병렬하고 있으니 삼민주의 정부는 정치에 대한 상인의 요구를 수용하여, […] 상회와 동업공회를 구성분자로 하는 독일식 경제의회를 소집해야 상인과 정부의 소통을 도모할 수 있다. 이들 단체는 금일의 민권과 국민참정 등의 운동에 있어서도 특히 불가결한 요소이다"[15]라고 한 데서 민족과 민주의 논리가 통일적으로 파악되었음을 알 수 있다.

이상과 같은 계기로 성립된 각종 직업단체의 수와 회원 수는 어느 정도였는지 살펴보자. 1940년부터 인민단체의 관할 주체가 국민당 중앙 사회부에서 행정원 사회부로 바뀌며, 교육회를 자유직업단체에 포함시키는 등 통계방식도 달라지므로 그 이전과 이후를 나누어 표로 나타내면 표 3과 같다. 당시 통계의 신빙성은 극히 낮지만, 1931년의 훈련부공작보고(訓練部工作報告, A), 1934년의 당무통계보고(黨務統計報告, B), 1938년의 민중훈련부 통계(C)를 비교하고 앞서 말한 네 계기와 관련지어 분석해보면 어느 정도의 추세는 파악할 수 있을 것이다. 회원 총수는 1931년 199만여 명, 1934년 467만여 명이고, 1938년에는 누락된 상회·교육회 회원 수(1934년 기준으로 55만 명)를 합하면 554만여 명으로 추정된다.

세 자료에 공히 파악된 농공단체의 회원에 관해서만 서로 비교해보자. 먼저 B에서 C까지의 4년 동안 90만 7,635명이 증가한 데 비해 A에서 B까지의 3년 동안 219만 4,003명이 증가한 점이 눈에 띈다. 1936년 1월 인민단체 총시찰법이 통과되어 4월부터 몇 개월간 시찰이 진행되어 총보

14. 薛光前, 「同業公會之研究」(下), 『商業月報』 13卷 10號, 1933. 10, 4면.

15. 阮靜如, 「同業公會之新使命」, 『商業月報』 12卷 5號, 1932. 5, 3면.

표 3. 1930년대의 직업단체와 회원 수

단체 종류		1931년 9월(A)	1934년(B)	1938년(C)
農會	단체	563	30,148	32,176
	회원	1,533,280	3,185,695	3,468,100
工會	단체	766	3,458	3,116
	회원	364,012	905,600	1,530,830
商會/同業公會	단체	/1,991	1,477/9,296	1,830/11,386
	회원		412,139	
教育會	단체	508	2,702	
	회원	87,430	142,092	
自由職業團體	단체	37	240	316
	회원	5,558	25,518	
계	단체	5,191	47,321	
	회원	1,990,280	4,671,044	499만
國民黨員(군인 제외)		303,353	435,618	633,086

주: 원래 표에는 기타 인민단체도 포함되어 있으나 필자가 제외하였다.

자료: 「全國人民團體會員人數統系表」, 『中國國民黨第三屆中央執行委員會訓練部工作報告』, 1931. 10.
『中國國民黨二十三年黨務統系報告』, 南京: 中央統系處編印, 1934.
「中國國民黨中央民衆運動史略」(1938), 中國第二歷史檔案館 編, 『中華民國史檔案資料滙編』 5輯 1編 政治(3), 南京: 江蘇古籍出版社, 1991, 86~88면.

고서 22건, 단체조사표 2만여 건이 모아져 성·시별로 정리되었고[16] 그 직후 국민대회 대표 선거가 진행되었다. 그로 인해 각 단체의 회원이 더욱 확실하게 파악되어 보고되었을 터이니, 이는 당연히 이 통계에 반영되었을 것이다. 12·9운동으로 전국에 걸쳐 재조직된 항일국구연합회도 증가요인으로 작용했을 터이다. 반면 A와 B 간에는 항일구국회의 결성에 의해 자극받았을 부분을 제외하고는 그만한 계기가 없음에도 2배 이상 많이 증가하였다. 이는 A의 통계가 부실한 때문으로 보인다. 농회의 경우를 보면, B는 20개 성·시의 보고에 의거한 데 비해 A는

16. 「國民黨中央民衆訓練部工作報告」(1938. 3), 中國第二歷史檔案館 編, 앞의 책, 5輯 1編 政治(3), 80면.

겨우 9개 성·시의 보고에만 의존하였다. 물론 농회 회원이 국민회의 선거를 위해 1930년 말에서 1931년 초에 부풀려졌고 이들 대부분이 이 읔고 유명무실해진 사정도 고려되어야 할 것이다.[17]

농회 회원 수가 국민회의 선거를 위해 부풀려진 것과 반대로 도시지역 직업단체의 경우 기한 내에 현·시 당부의 허가를 받아 정부에 등록을 마친 단체만 선거에 참여하도록 한정한 결과 실제보다 적게 파악되었을 가능성이 크다. 가령 1933년 상하이시 동업공회는 시상회의 회원 명부에 따르면 200개에 가깝지만 당정에 인가받아 등록한 것, 즉 당정에 의해 공식 파악된 수는 절반이 채 못 되었다.[18] 국민당이 인민단체의 실태를 제대로 파악하려면 지방 당부의 관할 구역 내 인민단체에 대한 파악이 온전히 이루어져야 한다. 그러나 "본부(민중훈련부)는 그동안 승인한 인민단체에 대해 등기하여 계통적으로 기재하지 않았기 때문에 단체 수에 관한 확실한 통계는 찾기 어렵다. 이번에 총시찰을 계기로 본부 안에 인민단체 등기실을 설치해 등기업무를 전담하고 있다"고 했으니,[19] 그 이후에야 비로소 좀 더 계통적인 파악이 가능할 터이다.

그런데 인민단체 관련 업무는 1940년 12월 정부의 사회복리사업과 결합시킨다는 명분으로 국민당 사회부에서 행정원 사회부로 이관되었다. 이는 민중을 조직하고 훈련하는 주도권이 사실상 당으로부터 정부로 이동했음을 의미한다. 그렇더라도 다음 절에서 보듯이 국민당은 당단(黨團)정책을 계속 펼치면서 정부의 지원을 요청하고 사회입법정책을 취함으로써 인민단체에 대한 지도를 강화하려 하였다. 거기에는 심

17. 「調查晥北宿縣靈壁縣農民暴動報告書」(1932. 11), 같은 책, 594~595면.

18. 薛光前, 「同業公會組織之研究」(下), 『商業月報』 13卷 10號, 1933. 10, 1면.

19. 「國民黨中央民衆訓練部工作報告」(1938. 3), 中國第二歷史檔案館 編, 앞의 책, 5輯 1編 政治(3), 81면.

표 4. 1940년대의 직업단체와 회원 수

구분		1940년 10월	1942년 2월	1943년 말	1944년 말	1945년 말	1946년 말
農會	단체	5,796	7,629	4,268	7,139	8,542	12,889
	회원	963,108	1,438,781	1,598,295	2,814,970	3,425,656	5,671,810
漁會	단체	60	71	73	102	104	168
	회원	12,440	14,362	27,074	34,357	34,741	56,419
工會	단체	3,061	3,456	2,872	3,359	4,359	6,358
	회원	842,130	903,730	1,009,011	885,310	1,522,003	2,046,710
工商業團體	단체	2,687	3,666	9,035	9,892	11,717	15,162
	회원	106,580	126,244	293,043	379,624	454,226	612,791
自由職業團體	단체	1,184	1,451	1,095	2,138	3,368	5,942
	회원	77,962	98,152	106,495	157,437	224,786	360,648
계	단체	12,788	16,273	17,343	22,630	28,090	40,514
	회원	2,002,220	2,581,269	3,033,918	4,271,698	5,661,412	8,748,378

주: 자유직업단체는 교육, 律師, 工程師, 회계사, 신문기자, 醫藥師 등을 포함하였다.
출처: 이 표는『人民團體統計』(1946), 南京: 社會部編印, 1947, 1면의 표 '社會部改隸行政院以來歷年全國人民團體及其會員數'에서 '직업단체'만을 떼어내어 작성한 것이다.

지어 비상시기임을 내세워 직업단체 회원의 강제입회를 규정하고 탈퇴를 제한하는 조치까지 포함되었다.[20]

행정원 사회부가 파악한 1940년 이후의 직업단체 회원 수는 표 4에서 보듯이 1943년까지 200~300여 만 명 수준으로 급격히 감소하였다가 1945년 말에 가서야 비로소 전전의 550만 명 수준을 회복하였다. 같은 시기 국민당원 수가 50만에서 220만으로 4배 이상 증가하고 농회 회원 중에 당원이 등장하였는데, 이러한 변화와 상응하는 직업단체 회

20. 「加强人民團體內黨的組織及活動決議案」(1941. 4), 榮孟源 主編, 『中國國民黨歷次代表大會及中央全會資料』 下, 北京: 光明日報社, 1985, 692~693면; 「戰時人民團體指導方針決議案」(1941. 12), 같은 책, 749면.

원의 증가는 이 통계에 나타나지 않은 것으로 보인다. 농회가 지주·부농의 주도하에 있어 빈농 대중의 대거 입회를 담보할 수 없다는 근본적 한계가 작용한 결과이다. 1934년 후베이성 샹양현(襄陽縣), 1940년 저장성 닝하이현(寧海縣), 1941년 허난성 상청현(商城縣) 각급 농회 임원의 경력을 분석한 연구에 따르면 그들은 교원, 하급관리, 보장(保長)을 비롯한 향촌자치기구, 경찰이나 보위단 출신자들이었다.[21] 따라서 그들은 토지를 비교적 많이 소유한 지주나 부농이었다. 1944년 사회부의 농회조직강화방안에는 향촌의 교원이 향농회 서기를 겸임토록 하는 방안이 포함되어 있다.[22] 이는 교원이 관리·보장·보위단 출신자들보다 농민의 이해를 대변하기에 적절하다고 본 때문일 터인데, 국민혁명기 농민협회 간부의 다수가 현직 소학교사였던 전례를 상기시킨다.

농회 임원의 다수는 지주·부농이지만 회원의 다수는 일반 농민이었다. 이는 1943년 개정된 농회법이 회원 자격 중의 하나인 '농지를 소유한 자'를 삭제하여 경작농민을 중시한 데서도 어느 정도 짐작되지만, 그 이전에도 경작농민이 다수였음은 회원명부를 통해 실제로 확인된다.[23] 이것이 훈정기 농회가 청말~베이징정부 시기 농회와 다른 점의

21. 이는 李英芳과 魏文享의 분석 결과인데, 李가 농회 임원 대부분이 '地方士紳'이라는 喬啓明의 견해를 그대로 따른 데 반해 魏는 농회 임원들이 실제로는 신사가 아니라 '신식 지방엘리트'였다고 인정하면서도 여전히 '鄉紳'이라 부르고 있다. 李永芳, 『近代中國農會硏究』, 北京: 中國社會科學文獻出版社, 2008, 494~498면; 魏文享, 『國民黨, 農民與農會: 近代中國農會組織硏究, 1924~1949』, 北京: 社會科學出版社, 2009, 178~193면.

22. 「完成人民團體組織以奠定憲政實施之基礎案」, 『社會行政檢討會議決議案彙編』, 行政院社會部, 1944. 3, 4면.

23. 「湖南省漢壽縣各鄕農會漁會章程名册及組織報告」(1940. 10), 中國第二歷史檔案館 全宗號 11, 案卷號 1856; 「湖南省桃源縣農會章程名册及組織總報告」(1941. 9), 같은 당안, 案卷號 1857; 「廣東省曲江等二十八縣農會組織總報告」(1941. 1), 같은 당안, 案卷號 1907.

하나이다. 농회 임원은 민주적 절차에 따라 회원의 선거로 뽑도록 농회법에 규정되어 있었으므로 회원의 다수가 일반 농민이라는 사실은 그 자체로서 중요한 의미를 갖는다.

농회가 자작농 이하의 농민 대중에게 유인요소를 제공하기 어려웠던 이유는 다른 데에도 있었다. 당시인의 사회학적 조사연구에 따르면 각 향촌에 보편적으로 발달한 자연발생적 상호부조단체를 통해 일상생활에 필요한 금전의 대차, 자위(自衛), 오락과 신앙 등의 문제를 해결할 수 있어서 이들 자발적 단체에 대한 농민의 반응이 매우 좋게 나타났다.[24] 따라서 농민에게 따로 필요한 단체는 향촌 바깥의 세력과 연계해 농민의 이해를 정치적으로 대변할 단체였을 것이다. 국민당도 "농회조직을 건전하게 해 농민의 참정을 영도하는 기관으로 삼고 동시에 농업발달의 지도기관으로 삼는다"[25]라는 방침을 세운 바 있다. 그러나 대부분의 농회는 기존의 향촌지배세력이 온존한 가운데, 혹은 그들의 주도하에 성립되었기에 그런 기대에 부응할 가능성은 적었다. 결국 농회가 "농민의 참정을 영도하는" 역할이란 향촌권력자와 이해관계의 충돌이 없는 제한된 영역, 곧 정부가 주관한 각종 민의기관 대표 선출 단위로서의 역할이었다.

농회 임원이 대부분 보갑(保甲)·보위단 출신의 지주·부농이라는 점은 분명 농회가 농민의 직업단체로서 제구실을 하기 어렵게 만드는 중대 요인이다. 그러나 그렇다고 해서 이 시기 농회가 모두 유명무실했다거나 "보갑 조직의 부용(附庸)이자 향촌 기층 정권의 보충형식"이라

24. 喬啓明 等, 「安徽宿縣原有鄉村組織之研究」(1934. 6), 李文海 主編, 『民國時期社會調查叢書』 社會組織卷, 福州: 福建教育出版社, 2005, 52~63면; 晏升東, 「縣單位(壁山, 昆明)各種社會組織調查」(1941), 같은 책, 127~136면.

25. 「國民黨中央民衆訓練計劃大綱」(1928. 7), 中國第二歷史檔案館 編, 앞의 책, 5輯 1編 政治(3), 13~14면.

고 일반화해서도 곤란하다.[26] 저장성처럼 성정부가 25감조(減租)정책을 실시한 곳에서는 농회가 감조 실행을 보조하고 지주와 소작농 간의 분쟁을 조정하는 기능을 담당하기도 했다. 그런 경우는 대부분 이른바 '공정신사(公正紳士)'로 일컬어진 양심적이거나 진보적인 지식인이 농회를 주도했으며 농민의 이해를 실현하기 위한 정치투쟁으로 발전한 예도 있다. 저장성 핑인현(平陰縣)의 농회가 그런 예인데, 이를 통해 농민의 의식과 행동의 자유를 증진시킨 사실은 매우 주목된다. "과거 일반적으로 농민들은 업주(業主)를 신성(神聖)처럼 여겼으나 이제 농회조직이 생겨 그런 관념은 바뀌지 않을 수 없게 되었다. 일반적으로 업신(業紳)들은 체면을 제2의 생명으로 중시해왔기에 오늘날 업신여김과 비난을 동시에 받게 되었으니 심기가 불편한 것은 말하지 않아도 알 만하므로 갖은 방법으로 농민운동을 탄압하고 있다. 그 진정한 목적은 25감조 취소 요구에 있다"라는 보고가 이런 변화를 보여준다.[27] 농회가 소수의 토호를 비롯한 지방 유력자들에 의해 좌우되지 않도록 하기 위해 국민당이 1946년 3월 실제로 농업에 종사하지 않는 자의 입회를 금지하는 신농회법(新農會法)을 제정한 것은 큰 의미가 있다.[28]

훈정의 논리를 인정하는 순간 당정과의 관계에서 직업단체의 자율성이 손상되는 문제가 발생한다. 특히 당단의 작용, 정부의 단체경비 지원과 강제입회 종용 등은 직업단체의 자율성을 침해하는 요인으로 작용할 수 있었다. 그러나 당정의 의도대로 통제가 실효를 거둔 것은

26. 李永芳, 앞의 책, 498~499면.

27. 「蔣介石飭解散浙江平陰農民會并拿辦爲首分子有關令文」(1934. 3~12), 中國第二歷史檔案館 編, 앞의 책, 5輯 1編 政治(3), 526~529면; 「金貢三致浙江省執行委員會的調查報告」(1934), 같은 책, 531면.

28. 魏文享, 앞의 책, 267면.

아니었다. 더구나 단체결성이 민족민주운동의 계기들과 직결되어 있는 만큼 단체 스스로 당정의 통제를 벗어나 활동할 명분과 공간은 많았다. 특히 전문직업단체(대학교수, 의사, 변호사 등)일수록 자율적 활동 공간은 상대적으로 더 컸다.[29] 농회의 경우 경비부족으로 인해 정부의존도가 가장 컸는데, 토착지배세력에의 종속으로부터 벗어나기 위해서는 당정을 비롯한 외부의 지원이 필수적이었다. 따라서 농회의 자율성을 직업단체와 당정의 일대일 구도로만 접근해서는 온전히 파악되기 어려운 사각지대가 생겨날 수 있다.

사회단체와 당 간에는 자율성과 관련하여 용어의 의미를 둘러싼 투쟁도 벌어졌다. 쉬샤오췬(徐小群)의 연구에 따르면 훈정시기 국민당과 정부는 '법단(法團)·공단(公團)'이란 용어를 비리고 '인민단체·민중단체'란 용어로 대신하였는데, 이는 사회단체의 지위를 낮추어 당의 훈육대상임을 분명히 하기 위함이었다. 이에 맞서 사회단체는 '공법단(公法團)'이란 용어를 부활시키려고 기도하였으니, 이는 일단 어느 단체가 법단·공단으로 인정되면 공공영역에서 정치의제에 대하여 자신의 주장을 제기할 수 있다는 청말 이래의 사회관행을 활용하려는 전략이었다. 따라서 직업단체나 사회단체가 정부 혹은 당에 등록해 공인받은 단체라고 해서 곧 당에 종속되어 자율성을 상실한 것으로 간주할 수는 없다.

29. Xiaoqun Xu, *Chinese Professionals and the Republican State: The Rise of Professional Associations in Shanghai, 1912~1937*, Cambridge: Cambridge University Press, 2001, 273~274면.

직업단체에 대한 국민당의 정책

훈정시기에 국민당이 인민의 정치능력을 훈련하려면 국민 속에 들어가 삼민주의를 선전하고 이를 실천하도록 해야 한다. 지방자치와 인민의 4대 민권 훈련도 그로부터 가능해질 터이다. 여기서 당과 인민의 관계가 정립되지 않으면 안 된다. 당의 논리에 따르면 "당은 민중을 대표하고 영도(領導)하는 위치에 있으니 민중단체에 대해서도 당은 영도하는 관계이지 명령하는 관계가 아니다. 그 영도관계란 직접 민중에게 명령하거나 민중을 통치하는 상급관리의 역할을 하는 관계가 아니라 그 속에 들어가 골간핵심(骨幹核心) 역할을 수행하는 관계이다."[30] 이 역할을 수행하는 조직형태가 바로 '당단(黨團)'이다.

국민당은 청당(淸黨)으로 공산당원과 친공적으로 간주되는 국민당 내 좌파세력을 죽이거나 축출한 직후, 1928년 7월과 10월 바로 공산당이 취했던 것처럼 당단 방식으로 민중단체 속의 당원을 지휘해 민중을 삼민주의로 인도하고 우수한 분자를 입당시킨다는 원칙을 세웠다.[31] 그렇다고 당단이 훈정 실시와 함께 처음 등장한 것은 아니다. 그것은 1924년 1월 통과된 중국국민당총장(中國國民黨總章)에 처음 명시되었다. 그에 따르면 중앙 당부와 각급 지방 당부를 설치하는 한편 각종 비당(非黨) 단체 안에 당단을 설치하기로 하였는데, 당부가 지역 단위 조직이라면 당단은 직업 단위 조직이라 할 수 있다. 이렇게 도입된 직업당단은 청당을 거치면서 사실상 기능정지 상태에 빠졌다. 민중단체의 조직

---

30. 「國民黨中央民衆訓練部制定之民衆團體組織原則及系統」(1928. 10), 中國第二歷史檔案館 編, 앞의 책, 5輯 1編 政治(3), 3면.

31. 「國民黨中央民衆訓練部制定之民衆團體組織原則及系統」(1928. 10), 같은 책, 4면; 「國民黨中央民衆訓練計劃大綱」(1928. 7), 같은 책, 20면.

활동에 종사한 당원들은 대부분 공산당원 혹은 용공분자로 간주되어 축출되었으며 처형된 자만도 30만 명을 넘었다. 그 결과 국민당 스스로도 인민단체 중의 당원과 연락을 취할 수 없어 대중에 대한 영도 공작을 진행하기 어렵게 되었음을 인정하였다.[32]

이런 상황에서 국민당은 전과 마찬가지의 당단 방식으로 민중단체를 지도하여 훈련하겠다고 나선 것이다. 그런데 1929년 3차 대표대회에서 국민당 당규를 수정하여 직업당단에 관한 장(章)을 삭제하고 다만 "공개할 수 없거나 반(半)공개의 지방에서는 필요 시 당단을 조직할 수 있다"는 간단한 조항을 따로 삽입하였다.[33] 따라서 이때 당단이 폐지되었다고 간주하는 견해도 있으나 사실은 그렇지 않다. 이러한 당규의 개정은 당 지도부가 직업당단을 전보다 널 중시하는 쪽으로 바뀌었음을 시사하지만, 그 후에도 당단은 계속 운용되었다. 가령 국민당 후난성당무지도위원회는 1930년 각 현·시 당부에 「당단수지(黨團須知)」 5부를 지급하면서 이를 다시 인쇄해 관할 구역 내 당원에 배포하되 반드시 비밀을 엄수하라고 지시하였다.[34]

그 후 국민당은 1929~1931년 각종 직업단체 공작을 중시함으로써 당과 인민대중의 연결을 강화하려 하였다. 중요하지 않은 현·시 당부를 취소 또는 축소하고 그 대신 구(區) 당부로 하여금 각종 직업단체를 비롯한 인민단체를 조직하고 구 단위에서 민권의 운용을 연습하며 당원

---

32. 「第四屆四中全會中央組織委員會工作報告」(1932. 12~1934. 1), 李雲漢 主編, 『中國國民黨黨務發展史料:組織工作』 上, 臺北: 中國國民黨黨史會出版, 1993, 462면.

33. 「中國國民黨總章」(1929.3 修正), 榮孟源 主編, 앞의 책, 上, 665면. 이때 당단이 폐지되었다고 보는 견해는 다음과 같다. 家近亮子, 『蔣介石と南京國民政府』, 東京: 慶應義塾大學出版會, 2002, 238~251면.

34. 「通告各縣市黨部頒發黨團須知飭令遵辦并嚴守秘密由」, 『訓練部部務彙刊』, 1930, 13면.

을 영도해 자치단체의 실제 공작에 참가하도록 하였다.[35] 1931~1935년에는 직업단체와 직접 접촉하는 구(區) 당부를 비공개조직으로 변경하고 당원의 구분법을 종래의 지역구분법 외에 직업구분법을 도입해 병용하였다.[36] 나아가 직업당단 조직의 획기적 발전을 위한 방안을 결의하였는데, 그 주요 내용은 다음과 같다.

첫째, 당의 기층조직은 구 당부이지만 활동 단위는 직업당단이다. 당단활동의 의의는 당원으로 하여금 각종 사회직업 중에서 그 분자를 영도하여 혁명공작과 그 자신의 이익을 위해 노력하도록 하는 데 있다. 둘째, 모든 당원은 반드시 사회직업을 가져야 하며 사회단체에 가입하여 당을 위해 활동해야 한다. 모든 당원은 소속 구 당부 관할 구역 내에서 그 직업의 성질에 따라 각종 직업당단으로 편성한다. 셋째, 동일 농촌의 농민, 동일 공장의 직공, 동일 학교의 학생, 동일 성질의 자유직업자는 당원 5~30명이 있으면 직업당단 1단을 조직한다. 필요 시 각종 동업당단은 지역위계에 따라 동업당단 연석회의, 예컨대 전성교직원 당단연석회의 등을 조직할 수 있다. 넷째, 각급 지방 당부는 절대 비밀로 한다.[37]

요컨대 각급 지방 당부를 비밀로 하면서까지 당원의 직업기능을 배양하여 각종 사회사업에 투신하도록 인도해 민중의 신뢰를 얻을 수 있기를 기대한 것이다.[38] 이때 중앙조직위원회는 확보해야 할 신규 당원

---

35. 「第三屆四中全會中央組織委員會時期之組織工作」(1929. 3~1931. 11), 李雲漢 主編, 앞의 책, 上, 170면; 「訓政時期黨務工作方案決議案」(1930. 3), 榮孟源 主編, 앞의 책, 上, 792~793면.

36. 「第四屆三中全會中央組織委員會工作報告」(1931. 11~1932. 12), 李雲漢 主編, 앞의 책, 上, 383~394면; 「第四屆四中全會中央組織委員會工作報告」(1932. 12~1934. 1), 같은 책, 459~465면.

37. 「關于整理本黨實施方案決議案」(1932. 12), 榮孟源 主編, 앞의 책, 下, 177~178면.

38. 이 시기에 전보다 직업당단의 강화를 위한 획기적인 조처가 이루어진 것은 汪蔣

수를 각 성에 할당하면서 그 직업분포가 농·공 50%, 청년 30% 정도로 되는 것을 목표로 하였다. 당시 당원의 직업분포 가운데 농·공이 차지한 비율은 장시 9.9%, 허베이 22.2%, 저장 20.4%에 불과했고, 기관인원과 교육·문화 종사자가 50% 내외를 차지하였다.[39]

그런데 당단은 물론 각급 지방 당부까지 비밀로 하라는 방침 아래 당원은 이상의 활동을 당부 명의로 진행할 수 없게 되었다. 따라서 가령 선전활동을 할 때, 자기가 속한 직업·사회·문화단체와 기관(의 이름)을 빌려 출판물을 간행하도록 요구되었다.[40] 이는 사실상 인민단체의 경비로 당단의 활동을 전개하도록 한 것이다. 여기에는 당부의 경비를 절감하려는 목적도 작용했을 터인데, 거꾸로 각급 지방 당부 공작인원을 최소화함으로써 절감된 경비를 가지고 사회사업에 종사하도록 한 셈이다. 실제로 각급 지방 당부가 모두 비밀조직으로 변경된 것 같지는 않지만, 각 성·시 당부의 공작인원은 이미 상당히 감축되었으니 절감된 경비로 사회사업에 종사할 수 있게 되었다.[41]

그러므로 각종 직업단체 안에 당단조직이 잘 조직되어 활동하지 않는 한 당의 조직과 역량은 축소될 수밖에 없는 형국이었다. 이렇게 각급 지방 당부를 비밀로 한 것은 당원에 대한 일반인의 인식이 부정적이어서 당원 스스로 자기가 당원임을 공개하려 하지 않았다는 사정과 관

合作에 의한 改組派의 약진과 관련이 있는 듯하다. 1932년 1월 汪精衛가 행정원장 겸 중앙정치회의 주석을 맡음에 따라 개조파 지도자 陳公博가 행정원 실업부장 겸 국민당중앙 민중훈련부장을 맡게 되었다. 개조파는 국민당 내에서 민중단체의 조직과 민중운동을 가장 적극적으로 지원하려는 입장을 취했으며, 인민단체로부터도 비교적 큰 신임을 받고 있었다. 군대를 기반으로 한 蔣介石와 경쟁해야 하는 그들로서는 인민단체를 중시하지 않을 수 없었다.

39. 李雲漢 主編, 앞의 책, 上, 480면.

40. 「關于整理本黨實施方案決議案」(1932. 12), 榮孟源 主編, 앞의 책, 下, 178~179면.

41. 「第四屆四中全會中央組織委員會工作報告」, 李雲漢 主編, 앞의 책, 上, 465면.

련이 있는 것으로 보인다.[42] 그런 만큼 직업단체는 더욱 중요해질 수밖에 없다. 각 직업단체의 경비를 당이 앞장서 지원받을 수 있도록 조치한 것도 그 때문이다. 그 경비는 회원의 회비와 출연금으로 충당해야 한다는 원칙 아래서도 국민당은 "지금은 훈정시기인 만큼 각 단체들이 본당의 주의를 접수하여 실행하는 특수한 상황이므로 정부로 하여금 단체 경비의 10분의 4를 넘지 않는 범위 내에서 경제상 부조할 필요가 있다"라고 지원방침을 밝혔다. 이는 모든 인민단체의 이사와 감사들이 취임 시에 "지성으로 삼민주의를 실행하고 국가법령을 준수하겠다"[43]라는 선서를 하도록 한 데 대한 대가이기도 했다.

이런 방침 위에서 국민당은 국공내전이 종결될 때까지 직업당단 조직을 계속 중시하였다. 다만, 항전기에 들어서자 1938년 말부터 이를 사회복지활동과 배합하는 방안이 추가되었다. 각급 당부에 사회복무처를 설치하여 재해 구제, 교량 수축, 직업 소개 등의 활동을 전개하도록 했으나 1945년 2월 현재 현·시 복무처 480개, 보(保) 복무처 443개로 부진을 면치 못했다.[44]

1945년 3월까지 설립된 전국적인 인민단체 당단은 47개, 각지 당부가 지도·설립한 지방성 인민단체 당단은 6,513개로 총 6,560개였다. 그중 513개가 현·시 참의회와 향진민대표회 등 각급 민의기관에 속하는 것이었다.[45] 그러나 현 이하 각급 당부는 건전하지 못해 당단공작을 잘 영도하지 못하였다. 항일전쟁 승리 이후 당단 조직 수는 급증하여

---

42. 王奇生, 『黨員, 黨權與黨爭』, 上海書店出版社, 2003, 265~275면.

43. 「修正人民團體理事監事就職宣誓規則」(1933. 9), 「修正人民團體經費補助辦法」(1933. 2), 『商業月報』 13卷 5號, 1933. 5, 3~4면.

44. 「第五屆中央執行委員會時期之組織工作」, 李雲漢 主編, 앞의 책, 下, 23면.

45. 「五屆十中全會中央組織部工作報告」(1941. 12~1942. 11), 같은 책, 26~27면; 「第五屆中央執行委員會時期之組織工作」, 같은 책, 476면.

1947년 9월 인민단체 당단 1만 1,125개, 민의기관 당단 1,503개, 합계 1만 2,628개였다.[46] 직업당단에서 더 발전된 직업당부도 성립되었으나 그중 87.7%가 학교에 집중되어 있었다.[47]

직업단체의 참정 유형

당정은 훈정기의 국가건설을 위해 인민단체를 삼민주의 원리에 따라 훈육하고 동원하였다. 동원은 곧 참여를 전제로 하거나 수반하지 않으면 지속적인 효과를 거두기 어렵다. 훈정정치였기에 더욱더 그러했다. 가령 1930년 11월 국민당 상하이시 당부 대표 타오바이촨(陶百川)이 "종래 상인들에겐 '상인은 상업에 대해서만 말해야 한다(在商言商)'는 말이 있었는데, 이는 국가사상의 결핍을 말해줄 뿐"이니 이제는 국민의 한 사람으로서 "'상인도 국가정사에 대해서 말할 수 있다(在商言國)'고 하여 시국의 평화와 정부의 통일을 도모해야 한다"라고 말한 것을 보라. 이는 국민회의 소집을 앞둔 시점에서 정치적 동원을 위한 필요에서 나온 발언이었지만, 상회는 이를 자신의 정치적 참여를 위한 명분으로 적극 활용하였다. 그에 호응하듯 상하이시상회 기관지에는 "재상언상은 우리가 타도해야 할 중국의 옛말"이며 "우리 상회가 나서야 비로소 (쑨원) 총리가 말한 혁명을 성공시킬 수 있으니" "구관념을 타파하고 적극적인 참정 자세와 기회를 가져야 한다"라고 주장하는 글이 이어졌다.[48] 전통적으

46. 「第六屆中央執行委員會時期之組織工作」, 같은 책, 561~562면.

47. 「五屆八中全會中央組織部工作報告」(1940. 7~1941. 3), 같은 책, 433면.

48. 「上海市商會第一屆各業會員代表大會紀」, 『商業月報』 10卷 7號, 1930. 7; 阮靜如, 「國民會議以後中國商人之責任」, 『商業月報』 11卷 5號, 1931. 5; 「同業公會之新使

로 사회·정치적 지위가 가장 낮게 인식되던 상인단체가 이러했다면 다른 단체들의 상황도 이로부터 미루어 짐작할 만하다.

훈정이 시작되던 당시 1928년 10월 국민당은 "민중이 이미 참정지위를 획득했다"고 보아 민중단체의 사명을 산업발전과 문화제고 등 건설 방면에 한정하였다.[49] 참정지위를 부여한 대가로 각종 동원을 하겠다는 논리인데, 정치참여의 지위 획득이란 무엇을 말하는가? 시기와 조건에 따라 네 가지 서로 다른 층차의 참정이 이루어진 것으로 보인다.

첫째, 직접청원이다. 당시 직업단체는 유일의 정권기관인 국민당의 주요 회의(대표대회, 중앙위전체회의)가 열릴 때마다 각종 청원을 제출하여 주요 정책의 결정에 반영되도록 함으로써 동업적 이해를 실현하고자 했다. 가령 상회와 주장업동업공회(酒醬業同業公會) 등이 특정 상인의 소금전매제를 취소하고 식염세 이외의 부가세 금지 등을 규정한 신염법(新鹽法)의 즉각 실시를 촉구하는 청원을 단독 혹은 교육회와 농회까지 포함하는 현 단위 법단(法團)의 연명으로 국민당 제5대 전국대표대회에 제출한 것,[50] 상하이시 상회가 인지세법 개정을 요구하는 청원을 중앙정치회의에 제출한 것 등이 그런 예이다.[51] 『상업월보』에는 상회의 동업적 이해 실현과 관련해 당정 유관기관에 제출된 각종 청원 문건

命」, 『商業月報』 12卷 5號, 1932. 5; 高伯時, 「商人愛國淺說」, 『商業月報』 14卷 2號, 1934. 2.

49. 「國民黨中央民衆訓練部制定之民衆團體組織原則及系統」(1928. 10), 中國第二歷史檔案館 編, 앞의 책, 5輯 1編 政治(3), 2면.

50. 직업별로 하나씩만 예를 들면 다음과 같다. 「江蘇常熟縣商會致五大電」(1935. 11), 國民黨黨史會檔案 類號 5.1/8.10; 「湘潭縣農會致五大電」(1935. 11), 類號 5.1/10-2.4; 「鎭江縣酒醬業同業公會致五大電」, 類號 5.1/10-2.15; 「湖南岳陽縣教育會農會登致五大電」(1935. 1), 類號 5.1/10-2.21.

51. 「本會會務紀要: 爲請糾正印花稅法事致中央政治會議電」(1934. 10), 『商業月報』 14卷 11號, 1934. 11.

이 게재되어 있다. 당이 아니라 정부에 청원한 경우도 흔하였으니, 농회가 토지세 경감과 부정한 지세행정(地稅行政)의 시정을 행정당국에 직접 제출한 것이 그런 예이다.[52] 신문기자·율사(律師)·공정사(工程師, 엔지니어)·회계사·의약사 공회(公會)는 회원 수도 적고 직업적 이해의 결속력도 커서 자신의 직업적 이해를 도모하는 청원을 더욱 활발하게 제출하였다.

직업단체의 직접청원은 단지 동업적 이해의 증진을 위한 것에 그치지 않고 민의기관 설립이라는 국민적 필요를 위해서도 진행되었다. 1932년 1월 상하이의 상인단체는 국민당 제4대 1차 중앙위 전체회의에 보낸 청원서에서, 일찍이 재정부를 도와 거액의 채권을 모집해주었으니 정부는 독일식 전국경제회의를 소집하여 감독과 설계의 진권을 부여하고 재정·금융·공상 각계대표를 모아 함께 방법을 논의하여 결정케 하라고 촉구하였다.[53] 그 무렵 각 직업단체가 직업대표제에 의거해 훈정기 민의기관으로 국민구국회의를 소집하라고 청원한 것도 마찬가지이다.

둘째, 정부행정의 보조와 감시다. 직업단체로 하여금 징세업무를 보조하는 한편 현정부 지방재정을 조사할 수 있도록 한 것이 그 예이다. 상회는 정부로부터 영업세 징수를 청부하여 그 기관회원인 동업공회로 하여금 징세업무를 실행토록 하고 정부로부터 징세액의 일부를 경비로 지급받았다.[54] 농회를 비롯한 각 현의 법단 대표는 현정부의 주관 아래 토지(세)조사에 종사하여 세원을 확보하고, 나아가 현 지방재정의

---

52. 笹川裕史, 『中華民國期農村土地行政史の研究』, 東京: 汲古書院, 2002, 232~259면.

53. 「上海各路商界總聯合會上四屆一中全會電」(1932. 1), 中國國民黨黨史會檔案, 全宗號 110, 類號 4.2/9.140.

54. 이병인, 『근대 상해의 민간단체와 국가』, 창비, 2006, 297~307면.

모든 재정수지를 수시로 확인하고 조사할 수 있는 권한을 부여받았다.[55] 이는 직업단체가 지방행정의 보조와 동시에 감시의 기능을 부여받은 것으로서 민생주의 경제운용에 동원된 예들이다. 직업단체의 정부감시 기능이 부가되었으므로 동시에 민권주의 훈련의 효과도 기대되었다.

셋째, 당정단(당-정부-단체) 연석회의다. 이것은 각급 행정 단위의 실질적인 의사결정기구로 작동했는데, 제1부에서 본 것처럼 국민혁명기에 광둥성과 후난성에서 선구적으로 모색된 시도의 연장이라 할 수 있다. 1932년 저장성 장두현(江都縣) 현장이 '각 기관·법단·향진장 연석회의'를 열어 토지세조사(田賦淸查) 시행방법을 의결하고 실행에 들어간 것, 토지조사에 저항하는 농민 수천 명이 폭동을 일으키자 당과 현정부 '각 기관·법단 대표회의'에서 대책을 논의하고 결국 농회와 상회 회장이 나서 조정한 끝에 질서가 회복된 것,[56] 푸젠성 용타이현(永泰縣) 농회, 상회, 교육회, 부녀회 등이 '당정단연합회의(黨政團聯合會議)'의 결정에 따라 제3대 성참의회 의원 후보자 2명을 국방최고위원회에 추천한 데서 확인된다.[57] 그에 앞서 1930년 전국공상회의와 그 후 이어진 상하이시 상회대표대회가 모두 당부·정부·상회 대표의 연석회의 형태로 진행되어 각종 상공업 발전 방안을 제안하고 토론하여 결의하고 이를 "관민합작(官民合作)의 선도(先導)"라 한 것[58] 등도 당정단 연석회의가

---

55. 「整理田賦先擧行土地陳報而除積弊以裕稅源案」(1934. 1), 榮孟源 主編, 앞의 책, 下, 231면; 「減輕田賦附加以救濟農村解除民困案」(1934. 1), 같은 책, 232면.

56. 「江蘇省長顧祝同鎭壓江都東鄕農民抗淸查田賦暴動經過有關文件」(1932. 10), 같은 책, 555~568면.

57. 「各省市民衆團體推擧候補參議員案」, 中國國民黨黨史會檔案, 國防003/50.

58. 「全國工商會議記」, 『商業月報』 10卷 11號, 1930. 11, 3~4면, 18~21면; 「本會第三屆會員代表大會紀」, 『商業月報』 12卷 6號, 1932. 6, 1면.

현과 시 단위에서 널리 작동하고 있었음을 말해준다.

넷째, 각급 민의기관 설립의 주도와 참여이다. 각 직업단체는 민의기관 설립을 청원하는 데서 나아가 실제로 그것을 당정과 함께 주도적으로 준비하고 설립하는 주체로 참여하였다. 이는 주로 훈정 후기인 1938년 이후의 일인데, 국민참정회가 각 지방의 직업단체를 국방경제와 배합해 항전동원과 자치의 기초로 삼기로 결의하고 성·시·현 임시참의회 설립을 촉진함으로써 더욱 힘을 받았다. 직업단체를 지방민의기관 설립의 주도자로 삼으려는 구상은 '민중단체훈련강요(民衆團體訓練綱要)'에 명시된 바와 같이 훈정 전기부터 있었으나 구상에 머물다가 이번에 실행 단계로 접어든 것이다. 그 결과 농공상회와 교육회 등 직업단체는 당정과 함께 현참의회 설립을 주도했고, 1939년부터 설립된 성참의원과 현참의원의 40%와 30%가 직업단체 대표로 구성되었다. 민의기관 설립에의 동원과 참여는 지방 차원에 그치지 않고 전국 차원에서도 이루어졌다. 1931년 3~4월 국민회의 선거와 1936~1937년 국민대회 선거가 그것이다.

직업단체의 민의기관 선거 참여는 합군구국(合群救國), 민주건국의 국민적 과제와 동시에 각 업종의 동업적 이해를 동시에 실현하는 이중의 의미를 갖고 있었다. 가령 헌정기 민의기관인 국민대회 선거에서조차 당이 지명하는 훈정기 방식에 의지해서라도 동업적 이해를 챙기려 한 사례가 보인다. 상하이와 서북 3성의 신문기자공회는 국민당중앙이 자신의 후보자를 지정해줄 것을 요청하기도 했고 공정사학회(工程師學會)는 대부분 자유직업단체가 아니라 학회로 등록되어 있었기 때문에 원래 선거권이 없었으나 잇달아 직접청원을 제출한 끝에 선거권을 인정받았다.[59] 참의회선거법의 "지방 민중단체의 의견을 묻는다"라는 규정을 직업단체는 적극적으로 해석하여 스스로 후보자를 내거나 아예 결정권을 행사하려고 한 예도 있다. "직업단체가 참의원을 내는 것은 쑨원의 유교(遺教, 국민회의 소집)에서도 직업단체를 중시했고 항전 이래 직업단체가 연세(捐稅), 헌금, 공채, 저축 등의 방면에서 협력을 아끼지 않았다"는 것이 그 근거요 명분이었다.[60]

국민대회 선거는 도중에 선거법을 수정하여 훈정적 요소를 더욱 강화하는 우여곡절을 거치면서도 해를 바꾸어 계속되었다. 1937년 7·7사변을 거쳐 중일전쟁이 가열되는 속에서도 9월 말까지 직업선거의 81.8%, 구역선거의 83.8%가 완료되었다.[61] 그러나 항일전쟁이 가열되자 국민대회는 연기되어 소집되지 않았다. 그 대신 1938년 전시민의기관으로 국민참정회가 소집되었다. 이는 선거가 아닌 일종의 협상방식으로 선정된 구역대표와 직업대표로 구성되었다.

이상과 같은 몇 개 유형의 참정을 바탕으로 각계직업단체는 당정과 동원·참여의 교환을 통해 훈정체제를 안정시키고 항전체제를 떠받쳐 항전승리를 이끌어내는 구실을 담당하였다. 예컨대 저장성 농회와 상련회(商聯會)를 비롯한 7개 민중단체는 1940년 1월 성 당부의 지도 아래 저장성 민중단체 전지연합공작단(戰地聯合工作團)을 조직하여 정부의 항전을 뒷받침하였다.[62] 만철조사부(滿鐵調査部)의 중국항전력 조사보고에서, 국민참정회와 성·시·현 참의회의 설립이라는 제한적 민주화

59. 「國民大會職業團體代表選擧案」(1936. 6~10), 國史館國民政府檔案, 檔號/案卷號 0111.42/6077-2.

60. 「各省市民衆團體請增加參議員名額案」(1939. 4), 中國國民黨黨史會檔案, 國防003/48/0113; 「各省市民衆團體對於地方政府違例遴選請予糾正案」(1939. 4), 같은 당안, 國防003/49.

61. 「國民大會代表選擧總事務所工作報告」(1936. 7~1940. 6), 秦孝儀 主編, 『中華民國重要史料初編-對日戰 爭時期』 4編 戰時建設(2), 臺北: 中國國民黨中央黨史委員會編印, 1988, 1747면.

62. 魏文享, 앞의 책, 299면.

의 진전이 당정 중앙(특히 군사위원회)의 집권력을 증대시키는 효과를 가져왔다고 평가한 것은 주목된다.[63] 그 동원효과는 국가총동원령 아래서 각 성·시·현 참의회가 당정군과 함께 동원회의의 구성주체가 되고 국민참정회 경제동원책진회 찬조회원이 됨으로써 배가될 수 있었다.[64]

공산당의 대응과 경쟁

이상과 같이 국민당이 각계 직업단체를 민의기관 구성주체로 참여시켜 집권을 강화하려 시도하자, 그와 경쟁하던 공산당도 극히 유사한 방식으로 직업단체와의 관계를 새롭게 만들어 대응하였다.

공산당은 국민당 훈정체제가 성립될 무렵 산악 오지에 각기 분산된 소비에트정권을 수립하여 토지혁명을 진행하는 것으로 대응하였다. 국민당이 1931년 5월 일당치하의 직업선거에 의한 국민회의를 소집해 약법을 제정함으로써 훈정체제를 정당화하자 공산당은 11월 역시 일당치하의 구역선거를 거쳐 중화소비에트공화국을 건립하였다. 소비에트는 '대표회의'를 뜻하는 러시아 말인데, 지주·부농과 자본가는 폭력적 방법으로 배제되고 노동자와 농민, 그리고 그 자제인 병사의 대표만

63. 滿鐵調査部 編, 『支那抗戰力調査報告』(1939年度總括資料), 東京: 三一書房, 1970, 124면, 130면, 137~148면.

64. 姫田光義, 「抗日戰爭期のおける中國の國家總動員體制－國家總動員法と國家總動員會議をめぐつ て」, 中央大學人文科學研究所 編, 『民國後期中國國民黨政權の研究』, 東京: 中央大學出版部, 2005, 297~313면; 「國民參政會經濟動員策進會組織大要」(1942.10), 國民參政會史料編纂委員會 編, 『國民參政會史料』, 臺北: 國民參政會在臺歷屆參政員聯誼會, 1962, 294~295면.

으로 구성되었다. 공산당은 양당 간의 내전에서 패하고 나서야 비로소 훈정체제에 대하여 평화적, 민주적 방법으로 대응함으로써 중산계층의 지지를 획득하려는 적극적인 입장으로 전환하였다. 1935년 8·1선언이 그 기점이다.

8·1선언에서 공산당은 국민대중의 항일민주 여론을 적극 반영하여 국민회의식 직업대표제를 다시 제기하였다. 그에 따르면 소비에트정부와 공산당은 항일구국사업에 참가하는 각 당파, 민간직업단체, 저명학자, 정치가, 지방 군정기관과 상의하여 공동으로 국방정부를 수립하고, 이 국방정부가 공·농·상·학·군정(軍政) 각계의 모든 항일구국 당파 및 단체의 민선 대표로 민의기관을 구성하자는 것이다.[65] 이를 발판으로 그해 말의 12·9운동을 전후하여 고양된 항일민중운동을 배경과 명분으로 삼아 각계단체와의 소통 및 연대를 추진하였다. 나아가 1936년 국민당이 "5·5헌초(五五憲草)"를 공포하고 국민대회 선거를 진행하자 공산당은 이에 적극 대응하여 각계단체와의 연대를 적극 추진하면서 각종 선전활동을 펼쳤다. 1936년 12월의 시안사건(西安事件)에 이은 제2차 국공합작의 성립은 이를 더욱 촉진시켰다.

먼저 국민대회 대표 선거가 막 시작된 직후인 1936년 8월, 공산당은 5·5헌초와 훈정방식에 의거한 국민대회선거는 각당각파의 참여를 배제한 결당금지(結黨禁止)를 유지한 비민주적인 것이어서 전국 민의를 대변할 수 없으므로 국민대회에 참가하지 않겠다고 밝혔다. 그 대신 '전국각계구국회연합회'(이하 전구련)에 서한을 보내 민주원칙에 의거해 구성되는 인민대표기관에는 기꺼이 참여하겠다고 하였다. 이는 그 직전 6월 1일 성립한 전구련이 5·5헌초와 국민대회조직법을 연합전선의

---

65. 「爲抗日救國告全體同胞(八一宣言)」(1935. 8. 1), 『一二九運動資料』, 北京: 人民出版社, 1981, 5면.

장애물이라고 비판하면서 그 대안으로 제시한 '항일초보정치강령(抗日初步政治綱領)'에 대한 호응이다.

항일초보정치강령의 요지는 "각당각파가 참여하는 항일회의, 보통선거에 의해 구성되는 국민구망회의(國民救亡會議)를 소집하고 그에 의거해 통일적 구국정권(救國政權)을 수립하자"라는 것이다. 전구련은 이를 위해 각당각파가 대표를 파견해오면 그들이 담판을 진행하여 공동항적강령(共同抗敵綱領)을 제정하고 통일적 항적정권(抗敵政權)을 건립하도록 중개 역할을 담당할 것이라면서 담판을 위한 기초로서 초보정치강령을 제시하였다. 각당각파가 참여하는 국민구망회의와 구국정권이 수립되면 전구련은 어느 당파로부터도 초연하고 독립적인 위치에서 각당각파가 공동항적강령을 실행하도록 보증하는 동시에 실행 여부와 그 정도를 감시하는 역할을 떠맡겠다고 자처하였다.[66] 여기서 전구련이 제안한 보선에 의거한 국민구망회의는 구역대표제에 의거한 것으로 보이지만, 동시에 각당각파가 자신의 대표를 선출하는 방식도 함께 제시되었다.

이때 공산당은 국민당에게 서한을 보내 각당과 각계가 참여하는 '통일적 민주공화국'을 수립하자고 제안하였다. 자신의 '노농병 소비에트'를 취소하겠다는 이 중대한 전환의 요지는 "각당각파, 각계, 각군(유격대도 포함하는 항일무장부대)의 대표를 흡수하는 항일구국대표대회"를 소집하여 항일구국대계를 결정하고 거기서 전국통일의 국방정부를 선거하고 항일연합군을 조직하는 것이다.[67] 각 대표의 구성방법은 명시되

66. 「毛澤東同志致章乃器等的一封信」(1936. 8. 10), 中央檔案館 等 編, 『中共中央抗日民族統一戰線文件選編』 中, 北京: 檔案出版社, 1985, 205면; 「全國各界救國聯合會成立大會宣言」(1936. 5), 같은 책, 564~565면; 「抗日救國初步政治綱領」(1936. 6. 1), 같은 책, 572~573면.

67. 물론 공산당의 정부와 군대는 독립성을 유지한 채 국방정부와 항일연군의 일부로

지 않았으나 1936년 2월에 전국 각계단체에 보낸 그와 유사한 호소에 따르면 각 대표를 각당각파, 각 단체, 각 군의 선거에 의거해 결정하는 것으로 되어 있다.[68] 참여주체에 각 단체나 각 군이 포함된 점에서 8·1 선언의 연장이라 하겠다.

공산당은 시안사건 이후 국공합작 분위기가 조성되자 1937년 4월부터 점차 국민대회 선거에 대한 입장을 전향적으로 바꾸어 나갔다. 그것은 국민대회선거법에서 각종 훈정요소를 제거해 국민대회를 민주화하고 국민대회가 제헌(制憲)과 동시에 행헌(行憲), 곧 헌법이 부여하는 직권을 행사하도록 하면 공산당 지배 지구도 국민대회에 참여하겠다는 것이다.[69] 이때 공산당은 국민당의 3종 선거방식(구역선거, 직업선거, 특종선거)을 수용하였으나 그중에서 각 당과 단체가 직접 자신의 대표를 선출하는 직업선거를 가장 중시하였다. 그 이유는 미조직된 채 각 구역에 분산된 개인보다 조직된 회원·당원을 더욱 중시한 결과인데, 공산당은 이를 쑨원이 1924년 주장한 국민회의 소집방식에 따른 것이라고 강조해 쑨원의 권위로 정당화하려 하였다. 다만 직업대표는 구역대표와 병행되어야 비로소 항일 민주를 온전히 실현할 수 있으며, 각 당과 단체가 직접 자신의 대표를 선거하는 방식은 민주헌법이 공포되기 이전에 한해서 취할 수 있는 방법임을 명시하였다.[70] 따라서 헌정 실시 이후에는 직업선거와 특종선거를 없애고 구역선거로만 민의기관 대표를 선출할 것임을 시사한 것이다.

편입될 터였다. 「中國共産黨致中國國民黨書」(1936. 8. 25), 中央檔案館 編, 『中共中央文件選集』 11冊, 北京: 中共中央黨校出版社, 1991, 81~83면.

68. 「中華蘇維埃人民共和國中央政府關于召集全國抗日救國代表大會通電」(1936. 2), 같은 책, 106~107면.

69. 「中央關于修改國民大會組織法與選擧法的通知」(1937. 4), 같은 책, 185~186면.

70. 「我們對修改國民大會法規的意見」(1937. 5), 같은 책, 206~211면.

각 당과 단체, 그리고 각 군이 참여하는 진정한 국민대회의 소집과 국방정부 건립의 요지는 1937년 8월의 '중국공산당 항일구국 10대 강령'에 재차 명시되었다. 그러나 이 같은 공산당의 요구가 받아들여지지 않고 국민대회도 연기되자 11월 공산당은 국민당에게 구역선거를 빼버리고 쑨원의 국민회의 방식으로 '임시국민대회'를 소집하라고 요구하였다. 이때 임시국민대회는 "구체적 국방강령을 결정하고 민주적 헌법대강과 그 시행을 보증하는 구체방법을 통과하며 정부기관을 선거하는" 것으로 되어 있었다. 대표를 구성하는 방법은 다음 각 단위가 각기 스스로 대표를 선출하고 그 수는 일정 비율에 따라 분배하는 것이다. 선거 단위는 직업단체, 항일군대와 항일정당, 그리고 항일민중단체이다.[71] 비직업단체가 항일이란 명분으로 삼정수세에 포함된 것은 쑨원의 국민회의 구성주체와 다른 면이다.

국민당은 이 제안과 전구련을 비롯한 각계의 여론을 수용하여 1938년 3월 국민참정회를 소집하기로 결정하고 이를 '중국국민당 항전건국강령'에 명시하였다. 공산당은 이에 대하여 국민당이 지도정당으로서 각종 직업단체를 지역적 전국적으로 연합하고 "농·공·상·학·자유직업 각계를 대표하는 대표를 선출해 민의기관인 국민참정회를 충실히 함으로써 쑨원 선생이 주장한 국민회의 조직원칙을 실현하도록 준비하라"고 촉구하였다.[72] 그 후 국민참정회는 공산당의 요구가 부분적으로만 반영된 채 소집되었지만 공산당은 그에 대해 "민주제도를 향한 진일보", "진정한 민주화를 향한 초보적 출발"이라 평가하고 "장차 보통선거에 의거한 전권을 가진 인민대표기관이 건립될 수 있도록 계속 노

71. 「中國共產黨中央委員會對于召集臨時國民大會的提議」(1937. 11), 같은 책, 382~383면.

72. 「論國民參政會的職權和組織」, 『新華日報』 1938. 4. 18.

력해야 한다"고 환기하였다.[73]

이와 같이 공산당도 훈정체제를 비판하면서 민의기관을 확충하고 결국 헌정으로 나아가려는 각계의 헌정운동에 동참하였는데 그 과정에서 몇 가지 접근법이 상호 경쟁하고 타협한 것으로 보인다. 첫째, 전구련은 각당각파가 구역별로 후보자를 내는 보통선거를 선호하면서도 동시에 각 당파가 직접 자신의 대표를 선거하는 방식을 수용하고 있었다. 둘째, 국민당은 훈정기 민의기관에 대해서는 오직 직업대표제를 적용하려 했으나, 헌정기 민의기관에 대해서는 쑨원의 국민대회 조직 방법에 의거해 구역대표제를 적용하되 거기에 변형을 가해 직업대표를 일부 도입하여 병행하는 쪽으로 선회하였다. 이는 건국대강의 수정이어서 중대한 변화가 아닐 수 없다. 셋째, 공산당은 국민회의 소집방식에 의거해 각당각파와 각계단체, 각 군이 각기 자신의 대표를 선거하는 직업대표제를 중시하되 거기에 약간 변형을 가해 구역대표제와 결합하여 병행하려 하였다. 이는 헌정 실시 이전의 과도적 선택이었다.

요컨대 전구련과 공산당은 직업대표제를 헌정 이전의 과도적 방법으로 간주한 반면 국민당은 그것을 헌정 이후에도 구역대표제와 병행해야 할 제도로 간주한 것이다. 어쨌든 헌정 실시 이전의 당면한 조건에서는 세 가지 세력 모두 직업대표제를 선호하였고 따라서 각종 직업단체를 자신의 영향하에 확대하려는 경쟁이 불가피했을 것이다. 그런데 국민당과 각계 직업단체는 물론이고 공산당조차도 각 당과 단체가 직접 자신의 대표를 선출하는 선거방식을 천두슈(陳獨秀)가 아닌 쑨원의 국민회의 소집론으로 정당화하려 하였다는 점이 눈에 띈다. 민주공화국 수립을 위한 주도권 경쟁에서 쑨원의 상징적 권위는 핵심적 쟁탈

---

73. 「我們對于國民參政會的意見」, 『解放』 3卷 45期, 1938. 7. 15, 『中共中央文件選集』 11冊, 528면, 531면.

대상이었던 것이다. 천두슈는 쑨원보다 앞서 각계연합의 국민회의론을 수용한 선구자였지만 당시 그는 공산당에서 제명된 채 그 주류에 맞서는 트로츠키파의 지도자일 뿐이었다. 이런 경쟁의 결과 국민회의 소집론은 곧 쑨원의 창안이라는 신화가 뒤늦게 만들어진 것으로 보인다.

실제로 공산당은 당원들에게 국민당의 항전건국강령이 공포되자 그에 의거해 국민당 지배 지구에서 농공상회를 비롯한 각종 직업단체, 학생회와 문화단체를 조직하고 그 각각을 통일적 전국 단체로 발전시킬 것, 국민당의 합법적 군중조직에도 적극 참가하여 이름뿐인 단체를 내실화하라고 촉구하였다.[74] 공산당이 이러한 군중단체를 바탕으로 민주공화국을 건국하기로 전략적 노선변경을 단행한 이상 국민당과의 경쟁은 갈수록 뜨거워질 수밖에 없다. 공산당은 항신에서 민주공화국 건국에 이르는 단계는 곧 삼민주의 단계이며 삼민주의가 각 세력의 연합을 보증하는 기초라면서 이 공화국을 '삼민주의 신중화민국'이라고 불렀을 정도이다.[75] 1939년 12월에는 민주공화국의 국민대회(앞서 제기된 '임시국민대회'가 아니다!)도 각당각파, 각계민중단체와 각 군이 직접 선출한 대표로 소집하자고 주장하였다. 이때에도 쑨원의 북상선언과 국민회의소집 주장을 이용해 선전효과를 배가하라고 하였으니,[76] 이는 비록 선전 차원의 주장이지만 국민회의(직업대표제)로 국민대회(구역대표제)를 대신하려 기도한 것이라 할 수 있다.

그보다 더 주목되는 것은 변구(邊區)의 소비에트를 참의회로 전환하

74. 「我們對于保衛武漢與第三期抗戰問題底意見」(1938. 6), 『中共中央文件選集』 11冊, 876면; 「關于抗日民族統一戰線的與黨的組織問題」(1938. 10), 같은 책, 695~696면.

75. 毛澤東, 「新段階論」(1938. 10) 같은 책, 627면; 「中共擴大的六中全會政治決議案」(1938. 11), 같은 책, 754면.

76. 「中央關于推進憲政運動的第二次指示」(1939. 12), 『中共中央文件選集』 12冊, 200~202면.

고 그 선거 과정에서 직업단체의 역할을 중시한 점이다. 국민정부가 1939년부터 성·시·현 임시참의회를 설립하자 공산당도 경쟁적으로 같은 해 향–현–변구 3급 참의회를 소집하고 1941년부터 33제를 시행하였다. 그러나 참의원 선거는 구역대표제의 보통선거로 치르되 후보자 추천과 검증, 선거관리 업무를 직업단체가 당정과 함께 담당하도록 하였다.[77] 1945년 6월 해방구인민대표회의를 준비하면서 구역선거 외에 직업선거를 부분적으로 도입해 병행할 계획을 세웠다.[78] 이는 준비에 그쳤을 뿐이지만 그 후 국민당과의 경쟁이 가속화되자 1946년 4월 드디어 변구의 참의원 선거에서 직업선거가 일부 도입되었다. 33제는 어느 당파도 전체 의석의 3분의 1을 넘지 않도록 제한하는 제도인데, 이를 쑨원의 북상선언에 제시된 국민회의론으로 정당화하려 기도한 점이 특이하다. 만일 그때 각당·각계·각군 대표로 국민회가 소집되었더라면 참여주체인 9개 단체 중에서 국민당이 전체 대표의 3분의 1 이상을 결코 차지할 수 없었을 것이라고 하였다.[79] 이제 33제는 국민당을 견제하는 수단으로 쓰이기 시작한 것이다.

이로써 우리는 제2차 국공합작의 개시와 더불어 공산당이 국민당과 경쟁하는 한편 국민당 지배지구의 직업단체에 대해서도 참정의식을

---

77. 직업단체는 정부와 함께 선거관리위원회를 구성하여 그 업무를 담당하여 후보자에 대한 토론을 통해 주민들 사이에 평판이 나쁜 자를 제외시키고 각 정당과 마찬가지로 후보자를 추천할 수 있게 되었다. 또 각 민중단체의 지도자가 각급 정부위원회에 직접 참가하여 수시로 자신의 의견을 실제정치에 반영할 수 있게 하였다. 謝覺哉, 「民主政治的實際」, 『共産黨人』 6期, 1940. 4; 謝覺哉, 「陝甘寧邊區怎樣進行選擧」, 『新中華報』 1940. 7. 16, 延安民主模式硏究課題組 編, 『延安民主模式硏究資料選編』, 西安: 西南大學出版社, 2004, 44~45면, 103~104면.

78. 「中國共産黨七屆一中全會關于召開中國解放區人民代表會議及其籌備事項的決議」(1945. 6. 19), 『中共中央文件選集』 15冊, 152~155면.

79. 「"三三制"的理論與實踐」(社論), 『解放日報』 1942. 3. 26, 重慶市政協文史資料硏究委員會 等 編, 『抗戰時 期的國共合作紀實』 下卷, 重慶出版社, 1992, 22~24면.

자극하여 적극 동원하려는 전략을 구사했음을 알 수 있다. 결국 직업단체·직업대표제를 고리로 결합된 참여와 동원의 논리가 훈정 전기와 후기, 훈정정치와 헌정정치, 국민당과 공산당의 건국방략을 공히 관통하고 있다고 할 수 있다. 공산당은 현실적 여건을 고려해 잠정적으로 직업대표제를 수용하고 있지만 구역대표의 보통선거가 진정한 민주공화국의 정당성을 보증할 수 있다고 판단하고 있었다. 그러니까 민주공화국 수립까지는 직업대표제를 채택하더라도 그 후에는 곧바로 구역대표의 보선으로 선회할 것이었다.

2 | 전국적 직업선거와 난징국민회의

앞 장에서 훈정시기 직업단체의 실태와 국공 양당의 직업단체정책을 살펴보았는데, 여기서는 훈정기 최대, 최고의 정치훈련이라 할 만한 난징국민회의의 소집과 운영에 대하여 검토해보자. 국민회의는 전국적 '직업선거'(직업대표제 선거를 당시인은 이렇게 불렀다)를 거쳐 1931년 5월 난징국민정부에 의해 소집되었다. 그러니까 각계 직업단체의 요구였던 '선회의 후정부' 노선이 억압된 채 군벌정권을 타파한 국민당의 군사력으로 수립된 국민정부가 '선정부 후회의' 노선에 따라 국민회의를 소집한 것이다.

당시 국민당 내부에서는 쑨원의 유지를 받들어 국민회의를 소집해야 한다는 왕징웨이파와 국민회의 소집이 당치론과 모순된다는 이유로 반대하는 세력이 대립하고 있었다. 당군(黨軍)을 장악한 장제스에 맞서 경쟁해야 하는 왕징웨이를 중심으로 한 일파는 '선회의 후정부' 노선에 따라 베이핑확대회의를 열고 분립하려는 경향을 보이기까지 했다. 직업단체는 청당을 통해 자율성이 약화되었기에 직업선거에 적극 나서기가 용이하지 않은 상황이었다.

그럼에도 국민당 내부의 경쟁과 당 바깥의 여론이 국민회의 소집을 불가피하게 만들었고 각계 직업단체도 훈정이라는 변화된 조건에서 생존을 모색하기 위해 타협하지 않을 수 없어 결국 1931년 5월 난징에서 국민회의가 소집되었다. 필자는 이를 편의상 '난징국민회의'라 부르고자 한다. 난징국민회의는 훈정약법을 제정함으로써 국민당 훈정체제에 법률적 정당성을 제공하였다. 그리고 쑨원과 국민당의 삼민주의를 구국의 유일한 방도로 확정하고 불평등조약의 폐지를 선언하였다.

그동안 난징국민회의는 연구자의 관심을 거의 끌지 못했는데, 이는 아마도 장제스의 독재체제를 정당화하는 들러리에 불과하다고 보았기 때문이 아닌가 한다. 다만 난징국민회의가 국민당훈정체제에 지배의 정당성을 보증하고 국민통합을 촉진했다는 타이완 학자의 연구가 있을 뿐이다. 필자는 국민회의 소집을 국민혁명운동의 유산으로 기억하는 각계 직업단체와 국민정부 간의 상호 견제와 협력을 위한 타협의 산물로 이해하는 관점에서 난징국민회의의 소집과 운영실태를 분석하고자 한다.

난징정부 초기 각계의 국민회의 소집 여론

잘 알려진 대로 국민당은 장제스의 지도 아래 1927년 4·12쿠데타 직후부터 청당(淸黨) 작업을 시작하였다. 이는 민중운동단체를 이끌고 있던 좌파 계열의 당원과 지도자에 대한 처형과 구속, 출당으로 이어졌기 때문에 광의의 민중단체(혹은 인민단체)는 물론 직업단체들의 조직과 사회·정치적 활동도 모두 정지되거나 재편되었다. 그로 인해 직업단체의 지도부는 중하층 급진파 위주에서 상층 온건파 위주로 바뀌었다. 이런 상황에서 청당의 영향을 가장 덜 받은 상인단체와 언론이 직업대표제

또는 국민회의 소집을 명확히 요구하였다. 원래 국민회의 소집론에서 언론도 보계(報界)연합회를 구성해 국민회의에 참석할 수 있도록 되어 있었던 만큼 언론의 요구 역시 직업단체의 요구로 볼 수 있다.

전국의 상인단체는 1927년 8월 각 성의 상민협회 대표회, 그리고 1928년 1월 각성상회연합회를 열고 '경제회의 소집'을 정부에 요구하였다. 그에 따르면 정식 국회가 부재한 훈정기라 하더라도 각종 경제정책과 관세정책을 정부에 맡겨두어서는 안 되며 관련 직업단체 대표가 위원으로 참여하는 '경제회의'에서 논의되고 결정되어야 한다고 했다. 참여주체는 정부대표(11명) 외에 각 성의 농업단체(20명), 공업단체(20명), 상업단체(20명), 금융업단체(10명), 광업단체(5명), 교통업단체(10명), 봉급노동자단체(1명), 율사단체(1명), 의사단체(1명)가 각기 그 대표회를 조직해 선출한 대표로 구성되도록 하였다. 이때 각 업종의 경제주체가 두루 참여할 수 있게 배려하였으니, 가령 농업단체 대표는 지주 5명, 소작농 5명, 자작농 5명, 농학자 5명으로 분배하는 식이다. 그 의제의 범위는 토지, 자본, 노동, 무역, 생산, 소비 등 경제 전반의 광범한 문제를 포함하였다.[1] 특히 주목되는 것은 이 경제회의를 훈정이 종식되고 헌정 실시를 위해 장차 소집될 국민회의의 경제분야 준비기구로 삼겠다고 명시한 점이다. 상인단체가 앞장선 직업단체의 이 같은 정치적 요구는 1928년 1월 재개된 제2차 북벌을 계기로 더욱 확대되어 전쟁과 파괴의 방식이 아니라 화평·건설의 국민회의 방식으로 통일을 달성해야 한다는 주장으로 진전되었다. 그 후 상하이 상인단체는 1928년 8월

1. 「各省區商民協會爲召集經濟會議討論經濟法案及關稅稅則呈」(1927.8.29), 「馮少山等請召集全國經濟會議調節各方紛爭并抄送經濟會議議案審查報告書等呈」(1928. 1. 31), 中國第二歷史檔案館 編, 『中華民國史檔案資料滙編』 5輯 1編 財政經濟(1), 南京: 江蘇古籍出版社, 1991, 58~63면.

에 열린 국민당 제2대 5차 중앙위 전체회의에 약법제정을 청원하여 훈정시기 약법을 제정하라고 촉구했으며 11월에는 입법원 위원의 반수를 '민중단체'가 차지해야 한다고 요구하였다.[2]

이런 여론을 의식해 난징정부는 1928년 6월 상하이에서 각 직업계 대표들로 구성된 경제회의를 개최하고 국민회의 소집 문제에 관한 비공식 회의를 열어 장시간 논의하지 않을 수 없었다. 그런데 직업단체의 참여범위는 상회·은행공회·전업공회(錢業公會)로 제한되고(기타 실업계 영수와 경제학자가 추가됨) 그 의제도 재정 문제로 국한되었다.[3]

국민회의 소집 여부에 관해서는 국민당 안에서도 의견이 갈렸다. 제2대 4·5차 중앙위 전체회의에서 장제스와 리쭝런(李宗仁)이 각각 국민회의 개최는 국민당의 책임이니 이를 위해 전체 중앙위원이 앞장서야 한다, 국민회의를 소집하지 않고는 국민의 의지를 통일할 수 없으며 훈정공작도 실효를 거둘 수 없다고 주장하였다.[4] 왕징웨이의 개조파도 "직업단체를 민주세력의 기초로 삼아" 당조직을 민주화하고 지방자치를 실시하자면서 당치(黨治)와 국민회의 소집을 동시에 추진하자고 주장하였다.[5] 그러나 국민당은 1928년 10월 당치를 기정사실화하는 훈정강령(訓政綱領)을 공포하고 6년 뒤에 헌정을 실시하기로 선언하였다. 그 후 훈정강령을 주도한 후한민파(胡漢民派)의 논리에 따라

---

2. 이병인, 『근대 상해의 민간단체와 국가』, 창비, 2006, 197~183면.

3. 「財政部經濟會議組織規程」(1928. 6), 「經濟會議委員姓名一覽」, 中國第二歷史檔案館 編, 앞의 책, 5輯 1編 財政經濟(1), 63~69면.

4. 「二屆四中全會開會辭」(1928. 2), 榮孟源 主編, 『中國國民黨歷次代表大會及中央全會資料』 上册, 北京: 光明日報社, 1986, 507면; 「國民會議組織大綱」, 『大公報』 1928. 8. 13.

5. 민두기, 「국민혁명기 陳公博의 혁명이론과 정치활동」, 민두기 편, 『中國 國民革命 指導者의 思想과 行動』, 지식산업사, 1988, 257~259면.

국민당은 국민회의가 반동세력에게 이용될 우려가 있다는 이유로 국민회의 소집과 약법 제정을 거부하고 훈정강령에 따라 인민의 정치능력을 훈련하기로 결정하였다.[6] 입법위원 선출권 요구에 대해서도 당의 지도적 지위, 곧 당치를 부인하는 반혁명 행위라며 상회를 해산하려 기도하였다.

이에 대해 각계는 즉시 저항하면서 대응논리를 제시하였다. 『대공보(大公報)』는 1930년 4월 18일 「약법 문제」라는 사설에서 치자(治者)와 피치자 사이에 마땅히 상호 권리의무관계의 기초를 규정한 법률을 제정해야 비로소 인민이 민국국민(民國國民)의 지위를 회복할 수 있다고 주장하였다. 그것은 국민회의 소집으로 국민의 참정권을 법제화함으로써 "독재를 반대하고 민주로 전입(轉入)하는" 하나의 계기와 방안으로 삼으려는 것이었다. 베이핑대학 교수 황여우창(黃右昌)은 "당의 신생명(新生命)은 전국대표대회에서 나오지만 국가의 신생명은 국민회의에서 나온다"라고 당과 국가를 명확히 구별한 후 "국제사회에서 외국인이 자신의 교섭상대로 삼는 것은 그대의 당이 아니라 전체국가이다"[7]라고 하였다. 국회를 갖지 못한 난징정부가 국제사회에서 명실상부하게 중국을 대표하는 국가로 인정받으려면 국민회의 소집이 불가결하다는 논리이다. 후스(胡適)를 비롯한 인권파의 잡지 『신월(新月)』은 법치에 의한 인권보장을 위해 헌법이나 최소한 약법을 제정하라고 촉구하였고, 베이핑의 『신보(晨報)』도 국민회의 소집과 약법제정을 요구하였다.[8]

---

6. 胡春惠, 「國民會議之召集與約法問題」, 『抗戰前十年國家建設史研討會論文集』 下, 臺北: 中央研究院近代史研究所, 1984, 487면.

7. 黃右昌, 「國民會議與職業代表制」, 『社會科學季刊』(北平大) 5卷 1·2合號, 1930. 7, 2면.

8. 平心, 『中國民主憲政運動史』, 上海: 進化書局, 1946, 291~292면.

물론 이때에도 훈정 자체를 반대하면서, '선회의 후정부' 노선에 따라 국민회의 소집에 의한 헌정실시를 촉구하는 주장이 제기되었다. 가령 중국청년당은 직업대표제와 구역대표제를 병행하는 양원제 국회를 당의 정책대강에 명시하였다.[9] 그러나 훈정대강 선포와 국민당 제3대 전국대표대회를 지나면서 이런 헌정론도 '민주적 훈정론'으로 경사하게 되었다. 『대공보』는 「국민회의와 훈정」 등의 사설을 통해 국민으로부터 위임받지 않은 국민당의 훈정권(訓政權)은 정당성을 결여하고 있다고 비판하고, '독재식 훈정'의 결과 내전이 더욱 심해져 훈정은 이미 실패했으니 국민회의를 소집해 '민주적 훈정'을 실시해야 한다고 주장하였다.

그러면 훈정기 국민회의는 왜 직업대표제에 의거해 소집되어야 한다는 것인가? 자유직업단체 구성분자의 하나였던 보계의 대표적 언론인 『대공보』에 따르면, 구역대표제는 유럽과 민국 초 중국의 실험에서 이미 실패했고 그 대안이 직업대표제이다. 따라서 당이 생산분자(生産分子)와 합작하여 직업단체를 당치의 중심세력으로 삼아야 비로소 군인과 정객에 의해 행해지는 "당치(黨治)의 이름을 빌린 군치(軍治)"를 극복할 수 있다는 것이다.[10] 황여우창에 따르면, 구역대표제와 달리 직업대표제는 '대표'의 원리와 기능적 사회조직의 원리에 부합한다. 특히 유권자의 단체가 영구히 존재하여 대표에 대한 감독권을 충분히 시행할 수 있으며, 의회의 전문지식과 경험을 증진할 수 있기 때문이다. 그는 직업대표제가 소련, 이탈리아 등 유럽 각국이 채용해 실험중인 선진 정치제도로서 이 실험이 성공하면 혁신조류는 곧 전 세계에 가득 찰 것

9. 「中國青年黨政策大綱」(1930.10), 中國第二歷史檔案館 編, 앞의 책, 5輯 1編 政治(2), 906면.

10. 「職業代表制與中國」, 『大公報』 1930. 8. 17.

이라고 전망하였다.

1929~1930년 천두슈와 트로츠키파, 그리고 국민당 개조파의 베이핑확대회의가 모두 국민회의 소집을 주장했는데, 이는 국민혁명의 계승이라는 맥락 위에서 이해될 필요가 있다.[11] 왕징웨이를 위시한 개조파가 이끈 베이핑확대회의는 1930년 7월 국민회의를 소집하여 정부조직과 인민권리를 확정한 기본대법을 의결한다고 공식 결정하였다. 그 기본대법은 당연히 훈정 단계를 전제한 것이었다. 이에 따라 10월에 '국민회의 주비조례'와 '중화민국 약법초안'(일명 太原約法)을 공포하였다. 여기서 국민회의 참여단체는 쑨원의 북상선언에 명시된 것보다 훨씬 확대되어 자유직업단체와 부녀단체를 추가했고 국민당뿐만 아니라 그 밖의 각 정파도 포함시켰다. 각 정파의 참여를 허용한 것은 쑨원이 모든 정치범의 석방을 국민회의 전제조건으로 요구한 정신을 살린 것이었다. 각 직업단체는 어떤 제한도 받지 않고 회원의 직접선거로 국민회의 대표를 선출하도록 했으며 약법은 국민회의의 의결 또는 사후 추인을 받도록 약법초안에 명시하였다.[12]

개조파는 특히 지방의 청년당원(당시 29세 이하 청년당원이 전체 당원의 60%를 차지하였다)들로부터 지지를 받았고 민중단체와 향촌자치운동 및 청년군관들에게 큰 영향력을 갖고 있었다. 이상과 같은 개조파의 국민회의 소집 요구는 『대공보』 등의 언론 및 직업단체의 요구와 결합되어

---

11. 천두슈를 비롯한 중국 트로츠키파가 1929년 여름 '국민회의 소집' 요구를 제기한 것은 트로츠키의 지시에 따른 결과라고 보는 견해가 있으나(『鄭超麟回憶錄』, 北京: 東方出版社, 1996, 338~340면; Gregor Benson, *China's Urban Revolutionaries, Exploration in the History of Chinese Trotskyism, 1921~1951*, New Jersey: Humanities Press, 1996, 32면), 필자는 국내여론과 국민혁명의 맥락을 중시하고자 한다.

12. 「國民會議籌備條例」, 榮孟源 主編, 앞의 책, 上, 855~856면; 「中華民國約法草案-太原擴會」(1930. 10), 같은 책, 878면.

광범한 국민여론을 형성하고 있었다. 그로 인해 중원대전(中原大戰)이 장제스의 승리로 끝난 후에도 베이핑확대회의와 타이위안약법(太原約法)이 조성한 영향은 소멸되지 않았으며 국민회의를 소집해 훈정시기 약법을 제정하라는 여론은 여전하였다. 그런 요구가 특별히 강했던 북방지역을 사실상 지배하게 된 장쉐량(張學良)과의 합작을 위해서도 장제스가 북방의 국민회의 소집 요구를 수용하는 것은 불가피했다.[13] 장제스는 1930년 10월 중원대전에서 승리하자마자 그 전장에서 곧바로 국민회의 개최와 약법제정 여론을 전격 수용하는 전문을 발송하였다. 이는 후한민파와의 갈등을 각오한 결정이었고 이윽고 그는 감금되었다.

장제스와 난징정부가 이를 수용한 의도는 군사적 승리의 여세를 몰아, 총리유속을 실행하지 않는다는 반장(反蔣) 세력의 공격 빌미를 제거하고 여론을 자기편으로 끌어당겨 정치적 승리를 굳히려는 데 있었다. 이는 국민당 지도자 스스로 "본당은 사실상 전국을 통일하고 정권을 취득했으나 법률상 아직 전체 국민으로부터 대권을 부여받는 절차를 거치지 않았"으니 국민회의는 약법 제정으로 국민당에게 훈정대권을 부여하는 의의가 있다고 한 데서 알 수 있다.[14] 이처럼 군사적 수단이 아닌 정치적 수단을 통해야만 비로소 난징정부 성립 이래 반복되어온 반장 군사행동(唐生智, 馮玉祥, 閻錫山, 공산당 등의 공세)으로 인한 내전상태를 종식하는 동시에 국민당 자신의 협소한 기반을 넘어 국민적 동의를 확인함으로써 중앙정권으로서의 위상을 높이기 위한 절차로서 국민회의 소집은 필수적이었다.[15]

---

13. 殷嘯虎, 『近代中國憲政史』, 上海人民出版社, 1997, 231면; 長野朗, 「國民會議を繞る支那時局」, 『東洋』 1931. 6, 38면.

14. 「訓政約法與信託法理」, 『大公報』 1931. 3. 17; 「訓政約法與國民會議」, 『大公報』 1931. 3. 18; 寄宇, 「國民會議之意義與我們應有的認識」, 『國民會議之認識』, 出版社不明, 1931, 175~176면.

이때 당치와 훈정을 근거로 국민회의에 반대해온 국민당의 논리를 어떻게 합리화할 것인가가 문제였다. 장제스가 국민회의 소집을 결정한 직후부터 난징 측 인사들은 각 언론에 국민회의 소집의 필요성과 당위성, 참가단체의 범위와 직권을 비롯한 구체적 문제를 활발히 논의하였고 나중에 이를 『국민회의 인식』, 『국민회의의 이론과 실시』 등의 단행본으로 펴내었다. 그에 따르면 국민당 내에 여전히 "훈정시기에는 인민의 정치지식과 능력을 훈도해야지 국민회의를 소집할 필요가 없다"라고 보는 당원들이 많았다.[16] 이들은 '무회의 당치파(無會議 黨治派)'라고 할 수 있다. 이에 대해 '유회의 당치파(有會議 黨治派)'는 국민회의 소집이 곧 훈정 실행과 당치의 촉진이라고 설명하였다. 왜냐하면 국민회의는 민중의 정권행사를 훈련하는 유일한 방략으로서 정치적 관심을 유발하고 정치지식을 함양하는 기회이며, 국민당의 당강을 농·공·상회 등 민간 직업단체로 구성된 국민회의에서 통과시켜 중화민국의 정강으로 만들고 국민당의 주장을 국민 전체의 주장으로 만들 수 있기 때문이라는 것이다.[17] 요컨대 이처럼 국민회의를 훈정 및 당치와 상보관계에 있다고 파악함으로써 앞서 살펴본 직업단체와 언론 및 개조파의 논리는 일단 난징정부 측에 거의 수용되었다고 할 수 있다. 그러나 이런 상보관계가 성립되려면 국민회의의 직권을 대폭 축소하지 않으

15. 군인과 화교를 제외한 일반당원은 30만 명도 채 안 되었고 그것도 대부분 몇몇 대도시에 집중되어 있을 뿐만 아니라 실제 활동은 거의 하지 않은 명목상의 숫자였다. 국민당 당원의 실상에 관한 상세한 정보는 다음을 참조할 것. 王奇生, 『黨員, 黨權與黨爭』, 上海書店出版社, 2003.

16. 郭全和, 「國民會議底性質與權限」, 『國民會議之認識』, 183면.

17. 胡漢民, 「遵依總理遺敎開國民會議」, 같은 책, 153~171면; 「戴傳賢報告籌備國民會議」, 『中央日報』 1931. 3. 3; 蔡佑民 編, 『國民會議之理論與實施』, 出版地不明: 本立書局, 1931, 25~35면, 90~92면.

면 안 되었다. 그래서 난징 측은 '최후결정권을 갖는 민의기관'으로 하자는 민간의 요구를 당치와 훈정을 파괴하려는 음모라고 비난하면서 국민회의를 하나의 임시적인 '정치집회' 내지 '훈정회의'로 한정하였다.[18]

국민당과 정부가 정권의 정당성을 확보하기 위해 자신의 주도하에 이처럼 각계의 요구를 어느 정도 수용하는 타협을 시도한 이상, 직업단체도 청당 이후 역량이 현저히 약화된 상태였기에 일단 이를 수용하고 향후의 발전을 도모하는 수밖에 다른 도리가 없었다. 국민당이 이미 훈정기간을 6년으로 한정하고 1935년에는 헌정을 실시하겠다고 약속한 터였기에 더욱 그러하였다.

국민회의 선거를 위한 직업단체의 정비

난징국민정부와 국민당 중앙은 이런 상황에서 쑨원의 임시대총통 취임일을 택해 1931년 5월 5일 국민회의를 소집하기로 결정하고 선거 준비에 들어갔다. 선거 준비의 첫째 업무는 선거인명부를 작성하는 일인데 이를 위해 국민정부의 명에 따라 성(省)의 총감독(성 민정청장)은 각 현의 감독(현장)에게 현지 당부와 회동하여 각종 단체를 개조하고 이를 선거의 기초로 삼도록 하였다. 이들 단체의 회원명부가 곧 선거인명부가 되기 때문이다. 여기서는 회원 수가 가장 많은 단체였던 농회를 중심으로 살펴보겠다.

18. 丘元武, 「對國民會議應有的先決及觀念認識」, 『國民會議之認識』, 23~24면; 郭全和, 「國民會議底性質與權限」, 같은 책, 183~189면.

국민당 조직이 주로 도시에 집중되어 있었기 때문에 공회와 상회 등은 1929년에 반포된 새 법규에 따라 정비되어 그런대로 선거인명부를 작성할 수 있었다. 그러나 농회는 1931년 2월까지도 성립되지 않았다가 국민회의 소집일정에 맞춰 3~4월에 성립되었다. 그것은 이전의 농민협회가 있던 곳에서는 이를 개조하고, 없던 곳에서는 새로 만드는 방식이었다. 장쑤·저장이 전자의 경우라면 후난·후베이는 후자의 예에 해당한다.

먼저 국민혁명기 농민협회가 가장 발달했던 후난·후베이 지역의 농회 성립 과정을 보자. 1927년 5월 21일 후난성 창사의 국민혁명군이 군사정변을 일으켜 각종 민중운동을 진압하는 과정에서 상회와 교육회를 제외한 대부분의 진보적 직업단체는 파괴되었다. 이때 파괴된 중하층 위주의 농민협회를 대신하여 1931년 3월 새로 공포된 농회법에 의거해 상층 위주의 농회가 성립되었다. 이 과정은 국민당 성·현 당부에 의해 하향식으로 진행되었다. 이 지역 농민들은 농민협회 활동에 나섰다가 군사정변 당시 화를 당했기 때문에 조직활동에 소극적이었다. 국민당 중앙 민중운동지도위원 저우팡강(周芳岡)의 1932년 10~11월 현지 시찰보고에 따르면 "후난의 현재 각 민중단체, 특히 농회는 비자발적으로 조직되었고 〔…〕 각 현·시 모든 농회는 한둘의 장삼(長衫) 입는 자들이 만들었을 뿐 〔…〕 소위 구·향 농회는 명부상의 단체에 불과하다"[19]라고 보고하였다. 당의 주도 아래 구장과 향장이 앞장서 농회가 조직되었음을 알 수 있다.

장쑤·저장 지역의 경우를 보자. 국민혁명기 이 지역의 농민협회는 극히 미약해서 1927년 5월까지도 농민협회 회원은 5천여 명으로 부진하였

19. 「湖南省各縣市農會工會商會學校社會和黨務視察報告」(1932. 12), 中國第二歷史檔案館, 全宗號 722(4), 案卷號 541.

다.[20] 그 후 청당을 거치면서 기존의 급진적 지도자들이 제거되고 반공을 앞세운 국민당 우파의 주도 아래 농민협회가 개편되어 그해 말 12만여 명으로 증가하였다.[21] 그러나 1928년 3월 국민당의 농민협회 활동 정지령에 따라 정지되었다가 1931년 3월 농회법에 따라 개편되었다.

이때 국민당은 기존의 농민협회를 농회로 개조하는 동시에 농회법상의 자격요건을 갖춘 일반 농민들도 농회에 가입하도록 했다. 농지를 소유한 자는 그 규모에 상관없이(그리고 농업 외의 다른 직업에 종사해도) 가입할 수 있고, 소작농은 10무 이상의 농지나 3무 이상의 화원·과수원을 경작하는 자만 가입할 수 있었다.[22] 따라서 소작농이라도 경작 규모가 그 이하이면 회원 자격이 없고 고농(雇農) 역시 회원 자격이 없었다. 이런 회원구성은 국민혁명기 농민협회가 (반)소작농이 다수를 차지한 가운데 자작농과 소수의 부농 및 소지주가 참가하는 중하층 연합조직이었던 것과 대비된다.[23] 그래서 장쑤성과 후난성 당부는 농회법이 토지 소유자만 중시하고 소작농과 고농을 경시하여 진정한 농민의 가입을 불가능하게 한다며 이의 수정을 요구하기도 했다.[24] 이처럼 회원 자격요건이 상후하박이었기 때문에 선별 흡수에 의한 기존 단체의 개조방식이 반드시 농회 회원의 급증을 가져온 것은 아니며 오히려 감소

---

20. 「中央農民部昨日召集東南農運同志聯席會議」, 『漢口民國日報』1927. 5. 23.

21. 「組織部工作報告」, 『農運工作報告專刊』2期, 1927. 7, 8~10면; 「十二月份全省會員統計表」, 같은 책, 7期, 1928. 1, 45~47면.

22. 「農會法」(1930. 12), 『東方雜誌』28卷 1號, 1931. 1, 185면.

23. 유용태, 『지식청년과 농민사회의 혁명-1920년대 중국 중남부 3성의 비교연구』, 문학과지성사, 2004, 245~270면.

24. 「湖南, 河南, 江蘇省黨部電請組織省縣農會籌備處和修改及解釋農會法有關條文」, 中國第二歷史檔案館, 全宗號 722(4) 案卷號 794; 「湖南省各縣請修農會調解處條例增補農會經費農會幹事否可兼任上級農會幹事及農會組織狀況一覽表」(1932. 12), 같은 당안, 全宗號 722(4) 案卷號 771.

한 곳도 적지 않았다.

이렇게 설립된 장쑤성 각 현농회의 실태는 국민당이 보기에도 시기에 따라 달랐다. 1933년 국민당사 사료편찬위원회는 "각 구·향농회는 간혹 유명무실하거나 현농회와의 관계가 소원한 경우도 있지만 장쑤성 농회조직은 대체로 보아 건전하다"라고 본 반면 1936년 국민당중앙훈련부는 "농회 주관인은 대부분 농회의 사명을 모르고 [···] 농회를 사리추구의 지반으로 여긴다"[25]라고 보았다. 이 같은 인식의 차이는 1933년까지는 회원 수가 증가한 반면 그 뒤부터 감소한 것으로 보아 시간이 경과함에 따라 농회의 조직과 활동이 부실해진 사정을 반영한 것으로 보인다.

농회가 비록 국민회의 선거를 계기로 정치 일정에 쫓겨 급조되었다 하더라도 본래의 임무는 따로 있었다. 훈정기 농회의 주요 임무는 "농업의 개량과 발전, 농민의 복리증진, 지방자치 실시"였으며 그중에서도 특히 농업개량을 통한 생산력 증대가 가장 시급한 활동으로 중시되었으나, 경비가 부족해 이를 위한 지도와 실천이 진행된 곳은 드물었다. 그래도 큰 사업비가 들지 않는 활동, 가령 소작료와 이자율 인하, 소작분규의 해결 등을 통한 농민 복리의 증진이나 지방자치 실시를 위한 각종 정치교육과 훈련 등은 어느 정도 가능하지 않았을까? 그런 사례를 찾아보자.

농회가 국민회의 선거를 계기로 위로부터 급조된 것은 전국적 현상이었지만 조직과 활동의 구체적 내용은 지역마다 달랐다. 가령 저장성의 경우 난징정부 초기 추진된 "25감조(二五減租)의 실행으로 당과 농민

---

25. 『民國二十三年國民黨年鑑』五編, 戊 105~106면; 中央訓練部, 『江蘇省人民團體概況』(全國人民團體總視察報告之一), 1937. 1, 4~5면, 10~11면.

협회에 대한 농민의 신뢰가 컸기"[26] 때문에 이를 바탕으로 개조된 농회는 비교적 대중기반을 갖고 여러 활동을 전개하였다. 1931년 3월에서 1932년 5월 사이의 주요 활동을 보면 국민회의 선거 외에 1927년부터 시작된 25감조의 선전 및 계속 추진, 도전(稻田)에만 적용되었던 25감조의 확대 실시를 위한 각종 조사(면적, 생산량, 소작관행과 납조액, 소작분규 등), 당정과 법원 대표로 구성된 현업전중재위원회(縣業佃仲裁委員會)에 농회 대표가 출석하는 등 소작분규의 해결을 위한 노력, 메뚜기 떼를 비롯한 병충퇴치운동, 비료구매와 신용 합작사의 운영, 글자 가르치기 운동과 농민보습학교 운영, 쑨원의 『민권초보(民權初步)』에 의거한 회의 진행과 단체생활의 습관 함양 등 다양하였다.[27] 25감조의 선전 및 추진과 그 과정에서 나타난 소작분규의 해결에 각 향농회와 현농회가 적극 나선 사정은 1935년도 각 현의 「농민운동 분규조사표」에도 잘 나와 있으며 감조에 반대하는 지주 및 토호열신(土豪劣紳)의 농회 파괴 사례가 적지 않았던 것도 농회의 역할을 반증해준다.[28] 농회 조직이 특히 불건전한 것으로 보고된 후난성에서도 예컨대 창사시와 창더현(常德縣) 농회는 각각 농민공단처(農民公斷處)와 농민조해처(農民調解處)를 설치하여 소작분규를 해결하는 데 적극 나섰다. 이것은 저장성의 소작분규 조정기구를 모델로 삼아 확대시킨 것이다.[29] 창더현 농회 회원이 8만 1,801명

---

26. 「該部函各省市黨部查報農會組織和指導農運情形及徵集農運參考材料行文」(1932. 5), 中國第二歷史檔案館, 全宗號 722(4), 案卷號 648.

27. 같은 글.

28. 「浙江省孝豊等二十九縣農運糾紛調查表」(1935. 11), 中國第二歷史檔案館, 全宗號 722(4), 案卷號 778. 이 조사표는 1935년 5~10월에 각 현당부가 조사한 것으로 1927~1935년의 분규 사례가 포함되어 있다.

29. 湖南省黨務指導委員會, 「呈爲常德縣黨部轉齎該縣區農民調解處組織條例請核示由」(1932. 1. 11), 中國第二歷史檔案館, 全宗號722(4), 案卷號 771.

표 5. 1931~1933년 각 성의 농회 조직 상황

구분	현·시농회	구농회	향농회	회원	국민회의 대표 (농회/省)
장 쑤	56	480	6,993	478,663	6/30
저 장	64	307	3,127	419,928	5/24
후베이	10	54	478	260,913	6/29
후 난	50	324	1,768	400,639	6/30
광 둥				560,500	6/30
허베이	110	487	3,793	425,997	6/30
허 난	42	153	412	130,847	6/30
산 둥	100	662	5,897	542,264	6/30

자료: 「該部函各省市黨部查報農會組織和指導農運情形及徵集農運參考材料行文」, 中國第二歷史檔案館, 全宗號 722(4), 案卷號 648.
中國國民黨中執委黨史史料編纂委員會, 『民國二十三年中國國民黨年鑑』, 1934, 五編 戊, 106~114면.
「湖南省直屬人民團體農人團體社會團體組織人員及長沙市人力車紡織業工會教育會組織一覽表」, 中國第二歷史檔案館, 全宗號 722(4), 案卷號 543.

으로 후난에서 가장 많았던 것은 이러한 활동과 무관하지 않을 것이다.

이제 각 성의 농회 회원 수를 근거로 국민회의 선거인 수를 파악해 보자. 1931~1933년 각 성의 농회조직과 회원 수를 표로 나타내면 표 5와 같다. 따라서 농회 대표를 선거할 각 성의 국민회의 선거인 수는 많아야 40~50만 명, 적은 경우 10~20만 명이었다고 추산된다. 각 성의 농회에 배분된 국민회의 대표 수는 최다 6명에서 최소 1명으로 합계 96명이었다. 난징, 베이징, 한커우, 광저우, 톈진에서는 5단체가 공동으로 3명의 대표를 뽑도록 배당받았으므로 여기서 농회 대표가 선출될 경우 한두 명 추가될 가능성이 있었다. 이를 빼고 계산하면 농회 대표는 전체 민선대표의 19%에 불과한 수치로서 농회가 단체회원 총수의 70~80% 이상을 차지한 것과 큰 대조를 보인다.[30] 또 회원 수가 10~20만인 후난

30. 각 성의 단체회원 총수 중 농회 회원의 비율은 장쑤성 7.3%, 저장성 80.9%, 산시성

성과 후베이성이 회원 수 40~50만의 다른 성과 똑같이 6명으로 되어 있다. 여기서 회원 수에 따른 대표 배분이라는 직업대표제의 원리를 중국 당국이 그대로 따르지 않고 편의적으로 변형시켜 적용하고 있음을 볼 수 있다.

국민회의 선거: 최초의 전국적 직업선거

국민회의는 참석대표 중 당연직 대표 204명(국민당 중앙 집감위원 및 정부위원과 후보위원, 주석단이 특별 지명한 인원 등)을 제외한 민선대표 520명의 선거 과정을 살펴보자. 민선대표는 5종 직업단체와 해외 각시 화교의 선거로 선출되었다. 직업선거를 거행한 5종 선거단체는 농회(96명), 공회(94명), 상회 및 현대 실업단체(90명), 교육회·대학 및 자유직업단체(88명), 국민당(85명), 5단체 공동 15명(5개 특별시)이었다. 농·공·상·지식계를 포괄한 직업단체 대표가 81.2%이고 구역대표에 속하는 국민당 대표가 18.8%이다.

그런데 국민대표를 선출할 이들 각 직업단체는 반드시 당과 국가에 의해 공인된 것이라야 했으며 각 직업계 안에서 복수의 단체는 허용되지 않았다. 이들 단체회원 모두를 곧 선거인으로 가정하면 전 인구 중 선거인 비율은 장쑤성 1.9%, 저장성 1.9%였고,[31] 직업단체가 가장 발달한 상하이의 경우 4.6%였다.[32] 대체로 2%도 채 못 된다고 하겠으나 민

77.3%, 광둥성 84.6%였다. 趙如珩, 『江蘇省鑑』, 新中國建設學會, 1935, 30면; 「各省籌備國選」, 『中央日報』 1931. 4. 4; 「各地國選」, 『中央日報』 1931. 4. 7; 「晉省國選進行近狀」, 『中央日報』 1931. 4. 12; 「各省市國選」, 『中央日報』 1931. 4. 13; 「粵省國選之急進」, 『中央日報』 1931. 4. 18.

31. 「浙省國選進行情形」, 『中央日報』 1931. 4. 18.

국 초 선거인 수(1912~1913년, 전 인구의 0.1%)[33]에 비하면 양적으로 크게 확대된 셈이다. 난징정부는 총리 유교에 따라 직업대표제를 채택하였고, 성별과 재산을 불문하고 오직 "직업의 구별에 따른 직접 보통선거"로서 세계사상 가장 진보한 선거라고 선전하였다. "구식 가족관념을 도태할 수 있어 장래의 새로운 사회조직에 적응하기 유리하고, 의원의 전문성을 살릴 수 있으며 대표와 유권자 간의 대의관계(代議關係)를 형성하기가 용이"하다는 것이다.[34]

이제 선거 과정을 분석해 과연 이와 같은 직업대표제의 취지가 얼마만큼 살려졌는지 살펴보자. 국민당은 직업단체의 선거참여 자격을 결정하는 권한을 행사했으므로 직업단체와 전혀 다른 특수지위에 있었다. 그뿐만 아니라 각 직업단체 회원은 1인 1표의 원칙에 따랐지만 당원은 그 제한을 받지 않았기 때문에, 당원이 직업단체의 회원일 경우 2표를 행사할 수 있었으며 피선거권도 두 개 가질 수 있는 특권을 누렸다.[35] 쑨원이 북상선언에서 정당을 포함시켰으나 이때의 정당은 집권당 하나로 한정된 것이 아니었다. 또 여타 직업단체의 자격을 심사·결정하는 주체는 집권당이 아니라 각 직업단체 대표로 구성된 '국민회의 예비회의'였다.

이처럼 특수 지위에 있는 국민당이 각 직업단체를 승인하고, 각 단체의 회원을 선거총감독이 심사하여 부적격자를 제외하였다. 가령 상

---

32. 상하이의 선거인 수는 자료마다 약간씩 다른데 努生의 「上海民會選擧」(『新月』 1931. 4, 9면)에서는 심사를 거쳐 확정된 선거인 수를 4만 6,007명, 인구수를 100만 명으로 보고 약 5%라고 하였다(실제는 4.6%).

33. 張玉法, 신승하 옮김, 『중국현대정치사론』, 고려원, 1991, 80면.

34. 謝冠生, 「對於國民會議應有的認識」, 『中央日報』 1931. 4. 16~19; 「國選宣傳人員談話會」, 『上海民國日報』 1931. 4. 20; 「蕪湖國議宣傳大會」, 『上海民國日報』 1931. 4. 28.

35. 陳之邁, 「民國二十年國民會議選擧」, 『淸華學報』 11卷 2期, 1936. 4, 449면.

하이의 경우 탈락률은 대학 58.9%, 교육회 13.4%, 상회 1.8%, 공회 0.2%였다. 이때 당국은 대학과 교육회에서 탈락한 자를 '반동 혐의가 있는 자'라고 설명하였다. 이에 대하여 자유주의 지식인들의 한 잡지는 "대학에 국민 자격을 갖추지 못한 사람이 이렇게 많다니 이는 국가의 장래에 숨겨진 근심"이라고 비꼬았다.[36] "무직업자가 선거에 참여해 야심가에게 이용당하기 쉽다"는 이유로 구역대표제를 반대하고 직업대표제를 선택한다고[37] 밝혔던 만큼 선거참여 자격을 가르는 기준은 마땅히 직업의 유무와 직업단체 가입 여부일 터이다. 그래서 국민당 지도부는 "만일 당신이 농회에 가입하지 않으면 당신은 비록 농부일지라도 선거권이 없다. 당신이 비록 공인이라도 공회에 가입하지 않으면 당신은 공계 대표를 선거할 자격이 없다"[38]라고 강조하였다. 그럼에도 주도세력의 편의에 따라 그 기준은 고무줄이 되어 사상의 경향이 다른 자를 제외하는 이중성을 보였다.

상회의 회원은 개인이 아니라 개별 상점 또는 소속 동업공회의 공사(公司)와 상점이었는데 선거에서는 이들 단위의 대표자와 점원 대표만 선거권을 부여받았다. 따라서 예컨대 동업공회 안에서 상점주인과 점원 간에 선거권 분쟁이 발생하였다. 전국상회연합회는 농·공·상·학이 모두 국민이므로 선거권의 제한도 평등해야 한다면서 공인과 농민은 입회와 동시에 개인이 선거권을 갖는데 상인이 그렇지 못한 것은 상인에 대한 박대라고 비판하고 상인의 보통선거권을 요구하였다.[39]

---

36. 努生, 「上海民會選擧」, 『新月』 1931. 4, 7면.
37. 謝冠生, 「對於國民會議應有的認識」, 『中央日報』 1931. 4. 16~19.
38. 潘公展, 「一般人對於國民會議應有的認識」, 『上海民國日報』 1931. 5. 5.
39. 「商人爭普選權」, 『上海民國日報』 1931. 4. 19; 「商會力爭商人普選權」, 『申報』 1931. 4. 19.

선거 진행 및 관리 업무는 일반적으로 그렇듯이 각급 행정기관의 장과 직원이 선거사무소를 구성하여 담당하였다. 입후보자는 각 현의 각 단체의 추천을 받아 등록하고 신문잡지에 자신의 사진과 함께 경력과 주장을 게재하여 광고하였다. 청중을 모아놓고 강연을 하기도 했다. 저장성 성당부는 소책자 5만 부와 전단 50만 장을 발행했으며 각 현에 조직된 국민회의 선전위원회가 국민회의의 의의와 임무 등에 관해 선전하였다.[40] 그러나 언론에 대한 통제는 이 무렵 더욱 심해졌다. 가령 우한에서는 당정군(黨政軍) 연석회의가 "반동분자의 혼입이 우려된다"면서 당 소속 신문과 통신사를 제외한 일반 언론사를 모두 4월 1일까지 시정부 사회국에 재등록해 재허가를 받도록 했다. 기타 각지에서도 지방의 문무관리가 출판법에 의하지 않고 임의로 신문사 봉쇄와 검열, 기자 구속, 벌금 부과, 등기 취소 조치를 내렸다.[41] 이 조치는 곧이어 실시된 국민회의 선거에 적지 않은 영향을 주었을 것이다.

각 현의 선거경비는 현 정부가 국고에서 지출하되 1등 현 400원, 2등 현 300원, 3등 현 200원으로 한정하였다. 이 같은 경비는 당시 민정청 직원의 월급(저장성의 경우 청장 600원, 과장 200~250원)과 비교해 터무니없이 적은 액수였다. 투표관리원과 개표관리원은 선거감독이 위임하였고 이들을 감시하는 선거감찰원은 각 단체의 대표자격을 가진 자(즉 회장, 상무이사 등) 중에서 선거감독이 위임하였다. 직업선거라면 직업단체의 자율적 관리 아래 선거를 주관하고 정부나 당의 감독을 받도록 하는 것이 당연하지만 그렇지 못하였다. 다만 상하이처럼 각 단체의 역

40. 선전위원회는 현 정부와 현 당부가 문화·교육·민중단체와 함께 구성하였다. 「國民會議浙省代表當選豫測」, 『上海民國日報』 1931. 4. 8.

41. 이재령, 「南京國民政府의 言論管理實態와 言論界의 對應」, 『東洋史學硏究』 68집, 1999. 10, 69~82면.

량이 있는 곳에서는 각 단체가 감찰원과 투개표관리원을 지정하기도 했다.

선거는 1931년 3월 말부터 4월 하순까지 각 현·시별로 각 성의 단체대표를 선출하는 방식으로 진행되었다. 기명 투표제 방식으로 치러졌고 당선자는 다수 득표자로 결정하였다. 같은 현·시 안에서도 하루에 투표를 끝내지 않고 구역별 또는 단체별로 나누어 며칠에 걸쳐 투표를 하였다. 가령 상하이는 국민당을 제외한 4종 단체가 하루씩 잡아 4일 동안 투표를 실시했는데 투표율은 농회가 가장 높고 교육회가 가장 낮았다. 톈진의 투표율은 6만 8천 명 중 2만 9,215명이 참가해 50%를 밑돌았다. 각 단체별 직접선거를 원칙으로 했지만 장쑤성 농회는 향농회의 구농회 출석대표에 의한 간접선거로 치렀다. 각 단체가 선출해야 할 대표 수는 인구수에 따라 장쑤·허베이·허난·후난·광둥·쓰촨·산둥은 5종 단체 모두 6명씩 총 30명을 배당하였다.[42]

이상의 검토에서 드러나듯이 직업대표제의 취지는 상당히 손상되었지만 당시 중국의 조건에서 볼 때 선거의 의의는 적지 않다. 선거 과정에서 각 단체 유권자의 이해와 요구를 수렴하려는 노력이 기울여진 점은 특히 주목할 만하다. 가령 상하이의 공회 지도자들은 국민회의 상하이시 공계제안연구회(工界提案硏究會)를 발기하여 공회법·공장법·노자쟁의처리법의 개정을 제의하고 정부에 노공부(勞工部)의 설립을 건의하는 한편 노공교육, 노공보험, 실업공인 구제 등에 관심을 기울였다. 상회도 상계민회제안심사회(商界民會提案審查會)를 결성해 관세보호정책

42. 그 밖에 후베이성 29명, 장시성 28명, 저장성 24명, 안후이성 20명이며 상하이가 5명, 광저우·한커우·베이핑·톈진이 3명씩이었다.「國民會議代表選擧法」,『東方雜誌』28卷 2號, 1931. 1. 25, 111면;「國民會議代表選擧施行法」,『東方雜誌』28卷 2號, 1931. 1. 25, 115~117면.

실시, 서양인의 공장설립 저지, 조계회수와 불평등조약 폐지, 가연잡세(苛捐雜稅) 징수 시 상민대표기관의 동의를 받을 것 등을 정부에 제안하기로 의결하였다. 그 밖의 지역에서도 이런 현상이 나타나 민주정치의 배양에 의미 있는 선례를 남긴 것으로 평가되었다.[43]

선거가 일시적인 대표를 단체 회원들끼리 선거하는 방식으로 진행되었기 때문에 일반 국민의 열기는 없었으나, 평소의 직업단체활동을 통해 신뢰를 얻은 인물이 당선될 가능성은 높았다. 그동안의 구역대표제 선거에서는 재산과 교육 정도를 기준으로 선거권과 피선거권을 제한하여 농민과 공인은 선거에 참여할 기회가 봉쇄되어 있었는데, 농민과 공인이 농회 및 공회 회원으로서 선거에 참가한 것은 참정권의 확대란 면에서 획기적인 일이다. 글씨를 쓸 줄 모르는 선거인을 위해 감독이 지정한 인원으로 하여금 대서(代書)하게 하고 선거 감찰원의 확인을 받도록 하였다.[44] 이 과정에서 선거인의 의사가 왜곡될 가능성도 있었지만 선거사무소 측은 중국인의 80%가 글자를 모르기 때문에 이번 선거의 기명투표에서 '대서'라는 수치스런 일이 있었다고 하면서도 "성별, 재산, 교육 정도에 따라 제한을 두지 않은 중국 최초의 보통선거"였다고 강조하였다.[45]

그뿐만 아니라 여성이 직업단체 후보로 나서 당선된 경우가 있는 것으로 보아 선거권은 물론 피선거권 면에서도 여성 참정이 이루어지기

---

43. 「商界昨日集議民會提案」, 『申報』 1931. 4. 8; 陳之邁, 앞의 글, 451면.

44. 「國選總事務所出三要電」, 『中央日報』 1931. 3. 19. 이전의 선거에서도 가령 상인단체의 직원 선거 시에 글자를 모르는 회원이 다른 사람으로 하여금 대서케 하는 관행이 왕왕 있었고 이로 인해 분규가 발생하기도 하였다. 「商人團體選擧職員須知」, 『上海民國日報』 1931. 4. 19.

45. 「國民會議可如期擧行」, 『中央日報』 1931. 3. 26; 「經辦京市國選感想」, 『中央日報』 1931. 5. 5.

시작하였다. 저장성 공회 대표로 출마하여 당선된 스즈잉(史志英)을 비롯한 여성 대표 4명이 확인되며 그중 1명은 주석단의 일원으로 선출되었다. 원래 부녀단체는 일찍이 국민회의촉성운동에 참가해온 연장선에서 국민회의 대표 선거권을 강력히 요구했으나 뜻을 이루지 못하고 결국 표결권 없는 열석대표 10명을 배정받는 선에서 타협하였다. 그래도 당시 동아일보 기자로서 국민회의 현장을 취재한 신언준(申彦俊)은 청년대표와 여성대표가 등장한 것을 "모던 보이, 모던 걸의 국회"라고 묘사하였다.[46]

이 선거가 얼마나 중국의 민주화에 기여했는지는 보는 이의 기준에 따라 다를 수 있다. 신언준의 보도에 따르면 장제스 측이 반대파의 선거 참여를 금지하기 위해 각종 세안조시를 동원하였다. 공산당을 비롯한 기타 야당이 배제된 것은 정당정치의 기준에서 보면 치명적 한계임이 분명하다. 중국청년당과 국가주의청년당은 그런 면을 중시하여 국민회의를 국민당 독재를 실행하기 위한 '당민회의(黨民會議)'에 불과하다고 비난하였다.[47] 그러나 국민혁명기에도 후난의 국민회의식 지역정권과 민의기관 선거를 보면 그 참여주체는 각종 직업단체와 사실상의 집권당(국민당 및 그와 합작중인 공산당) 1당으로 한정되었다. 이처럼 야당 배제는 훈정정부의 특징일 뿐만 아니라 혁명정부의 특징이기도 했다.

더구나 반장파의 선거 참여를 막기 위한 제한조처는 실제로 전국적으로 관철되기 어려운 상황이었다. 정당결성의 자유가 금지된 상황에서 국민당 안에는 각기 다른 입장의 정파들이 동거하고 있었으니 당 내

46. 「國民會議雜觀」, 『東亞日報』 1931. 5. 19, 5. 23, 민누기 편, 『신언준 현대중국관계 논설선』, 문학과지성사, 2000, 384~385면, 395~397면.

47. 「中國青年黨及國家主義青年黨湖北省支部"反對御用的國民會議"宣言」(1931. 5), 中國第二歷史檔案館 編, 앞의 책, 5輯 1編 政治(2), 909면.

의 민주화 요구는 특히 강렬했다. 중원대전 이후에도 산시(山西)의 펑위샹(馮玉祥), 둥베이(東北)의 장쉐량(張學良), 광둥(廣東)의 천지탕(陳濟棠) 등이 여전히 자신의 지배영역을 유지했으며, 베이핑확대회의로 결집되었던 개조파를 비롯한 당 내의 반장(反蔣) 세력도 광둥으로 기반을 옮긴 채 장제스의 난징정부에 맞서고 있었다. 이러한 당 내 각파의 경쟁은 청당이 지방 영수와 그 추종자들에 의해 집행됨으로써 지방정치세력에 대한 당의 통제 능력이 훼손되어 그들의 영향력이 확대된 사실[48]과 겹쳐져 국민회의 선거를 난징정부와 장제스 측이 전유하도록 허용하지 않았다. 이는 "선거에서 장제스 측의 열세가 분명했다"는 관찰,[49] 그리고 뒤에 살펴볼 국민회의 대표의 제안 내용을 통해서도 어느 정도 확인할 수 있다.

국민회의의 주요 결의안과 제안

회의는 5월 5일 난징 중앙대학(中央大學) 대례당(大禮堂)에서 거행되었는데 전국 각지의 각 단체에서 선출된 520명의 선출 대표가 거의 모두 참석하였다. 개회 후 또는 폐회 후에도 몇 명이 도착한 것을 보면 일단 전국적으로 국민대표를 난징에 끌어 모으는 데 성공한 셈이다. 제출된 450여 개 안건 중 훈정론과 관련하여 주목되는 의제를 먼저 살펴보자.

---

48. Joseph Fewsmith, *Party, State, and Local Elites in Republican China: Merchant Organizations and Politics in Shanghai, 1890~1930*, University of Hawaii Press, 1985, 142면.

49. 張同新, 『國民黨新軍閥混戰史略』, 哈爾濱: 黑龍江人民出版社, 1982, 223면.

국민회의의 직권에 대한 여론의 기대는 대단히 높았다. 『대공보』는 국민회의 직권으로 국민당 정강정책 및 훈정강령의 통과 외에 훈정약법의 제정과 헌법 반포 시기의 확정, 정부 예산안 통과와 재정운용 감독, 내외채 정리방안의 심의·결정, 입법위원 선거법 제정 또는 일부 입법위원 선임, 정부에 대한 국민의 청원권 행사 등을 요구하였다.[50] 이 신문은 국민회의가 그런 권한도 없이 알맹이 없는 선언을 발표하여 태평성세를 장식하는 도구가 되어서는 오히려 당치의 전도에 해를 미칠 것이라고 경고하였다. 그러나 주최 측인 난징의 중앙당과 정부는 국민회의의 주요 직권을 약법 제정으로 훈정건설사업을 확정하고 불평등조약 폐지로 국제지위를 제고하는 것으로 제한하였다.[51]

이에 난징정부는 국민회의 개회에 맞춰 영사재판권 폐지를 실현한다는 목표를 세우고 1930년 1월 초부터 각국과 교섭을 벌였다. 그러나 네덜란드, 노르웨이 등 작은 나라와의 사이에 합의를 이룬 것을 제외하면 미국, 영국, 프랑스, 일본 등 4대 강국과의 교섭이 진전되지 않자 국민회의 개회 직전에 정부는 교섭을 포기하고 국민회의에서 '자동폐지'를 주장하는 「불평등조약 폐지선언」을 채택하였다. 이때 국민회의는 공허한 선언을 내놓는 데 그치지 말고 조약폐지의 구체적 절차와 방법을 토론하여 결정해야 한다면서 국민회의 대표가 전국 직업단체의 지도자이니 직업단체의 일치된 힘으로 열강에 대하여 경제봉쇄를 실행하자는 주장도 나왔다.[52]

이로써 조약폐지는 "국민당 단독의 요구가 아니라 중국 인민 전체의 공의(公意)"라는 점을 부각시킬 수 있었다. 이 선언은 폐지의 정당한 근

---

50. 「國民會議職權私議」, 『大公報』 1931. 1. 27.

51. 「告本市選民」(社論), 『中央日報』 1931. 4. 19.

52. 「紀念國恥并蘄望於國民會議」, 『中央日報』 1931. 5. 9.

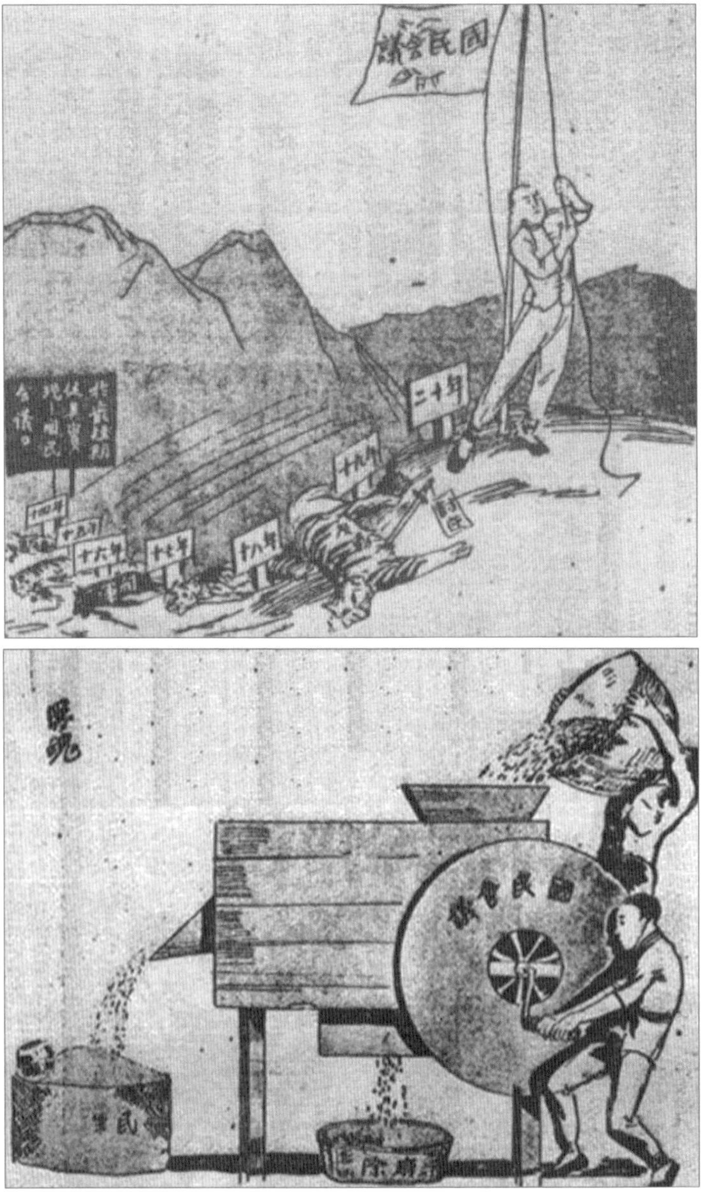

『중앙일보(中央日報)』의 난징국민회의(1931) 기념 삽화. 쑨원 유교(1925) 이래 난관을 거쳐 국민회의가 소집되었으며 국민을 하나로 단결시켜 불평등조약 폐지와 민생주의 실현이라는 양대 목표를 실현할 것이라는 기대를 담고 있다.

거로 "정세의 현저한 변화"가 있을 때에는 새 조약으로 대체할 수 있다는 국제법의 관례를 내세웠다. 여기서 '정세의 현저한 변화'란 열강과 불평등조약을 체결한 청조 및 중화민국 베이징정부가 무너지고 혁명에 의해 새 정부가 수립된 것, 열강이 이제껏 조약개정을 미루며 구실로 내세운 중국 법제의 미비가 최근 여러 가지 법전이 마련됨으로써 사라진 것을 지칭한다.[53] 실제로 난징정부는 외국 법률 전문가의 자문을 받아 중국 거주 외국인은 모두 중국 각급 법원의 관할을 받도록 하기 위해 외국인 전용법정의 설치와 이에 관한 조례를 준비해왔고 1931년 5월 4일 의결하여 반포하였다.[54] 장제스 자신이 "불평등조약 폐지야말로 국민회의의 최대 정신이자 이를 소집한 가장 중요한 의의"라고 말한 점에서 볼 때 약법의 제정도 불평등조약의 폐지를 위한 대외용이란 의미가 컸다.[55]

약법 제정은 조약폐지 교섭을 유리하게 이끌기 위해서 필요했지만 다른 한편 국내정치의 통일이란 면에서도 절실했다. 약법 제정은 훈정의 법제화를 통해 국민의 결집된 민의에 의해 난징정부에게 훈정권을 부여하는 절차로서의 의미가 있었기 때문이다. 총리 유교가 법률을 대신한다는 약법 제정 반대론을 누르고 국민당 중앙이 약법을 제정하기로 결정한 것은 이러한 효과를 기대했기 때문이다. 아래로부터의 혁명적 훈정을 요구했던 『대공보』는 '화평통일과 법치' 없이는 조약 폐지도 불가능하다고 약법제정의 의미를 부각시켰다.[56]

---

53. 「廢除不平等條約宣言」, 『中央日報』 1931. 5. 14; 「法權交涉」, 『大公報』 1931. 4. 11; 藝生, 「國民會議紀」(中), 『國聞週報』 8卷 19期, 1931. 5. 18.

54. 「英美法權日內卽可具體解決」, 『中央日報』 1931. 4. 28; 「國府明令頒布管轄在華外人實施條例」, 『中央日報』 1931. 5. 5.

55. 蔣中正, 「國民政府政治總報告說明」, 胡春惠 編, 『民國憲政運動』, 臺北: 正中書局, 1978, 651면.

약법은 1928년의 훈정강령을 그대로 수용해 국민당 중앙집행위원회가 중앙통치권을 행사하도록 함으로써 국민당의 훈정을 법제화하였다. 각 현은 신속히 자치준비기구를 조직하여 관련 사항을 집행하며 4대 민권을 훈련한다고 했지만 훈정 연한을 명시하지 않아 언론의 강한 비판을 받았다. 특히 개조파는 당과 정부, 주석의 권한은 더욱 비대해진 반면 "인민은 평상시 입법에 참여할 수 없고 행정을 감독할 수 없으니 약법의 원칙이 실행되는가의 여부는 당과 정부의 책임"이 되었다고 비판하였다.[57] 이것은 다름 아닌 훈정 단계의 특징이었다.

그런데 군벌할거를 통일하는 과정에서 군대가 200만 명으로 증가하고 군권이 강화되어 당권을 좌우하는 상황을 종식시키지 않고는 군정에서 훈정으로 넘어갈 수 없었다. 이를 위해서는 군권을 복종시킬 수 있는 국민의 결집된 민의와 이에 기초한 정통성 있는 정부가 있어야 한다. 이 점에서 국민회의 일부 대표가 군정 종식을 위한 제안을 제출한 것은 매우 주목할 만한 가치가 있다.

원래 쑨원과 왕징웨이 등이 훈정을 구상한 목적은 민권을 신장하고 군권을 제약하기 위한 것이었던 만큼 훈정 단계의 주요 과제는 군정체제를 극복하는 것이었다.[58] 국민회의에서 군민분치(軍民分治)와 군권제한을 요구한 제안자들은 이와 같은 맥락을 명확히 인식하고 있었다. 제안자들은 "군사력의 소장(消長)에 따라 정치력의 향배가 정해지는 악습을 종식해야 민치가 가능하다"라는 전제 위에서 "훈정시기가 개시되

56. 「國民會議閉幕」, 『大公報』 1931. 5. 18.

57. 中國國民黨執監委非常會議, 『國民會議的意義及使命』, 廣州: 出版社不明, 1931, 38~41면; 「約法制定之完成」, 『大公報』 1931. 5. 14.

58. 蔣永敬, 「南京政府初期實施訓政的背景及挫折－軍權, 黨權, 民權的較量」, 『近代史研究』, 1993年 5期, 81~85면.

었으니 마땅히 군정과 민정이 나누어져야 한다. 조사결과 각 성 정부의 주석, 청장, 위원은 대부분 현역 군인이다. 현역 군인이 현장을 맡은 경우도 많다. 〔…〕 군인은 비군사적 범죄의 경우에도 특수계급으로 간주되어 법률의 밖에 초월해 있고 일반 국민의 위에 존재하는데 군인을 민간인과 똑같이 법률 앞에 세워야 한다"[59]라고 요구하였다. 실제로 각 지방에서 군인들은 청대 독무(督撫)제도의 악습을 이어받아 민정사항을 좌우하는 권력을 임의로 행사하여 '소황제'로 불렸다.[60] 따라서 제안자들은 군민분치 없이는 훈정 아래서도 사실상 군정이 지속될 수밖에 없음을 절감하고 현역 군인의 민정 업무 겸직을 철폐하라고 요구하였다.

이상의 제안은 권력 기반을 주로 군권 및 군대 당원에 의지하고 있던 장제스의 난징정부 측과 첨예하게 대립할 소지를 안고 있다. 이 제안은 비록 집권세력에 의해 무시되었지만 그 자체가 국민회의 선거와 소집을 난징정부가 독판치기 했다거나, 또는 국민회의를 단순한 당정의 들러리였다고 매도하는 학계의 일반적인 평가가 지나친 것임을 보여주는 중요한 근거라 하겠다.

각지 농회 대표가 제출한 여러 제안도 이런 면에서 주목된다. 그들의 제안 중 중요한 것만 간추리면 토지 관련 법규를 신속히 제정해 소작농을 보호하고 자작농을 육성하자는 안, 지세를 줄이고 부가세를 제한하여 농민을 구제하자는 안, 전국적으로 25감조(減租)를 실시하자는 안, 지세의 법정 액수를 엄격히 정하고 징수 단위를 냥(兩) 대신 원(元)으로 바꾸자는 안, 전국농업개량위원회를 설립하고 농촌교육과 농사

59. 「現役軍人不得兼任地方民政長官案」,『國民會議實錄』, 正編(提案 下), 南京: 國民會議秘書處編印, 1931, 40면; 「請實行現役軍人不得充任各省政府主席案」, 같은 책, 47~48면; 「軍人權力限制案」, 같은 책, 77~78면.

60. 「國民會議與言論自由」,『大公報』1931. 5. 12.

시설 개량으로 농촌경제를 발전시키자는 안, 농촌의 정치·경제·문화 등 종합적 개혁과 발전을 도모하기 위한 중국농촌건설안 등이다.[61]

그중에서 농민의 부담을 경감하는 가장 좋은 방법이라 할 25감조에 관한 제안을 좀 더 살펴보자. 1926년 10월 국민당 중앙 각 성 연석회의가 결의한 25감조를 실시한 곳은 저장성뿐인데 이제 농회 대표들은 이를 전국적으로 실시하자며 다음과 같이 그 방안을 제시하였다. 첫째, 추수 1주일 전에 향촌자치단체가 현지 농회와 함께 지주·소작농 쌍방에 통지하여 그들의 입회 아래 수확량을 계산하고 이를 근거로 수조액을 정한다. 기타 구체적인 내용은 저장성의 감조방법을 참조한다.[62] 둘째, 수확량의 계산 등 기타 감조로 인해 일어나는 분규를 조정하기 위한 3급심의 전업중재기관(佃業仲裁機關)을 둔다. 초급기관은 촌리위원회(村里委員會)와 국민당 구 당부(區黨部)가 조직하고, 현(縣)과 성(省)의 중재기관은 현지 당부·정부·사법기관이 농회와 함께 조직한다. 전업 쌍방은 25감조 원칙에 따라 새로 계약을 맺고 감조법령을 위반한 자는 지주든 소작농이든 법에 따라 처벌한다.[63] 셋째, 현 정부와 당부·자치단체·농회가 인원을 파견해 각 구·향의 25감조 지방건설비 징수위원회를 구성하고 감조액의 3할을 지방의 건설경비로 충당한다.

25감조를 실시하는 과정에서 농회가 이와 같이 중요한 역할을 담당할 수 있으려면 당정에 의해 급조된 농회여서는 곤란하다. 따라서 농회 대표가 농회의 자주성을 신장하고 지위를 높일 수 있도록 농회법을

61. 『國民會議實錄』正編(提案 上), 268~271면, 311~313면; 『國民會議實錄』正編(提案 下), 42~43면, 50~52면, 60~61면, 156~190면.

62. 「全國實行二五減租以增加農業生產發展國民經濟案」, 『國民會議實錄』正編(提案 下), 51면.

63. 「厲行二五減租以救濟農村經濟案」, 같은 책, 61면.

개정해야 한다는 제안이 제출된 것은 당연한 일이었다. 타율적인 농회를 농민 스스로 조직하고 농민이 공유하는 자주적인 농회로 개선하여 각급 기관을 도와 직접 농민의 복리를 도모해야 한다는 제안,[64] 그리고 농민을 기만·압박하고 농회 취지를 파괴하는 자를 제재할 권한을 농회에 부여하고 각급 농회 안에 농사공단처(農事公斷處)를 부설하여 농민분규를 처리하도록 농회법을 개정해야 한다는 제안 등이 그런 예이다.[65]

국민회의 대표의 제안 중 '국민경제위원회설립안'은 직업단체의 요구를 반영한 것이어서 주목된다. 그 안에 따르면 전국의 농공상 각 직업단체 대표, 정부기관 인원, 전문가로 위원회를 구성해 국민경제의 개량과 경제적 조처 등 실제 방안을 마련하여 정부가 실행케 함으로써 거국일치의 민생촉진 효과를 거둘 수 있게 한다고 하였다.[66] 이 안은 결의 통과되었고 그 후 실제로 조직조례가 제정되어 설립되었다. 이는 1928년 상회를 비롯한 각 직업단체가 요구한 경제회의, 1930년 베이핑 확대회의가 타이위안약법에 명시한 경제위원회(정부대표 5분의 1, 직업단체 대표 5분의 4로 구성)와 맥을 같이하는 기구였다.

각종 안건이 제출되면 모든 제안 및 결의가 총리 유교를 벗어나서는 안 된다는 기준에 따른 제안심사위원회의 선별을 거쳐 회의에 상정되고 토론되어 결의되었다. 가령 '실업건설 순서안'은 건국방략에 의거하였고, '교육시설 확충안'은 심리건설에 의거하였으며, '훈정약법'은 훈정강령과 건국대강에 근거하였다. 그러나 앞에서 본 '군정 종식요구안', '농회법 개정안' 등은 결의안으로 채택되지 못했다. 전체 제안 중

---

64. 「發展農村經濟以厚民生而堅固國民經濟基礎案」, 같은 책, 159면.

65. 「農會法中應明定農會有提出制裁欺壓農民及破壞農會宗旨者之權利各級農會附設農事公斷處以便處理農民糾紛案」, 『國民會議實錄』 正編(提案 上), 256면.

66. 「經濟審査委員會審査報告」, 『國民會議實錄』 正編(會議紀錄), 159~162면.

20여 개만 대회결의로 통과되었고 나머지는 마지막 날 오후 한꺼번에 통과되었다.[67] 이는 결의에 일정한 제한이 가해졌고 토론도 불충분했음을 의미한다. 토론이 불충분한 이유 중 하나는 언어 문제였다. 의안 토의에 들어가자 각 성 대표들 간에 의사소통이 안 되어 통역자가 일일이 통역을 하였다. 그에 앞서 장제스가 닝보 발음으로 개회사를 읽어나갈 때도 다른 성 출신 대표들은 알아들을 수 없었다. 신언준은 그래서 국민회의를 마치 국제회의 같다고 보도했을 정도다.[68]

국민회의 소집과 약법제정을 계기로 난징 측은 중국의 통일과 건설을 도모하기 위해 필요한 '민주의 정신'과 '법치의 궤범'을 마련했다고 자부하면서 건설의 가장 중요한 과제는 민생에 있음을 확인하였다고 하였다. 국민회의 소집 이후 난징정부는 "이제 국가의 정치는 새로운 단계로 진입했다. [⋯] 이전에 혁명 성패의 책임이 국민정부에게 있었다면 이제부터는 그 책임이 전국 국민 자신에게 있다"라는 국민책임론, 또는 적어도 "국가건설의 책임을 정부뿐만 아니라 국민도 분담해서 짊어져야 한다"라는 책임분담론을 공식 제기하였다.[69] 국민당 중앙은 이런 내용을 『국민회의 선언 및 결의안 선전집』으로 묶어내 널리 선전하였다.

난징정부의 독재를 비판해온 『대공보』도 5월 10~18일 사이에 사설을 통해 국가의 출로는 먼저 화평통일에 있고, 그 관건은 법치의 실행에 있으며, 이것이 없이는 불평등조약의 폐지도 있을 수 없다고 보아

---

67. 「國民會議之提案與決議不得踰越總理遺敎」, 『中央日報』 1931. 1. 25, 5. 21.

68. 「國民會議雜觀」, 민두기 편, 앞의 책, 387면, 394면.

69. 蔣中正, 「國民會議閉會詞」, 『中央日報』 1931. 5. 18; 邵元冲, 「國民會議後政府與人民應有之責任與努力」, 『國民會議宣言決議案宣傳集』, 南京: 宣全集編纂委員會, 1931, 203~204면.

이 두 가지를 의결한 점에서 국민회의의 의의를 어느 정도 인정할 수 밖에 없다고 하였다. 그리하여 약법이 훈정 연한을 명기하지 않은 점, 제안의 방식에서 전체 대표 중 20%의 연서가 있어야 한다고 제한한 점, 언론자유에 관한 제안이 나왔으나 토론되지 않은 점, 회기가 너무 짧아 충분한 토론의 기회가 없었던 점 등을 지적하면서도 "이번 국민회의가 중화민국 건국의 일대 기념이 되기를 희망한다"라고 기대를 나타냈다.

하지만 국민당 내 반장(反蔣) 세력인 광저우비상회의 측은 장제스의 국민회의를 위안스카이(袁世凱)의 주안회의(籌安會議)나 돤치루이(段祺瑞)의 선후회의(善後會議)와 똑같은 것으로 보았다. 그 근거는 소집 과정에서 위안스카이·돤치루이와 마찬가지로 장제스가 독판지기를 했다는 것이다. 난징국민회의는 직업단체 대표로 구성된 예비회의를 먼저 열어 이 예비회의가 국민회의의 선거와 조직방법, 의사일정, 직권 등 일체를 결정하도록 한 쑨원의 구상과 달랐다. 그래서 광저우 비상회의 세력은 난징국민회의가 끝난 후, 쑨원 탄생일에 맞춰 1931년 11월 12일 국민회의 예비회의를 개최하여 직업단체 중심의 진정한 국민회의를 다시 소집하겠다고 선포했으나, 이들이 구상한 새로운 국민회의의 직권도 난징국민회의와 다를 것이 없었다.[70] 따라서 이것은 단지 반장세력을 규합하기 위한 시도 이상의 의미를 갖기 어려웠을 터인데, 그래서인지 사회의 관심을 끌지 못하였다.[71] 게다가 9·18만주사변 이후 광저

---

70. 國民黨執監委非常會議, 앞의 책, 30~33면.

71. 참가 범위를 쑨원이 북상선언에서 제시한 9종의 단체로 한정하고 국민당 이외의 정당은 인정하지 않았으며 '차오쿤·우페이푸에 반대하는 각 군'을 '장제스에 반대하는 각 군'으로 고친 정도였다. 그리고 공산당 활동에 참가한 사람과 장제스에 협조한 사람도 배제하였다. 같은 책, 84면, 100면.

우 측이 반장을 포기하고 난징 측과 연합했기 때문에 국민회의 예비회의 추진 역시 포기되었다.

이상의 분석에서 보았듯이 난징국민회의는 쑨원이 구상했던 국민회의 소집의 절차, 곧 각 직업단체 대표로 구성된 예비회의가 국민회의의 선거, 소집, 직권과 의제 등 일체를 결정하고 주도하도록 한 방식과 멀어져버렸다. 그 주요 원인은 청당을 거쳐 훈정체제가 확립되면서 각 직업단체의 자율성이 손상되었기 때문이다. 그렇더라도 국민회의의 정치적 효과는 당정과 사회단체에 각기 따로 있었다.

국민당은 국민회의에서 약법을 제정함으로써 국내적으로 경쟁하는 정파들 사이에 장제스와 난징정부의 권력을 정당화하는 한편, 나아가 헌법을 결여한 중화민국(Republic of China)으로 하여금 국제사회에서 공화국으로서의 국체를 인정받을 수 있도록 뒷받침하였다. 동시에 직업단체의 정비와 직업선거를 통해 "사회는 단체가 모여 성립된 것이지 개인의 집합이 아니며, 국가는 단체를 기초로 삼고 단체는 국가를 귀착점으로 삼는다"[72]라는 국가관을 민간사회에 침투시키려 하였다. 합군건국론이라 할 만한 단체주의 논리를 여기서도 볼 수 있다.

그러나 각계 사회단체는 훈정 초기부터 당과 정부의 의도대로 통제하지 않았고 일본의 침략으로 인해 민족주의적 동원과 참여가 재연되면서 그들의 자율적 활동 공간은 점점 커져 갔다. 원래 국민회의가 당과 정부의 일방적 필요에 따라 소집된 것이 아니라 국민혁명을 통해 새로운 민의기관 건립 방안으로 합의된 것이었기에 난징국민회의는 거기에 참여한 각 직업단체에게 정치적 지위를 높여주는 효과를 초래하였다. 민간 직업단체의 회원이 국가의 공인 아래 선거로 자신의 대표

72. 「人民團體之意義」(社說), 『中央日報』 1931. 1. 21.

를 뽑고 그 대표가 국민적 의제와 각 직업계의 요구를 전국 규모의 회의에서 제안하고 토론한 것은 그 자체로서 민주주의 훈련과정이었다. 세계적으로 전체주의가 풍미하던 시대였음을 감안하고 보면 더욱 그렇다.

3 | 국민회의에서 국민참정회로

1931년 5월 난징국민회의에서 약법이 제정되자 국민당과 정부는 이제부터 민국 건설의 책임은 정부와 국민 쌍방에게 있음을 강조하면서 국민을 건국사업에 동원할 의지를 분명히 하였다. 그러나 동원이 효과적으로 이루어지기 위해서는 우선 정부가 약법을 준수해야 하고 그 준수 여부를 감독할 국민의 참정기회가 보장되어야 한다. 이는 상설민의기관의 설치를 통해서만 제도화될 수 있다. 이에 그로부터 4개월 뒤에 발생한 9·18만주사변을 계기로 민의기관 설립 요구가 '각계연합'의 '각계민의' 형태로 모아져 터져 나왔다.

이러한 민의기관 설립 요구는 두 갈래로 나뉘었다. 그 하나는 훈정을 조기에 종식하고서의 헌정기 민의기관이어야 한다는 '헌정론적 민주화운동'이다. 다른 하나는 국민당의 훈정을 일단 현실로서 인정하되 훈정기에도 민의기관이 있어야 4대 민권의 훈련, 민의와 민력의 결집이 가능하다는 '훈정론적 민주화운동'이다. 그동안의 연구는 후자를 간과한 채 전자에 집중되어왔으나 필자는 이 장에서 후자에 대해 집중 조명하고자 한다. 훈정론적 민주화 요구는 1932~1933년 국민구국회의 소집운동과 국민참정회 조직법 제정으로 나타났고, 결국 1938년 국민참정회 소집으로 이어졌다.

학계에서는 국민참정회(1938~1948)를 국민당과 군소당파 대표로 구성된 자문기구로 파악하고 제2차 국공합작 추진 과정에서 1937년 성립된 국방참의회(國防參議會)로부터 직접 유래된 것으로 간주하였다. 당시인의 그러한 술회가 남아 있고 또 형식상 양자 사이에 직접적인 연속성이 있는 것도 사실이다. 그러나 필자는 이처럼 국공합작이라는 단기간의 '사건'을 지나치게 강조할 경우 국민참정회의 탄생에 작용한 중·장기적 '국면과 구조'의 지속을 간과하게 된다고 보아 이를 그동안 줄곧 추구된 국민회의운동을 계승하여 항일전기의 조건에 맞게 구체화시킨 예로 파악하고자 한다. 국민참정회는 국민회의 방식의 민의 결집 경험을 계승하되 직업대표제와 구역대표제를 병행한 것으로서 직업대표제의 지속과 변화를 보여준다.

이상과 같은 가설을 증명하기 위해 먼저 민간사회의 항일민의와 민주민의가 결집되는 방식과 구조를 검토할 것이다. 그리고 이러한 민간사회의 여론이 국민당의 훈정체제와 경쟁·타협하는 가운데 국민참정회가 구상되는 과정을 분석해서 그 속에 일관된 국민회의식 직업대표제 논리를 드러내고자 한다.

민간사회의 항일민의와 통일정부 수립 요구

1931년 9·18만주사변이 발생하자 중국 민간사회는 난징국민정부에 대일선전(對日宣戰)을 촉구하는 동시에 통일정부 수립에 의한 일치항일을 요구하였다. 그해 5월 국민회의 개최 문제를 둘러싸고 난징의 국민당 중앙과 국민정부에 맞서 광저우에 국민당비상회의(國民黨非常會議)와 광둥국민정부(廣東國民政府)가 성립됨에 따라 당정이 분열된 상태에서 일본의 침략을 당했기 때문에 대일항전과 통일정부 수립은 분리될 수 없는 당면과제로 인식되었던 것이다.

만주사변 1주년에 천쟈오(陳覺)가 펴낸『9·18 후 국난통사(九一八後國難痛史)』는 일본군의 침략에 대한 중국인의 항일운동을 학계(學界)·법단(法團)·의용군(義勇軍)·군인(軍人)으로 나누어 서술하였다.[1] 이는 민간사회의 항일운동이 학계와 법단 중심으로 전개되었음을 보여준다. 베이핑에서는 사변 이틀 후 각 현·시 상회 대표가 전국 상회와 국민에게 전문을 발송하여 전국 민중은 정부의 뒷방패가 되어 함께 국난에 대처할 터이니 정부는 즉시 대일선전을 발표하고 북상항일(北上抗日)하라고 촉구하였다. 이렇게 표출되기 시작한 항일민의는 다음날 시내 중학 및 대학교, 상회, 공회, 농회, 국민당 성·시 당부 등 각 단체에 의한 집회와 강연으로 이어졌고, 이윽고 9월 28일 250여 단체의 대표와 시민 20여만 명이 참가한 베이핑시각계항일구국시민대회(北平市各界抗日救國市民大會)로 발전하였다. 그리하여 광둥정부의 즉각 취소와 통일정부 수립, 내전정지와 일치대외를 요구하는 선언을 발표하고 베이핑시각계항일구국회를 결성하였다.[2] 상하이에서도 이와 거의 비슷한 방식과 경로로 항일민의가 결집되었다. 9월 26일 800여 단체의 대표와 시민 20여만 명이 참가한 항일구국시민대회가 열려 장제스(蔣介石)는 군권을 통일해 무장항일에 나설 것, 분열된 국민당 중앙은 사견은 버리고 일치대외할

---

1. 陳覺,『九一八後國難痛史』, 東北問題硏究會, 1932(沈陽: 遼寧人民出版社, 1992 重印本), 906~1078면. 천쟈오는 다년간 新聞界에 종사하여 전국 민중의 항일여론을 소상히 파악할 수 있는 위치에 있었으며, 이 책은 각 항일단체의 선언과 電文 등 1차 자료를 그대로 게재하고 약간의 의견을 덧붙이는 방식으로 편찬되어서 연구서라기보다 자료집 성격이 강하다.
2. 같은 책, 947~956면.

것을 촉구하였다.[3] 난징에서도 9월 23일 20만 명이 참가한 수도각계반일구국대회가 열려 열강에게 구걸하고 국제연맹에 의지하는 국민정부의 부저항주의(不抵抗主義) 외교정책에 항의하고 대일선전과 대일경제절교를 촉구하였다.[4] 그 밖의 전국 각 주요 도시에서도 각계단체 연합에 의한 각계항일구국시민대회가 열리고 항일구국회가 결성되었다.

이 같은 지역 단위 항일구국회의 기초가 된 것이 업종별 법단의 구국회이다. 공계(工界)의 경우, 상하이시 각 업종 노동자들이 반일파업을 벌이거나 불합작주의(不合作主義)에 따른 작업 거부를 단행하면서 업종별 공인항일구국회(工人抗日救國會)를 결성하고 이를 바탕으로 상하이시공계대표대회를 거쳐 상하이시공계항일구국회를 결성하였다. 난징, 베이핑, 톈진의 공계도 이런 방식으로 공계항일구국회를 결성하여 장제스의 북상항일, 내쟁정지와 일치대외를 요구하였다.[5] 상공업계·교육문화계·신문계·여성계·학생계도 이와 마찬가지였다. 상하이의 교육문화계는 상하이교육계구국연합회와 상하이대학교수항일구국회를 따로 결성했으나,[6] 거기서 그치지 않고 왕자오스(王造時), 선쥔루(沈鈞儒), 저우타오펀(鄒韜奮), 마샹보(馬相伯), 장나이치(章乃器), 타오싱즈(陶行知), 정전둬(鄭振鐸), 추푸청(褚輔成) 등이 앞장서 상하이문화계구국회를 성립하였다. 그 회원의 대다수는 대학교수였으니 사실상 교육계와 문화계의 항일국구회는 긴밀하게 통일되어 있었다. 상하이문화계국구회는 상하이각계구국연합회 결성을 주도하는 동시에 베이핑의 장둥쑨, 후쓰 등과 연락해 전국문화계구국연합회총회 결성을 추진하였다.[7] 만주

---

3. 같은 책, 990면.
4. 溫濟澤, 『九一八和一二八時期抗日運動史』, 北京: 中國工人出版社, 1991, 90면.
5. 같은 책, 124~127면.
6. 같은 책, 129~135면.

의 각 법단은 1932년 10월 소련과의 국교를 재개하여 연소항일(聯蘇抗日)에 나설 것을 정부에 요구하기도 했다.[8]

국민당의 청당 과정을 거치면서 민간직업단체가 우파의 입맛에 맞게 개조된 한계가 있음을 인정하더라도 만주사변 직후 이들 단체의 활동과 주장은 순식간에 그런 한계를 뛰어넘었다. 이들 법단이나 법단연합회가 중심이 된 항일구국회가 만주사변 직후 항일민의를 넘어 일치항일을 위해서는 민주개혁에 의해 분열된 당정을 통일하라는 민의를 결집해 쏟아낸 것은 각 법단이 개조를 거친 후에도 당의 통제 아래 머물러 있지 않았음을 보여준다.

공산당, 국민당임시행동위원회, 중국치공당(中國致公堂) 등이 장제스와 국민당 타도를 주장한 '반장항일(反蔣抗日)'을 호소한 것과 달리 이 법단과 각계항일구국회는 장제스와 국민정부가 앞장서서 대일항전을 감행하라는 '촉장항일(促蔣抗日)'의 입장이었으므로 민주화 요구는 더욱 절실하였다. 이에 따라 분열된 당정의 통일이 우선적인 당면과제로 제기되었으니, 가령 상하이시상회는 9월 28일 일화배척(日貨排斥)운동을 추진함과 동시에 국민정부는 즉시 만주로 출병하고, 난징정부와 광저우비상회의 각 위원이 상하이에서 만나 공동으로 항일국구하는 방법을 의논하라고 촉구하였다.[9] 왕자오스를 비롯한 상하이 각 대학의 교수 200인도 당치(黨治)가 인민의 권리를 박탈하여 진정한 민의가 억압된 것을 비판하면서 인재를 집중하여 국방정부를 조직하라고 촉구하

7. 「國民黨中央民衆訓練部胡星伯關于上海文化界救國會活動情形調査報告附上海市黨部取締該會辦法」(1931. 2. 7), 中國第二歷史檔案館 編, 『中華民國史檔案資料滙編』 5輯 1編 政治(4), 南京: 江蘇古籍出版社, 1991, 247~251면.

8. 陳覺, 앞의 책, 986~987면.

9. 溫濟澤, 앞의 책, 133면.

였다.[10]

난징과 광둥으로 갈라져 대립하던 국민당 중앙은 각계의 화평통일 여론을 의식해 10월 26일부터 상하이에서 모여 당정의 통일방안을 논의하였다. 양측은 중앙정제개혁안(中央政制改革案)을 토론하였는데, 그중에는 1~2년마다 국민정부가 '국민대표회의'를 소집하고 입법·감찰위원의 절반을 거기서 선출하도록 하는 방안이 포함되어 있었다.[11] 항일구국회와 민간직업단체는 화평통일회의에 대표를 파견할 터이니 회의 열석(列席)을 허용하라고 요구하거나 양측은 편견을 버리고 대승적으로 타협하여 통일을 이룩하라고 촉구하였다.[12] 11월 22일 난징국민당 제4차 전국대표대회에서 국난회의(國難會議)를 열기로 제안한 것도 이 같은 여론을 배경으로 한 것이었다. 그 직후 상하이 각 대학교수항일구국회가 정부는 이 "국난회의를 올바르게 준비하여 민의를 대표하는 기관으로 삼으라"고 주문한 것은 당시 여론의 향방을 잘 보여주는 예이다.

장제스가 정부주석에서 물러난 후 1932년 1월 광둥 측의 쑨커(孫科)·후한민과 왕징웨 등의 참여로 당정이 통일되어 통일정부가 성립되었다. 그러나 곧이어 상하이사변(1932년 1월, 일본군이 만주에 쏠린 세계의 관심을 돌리기 위해 상하이를 침략한 사건)이 발생하여 국난은 갈수록 위중해졌다. 이때 상하이각단체항일구국연합회가 '내전정지와 일치항일'을

10. 平野正, 『中國革命の知識人』, 東京: 日中出版, 1977, 14~16면.

11. 「上海"和平統一會議"會議記錄」(1931. 10. 27~11. 7), 中國第二歷史檔案館 編, 앞의 책, 5輯 1編 政治(2), 803면.

12. 首都各界抗日救國會, 北平市各界抗日救國會, 察哈爾省反日救國會, 東北留平學生會抗日救國會, 清華大學抗日救國會, 上海各大學生抗日救國會, 浙江省鄞縣中等學校反日救國會聯合會, 上海總工會 및 各業工會, 江蘇省銅山縣農會 등이 그런 예이다. 같은 책, 794~811면.

촉구한 것은 이제 국민당 내부의 통일을 넘어서 공산당과의 내전을 종식하여 진정한 의미의 거국적 일치항일을 촉구한 것이었다. 이 구국연합회의 성립선언에서 왕자오스, 선쥔루 등은 신속히 국난회의를 개최하여 당파를 초월한 국방정부를 조직하라고 요구하였다. 이 구국연합회는 대표적인 대부르주아 단체라 할 시상회·은행공회뿐만 아니라 급진적 입장에 있던 각 대학교수항일구국회(王造時)와 시총공회(陳培德)도 참여하여 전절공회(全浙公會, 褚輔成), 율사공회(李次山), 납세화인회(納稅華人會, 胡風翔), 마로상련회(馬路商聯會, 張子廉), 중국공정사학회(胡庶華), 상하이지방유지회(黃炎培) 등과 함께 연합회의 상무이사를 맡은 점으로 볼 때, 상하이 "최초의 항일민족연합전선의 탄생"이라고 할 만하다.[13] 또 지방유지회에는 신보사장 스량차이(史量才), 시상회 회장 왕샤오레이(王曉籟), 상공업계의 거두 위치아칭(虞洽卿) 등이 참여하였다.

전국 각지의 중학교와 대학교 학생들은 각지에서 집회와 시위를 벌여 항일 열기를 북돋아 가지고는 1931년 9~12월 사이 수도인 난징에 집결해 정부의 '출병항일'을 촉구하는 집단적 청원운동을 연일 벌였다. 이때 평화적 방법에 의해 통일정부를 수립하고 훈정을 종식하여 헌정을 실시하며 정(政)과 군(軍)을 분리하고 민중운동을 회복하라는 요구도 함께 제출하였다.[14] 요컨대 군사적 항일과 민주개혁의 병행을 요구한 것이다. 이 가운데 특히 국민정부에게 헌정실시를 비롯한 민주개혁을 요구한 것은 항일운동의 새로운 면모로서, 정부를 당혹케 하기에 충분하였다. 10년 전 5·4운동기에도 그랬듯이 "외침으로 인해 조성된 민

---

13. 溫濟澤, 앞의 책, 271~272면; 平心, 『中國民主憲政運動史』, 上海: 進化書局, 1946, 301~302면.

14. 「全國青年學生抗日救國運動情況簡明統計表」(1931. 9. 22~12. 17), 中國第二歷史檔案館 編, 앞의 책, 5輯 1編, 政治(4), 150~243면.

족위기가 민주쟁취의 파도를 고양"시킨 것이다.[15]

이에 당과 정부는 항일운동을 탄압하고 구국회를 자신의 통제하에 두려고 시도하였다. 그러나 각지 구국회는 정부와 국민, 정부와 민족·국가를 명확히 구분하여 국민·국가를 위한 정부일 것을 요구하고 나섰다.[16] 정부와 국가가 이렇게 구분된다면 국가를 위해 정부를 교체할 수도 있다는 주장으로 발전할 가능성이 컸다. "정부 당국은 국민의 공복(公僕)일 따름인데 지금 마침내 민의를 위반하여 주인을 노예로 삼으려 한다. [⋯] 정부가 (일본과의) 정전협정을 취소하고 군대를 내어 맞서 싸우겠다면 전국 국민은 맹세코 뒷방패가 될 것이나, 그렇지 않으면 정부는 단지 인민의 공적(公敵)일 뿐이므로 인민은 그런 정부를 어떻게 처리할지 스스로 결심할 수밖에 없다"[17]라고 한 것이 그런 예이다.

항일운동 과정에서 민간직업단체는 항일구국회를 결성하여 항일민의를 대변하는 한편, 공산당까지 포함하는 일치항일을 위해 내전폐지대동맹(內戰廢止大同盟)을 결성하여 활동하였다. 폐전운동은 1932년 5월 25일 전국상회연합회와 상하이의 시상회·은행공회·전업공회가 톈진·광저우·베이핑·난징·한커우의 시상회와 은행공회, 전업공회(錢業公會)가 각계에 호소해 내전폐지대동맹이 발기되면서 개시되었다. 교육계와 언론계, 자유직업단체도 참가하였다. 폐지해야 할 내전의 범위는 중앙정부와 지방군벌 간의 전쟁에 국한한다는 협의론에서 공산당과

---

15. 平心, 앞의 책, 297면.

16. 「中國婦女救國大同盟等團體嚴斥汪蔣鏟除異己實行不抵抗主義罪惡行徑的代電」(1932. 3. 4), 「北平市各界抗日救國會要求市政府當局停止干涉禁售日貨等愛國活動代電」(1932. 5. 3), 「南京各校抗日救國會責問政府爲何不收復失地并阻止學生救國運動書」(1932. 5. 19), 中國第二歷史檔案館 編, 앞의 책, 5輯 1編, 政治(4), 402면, 422~424면.

17. 「福建晉江縣各界反對妥協示威大會致行政院代電」(1932. 6. 15), 같은 책, 420면.

국민당 간의 전쟁까지 포괄해야 한다는 광의론으로 확대되는 모습을 보였다.[18] 가령 톈진의 『대공보』와 베이핑의 『독립평론』, 특히 후스, 딩원장(丁文江) 같은 반공적 인사들도 공산당이 무력에 호소해 내전을 일으킨 것은 정치불량의 소산이니 무력으로는 공산당을 소멸할 수 없다고 주장하면서, 폐전운동단체가 나서서 양측의 협상을 이끌어 내야 한다고 민간단체의 적극적인 매개 역할을 촉구하였다.[19] 상하이의 『시사신보(時事新報)』와 대학교수항일구국회의 왕자오스도 이와 마찬가지 주장을 내놓았다. 그들은 내전이 군민분치(軍民分治)가 이루어지지 않은 데서 말미암았다고 보고 국민정부에게 군인의 민정 겸직을 금지하는 개혁을 요구하는 동시에 공산당도 폭동을 정지하고 일치대외에 적극 나서라고 촉구하였다.[20]

이렇게 보면 내전이 종식되어야 진정한 훈정이 가능해진다는 논리이므로 폐전운동은 곧 '진정한 훈정'을 촉구하는 운동과 결합될 수밖에 없다. 결국 항일구국운동은 민의기관설립운동과 더불어 처음부터 내전정지 내지 내전폐지운동을 그 양대 축으로 삼을 수밖에 없다. 8월 27일 성립된 내전폐지대동맹은 정치적 분규로 인해 내전이 일어날 우려가 있을 경우, 그 쌍방에게 반드시 민의기관의 조처를 따르도록 권고한다는 규정을 마련하였는데 "정식 국민대표기관이 성립되지 않은 상황에서는 법정 민간단체가 이를 대신한다"라고 규정하였다.[21] 직업단체를 포

18. 내전의 범위에 관한 논란은 『大公報』뿐만 아니라 이 글에서 분석하지 않은 톈진의 『益世報』나 베이핑의 『晨報』 등에서도 다루어졌다. 「廢戰運動之管見」, 『大公報』, 1932. 7. 31, 8. 2.

19. 「進一步廢止內戰運動!」, 『大公報 1932. 7. 21; 「再論廢戰運動」, 『大公報』 1932. 7. 22; 胡適, 「廢止內戰大同盟」, 『獨立評論』 3號, 1932. 6. 5; 丁文江, 「所謂剿匪問題」, 『獨立評論』 6號, 1932. 6. 26.

20. 「內戰與政府」, 『時事新報』 1932. 6. 15; 王造時, 『救亡兩大政策』(新月書店, 1931. 10. 10), 『荒謬集』, 上海: 自由言論社, 1935, 24~32면.

함하는 민중단체가 스스로 민의기관임을 자임하고 나선 것이다.[22] 이 민의대행기관의 조정을 따르지 않는 세력에 대해서는 각 경제단체가 앞장서는 '경제적 협조거부(不合作)'의 방법이 제시되었다.

이상 살펴본 바와 같이 국민당 당치하에서도 각계민간단체들이 순식간에 업종별로 항일구국회를 결성하고 성·시 단위로 대규모 시민대회를 열어 항일민의를 결집하면서 통일정부 수립을 요구하고, 나아가 내전폐지운동을 벌일 수 있었던 원동력은 무엇일까? 가깝게는 1931년 5월 개최된 난징국민회의, 그리고 멀리는 1920년대의 국민회의운동에 주목하고 싶다. 난징국민회의에서 민간직업단체는 자신의 대표를 선출해 불평등조약 폐지를 선언하고 훈정시기 약법을 제정하였다. 그것은 1920년 이래 각 성·시의 국민회의운동을 통해 줄곧 중국인의 민의가 이런 방식과 구조에 의거해 결집되어온 사회관행이 지속되었음을 반영한다.

민간단체의 국민구국회의 소집 요구

분열되었던 국민정부의 통일을 요구해온 민간사회의 한편에서 솟아올라온 또 하나의 여론은 민의기관을 건립하라는 것이었다. 이제 통일정부가 수립되었으나 민의기관이 없이는 전 국민의 민의와 역량을 결집하여 효과적인 항전을 수행하기 어렵다는 것이었다. 카이펑각업공

21. 吳鼎昌, 「廢止內戰大同盟」, 『國聞週報』 9卷 25期, 1932. 6. 27; 「廢止內戰大同盟成立」, 『大公報』 1932. 8. 27; 「廢止內戰大同盟成立」, 『國聞週報』 9卷 35期, 1932. 9. 5.

22. 원래 발기선언에서 국민대표기관을 대신하는 단체는 '법정 직업단체'로 되어 있었는데, 폐전운동에 여러 단체가 광범하게 참여하면서 '법정 민중단체'까지 포괄해야 한다는 요구가 반영되었다. 「北平各界響應廢戰通電」, 『大公報』 1932. 6. 12.

회항일구국연합회(開封各業工會抗日救國聯合會)가 입법·감찰위원의 민선을 즉각 실행하라고 요구한 것[23]도 그런 예에 속하는데, 이는 치권기관(治權機關)일 뿐 정권기관에 해당하는 민의기관이 아니었다.

민의기관 설립 요구는 크게 둘로 나뉘졌다. 훈정을 종식하고 헌정을 실시하여 국민대회를 소집하는 헌정론적 민주화운동(헌정운동)과, 훈정을 인정하고 그 안에서 훈정시기 민의기관을 설립하자는 훈정론적 민주화운동(훈정운동)이다. 전자에 관해서는 이미 많은 연구가 나왔으니 재론하지 않기로 하고 후자에 관해서 검토해보자.

각계단체들이 민의기관 건립을 요구하는 가운데 이를 촉진한 하나의 직접적인 계기는 국난회의 소집이다. 국난회의는 1931년 11월 차이웬페이(蔡元培)의 제안에 따라 이듬해 4월 소집되었다. 그 취지는 "구미 각국의 경우 서로 반대하던 정당들도 국난 시에는 서로 결합하여 공동으로 대처하듯이 우리도 당 밖의 우량 인재를 받아들여 역량을 충실히 하자"라는 것이다.[24] 각계는 이 취지에는 공감했지만 대표의 구성방식과 국난회의의 직권을 둘러싸고 의견이 엇갈렸다. 처음의 논의에서 참석대표는 당정의 위원 외에 전문학자·전국경제학회·공정사학회·전국학생단체·전국실업단체·은행공회·면사공회가 '추천'한 자, 농·공·상 각계의 학식과 덕망을 갖춘 자 중에서 당 중앙이 '초빙'한 자로 구성하기로 되어 있었다.[25] 그러나 1932년 3월 공포된 조직대강에 따르면 참석대표 전원을 정부가 각계로부터 '초빙'하는 방식으로 바뀌어 민간단체의 자율적 결정의 여지가 억압되었다.[26]

---

23. 「開封各業工會抗日救國聯合會反對淞滬協定要求限期回復失地代電」(1932. 3), 中國第二歷史檔案館 編, 앞의 책, 5輯 1編, 政治(4), 413면.

24. 「四全會今晨閉幕: 決定召集國難會議」, 『大公報』 1931. 11. 23.

25. 「國難會議卽將召集」, 『大公報』 1931. 12. 10.

이에 대하여 정부에 의해 국난회의 회원으로 초빙된 각계 인사들은 인민에 의해 선출된 대표가 아니어서 전민을 대표할 수 없다고 비판하면서도 국난회의에 참석하여 민의결집의 장으로 활용하기 위해 상하이, 톈진, 베이핑 등 지역별로 집회를 열고 요구사항을 수렴하는 동시에 회의전략을 논의하였다. 이들은 언론·결사의 자유보장을 전제로 국난회의에서 헌정실행안을 의결하고 헌법기초위원회 조직법을 제정하여 위원회를 구성하되 기초위원은 어느 당파도 3분의 1을 넘지 않도록 하며, 여기서 초안을 만들고 국민대표회 조직법도 만들어 헌법을 통과하도록 하자는 구체적 절차까지 마련하였다.[27]

그러나 회의 소집 직전에 정부가 의제를 외침대응·재난구제·반란평정으로 한정한다고 발표하자 각계는 거세게 항의하였고 초빙된 회원의 3분의 2가 참석을 거부했는데, 특히 헌정론자의 대다수가 불참하였다. 그들은 당정과 합작을 포기하고 독자적인 헌정운동을 가속화하였다.

한편 국난회의 소집방법에 관한 논의가 당 안팎에서 진행 중이던 1931년 12월 10일, 난징 측과 대립하고 있던 왕징웨이는 "각 민중단체는 스스로 진정한 대표를 선출해 대표회의기관을 조직하라. 이것이 인민과 정부 간의 가장 좋은 의사소통기관이니 이를 통해 합작하여 일치대외할 수 있다"라고 민중단체의 선거에 의한 민의기관 설립을 요구하고 나섰다.[28] 이는 국난회의 참석대표 결정방식이 민간단체의 '추천'에서 당 중앙의 '초빙'으로 바뀌어가던 중에 제기된 것이어서 전국 각계

---

26. 「國民政府公布國難會議組織大綱令」, 中國第二歷史檔案館 編, 앞의 책, 5輯 1編 政治(5), 667면.

27. 「滬國難會員集會」, 『大公報』 1932. 3. 20; 「平津國難會員提案」, 『大公報』 1932. 3. 24.

28. 「請願熱潮與當局言論」, 『大公報』 1931. 12. 8; 「汪精衛昨通電主張開國民救國會議」, 『大公報』 1931. 12. 10.

민간단체로부터 즉각적인 지지를 받았는데, 이것이 그가 말한 '국민구국회의(國民救國會議)'이다. 여기에도 국민당 중앙의 대표가 참석하도록 되어 있지만 민간단체의 자율적인 선거를 보장하고 국난이 끝난 후에도 훈정기 중앙민의기관으로 존속시키려 한 점은 국난회의와 다르다. 12월 24일 쑨커도 각 성의 직업단체 대표로 '국민대표회'를 소집하여 내정과 외교의 중요 사항은 반드시 그 동의를 받도록 하자고 주장하고 나섰다.[29] 이렇게 국난회의, 국민구국회의, 국민대표회 3안을 처리하게 된 국민당 제4대 1차 중앙위 전체회의에는 따라서 전 국민의 이목이 집중되었고 전국 각계의 건의와 청원이 쇄도하였다. 그중에서도 특히 주목되는 점은 전국 각지의 민간단체가 스스로 국민구국회의 촉성회를 결성하여 그 명의로, 또는 항일구국회나 직업단체 명의로 그 소집을 촉구하는 건의를 당과 정부에 전문으로 보낸 사실이다. 이는 1920년대 국민회의촉성운동의 재현이라 할 만하다.

장쑤, 저장, 안후이, 베이핑 등지에 국민구국회의 촉성회가 성립되어 활동하였고, 특히 장쑤·저장의 경우 현 단위까지 촉성회 조직이 성립되었다. 국민구국회의 장쑤촉성회 우진분회(武進分會)는 국민정부에 보낸 전문에서 "국가가 멸망 직전에 이른 까닭은 이민건국(以民建國)의 민국(民國)에서 국민당이 무민구국(無民救國)하려 하기 때문이니 국민구국회의 소집이야말로 바로 구국 방도의 요체이다"라고 주장하였다.[30] 장쑤성 퉁산현(銅山縣) 농회·상회·공회도 국민구국회의를 소집해 민권을 실현하고 일치대외하자고 요구하였다.[31] 각지 촉성회는 스스로 국민구

29. 孫科·伍朝樞 等 6人, 「國民代表會大綱案」, 中國國民黨黨史委員會 庫藏史料 類號 4.1/31.21-18.

30. 「國民救國會議江蘇促成會武進分會上南京國民政府代電」(1932. 1. 15), 國史館國民政府檔案 檔號0111.20/6040.01~0640.02 微捲號 302/0541~0544.

국회의 주비기관이 되겠다고 자처하였다. 장쑤, 저장, 푸젠, 안후이, 장시 등 5성 민중으로 조직된 동남5성민중항일구국위원회는 민간직업단체의 자율성을 바탕으로 예비회의를 열고 결당 금지를 해제한 자유선거를 거쳐 '진정한 국민회의'를 소집하라고 요구하였다.[32] 이렇게 민간단체가 자율적으로 결집하여 민의기관을 세우려 했기 때문에 이들은 당연히 스스로 국민구국회의 조직방법과 선거방법에 관해서도 명확한 의견을 제시하였다.

예컨대 국민구국회의 장쑤촉성회 우시분회(無錫分會)가 정부에 제출한 '국민구국회의 조직강요 초안'을 보자. 그에 따르면 국민구국회의 취지와 목적은 "분규를 해소하여 공동으로 국난을 막아내고 민주정치의 기초를 확립하며, 국난에 대한 내처 외에 평시의 민의기관으로서 민권을 확대하고 자치를 실현함으로써 훈정으로부터 헌정에 도달하는 목적을 완성"하는 것이다.[33] 이는 국민구국회의가 일본의 침략이라는 국난 해결 이후에도 평시의 훈정기 민의기관으로서 헌정 준비 역할을 수행할 것임을 천명한 것이다. 각지 촉성회는 국민구국회의 주비기관이 되겠다고 자처하였다. 그 조직방법은 각 성·시 인민단체가 선출한 대표로 구성하도록 했는데 몇 가지 특이한 점이 있어 주목된다.

첫째, 참석 대표는 반드시 직업단체의 직접선거에 의해 결정해야 민주의 기초 위에서 민중역량을 집중해 적극 발동할 수 있다고 보았다.

---

31. 「銅山縣農會等上四屆一中全會代電」(1931. 12. 30), 中國國民黨黨史委員會 庫藏史料 類號 4.2/9.156.

32. 이 단체는 항일구국을 위해 조직된 것으로서 회원이 3,604명이며 본부는 상하이에 두고 각 성에 지회를 갖고 있었다. 「東南五省民衆抗日救國委員會呈四屆一中全會」(1931. 12), 中國國民黨黨史委員會 庫藏史料 類號4.2/9.75.

33. 이하 이에 관한 서술은 다음에 의거함. 國民救國會議江蘇促成會無錫分會, 「國民救國會議組織綱要案」(1932. 1. 15), 國史館國民政府檔案 檔號 0120.71/6077.07, 微捲號 177/0086-0096.

선거참여 단체는 농회·공회·상회 및 실업단체·교육회 및 대학·자유직업단체 외에 "인민구국단체 및 기타 합법적 사회단체"로 확대하였다. 항일구국운동의 역량을 바탕으로 민주정치의 실현을 요구해온 항일구국회가 사실상 국민구국회의 소집운동을 주도했음을 말해준다. 둘째, 현 단위 단체들이 직접선거로 후보자 1명 내지 약간 명을 선출해 성 단위에서 최종 선거하는 방식을 취하였다. 직업단체 입후보자는 반드시 자기 직업 분야에서 일정 기간(농업 10년 이상, 상공업·교육·자유직업 각기 5년 이상) 종사한 자로 한정하여 불법활동자나 정객의 혼입을 방지하고자 하였다. 셋째, 국민당 및 정부의 위원도 참석하여 발언할 수는 있으나 표결권을 가지지 않는다고 명시하였다. 이는 당정의 지명된 위원에게도 민간단체의 선출된 대표와 동등한 권한을 부여한 국민당 쪽의 구상과 다르다.

이상의 검토를 통해 우리는 국민구국회의 촉성회, 항일구국회, 각계 직업단체가 민간단체의 자율성을 최대한 보장하는 원칙에 의거하여 아래로부터 민의기관을 구성하려 시도했으며, 각종 직업단체가 비교적 잘 발달해 있던 경제선진지대인 동남 5성과 상하이·베이핑 지역 각계가 앞장섰음을 확인하였다. 쑨커의 국민대표회 소집 주장도 참석대표의 선출방법 면에서 국민구국회의와 동일하지만 이에 대한 지지는 극히 드물고, 즉시 훈정을 종식하고 헌정을 실시하라는 요구도 소수인데 비해, 훈정기 민의기관으로서 국민구국회의를 소집하자는 왕징웨이의 주장에 이처럼 폭넓은 지지가 쏟아진 것은 왜일까? 만주사변 이전, 왕징웨이는 국민당 개조동지회와 베이핑확대회의를 이끌면서, 국민당 개조정신을 되살려 민중운동의 자발성을 인정하고 지원하여 당의 지지기반으로 삼고 국민회의 방식에 따른 신정권을 수립하려는 노선을 견지하였다. 특히 그는 1930년 4월 국민당으로 민의기관을 대신해서는 안 된다는 입장을 분명히 하였다.[34] 따라서 국민구국회의 소집 요구를 공통의 요구로 하여 각계 민간단체와 왕징웨이 측이 상호 호응한 것은 자연스런 움직임이라 할 수 있다. 특히 장제스의 난징정부 통치력이 가장 잘 미치고 있는 것으로 보이던 장쑤, 저장, 안후이 등의 각 현에서 이런 운동이 집중적으로 나타난 것은 개조동지회의 지방지부가 주로 동남연해지구와 상하이, 베이핑, 난징 등 대도시에 집중되어 있던 사정과 일치해 결코 우연으로 보이지 않는다.[35] 이는 개조동지회와 왕징웨이에 대한 민간사회의 지지가 상당했음을 말해준다.

국민당의 국민참정회 구상

1931년 12월 22~28일 국민당 제4대 1차 중앙위 전체회의가 열리자 민의기관 설립안이 제출되었다. 중앙위원 15명이 국민구국회의 소집안을 제출하였고 쑨커(孫科) 등 6명의 중앙위원도 건국대강에 훈정기 중앙민의기관으로 명시된 국민대표회를 소집하자는 안을 제출하였다.[36] 앞에서 본 대로 두 안의 대표선출방식은 동일하다. 개조파의 대표적 인사인 천공보(陳公博)가 두 안에 모두 서명한 것은 이런 관계를 인정했기 때문일 것이다. 그 외에 민의기관의 명칭을 밝히지 않은 채, 훈정기 민의기관 설립을 촉구한 별도의 제안이 왕파진(王法勤), 구멍위(顧孟餘) 등

34. 蔡德金·王升, 『汪精衛年譜生平紀事』, 北京: 中國文史出版社, 1993, 133면.

35. 郭緒印 編, 『國民黨派系鬪爭史』, 上海人民出版社, 1992, 53면.

36. 王法勤·陳公博 等 15人, 「迅速召集國民救國會議案」, 中國國民黨 黨史委員會 庫藏史料 類號 4.1/3.21-30; 孫科·伍朝樞 等 6人, 「國民代表會大綱案」, 中國國民黨 黨史委員會 庫藏史料 類號 4.1/31.21-18.

14인 연명으로 제출되었다. 제안자들은 훈정기 민의기관이 필요한 이유를 다음과 같이 설명하였다.

> 총리의 건국 3단계론은 민치를 실현해 헌정을 완성하는 데 그 목적이 있다. 훈정 3년이 지났으나 헌정의 조건은 구비되지 않았는데 이는 집정자가 노력하지 않은 탓이다. 헌정의 실질은 인민 자신이 정치를 운용할 능력을 갖고 정치를 담당할 책임을 지는 것이다. 이런 능력과 책임은 훈정시기에 양성되는 것이니 훈정기에 반드시 인민은 정치에 참여할 기회를 필요로 하며 그래서 정치능력을 제고할 수 있어야 한다. 〔…〕 인민의 정권참가와 정치연습을 위해서는 민의기관을 반드시 설립해야 한다. 그것이 국가질서와 사회안녕을 보장하는 길이다. 중국 민주정치의 전도를 위해서도 본당의 훈정의 생명을 위해서도 훈정기에 민권을 扶植해야 한다.[37]

이상 3안의 제안인 35명의 활동경력을 확인해봤더니 모두 난징 측과 대립하던 광둥·상하이 측 인사였고 그중 12명은 두 안에, 1명은 세 안 모두에 서명했을 정도로 상호 긴밀하게 연관되어 있었다. 이렇게 보면 제4대 1차 중앙위 전체회의에서의 훈정기 민의기관 설립논의는 국민당 중앙 안에서 난징 측과 대립하였던 광둥·상하이 측이 주도한 셈이다. 더 거슬러 올라가면 이들은 국민당 개조동지회와 베이핑확대회의의 주요 인사들이기도 하였다.

민의기관 설립을 요구한 중앙위원의 대다수는 직업대표제에 의거해 훈정기 민의기관의 대표를 선출해야 한다고 생각하였다. 가령 차오피리앤(趙丕廉)과 푸뤼린(傅汝霖)은 "본디 민중의 복리는 왕왕 직업을 특징으로 하니 선거방법도 직업대표제를 채택해야 한다"라고 명시하였

37. 王懋功·顧孟餘 等 14人, 「訓政時期應設立民意代表機關案」, 中國國民黨黨史委員會 庫藏史料 類號 4.2/3.21-38.

다.[38] 그 밖에 허샹닝(何香凝)의 인민감정위원회(人民監政委員會) 설립안도 국민당, 각당, 각파, 무당파, 각 성·시현의 사·농·공·상·부녀·병사가 스스로 대표를 뽑아 인민감정위원회를 조직하여 정부를 감독하도록 하자는 것이어서,[39] 기본적으로 변형된 직업대표제에 속한다고 하겠다.

한편 6개월 안에 국민대회를 준비해 1년 안에 헌정을 실시하자는 두 개의 안이 각각 중앙위원 11인 및 10인에 의해 제출되었다. 그런데 이들이 내세운 훈정을 조기에 단축하고 헌정을 실시해야 하는 이유가 앞의 훈정기 민의기관 설립의 이유와 거의 다르지 않다는 사실에 주목하게 된다. 그중 하나의 안은,

> 구국을 위해서는 전국의 民力을 결집하지 않으면 안 되는데, 그러려면 인민에게 의무만 있고 권리가 없는 현재의 정치상황을 타파하여 인민이 자유로이 단체를 조직할 수 있도록 해야 한다. 정당이든 직업단체든 인민이 자유로이 단체를 조직할 수 없으면 민권은 단지 私人權利에 국한될 뿐 인민정권의 의미는 결코 발생하지 않으므로 단체결성은 민권발달의 요체이다. […] 훈정개시 5년이 지났어도 자치가 완성된 현은 하나도 없으나, 그렇다고 그냥 기다릴 수 없는 위급한 상황이니 정부가 인민의 신용을 회복해 항일구국하려면 국민대회 소집과 헌정 실시를 앞당겨야 한다. 인민에게 정권을 돌려준다고 한 약속이 20년간 구호에 그쳐 당 스스로 신용을 방기한 것이니 […] 인민은 훈정을 더 이상 감내하기 어려울 것이다.[40]

---

38. 趙丕廉·傅汝霖, 「立法委員及監察委員須劃出半數名額爲民選方法採取職業代表制案」(1931. 12), 中國國民黨黨史委員會 庫藏史料 類號 4.2/3.12.

39. 何香凝, 「政治公開由人民組織監政委員會等案」(1932. 12), 中國國民黨黨史委員會 庫藏史料 類號 4.2/3.21-15.

40. 「李烈均等十一委員提"切實保障人民自由", "人民得自由組織團體", "縮短訓政時期入憲政時期", "實行自治發展地方"案」(1931. 12), 中國國民黨黨史委員會 庫藏史料 類號 4.2/3.8.

라고 하였다. 인민이 자유로이 단체를 결성하는 것이야말로 민권발달의 요체인데 당치를 이유로 인민의 자유로운 결사를 금지해온 훈정을 헌정으로 전환해야 정부와 인민의 합작으로 항일구국 역량을 결집할 수 있다는 것이다. 또 다른 안의 제안 이유도 이와 마찬가지였다.[41]

제4대 1차 중앙위 전체회의는 마지막 날인 12월 28일 이와 같은 주요 안건을 병합 심의한 끝에 6개월 안에 국난회의를 먼저 소집하기로 하고 국민구국회의 소집에 관해서는 중앙상무위원회의 결정에 위임하였다. 입법·감찰위원 민선안도 결의하여 통과하였다. 이리하여 당 중앙은 훈정기에도 "건국대강에 의거해 국민참정기관을 소집할 필요를 인정한다"라고 정식으로 선언하기에 이르렀다.[42]

그 후 1932년 4월 소집된 국난회의에서 의제의 제한 범위를 깨고 정치제도 개혁안이 다수 제출되어 토론 끝에 결의되었다. 이는 개막사에서 행정원장 왕징웨이가 한정된 의제 외의 문제를 제기해도 좋다고 한 발 물러섰고 또 참석회원들이 훈정독재의 개혁의지를 갖고 있었기 때문에 가능한 일이었다.[43] 정제개혁안은 국민대회 소집과 헌정실시안, 훈정기 민의기관설립안을 포함하여 모두 12건이었으며, 이를 병합 심리한 결과 훈정기 중앙민의기관을 설립하기로 했는데, 그 명칭을 '국민구국회의'가 아닌 '국민대표회'로 하고 예산결산, 국채, 중요 조약을 의결할 권한을 부여하기로 했다. 국민대표회는 각 대도시 직업단체, 해

41. 「楊庶堪等提"縮短訓政速行憲政"案」(1931. 12), 中國國民黨黨史委員會 庫藏史料 類號 4.2/3.9.

42. 「中國國民黨第四屆一中全會第四次會議記錄」(1931. 12. 28), 中國國民黨黨史委員會 庫藏史料 類號 4.2/7.1; 「中國國民黨第四屆中央執行委員會第一次全體會議宣言」(1931. 12. 28), 榮孟源 主編, 『中國國民黨歷次代表大會及中央全會資料』下, 北京: 光明日報社, 1985, 115~116면.

43. 「汪院長演說詞」, 「會員代表陶孟和答詞」, 『國難會議記錄』, 中國國民黨黨史委員會 庫藏史料 類號 5/475; 蔣廷黻, 「參加國難會議的回顧」, 『獨立評論』 1號, 1932. 5. 22.

외 화교, 각 성·구(省區) 지방인민이 선출한 대표 300인 이상으로 구성하도록 하였다. 이는 양뚜안류(楊端六)가 제안하고 타오멍허(陶孟和)를 포함한 14인이 연서하여 제출된 안을 거의 원안대로 통과한 것이었다. 이와 함께 인민의 신체·출판·집회·결사의 자유 보장을 요구하는 안도 그들의 주도로 제출되었다.[44] 이때 대도시에는 직업대표제를 적용하고 농촌지역을 포함하는 성구(省區)에는 구역대표제를 적용하여 양자를 병행하려 한 것은 순전히 직업대표만으로 구성되는 민의기관을 추구한 앞의 여러 안과 다르다. 이 안을 제출한 양뚜안류는 1920년 8~9월경 직업대표제에 의거한 국민회의 소집론을 제기함으로써 1920년대 국민회의 소집론을 체계화하는 데 앞장선 인물이어서 훈정기 국민대표회 소집론이 국민회의 소집론의 연장선에 있음을 잘 보여준다.

이렇게 국민구국회의에서 국민대표회로 명칭이 바뀐 훈정기 중앙민의기관은 5월 초 중앙상무위원회에서 다시 논의한 끝에 '국민참정회'로 바뀌게 되었다. 지방자치가 완성되지 않은 상태에서 '국민대표회'라는 명칭은 사실에 부합하지 않지만 '국민참정회'라 하면 훈정기에 인민이 중앙정사에 참여하여 민권을 배양한다는 의미와 잘 부합한다는 것이 개명의 이유였다.[45] 이때 구멍위 등을 포함한 8인의 국민참정회 조직법 기초위원도 선정되었고 일부 위원은 토론 중 국민참정회 직권을 헌정국가의 하원과 비슷하게 해서 행정원 탄핵권을 부여하고 필요하면 정부가 그것을 해산할 수 있게 하자는 주장도 하였다.[46] 9월 말 중앙상

44. 「國難會議第五次會議記錄」(1932. 4. 11), 『國難會議記錄』, 76~77면; 楊端六, 「設立中央民意機關案」; 陶孟和, 「保障人民身體出版集會結社自由案」, 같은 책, 128~129면.

45. 「汪精衛之重要報告: 對國民代表會及滬協定之聲述」, 『時事新報』 1932. 5. 14.

46. 「國民參政會組織法」, 『大公報』 1932. 8. 6.

무위원회에서 장제스와 왕징웨이 모두 국민참정회를 조기에 소집하는 데 찬성하였다. 직업단체의 추선(推選)과 정부의 초빙에 의해 구성하고 매년 2~3회 개회하여 외교·재정의 심의권과 정부에 대한 제반 문제의 건의권을 부여하되 훈정시기인 만큼 최후결정권은 국민당 중앙집행위원회에 있음을 분명히 하였다.[47]

이상과 같은 중앙상무위원회의 논의를 바탕으로 1932년 12월 열린 제4대 3차 중앙위 전체회의는 1933년 안에 국민참정회를 소집하여 훈정을 완성하고 1935년 3월에 국민대회를 소집해 헌정을 실시하기로 결의하였다. 훈정기에 민의를 집중해 국민과 함께 책임을 지고 국난을 헤쳐 나가려면 중앙민의기관과 함께 성·시 민의기관도 설립할 필요가 있다고 보고 이 일의 준비를 중앙정치회의에 위임하였다.[48] 그 후 중앙상무위원회와 입법원은 국민참정회조직법 제정 작업에 들어갔다. 참정원(參政員)은 전체 160명 중 150명을 민선하고 10명만 초빙하기로 결정되었다. 각 성·시 직업단체가 130명을 선출하고 몽골·티베트·화교가 20명을 선출하도록 하였다. 선거권을 갖는 직업단체는 농회(漁會 포함), 공회, 상회 및 실업단체, 교육회(대학 포함) 및 자유직업단체로 한정되었다.[49] 직권으로는 예산안·선전 및 강화안·기타 중요한 국제사항의 심의권, 법률안 제출권, 정치적 조치에 관해 건의하거나 설명을 요구할 권한, 인민의 청원을 접수할 권한 등이 부여되었다. 이 가운데 첫 두 가지에 속하는 안건은 정부로 하여금 반드시 법에 따라 처리하도록 규정

---

47. 「國民參政會案已大體決定」, 『大公報』 1932. 9. 26.

48. 「定期召集國民參政會并規定組織要點交常會切實籌備以期民意得以集中訓政早日完成案」(1932. 12. 19), 「設立民意機關案」(1932. 12. 21), 「集中國力挽救危亡案」(1932. 12. 20), 榮孟源 主編, 앞의 책, 下, 172면, 179~181면.

49. 「國民參政會組織法」·「國民參政會選擧法」(1933. 3), 中國第二歷史檔案館 編, 『國民黨政府政治制度檔案史料選編』 上, 合肥: 安徽教育出版社, 1994, 683~687면.

하였다. 회의는 매년 3월과 10월에 1개월 회기로 소집하고 필요할 경우 연장하거나 임시회의를 열 수 있게 하였다. 임기 1년의 참정원에게는 국회의원에 준하는 면책특권과 불체포특권이 부여되었다. 조직법상 국민참정회의 성격은 "훈정약법의 정신과 국민당의 중앙민의기관 설립 결의에 따라" "훈정시기 전국 국민의 공의(公意)를 널리 수렴하기 위해" 소집되는 훈정기 민의기관이었다.

국민참정회 조직법과 선거법은 각각 1933년 2월 23일과 3월 2일 국민당 중앙상무위원회에서 통과되어 입법원에 의해 공포되었다. 그러나 3월 30일 행정원장 왕징웨이는 갑자기 조기에 훈정을 종식하고 국민대회를 앞당겨 소집하자고 요구하고, 입법원장 쑨커도 4월 1일 항일을 위해 헌정을 앞당겨 실시하자고 요구함에 따라 국민대회 소집 문제가 시급한 정치적 의제로 떠올랐다. 이 두 사람은 만일 국민대회를 앞당겨 열 수 있다면 과도시기 자문 성격의 국민참정회는 열 필요가 없다고 하였다.[50] 또 국민대회를 1935년 10월 10일 개회하기로 한 이상 둘 사이의 시간차가 2년밖에 안 되어 두 선거를 진행하기가 어렵고 국민참정회는 소집 즉시 해산해야 하기 때문이라고 왕징웨이는 설명하였다.[51] 논의의 중점이 헌정으로 넘어가게 되자 국민참정회는 조직법과 선거법이 마련되었음에도 소집되지 않았다. 만약 1933년에 국민참정회가 소집되었더라면 1938년 소집된 전시 참정회와 그 성질이나 내용이 크게 달랐을 것이다.

입법원 헌법기초위원회에 의해 1933년 6월 마련된 헌법초안 초고가 각계의 비평과 당 내부의 검토를 거쳐 몇 차례 수정된 다음 1934년 12월

50. 「中常會決意七月一日召開臨時全國代表大會」, 『中央日報』 1933. 3. 31; 「國民大會與制憲」, 『大公報』 1933. 4. 2.

51. 「今後政治如何改進」, 『大公報』 1934. 2. 4.

제4대 5차 중앙위 전체회의에서 '중화민국헌법 초안'으로 통과되었다. 국민대회 개최일시는 국민당 제5대 전국대표대회에서 정하기로 되어 있었다. 그런데 1935년 11월 열린 제5대 전국대표대회는 건국대강의 헌정실시 경로를 재해석하여 '헌정개시기 국민대표회'를 먼저 소집하고 '헌정기 국민대회' 개최일시를 늦추도록 결정하였다.

건국대강의 건국경로는 잘 알려진 대로 군정–훈정–헌정의 3단계로 되어 있다. 그에 따르면 훈정기에도 자치정부가 성립된 현은 국민대표 1명을 뽑아 대표회를 조직하여 중앙정사에 참여할 수 있다고 하였다. 헌정기의 국민대회 이전에 '국민대표회'라는 중앙민의기관을 둔다는 것이다.[52] 제5대 전국대표대회는 이 조항을 근거로 훈정기와 헌정기 사이에 '헌정개시기'가 있으며 반드시 이를 거쳐야 비로소 국민대회를 소집하여 헌법을 공포할 수 있다고 새롭게 해석한 것이다. 이어서 헌정개시기를 4년으로 잡고 이 시기에 실시해야 할 조치들을 정하였다. 그 주요 내용은 향민대회–현참의회–성참의회를 설립해 향장–현장–성장을 선출함으로써 지방자치를 완성하며, 쑨원이 규정한 국민회의 대표선거방식에 따라 국민대표를 선거해 국민대표회를 소집하며, 훈정시기 약법을 개정하여 헌정개시기 약법으로 삼는다는 것이다.[53]

그런데 이렇게 소집되는 헌정개시기 국민대표회의 직권은 훈정기 민의기관의 직권보다도 축소되었다. 국민참정회에 부여되었던 예산안 심의권이 이번에는 사라졌고 정부의 시정방침과 시정상황에 대해 보고를 듣고 건의를 제출할 권한, 정부 탄핵안을 중앙감정회의(中央監政會

52. 아울러 한 성의 모든 현이 자치를 완성하면 곧 헌정개시기에 들어가며 국민대표회가 성장을 선출한다고 하였으니 성 차원의 민의기관, 말하자면 '성민대표회' 같은 것이 전제되어 있음을 알 수 있다. 「國民政府建國大綱」(1924.1), 『孫中山全集』 9卷, 128면.

53. 「實施憲政程序暨政治制度改革案」, 榮孟源 主編, 앞의 책, 下, 304~309면.

議)에 제출할 수 있는 권한이 전부였다. 탄핵권이 전에 비해 새로 주어진 권한이지만 국민당 중앙위원으로 구성된 중앙감정회의에서 총통과 5원장을 선출하도록 되어 있었으니, 탄핵권은 유명무실에 가깝다. 중앙감정회의와 마찬가지로 성에서는 성감정회의가 조직되어 성 시정의 최고직권을 행사하도록 하였다. 약법 개정도 당연히 국민당(전국대표대회)이 하도록 했다. 결당금지를 해제한다는 결정도 뒤따르지 않았다. 따라서 결국 여기서 새롭게 설정된 헌정개시기란 사실상 훈정시기의 연장을 달리 표현한 것일 뿐이다.

국민대회의 연기와 국민참정회의 소집

앞에서 본 대로 '훈정기 국민참정회'든 '헌정개시기 국민대표회'든 직업대표제에 의거해 참석대표를 선출한다는 점에서는 동일하다. 이에 비해 '헌정기 국민대회'는 반드시 건국대강에 따라 각 현에 대표 1명을 선출하는 구역대표제에 의거해야 하는 것으로 되어 있었다. 그런데 1936년 5월 공포된 국민대회선거법에는 부분적으로 직업대표제가 도입되어 있어 눈길을 끈다. 이는 입법원장 쑨커의 주관 아래 구성된 헌법기초위원회가 3년간 작업한 결과 만들어진 5·5헌초와 함께 공포된 것이다. 건국대강을 어느 조항도 바꿀 수 없는 건국의 근본대법이라고 간주해온 국민당이 직업대표제를 수용하여 구역대표제와 병행하게 된 경과와 이유를 살펴보자.

입법원이 마련한 헌법초안 초고가 1934년 3월 발표되자 각계 인사의 비평이 쏟아졌는데, 대표선출방법이 중요한 쟁점의 하나였다. 초고는 물론 건국대강에 따라 각 현마다 1명의 대표를 현민이 직선하는 구역대표제를 채택했으나, 이에 대해 직업대표제를 도입해야 한다는 요구가 제기되었다. 그러나 "최근 헌법초안 비평자들 중 많은 사람이 구역선거와 직업선거를 병행하여 국민대표를 선출하자고 주장하는데, 우리나라 각 지방에는 건전한 단체가 극히 소수여서 양자를 병행하면 폐단만 커진다"라는 반론이 뒤따랐다. 이들이 보기에 산업이 발달하지 못한 중국의 직업단체는 대도시에 국한되어 있고 그것도 완비되지 못한 상태이거나 유산자(有産者)의 조종을 받고 있어서 직업대표제는 전민정치(全民政治)에 반하는 것으로 간주되었다.[54]

이에 대해 직업대표제 도입을 주장하는 인사는 이것이야말로 현대사회의 조류에 부합하고 구역대표제의 치우침을 보완할 수 있다고 응수하였다. 유럽 각국의 신헌법이 직업대표제를 채택한 것도 이런 추세를 보여주며, 1931년 5월 난징국민회의, 헌법초안 초고의 입법위원 선거규정에서도 이것을 채택한 만큼 국민대표 선거에서 채용하지 못할 이유가 없다는 것이다.[55] 뿐만 아니라 직업대표제로 구역대표제를 대신하는 전면적 도입이 아니라 부분적으로 도입함으로써 양자를 병행하여 상호 보완하자는 주장도 제기되었다. 이와 비슷한 부분적 도입론의 다른 하나는 프랑스의 예비선거제도를 따라서 지식수준이 높은 직업단체들의 연석회의에서 후보를 선출하고 이 후보를 놓고 각 성의 인민이 직접 선거하도록 하자는 주장이다.[56]

한편 직업대표제에 비판적인 입장의 인사들도 각 현마다 1명씩 뽑는 구역대표제는 민의를 제대로 대표할 수 없음을 인정하였다. 각 현의

---

54. 蘇松芬, 「憲法草案中之國民大會」, 耿文田 編, 『國民大會參考資料』, 上海: 中華書局, 1936, 225면; 金鳴盛, 「國民大會」, 같은 책, 55~56면.

55. 涂允檀, 「對於憲法草案國民大會之批評」, 『大公報』 1934. 3. 13.

56. 陳受康, 「憲法草稿的國民大會」, 『獨立評論』 99號, 1934. 5. 6.

인구수가 많게는 100만 명에서부터 적게는 1~2만 명, 심지어 1~2천 명까지 극심한 차이를 보이는데 각 현마다 1명을 선출하면 이런 차이를 반영할 수 없다는 것이다.[57] 바로 이 점이 앞서 직업대표제론자가 지적한 '구역대표제의 치우침'인데, 구역대표제론자들은 이를 인구 비례에 따라 조정하면 된다고 응수하였다.

이런 각계의 비평이 수용되어 1936년 5월 공포된 국민대회선거법에 따르면, 대표는 각 현당 1명을 뽑되 인구 50만 명을 초과할 때마다 1명씩 증원하는 것으로 바뀌었으며, 구역선거와 직업선거를 병행하게 되었다. 대표는 구역선거 650명, 직업선거 380명, 특종선거(동북, 몽골, 티베트) 150명으로 할당되었다. 직업선거는 건국대강에 없는 새로운 방법을 도입한 것이어서 중대한 변화가 아닐 수 없다. 또 직업대표제의 측면에서도 구역대표제와 결합하여 병행된 점에서 큰 변화이다. 이는 훈정 개시 이래 국민당의 직업단체정책 위에서 당 외부의 광범한 직업대표제 여론을 수용한 결과라 하겠다.

직업선거 단위로 인정된 단체는 농회(대표 110명), 공회(108명), 상회(104명), 자유직업단체(58명) 등 4개였다. 이 선거 단위에서 국민당은 빠지고 자유직업단체가 분리 독립되면서 교육회 및 대학이 그 일부로 포함된 것은 국민회의 선거에 비해 교육회와 대학의 위상이 낮아진 것이다. 선거권을 행사할 수 있는 자유직업단체는 교육회와 대학(18명) 외에 율사(10명), 회계사(5명), 의약사(8명), 신문기자(11명), 공정사(6명) 단체로 한정되었다.[58] 이번에는 이러한 대표 할당이 각계 직업인구에 비

57. 蘇松芬, 「國民大會的組織與選擧問題」, 耿文田 編, 앞의 책, 39면; 陸鼎揆, 「論國民大會」, 같은 책, 75면.

58. 「國民大會選擧法 付表3・4 各種職業團體代表名額表」, 『中央黨務月刊』95期, 1936. 6, 299~302면.

례하지 않아 불공평하다는 비판이 제기되었다.[59]

이 선거법에 따라 1936년 7월부터 국민대회 대표선거가 진행되었다. 구역선거와 직업선거 양쪽의 선거권을 동시에 가진 자는 직업선거에 참여하도록 하였다. 후보자는 국민회의 선거와 달리 각 직업단체 임원이 선거 단위별로 연합하여 3배수로 추천한 다음 국민정부가 그중에서 2배수를 지정하면, 이를 각 단체 회원이 직선하였다. 헌정기 국민대회 대표선거임에도 후보자를 정부가 최종 결정한 것은 국민당 집감위원 260명을 당연직 대표로 포함시킨 것과 함께 훈정적 요소의 지속을 보여주는 예이다. 특히 농회의 경우 회원의 대다수는 농민이지만 비농민이 임원을 맡은 예가 많아서 경작농민의 대표가 선출되기는 어려운 구조였다. 이 문제에 대한 시정조치는 제2부 1장에서 본 대로 1946년에 가서야 이루어졌다.

선거권과 피선거권은 20세 이상의 남녀로서 공민선서(公民宣誓)를 하고 공민증(公民證)을 수령한 자에게만 주어졌다. 선서내용에는 "국민으로 자립하여 중화민국을 옹호하며, 삼민주의를 실행하고 오권헌법(五權憲法)을 채용하여 정치를 수명(修明)한다"라는 내용이 포함되었다.[60] 훈정기도 아닌 헌정기 민의기관 선거에서 사실상 모든 공민이 삼민주의의 신도이기를 강요한 셈이었다. 이런 절차와 그 의미를 홍보하기 위해 라디오 강연이 자주 이용되었다. 러시아와 독일의 진보가 그토록 빠른 까닭도 바로 공민선서를 한 데 있다면서 공민선서야말로 중화민국이 강성한 근대국가로 발돋움하는 첩경이라고 선전하였다.[61] 10월

59. 耿雲志, 『西方民主在近代中國』, 北京: 中國青年出版社, 2003, 524~525면.

60. 공민선서는 1929년 말 제정된 선거절차의 하나다. 「市公民宣誓登記規則」(1930. 9), 『地方自治法規彙編』, 南京: 中央民衆運動指導委員會 編印, 1935, 118~122면.

61. 「經亨頤在國府報告: 對公民宣誓的意見」, 『中央日報』 1936. 8. 4.

10일까지 선거가 완료되면 11월 12일 쑨원 탄신일에 국민대회를 소집할 예정이었다. 그러나 10월 10일 현재 각기 30개로 구분된 선거 단위 중 구역선거는 17개, 농공상회 직업선거는 17개, 자유직업선거는 18개 단위에서만 겨우 후보자 추천을 완료해 그 결과가 보고된 상태였다.[62] 결국 당 중앙은 10월 15일 국민대회 소집일자를 연기한다고 발표하였고, 1937년 2월 그 날짜를 그해 11월 12일로 정하였다.

선거진행이 이렇게 늦어진 까닭은 우선 원래 일정이 촉박하게 잡혔고 인구조사와 자치조직마저 미비한 조건이어서 공민의 명단 파악부터 어려웠기 때문이다. 게다가 후보자 선정 과정에서 발생한 분규도 선거 진행을 방해하였다. 구역선거에서 향진장(鄕鎭長)과 방장(坊長)이 선출해야 할 대표 수의 10배를 선정한 다음 정부가 그중 10분의 3만 취해 후보자로 추천했기에 나머지 대다수로부터 불만이 제기되었다. 이 과정에서 최종 지명권자인 정부를 상대로 부정한 거래가 오간 점, 직업선거에서 참여단체의 범위를 정부가 일방적으로 정한 것과 동일업종의 이해를 기초로 한 전국적 직업단체가 극소수여서 진정한 직업대표제의 취지를 살리기 어렵다는 데 대한 불만 등으로부터 빚어졌다.[63]

그런데 그 직후인 1937년 4월 국민당은 국민대회조직법과 선거법을 개정하여 훈정적 요소를 더욱 강화하였다. ① 후보자를 국민정부가 최종 결정하는 권한을 취소하여 선거 단위에 맡기는 대신 국민정부가 별도로 240명의 대표를 지정하고, ② 국민당 중앙위원 당연직 대표에 후보위원도 포함시키고 특종선거 중 제때 선거를 진행하지 아니 할 경우 국민정부가 대표를 지정하기로 하였다. 이렇게 되면 무려 655명의 대

62. 「國大選舉推進概況」, 『中央日報』 1936. 10. 15~16; 「國民大會延期舉行」, 『中央日報』 1936. 10. 20; 「國民大會延期後國選進行實況」, 『中央日報』 1936. 10. 22~23.

63. 陳儀深, 『獨立評論的民主思想』, 臺北: 聯經出版公司, 1989, 176~177면.

표를 정부가 지정할 수 있게 된다. 이는 훈정적 요소의 강화라 할 수 있으며 그에 대해 각계로부터 비판이 제기되었다.[64]

이와 같이 선거 도중에 관련 법규를 개정하여 훈정 요소를 강화한 이유는 무엇일까? 아무래도 후보자로 선정된 자가 "구역선거의 경우 당원과 비당원이 반씩이고 직업선거의 경우 당원이 비교적 다수"를 차지한 정도에 그쳤을 정도로 비당원의 당선이 두드러졌기 때문에 위기를 느낀 결과로 보인다. 게다가 당 내 각파 간의 경쟁도 과열되어 강경노선을 주도한 CC계(陳果夫와 陳立夫를 중심으로 한 국민당 내 파벌) 후보들이 참패하자 그들의 요구에 따라 1936년 10월 15일 국민대회 소집이 연기될 정도였다.[65] 또 하나의 이유는 현능(賢能) 중시 관념의 발현으로 보인다. 이미 후보자 선정 과정이 구·향 단위의 자치인원이나 직업단체 임원에게 맡겨져 그 구역 주민이나 직업단체 회원 중에서 선정하도록 한 결과 인물난 속에 2류 인사들로 채워졌다는 지적이 제기되었다.[66] 국민정부가 240명의 대표를 따로 지명하겠다는 명분도 바로 "재식(才識)이 있고 순수한 전문가, 신망이 두터운 원로, 나라를 위해 분투한 성적이 탁월한 인사"가 누락된 것을 보완하겠다는 것이었다.

이런 우여곡절 끝에 7·7사변을 거쳐 중일전쟁이 가열되는 속에 다시 선거가 개시되었다. 선거가 미완의 상태에서 전쟁 상황에 빠져들었기 때문인지 선거 사무를 총괄한 공작보고서에도 선거인 수와 투표율에 관한 통계는 누락되어 있다. 다만 당시 직업단체 회원이 500만 명 내외였으니 이 숫자가 대략 직업선거인 수였을 것이다. 난징시의 경우 자

64. 陳之邁,「從國民大會的選舉談到中國政治的前途」,『獨立評論』232號, 1937. 5. 2, 6면.

65. 「汪主席解答關于國大的問題」,『中央日報』1937. 5. 25; 蔡德金·王升, 앞의 책, 231~232면.

66. 宋士英,「國大選擧的一個實例」,『獨立評論』221號, 1936. 10. 11, 16~18면.

유직업단체 선거에서 회계사 84.4%(90명 중 76명), 율사 50%(174명 중 87명), 의사 46.6%(375명 중 176명)가 투표에 참가해, 각각 1명의 대표를 선출하였다.[67] 구역선거에서는 공민 46.7%(60만 명 중 28만 명)가 투표에 참가해 4명의 대표를 선출하였다. 투표율은 1931년 국민회의 선거 때보다 현저히 낮아졌다. 특히 구역선거의 경우가 더 낮았다. 제헌국민대회 선거를 일시적 훈정회의인 국민회의 선거와 마찬가지 방식으로 진행한 데 대한 반발이 반영된 결과로 보인다. 예컨대 전국각계구국연합회는 "각당각파가 참여하는 국민구망회의(國民求亡會議)를 소집하고 그에 의거해 통일적 구국정권을 수립하자"라고 선언하여 일당 치하의 국민대회 선거를 반대하였다.[68]

일본의 전면 침공인 7·7사변이 발발한 후에도 국민대회 선거는 계속되어 9월 말까지 직업선거의 81.8%, 구역선거의 83.8%가 완료되었다.[69] 그런데 10월 4일 당 중앙은 "외적을 막아내는 일이 급하게 되어 각지 대표는 전후방의 공작을 담당해야 하므로 국민대회에 출석하기 곤란할 것"이라는 이유로 다시 국민대회를 연기하였다.

그러나 항전이 개시되자마자 국민당군은 일본군과의 교전에서 연전연패하였다. 수도 난징이 1937년 12월 함락되어 국민정부는 우한으로 이전했으나 우한도 이듬해 10월 함락되었다. 수도를 빼앗기고 우한으로 피난한 위기상황에서 국민당은 1938년 3월 임시전국대표대회를 열

---

67. 「本市國大自由職業下月選擧」, 『中央日報』 1937. 7. 20; 「自由職業團體國大代表揭曉」, 『中央日報』 1937. 8. 8.

68. 「全國各界救國聯合會成立大會宣言」(1936. 5), 中央檔案館 等 編, 『中共中央抗日民族統一戰線文件選編』 中, 北京: 檔案出版社, 1985, 564~565면; 「抗日救國初步政治綱領」(1936. 6. 1), 같은 책, 572~573면.

69. 「國民大會代表選擧總事務所工作報告」(1936. 7~1940. 6), 秦孝儀 主編, 『中華民國重要史料初編－對日戰爭時期』 4編 戰時建設(2), 臺北: 中國國民黨中央黨史委員會編印, 1988, 1747면.

고 항전승리를 이끌어내기 위해서는 "국민참정기관을 조직해 전국의 역량을 단결시키고 전 중국의 사려와 의견을 집중해 국책의 결정과 추진을 이롭게 해야 한다"라는 항전건국강령을 통과하였다.[70] 국민참정회는 이에 의거해 소집되었다. 물론 이때에도 당치하에서 그런 국민참정기관은 필요하지 않다며 반대하는 강경파가 당 내에서 목소리를 높였으나 대외위기가 워낙 심각해서인지 대세를 거스르지는 못했다.

핵심 문제는 이 같은 비상상황에서 참정회 구성 대표인 참정원(參政員)을 어떤 절차와 방법에 의거해 선출할 것인가에 있었다. 하나는 국민대회 대표가 80% 정도 선출되었으니 이를 참정원으로 활용하는 방법이다. 국민이 선출한 대표라야 민의를 대표할 수 있다는 이유에서였다. 다만 아직 선거가 진행되지 아니한 나머지 20%는 이미 정해진 후보 중에서 당 중앙이 지정하면 된다는 것이다.[71] 그러나 왕징웨이는 국민참정회가 헌정기 국민대회와 같은 순수한 민의기관이 아니라 "항일승리를 위한 비상시기 민의기관"이라고 하면서 이 제안을 거부하였다.[72] 결국 토론 끝에 참정원은 각 직업단체의 선거가 아니라 직업단체의 유력인사 중에서 정부가 초빙하는 방식으로 결정되었다. 참정회조직법에 따르면 "각 성·시 공사기관 및 단체에서 3년 이상 복무한 자 중에서 88명, 각 중요 문화단체나 경제단체에서 3년 이상 복무한 자 중에서 50명, 몽골·티베트·화교 12명"을 선임하게 되어 있다. 우선 2배수의 후보자를 각 성·시 당정연석회의와 국방최고회의가 선임한 다음 국

70. 「中國國民黨抗戰建國綱領」(1938. 3), 같은 책, 4編 戰時建設(1), 49면.

71. 「國民參政會組織法大要之討論」, 李雲漢 主編, 『中國國民黨臨時全國代表大會史料專輯』 上, 臺北: 中國國民黨黨史委員會, 1991, 246~247면.

72. 「國民參政會組織法大要案之討論」, 같은 책, 239~241면; 「國民參政會組織法大要」, 같은 책, 250~253면.

민당 중앙집행위원회가 결정하도록 했다.[73]

참정회조직법이 공포되자 각계는 문화단체와 경제단체의 비중을 늘리고 나아가 참여단체의 범위를 그 밖의 여러 직업단체로 확대해야 민의를 제대로 반영할 수 있다며 증원을 요구하였다. 예컨대 직업단체 대표를 선출해 국민참정회를 충실히 함으로써 쑨원의 국민회의 조직원칙을 실현하라는 공산당의 바람과 참정회 소집 자체를 쑨원의 국민회의 주장을 계승한 건국방략의 실현 과정으로 이해한 얀양추(晏陽初, 향촌건설파)의 담화 등이 그런 예이다.[74] 이런 여론을 수용해 6월 21일 참정회조직법을 수정한 결과 50명을 100명으로 늘렸고, 이에 따라 1938년 7월 우한에서 소집된 제1대 참정회의 참정원 총수도 200명이 되었다. 우한이 함락된 10월 이후부터는 참정회가 충칭(重慶)에서 개최되었다.

1940년 12월 참정회조직법을 다시 수정하여 각 성·시 공사기관 및 단체 복무자 중에서 초빙하던 참정원 88명을 선거에 의해 선출하도록 함으로써 대표성과 민주성을 더욱 높여나갔다. 이렇게 하여 비상시기 국민참정회도 점차 직업대표제에 의거한 선거방식으로 대표를 선출하기로 한 1933년의 훈정기 국민참정회 조직법에 근접해가고 있었던 것이다. 각계민의의 결집이란 당면의 목표에서 보면, 비록 농회와 공회의 대표가 빠진 한계는 있지만, 공산당을 비롯한 재야당파와 각계단체 대표가 처음으로 국정을 논의하는 장에 참여할 수 있게 제도화된 점에서 큰 의미가 있다.

국민참정회 조직법에 직업대표제를 적용하는 데에는 그 기초자인 왕스제(王世杰)의 영향도 작용한 것으로 보인다. 왕스제는 직업대표제론이

73. 「國民參政會組織條例」(1938. 4. 7), 『國民政府政治制度史檔案資料選編』 上冊, 733면.

74. 「論國民參政會的職權和組織」, 『新華日報』 1938. 4. 18; 「參政員梁漱溟, 晏陽初發表談話」, 『新華日報』 1938. 6. 25.

한창 중국에 수용되어 전파되던 1922년 베이징대학 교수로서 유럽 각국의 직업대표제 법제화 추세를 『동방잡지』 등에 소개하였다. 1928년에는 직업대표제의 특징과 득실을 논한 내용을 포함하여 『비교헌법』이란 대학 교재를 펴냈는데, 이는 항전 이후까지 중판을 거듭하면서 학계에 영향을 지속적으로 미쳤다. 그가 기초한 참정회조직법 초안에는 국민참정회가 입법권을 행사하는 것으로 되어 있었으나 입법원장 쑨커의 반대로 심의 과정에서 삭제되었다. 그리고 경제·문화단체의 대표는 각단체로 하여금 먼저 후보를 추천하도록 하고 이를 당이 심사하여 최종 결정하도록 배려하였다.[75] 그러므로 국민참정회 탄생을 국민당 내 역학관계에서 보면 국민당 안에 있던 왕스제와 같은 민주파 인사들이 정학계(政學系) 그룹을 형성하여 CC계를 중심으로 한 강경파 그룹과 경쟁하면서 이끌어낸 결과라고 하겠다.

국민참정회의 직권, 회의운영과 활동에 대해서는 다음 장에서 검토하겠지만, 훈정기 민의기관이었던 만큼 그 결의는 모두 국방최고위원회(종래의 중앙정치위원회를 대신한 항전기 최고정책결정기구)를 통과한 다음에야 비로소 효력을 발생하는 것으로 되어 있었다. 이는 최고결정권을 갖는 헌정기 민의기관의 기준에서 보면 명백한 한계이다. 그러나 사실상 군정시기나 다름없던 전쟁상황과 인구의 절대다수를 차지한 농민대중의 정치·문화적 조건을 직시한다면, 당시 훈정론적 민주화운동의 결과 소집된 국민참정회의 의의를 부인하거나 과소평가하는 것은 적절치 않다. 국민참정회 결의사항은 대부분 국방최고위원회를 통과했기 때문에 그 시행 여부는 정부 측의 의지와 역량에 달려 있었다.

---

75. 이는 참정회조직법에 명시된 것이 아니라 운영 과정에서 경제·문화단체의 자율성을 배려한 결과이다. 聞黎明, 『第三種力量與抗戰時期的中國政治』, 上海書店出版社, 2004, 66~69면.

따라서 민의기관 설립을 통해 '진정한 훈정'을 실시하자는 훈정론적 민주화운동의 역사적 의미는 서구식 정당정치를 기준으로 접근해서는 이해하기 어렵다. 당시 훈정체제를 비판하면서 헌정의 즉각 실시를 요구한 대표적인 헌정론자인 민치협회(民治協會)와 『시사신보』도 다당 간의 경쟁을 통한 정권교체를 추구하기보다 영국·프랑스·미국의 전시 거국내각처럼 거국적 항전에 유리한 다당합작을 바람직한 헌정정치의 모델로 추구하였다.[76] 9·18 직후 각계가 정치적 당파를 넘어서 널리 인재를 모은 '국방정부'·'국난정부'·'연합정부' 수립을 요구한 것은 이름만 다를 뿐 모두 이런 논리에 의거한 것이며, 이 세 이름의 정부는 모두 사실상 '연합정부'나 다름없다. 이런 논리가 마오쩌둥과 정치협상회의의 연합정부론에까지 이어졌다.

76. 이에 따라 각 당 경쟁설의 가치가 날로 쇠퇴하고 각 당 합작설의 역량이 날로 증대하고 있으며, 在朝와 在野의 엄격한 구분이 사라지게 되었다는 논설이 게재되었다. 「憲政與政黨」, 『時事新報』 1932. 4. 28.

4 | 국민참정회와 전시민주주의

국민참정회는 1938년 7월 소집되어 1948년 3월 헌정기 국민대회가 소집됨에 따라 폐지되었다. 헌정기 국민대회는 국민정부의 패전에 따라 이듬해 타이완으로 옮겨 갔으니 마치 민국 초의 국회처럼 단명한 셈이다. 항전기를 포함해 10년간이나 존속한 국민참정회는 그 어느 민의기관보다 중국 민주주의의 진전 과정에서 더 큰 역할을 담당한 것으로 보인다. 이를 확인하기 위해 국민참정회의 구성과 운영 실태를 분석하여 그 역할과 의의를 분명히 하고자 한다. 이때 헌정기 민의기관을 판단의 기준으로 삼아서는 그 실상에 접근하기 어려울 것이다.

종래의 연구는 국민참정회를 제2차 국공합작에 따른 국공 양당과 기타 군소당파의 당파적 회의기구로 파악하고, 그 역할과 성격도 참정원의 민선(民選) 여부와 참정회의 직권을 기준으로 판단하였다. 그 결과 참정회에 대한 평가는 소극적으로 국민정부의 반공도구와 자문기구라는 견해에서부터 전시국회(戰時國會)라는 견해까지 편차가 크다. 그러나 긍정이든 부정이든 극단적인 평가는 특정 정파의 일방적 기준에 따라 재단한 것이어서 재론의 여지가 있다고 본다.

필자는 특정 정파의 시각에서 벗어나기 위해 각 당파 및 각계가 모두 옹호한 항전건국강령(抗戰建國綱領, 1938)의 시각으로부터 구역대표와 직업대표의 이원성에 주목하여 국민참정회를 전시민주주의를 구체화시킨 한 형태로 이해하고자 한다. 이를 위해 참정원의 인적 구성과 회의 운영방식, 전시민주주의를 촉진시킨 조건과 논리, 참정원의 주요 제안과 결의를 분석하고자 한다. 주요 제안과 결의는 참정회가 훈정기 민의기관으로 소집된 만큼, 민권의 발양을 위한 2대 활동으로 보이는 지방민의기관의 건립과 직업단체의 결성에 초점을 맞추어 검토하기로 한다. 그리하여 참정회가 중국 현대 정치사에서 훈정으로부터 헌정으로 나아가는 교량 역할을 했음을 자연스럽게 드러내고자 한다.

이렇게 정당 중심의 구역대표제와 직업단체 중심의 직업대표제 양쪽에 모두 주목함으로써 국민참정회를 지나치게 정파, 특히 국공 양당 위주로 이해하는 치우침을 극복할 수 있기를 기대한다.

참정회의 인적 구성

참정원의 인적 구성은 회의운영의 민주성 문제와 직결되어 참정회 전체의 민주성 정도를 가늠하는 중요한 기준이다. 참정회를 국민당이 절대 다수를 차지한 국민당의 독점기관으로 간주해온 냉전시기 중국 학계의 견해를 비판하고, "국민당이 참정원의 절반 이상을 넘지 않았"으며 이는 각계 여론을 수렴하려는 의지를 반영한 것이라는 견해가 나왔지만,[1] 이 두 견해 모두 상당 정도 정파적 이해에 의거해 과장된 것으로 보인다. 또 참정회의 민주성은 제1대 참정회에서 가장 잘 드러났으

1. 吳永芳, 「國民參政會之研究」, 國立臺灣政治大學歷史研究所 碩士學位論文, 1983, 150면.

며 뒤로 갈수록 약화되었다는 견해가 일반적이지만, 이는 국민당원 비중이 증가한 것만을 근거로 한 지나친 단순화이다.

참정원은 ① 각 성·시 공사 기관이나 단체에서 3년 이상 복무한 신망 있는 자, ② 중요 문화단체나 경제단체에서 3년 이상 복무한 신망 있는 자, ③ 몽골·티베트 지역의 공사기관이나 단체에서 복무한 신망 있는 자, ④ 해외 화교로서 3년 이상 현지 활동을 벌인 신망 있는 자 중에서 선정되었는데, 처음에는 국민당과 정부, 국방최고위원회의 추천을 받아 국민당 중앙집행위원회가 최종 초빙(지명)하는 방식으로 결정되었다.[2] 그런데 2대부터 성·시 대표는 성·시 임시참의회의 선거로 결정하도록 개선되었다.

참정원의 임기는 1년이며 연임될 수 있는데, 참정회의 인적 구성은 10년간 다섯 차례 바뀌었으니 평균 임기는 2년 정도이다. 각 대의 참정원 총수와 대표 단위별 분포를 표로 나타내면 표 6과 같다.

③, ④항을 잠시 접어두고 보면 참정원은 ①항의 구역대표와 ②항의 단체대표를 두 축으로 구성되어 있다. 제1·2대에는 단체대표가 각각 50%와 57.5%를 차지하여 절반을 넘었고 그 후 약간 줄었다. 이때 그 단체가 문화단체와 경제단체로 한정된 문제는 있다.

구역대표의 경우에도 단체활동 경력이 중시된 것은 정당활동의 자유를 금지한 훈정체제하에서 각계연합과 각계대표의 민의결집 구조와 경험이 부각되었기 때문이다. 그런 여론이 반영되어 참정회 조례가 개정되고 단체대표 수가 늘어나게 되었던 것인데, 제3·4대에서 20~30%대로 크게 감소하여 각계와 재야당파의 반발을 야기하였다. 전체적으로는 직업대표가 36.9%를 차지했으며, 이는 1936~1937년 국민대회 대표선

2. 「國民參政會組織條例」(1938. 4), 「國民參政會組織條例修正文」(1938. 6), 中共重慶市委黨校 等 編 , 『國民參政會紀實』上, 重慶出版社, 1985, 46~49면.

표 6. 국민참정회 역대 참정원 총수와 대표 단위별 분포

구분		省·市 代表	團體 代表	蒙藏 代表	華僑 代表	합계
제1대 참정회 1~5차 회의	1938. 7~ 1940. 4	88 (44%)	100 (50%)	6 (3%)	6 (3%)	200
제2대 참정회 1~2차 회의	1941. 3~11	90 (37.5%)	138 (57.5%)	6 (2.5%)	6 (2.5%)	240
제3대 참정회 1~3차 회의	1942. 10~ 1944. 9	164 (68.4%)	60 (25%)	8 (3.3%)	8 (3.3%)	240
제4대 참정회 1~2차 회의	1945. 7~ 1946. 4	199 (68.6%)	75 (25.8%)	8 (2.8%)	8 (2.8%)	290
제4대 참정회 3차 회의	1947. 5~6	227 (62.7)	119 (32.9%)	8 (2.2%)	8 (2.2%)	362
합계		768 (57.7%)	492 (36.9%)	36 (2.7%)	36 (2.7%)	1,332

거에서 직업대표가 차지한 비중 26.4%보다 10.5% 증가한 수치이다.[3]

한편 이들 단체대표 중에는 상회, 교육회, 항일구국회, 중국향촌건설학회, 중화직업교육사 같은 문화·경제단체 외에 공산당, 국가주의청년당, 국가사회당 같은 재야정당도 포함되었으나 그 수는 10% 내외의 극히 소수였다. 이들 '재야당파'[4]가 국민정부의 항전수행을 인정하고 협조하기로 한 만큼 정부가 그들을 제한된 의정의 파트너로 사실상 인정하되 법률상 정당결성 금지를 견지한 결과다. 그러므로 그들은 여전히

3. 「國民大會代表選擧總事務所工作報告」(1936~1940.6), 秦孝儀 主編, 『中華民國重要史料初編-對日抗戰時期』 4編 戰時建設(2), 臺北: 中國國民黨黨史委員會, 1988, 1745~1747면.

4. 1930~1940년대 국민당과 공산당 이외의 군소당파를 '민주당파'라 지칭하는 것이 일반적이지만, 여기서는 집권 국민당과 대비되는 '재야당파'라는 용어를 사용하여 국민참정회에 초빙된 국민당 이외의 정당을 모두 포괄하고자 한다. '민주당파'라는 용어를 피하는 까닭은 이하 본문에서 밝혀지듯이 국민당 내에도 민주파가 있어 이들을 포함한 초당적 민주연대가 형성되었음을 드러내기 위함이다. 군소당파라는 용어도 적절치 못하니, 항전 중반을 지나면서 공산당은 이미 그 범주를 넘어섰기 때문이다.

법률상 합법지위를 획득하지 못한 처지에 놓여 있었다. 다만 '문화단체' 범주에 포함되어 초빙된 상태였으므로 국민당처럼 성·시를 대표하는 정당의 구역대표가 될 수 없었다.

이들 세 재야당파의 지도자들은 1920년대부터 직업대표제를 옹호해 온 터였고 항일구국회는 사실상 민간직업단체의 연합으로 성립된 조직이었다. 국민당과 거의 맞먹을 정도의 의석을 차지하고 있는 무당파는 조직조례상 "공사 기관이나 단체에서 복무한 자"여야 한다는 조항에 비추어 볼 때, 사실상 경제단체나 문화단체로 표기된 각종 직업단체와 관련지어 파악될 수 있는 인사들이었다. 실제로 그들의 대부분은 당파적 편향이 없는 금융계, 상공업계, 교육계, 언론계 인사들이었다.[5]

그러니까 참정회의 인적 구성은 조례상으로는 구역대표와 직업대표를 두 축으로 하였지만, 실제로는 구역·직업·당파의 3중 구조로 짜여 있었다고 하겠다. 그 각각의 비중은 제3대 참정회부터 구역대표가 증가하고 단체대표가 감소하는 추이를 보였는데 이는 국민당원 비중의 증가와 연동되어 있다. 이제 참정원의 당파별 분포의 추이를 살펴보자.

제2대 참정원의 당파별 분포는 우용팡(吳永芳)의 분류에 따르면 국민당 116명(48.1%), 공산당 7명(2.9%), 중국청년당 6명(2.5%), 국가사회당 8명(3.3%), 구국회 6명(2.5%), 향촌건설파 3명(1.3%), 직업교육파 3명(1.3%), 무당파 90명(37.3%)이다.[6] 국민당 이외에는 무당파 인사가 대부분인데, 이는 제2대 참정회뿐만 아니라 역대 참정회 전체의 특징이다. 구역대표가 국민당과 무당파 인사들로 구성되었고 단체 대표의 대부분이 무당파 인사들로 채워졌기 때문이다.

---

5. 吳永芳, 앞의 글, 152면.

6. 같은 글, 146면.

그러나 이 분류에서 국민당원 비중을 48.1%로 파악한 것은 실제와 상당한 차이가 있다. 참정회 내의 당원을 관리하기 위한 국민당 당단 지도위원회 자료에 따르면 제2대 때의 전체 참정원 240명 중 국민당원이 138명(57.5%)이며 그 명단도 첨부되어 있으니,[7] 제2대 참정원의 국민당원은 실제보다 9.4%가 낮게 파악된 셈이다. 따라서 그의 분류법보다 실제 국민당 비중은 9% 정도 높여 잡아야 하며 그만큼 무당파 비중은 낮춰 잡아야 한다. 그렇게 추산하고 참정원들의 기록을 종합해보면 제1대의 경우 50% 미만이었고 제2대의 57.5%를 경계로 하여 제3·4대는 60~70%를 넘었을 것이다.[8] 제1대 참정회가 가장 민주적이었다고 간주되는 이유도 여기에 있다. 참정회 회의는 과반수 출석에 과반수 찬성으로 의결되었으므로 제2대 참정회 이후 국민당이 의결 정족수는 확보한 셈이지만, 항전 종반기에 공산당이 비난한 것처럼 국민당이 처음부터 절대다수를 차지했다는 것은 과장된 추정에 불과하다.

실제로 공산당 참정원 우위장(吳玉章)이 전하는 제1대 참정회 때의 정황에서도 이는 잘 드러난다. "국민당 이외의 각 당파와 무당파 인사들은 제안을 위해 함께 모여 토론하였는데, 30~40명은 완고의 보루였으나 70~80명은 늘 우리에 동정하여 연서하였다. 〔…〕 저우타오펀(鄒韜奮)이 제안한 '도서잡지 원고 심사판법 취소 요구안'은 74명의 연서로 제출하였고 이는 출석인 수의 2분의 1을 넘는 수치였다"[9]라고 한다. 이

---

7. 「國民參政會第二屆第一次會議黨團幹事會第一次會議記錄」(1941. 2), 「第二屆國民參政會內國民黨員分組名單」, 中共重慶市委黨校 等 編, 『國民參政會紀實』 續編, 重慶出版社, 1987, 244면, 252~253면.

8. 국민당원 비중은 국민당 편향의 자료(吳永芳, 앞의 글, 145~149면)에 따르면 제1대 82명(41%), 제2대 116명(48.1%), 제3대 133명(55.4), 제4대 1~2차 회의 156명(43.1%), 제4대 3차 회의 141명(48.6%)인데, 공산당 편향의 자료(周勇 主編, 『國民參政會』, 重慶出版社, 1995, 51면)에 따르면 제1대는 45.5%였으나 그 후 증가하여 제4대는 84%를 차지했다고 한다.

충칭에서 열린 제3대 국민참정회(1942.10)에 참석한 대표들

제안은 국민당의 언론통제 법령에 대한 중대한 수정을 촉구한 것이어서 국민당 강경파의 입장을 따르는 참정원의 경우 동의하기 어려운 제안이었음을 감안하면, 비국민당 참정원이 절반을 넘었음을 말해준다. 그럼에도 항일구국회의 저우타오펀이 제1대 참정원 중 4분의 3이 국민당원이었다고 주장하여 국민당 독점성을 공산당 참정원 우위장보다 더 과장한 것은 이해할 수 없다.[10]

국민당 참정원 중에도 이들과 함께 토론하고 연서에 동참하는 민주인사가 있었다. 예컨대 국가사회당의 뤄룽지(羅隆基)가 제안한 '기구를 조정하고 인재를 집중해 행정 효율을 증대하는 안'은 국민당원에 한정하지 말고 인재를 등용하라는 내용이 포함되어 있어 당치론과 충돌하는 바가 있었음에도 이에 서명한 사람은 국민당 7명, 국가사회당 5명,

---

9. 吳玉章, 「參政會上的一個重要插曲」, 中共重慶市委黨校 等 編, 앞의 책, 續編, 470~471면.

10. 鄒韜奮, 「第一屆參政會親歷記」, 『華商報』(香港), 1941. 2 連載, 같은 책, 413면.

구국회 5명, 공산당 2명, 향촌건설파 2명, 제3당 1명, 직업교육파 1명, 무당파 1명이었다.[11] 이는 국민당이 당단 지도위원회를 두어 자기 당 참정원을 관리하면서 당단 간사회의를 수시로 열어 참정회를 자기 주도하에 운영해 가려고 노력했음에도 자기 당원조차도 모두 통제 하에 넣지 못하였음을 의미한다. 심지어 당단 간사로 선정되어 간사회의에 자주 출석한 콩경(孔庚)조차 이들의 제안에 연서한 적이 여러 번이었다. 기타 재야당파와 무당파 참정원들도 그들끼리 수시로 회식모임이나 담화회 등의 형태로 회합을 가지면서 제안 문제를 사전에 논의하고 제안내용을 분담하는 등 재야파의 광범한 연대를 모색하였다.[12] "정치개혁을 요구하거나 정책착오를 비판하는 내용의 제안에 대해 반정부(反政府), 반동(反動)이라고 비난"하는 강경파도 있었지만,[13] 이에 맞서는 참정원들 간의 민주연대는 제4대 참정회까지 지속되었다.

단체대표가 감소하고 국민당원 비중이 점차 늘어난 것은 분명 민주성의 후퇴로 해석될 수 있다. 그러나 이러한 인적 구성의 변화와 달리 제도적 차원에서는 국민당의 지명에 의해 결정되던 참정원 선정 방식이 제2대 참정회부터 성·시 대표에 한해 그 무렵 성립된 성·시 (임시)참의회의 선거로 결정하도록 바뀌었다. 이당활동(異黨活動) 금지조치로 인해 비국민당원은 출마할 수 없었기에 국민당원과 무당파 인사들만이 출마하였지만, 헌정실시를 요구해온 대표적인 두 신문은 선거에 의한 참정원 비중이 증가한 것을 '민주성분의 강화'로 받아들이면서 참정회가 '민주의 사다리'가 되어줄 것을 기대하였다. 또 "선거 때 경쟁은

11. 羅隆基 等, 「調整機構集中人才以增加行政效率案」, 같은 책, 261~267면.

12. 黃炎培, 「國民參政會日記」, 같은 책, 536~540면.

13. 鄒韜奮, 앞의 글, 421~422면.

극히 치열했으나 법률 범위 안에서 경쟁하여 장차 선거제도를 확립하는 데 좋은 풍기를 수립하였다"라고 평가하였다.[14] 이렇게 선거에 의해 결정되는 참정원의 비중은 뒤로 갈수록 늘어나 제2대 때는 45%였다가, 제3·4대에 가면 68%에 달하였다. 이때 선거방식의 도입이라는 '제도의 민주화'가 오히려 명망 있는 각계 인사의 감소를 초래하여 재야당파와 무당파 인사의 반발을 야기하였다.

이런 괴리가 발생한 까닭은 선거제도가 이당활동을 금지하는 당치(黨治)하의 선거였기 때문인데, 그런 선거방식이라면 굳이 선거만을 고집할 이유는 없었다. 처음 참정회가 소집될 때 참정원이 민선이 아닌 지명에 의해 구성되었다는 점에서 참정회는 민의기관이라고 보기 어렵지만 각계의 신망 있는 저명인사들이 망라되었다는 점에서 민의기관이라고 볼 수 있다고[15] 한 구국회 참정원 저우타오펀의 인식은 그래서 주목된다. 이는 참정원이 어떤 절차와 방식에 의해 정해지는가 하는 문제와는 상관없이 어떤 사람들로 구성되는가가 매우 중요하게 받아들여졌음을 보여준다. 국민당 참정원은 물론이고 공산당을 포함한 재야 3당 및 무당파 참정원도 이 점에서는 마찬가지 견해를 보였다.[16]

그러나 명망성이 곧 민주성은 아니다. 명망성의 강조는 현능(賢能)을 중시한 전통적 인사 기준에 가까우나 민주성의 강조는 주권자의 동의에 기초한 위임의 절차를 중시하는 대표성의 문제에 속한다. 다만 여

---

14. 「期望于本屆國民參政者」, 『大公報』 1942. 10. 23; 「對本屆參政會的希望」, 『時事新報』 1942. 10. 22, 中共重慶市委黨校 等 編, 앞의 책,下, 1076면.

15. 鄒韜奮, 「我對于參政會的希望」, 『全民抗戰』 1938年 1號, 中共重慶市委黨校 等 編, 앞의 책, 上, 94~95면.

16. 毛澤東 等 7人, 「我們對于國民參政會的意見」, 『新華日報』 1938. 7. 5; 「參政員鄧飛黃, 范予遂, 陳博生, 陶希聖發表談話」; 「參政員張君勱, 羅隆基, 梁實秋發表談話」, 『新華日報』 1938. 6. 24~26, 7. 3.

기서 각계 명망가는 비록 현능을 인정받아 초빙된 존재였지만 이미 자신이 속한 단체의 대표라는 지위도 함께 갖고 있는 터였기에 대표성을 상당정도 확보하고 있었던 셈이다. 경제·문화단체의 대표가 바로 그런 명망가들이었는데, 그 숫자가 제3대 참정회 이후 크게 감소했으니 이 기준에서 보면 민주성의 후퇴로 보일 수밖에 없다.

당치하에서 국민당원 비중을 점차 늘려가는 데 대한 재야당파 참정원들의 반발은 곧 조직화되었다. 이른바 이당활동 제한법(1939. 1)을 반포해 국민당 이외의 정당활동을 하는 자를 학교와 직장에서 축출하거나 투옥하는 데 맞서 참정원들은 그해 9월 참정회에 항일당파의 합법지위 보장을 촉구하는 제안을 공동으로 제출하는 것을 계기로 하여 통일건국동지회(統一建國同志會)를 결성하였다. 그 회원은 모두 참정원들로서 공산당을 제외한 재야당파 소속이거나 무당파였다. 이는 민주촉진을 요구하는 재야당파가 참정회를 연결망으로 하여 조직화된 것을 말해주며 신사군사건(新四軍事件, 1941년 1월 국민정부군이 공산당의 신사군을 습격해 궤멸시킨 사건) 직후인 1941년 3월 민주정단동맹(民主政團同盟)으로 확대되었다.[17] 이는 1943년 초부터 국민당 내 민주파의 결집을 자극하여 국민당민주연합회(譚平山·陳銘樞 등, 1945. 10)와 국민당민주촉진회(李濟深·何香凝 등, 1946. 4)의 성립을 초래하였다.

공산당은 신사군사건 직후 제2대 참정회에 대하여 "국민당이 이제 반공을 결심한 터에 이번 참정회에서 국민당 참정원이 절대다수를 차지했고 참정회는 정부의 반공계획을 실행하는 어용기구가 되었다"[18]라

17. 신사군은 화중 8개 성에서 활동하던 홍군이 국공 양당의 합의에 따라 결집함으로써 편성되었다. 이 지역 민간단체는 처음부터 광범한 지지를 보내면서 상호 긴밀한 유대감을 갖고 있었기에 이들과 가까운 입장에 있던 단체대표 참정원들은 국민당의 신사군 공격에 강하게 반발하였다. 陳麗鳳·毛黎娟 等, 『上海抗日救亡運動』, 上海: 上海人民出版社, 2000, 524~527면.

고 비난하였다. 하지만 이때의 실제 국민당원 비중은 57.5%였으니 이를 '절대다수'라고 과장한 것은 참정회 바깥에서 일어난 일로 인해 생긴 감정의 응어리가 참정회 인식에 투영된 결과였다.

참정회의 회의운영

참정회의 권한은 정부의 대내외 시정방침을 실시하기 전에 결의하는 결의권을 갖고 있었다. 결의는 참정원 과반수의 출석과 출석자의 과반수 찬성으로 이루어졌다. 참정원은 회의장 내에서 발표의 자유를 보장받았고 20명 이상의 연서로 의안을 제출할 수 있었으나 다만 삼민주의에 저촉되지 않는 내용이어야 했다. 거기서 통과된 결의안은 다시 항전기 최고결정권을 행사하던 국방최고위원회의를 통과하여 주관 부처의 실행에 넘겨지도록 되어 있다. 그 외 건의권과 자문권도 부여되었다.[19] 이런 권한의 행사와 관련한 각종 의안들이 어떻게 제안, 토론, 결의되었는지를 중심으로 회의운영을 살펴보자.

대다수 연구는 참정원 중 국민당원 수가 상대적으로 적었다는 점을 들어 제1대 참정회가 가장 민주적으로 운영되었다고 한다. 그러나 필자는 선거가 도입된 제2대 참정회부터 회의 운영 면에서도 몇 가지 중요한 진전이 이루어졌다는 점에 주목하고 싶다.

첫째, 1인의 의장제를 5~7인의 주석단제로 바꾸고 주석단을 참정원의 선거에 의해 구성하도록 하였다. 그중에서 국민당이 2명 이상을 차

18. 「擁護我黨七參政員拒絶出席本次參政會」, 『新華日報』 1941. 3. 16.

19. 「國民參政會組織條例」(1938. 4), 中共重慶市委黨校 等 編, 앞의 책, 上, 47면; 「國民參政會議事細則」(1937. 7), 같은 책, 51~52면.

지한 적은 그 뒤에도 없다. 휴회 기간에 참정회의 일상 업무를 담당하기 위한 상설기구인 주회위원회(駐會委員會, 25인)의 직권을 확대하여 결의안의 실행을 독촉하고 실행 상황을 조사할 권한이 추가되었으며 건의권과 조사권도 수시로 행사할 수 있게 하였다. 주회위원회는 참정원의 선거에 의해 구성했는데, 여기서도 주석단 선거와 마찬가지로 각 재야 당파와 무당파 각계 인사가 골고루 선출되었다.

둘째, 참정회는 정부시정방침 초안을 사전에 서면과 구두로 보고받고 그에 대한 의견을 결의문 형태로 채택함으로써 정부정책을 비판, 추동, 보완하였다. 이렇게 정부가 참정회에 출석해 공작보고를 행한 점에서 "민국 이래 정부가 소집한 각종 민의기관이 있었지만 이번의 참정회와 겨룰 만한 것은 없다"는 공산당 참정원인 린주한(林祖涵)의 평가가 눈길을 끈다.[20] 특히 1944년 제3대 참정회는 "시정방침은 예산안과 서로 대조하지 않으면 그 전체적 의의를 파악할 수 없으니 정부는 예산안을 포함시켜 총체적 시정방침이 되게 하라"고 결의하였다. 그 결과 참정회는 국가예산에 대한 초보적 심의권을 갖게 되었다. 결의권이 아니어서 미흡하지만 예산안이 미리 공개되어 심의에 부쳐진다는 것 자체가 의미 있는 진전이라 하겠다.

셋째, 참정회는 주석단의 제안에 따라 "민주를 촉진하여 항전력을 강화한다"라는 결의안을 통과시켜 각계의 비상한 주목을 받았다. 민주 확대는 항전력을 분산시킨다는 국민당 강경파의 반대론을 누르고 민주촉진만이 곧 항전력의 강화를 가져온다고 결의했기 때문이다. 공산당마저 이에 고무되어 "그동안 여러 참정인이 민주촉진 제안을 내놓으면서 기울인 노력이 쌓였기에 주석단의 이런 제안이 나올 수 있었다"

20. 林祖涵, 「國民參政會之觀感」, 『解放』 49期, 1938, 같은 책, 240~241면.

라고 높이 평가하였다.[21] 이는 신사군사건에 대한 항의의 표시로 공산당 참정원이 회의에 불참한 가운데 나온 평가여서 더욱 주목된다.

신사군사건 이후 갈수록 국공 간의 대립이 격화되었다고 하지만 제3대 참정회에 대한 공산당의 평가는 국공대립이 심화되던 1944년 9월 중순까지도 크게 나빠지지 않았다. 민선대표도 아니고 직권도 제한되어 있는 등 "참정회가 비록 실천적 약점을 갖고 있지만 일찍이 국민의 의지와 역량을 결집하는 사명을 부여받았으니 참정원들이 회의 운용에 더욱 노력한다면 목전의 시국에 대하여 적지만 추동의 책임을 다할 수 있을 것이다"[22]라고 『신화일보(新華日報)』가 언급한 것이 그런 예이다. 여기서 지적된 '실천적 약점'은 참정회 결의안이 정부에 의해 실행되도록 하는 법률적 강제장치를 결여한 것을 지칭한 것으로서 참정회가 처음부터 갖고 있던 한계이지 제3대 참정회에 이르러 생긴 것은 아니다.

제3대 참정회의 운영실태를 보여주는 또 하나의 예는 신사군사건 이래 국공 간의 갈등을 평화적으로 조정하기 위해 1944년 5월부터 진행되어온 국공담판 경과에 대한 공개보고가 이루어진 점이다. 국공담판은 외국에서도 주목하는 국가 전체의 중대 문제인데, 참정회가 이를 공개한 것은 출판·언론계 출신 무당파 참정원 왕윈우(王雲五)와 후린(胡霖)이 주석단에게 요청해 정부로 하여금 공산당과의 담판 경과를 대회에 보고하라고 요구한 데서 비롯되고 주석단과 정부가 수용한 결과이다.[23] 그런데 이를 정부가 일방적으로 보고하지 않고 양당의 대표 린주

21. 「回顧二屆二次參政會」, 『新華日報』 1942. 10. 25.

22. 「今日之國民參政會」, 『新華日報』 1944. 9. 6.

23. 胡霖, 「對國共談判的意見」(1944. 9. 15), 中共重慶市委黨校 等 編, 앞의 책, 下, 1369면.

한과 장즈중(張治中)으로 하여금 각각 보고하도록 하는 형식을 취한 점이 특히 눈에 띈다. 담판의 공개와 보고가 "민주정신의 발양을 상징하는" "민주통일의 일대 진보"로 인식된[24] 까닭은 보고의 이러한 형식에도 있을 터이다.

공산당은 이날 보고에서 각 당파와 각계가 참여하는 연합정부 구성을 공식 제안했는데, 사전에 참정회 안의 민주파 인사들과 협의하여 동의를 받은 상태였다. 당파를 초월한 국방정부 내지 연합정부를 구성하라는 요구는 일찍이 만주사변 직후부터 각계 항일구국회에 의해 제기된 바 있었기 때문에 어렵지 않게 합의되었을 것이다. 이에 자신감을 가진 때문인지, 공산당은 바로 그 직후인 1944년 9월 말부터 참정회를 국민당의 일당독재를 분식하는 도구에 불과한 것으로 폄하하기 시작하였다.[25] 심지어 이 관점을 과거로 소급해 투사하였으니, 제4대 참정회는 "과거의 참정회처럼 완전히 국민당 혼자 독판치기를 하였다"라고 하여 이전의 참정회 회의까지 반민주적인 것으로 싸잡아 비난하였다.[26]

재야당파의 합법지위를 인정하고 이들의 광범한 연대에 기초한 임시 연합정부를 구성해 그 주관 아래 국민대회 소집을 준비하라는 것이 각계의 일반적인 요구였다. 그러나 1945년 5월 국민당 제6대 전국대표대회는 이를 무시하고 국민당 일당만이 합법지위를 유지하는 조건하에서 국민당 위주의 국민대회를 그해 11월에 소집하겠다고 결의하였다. 곧이어 국민당은 1945년 7월 개막된 제4대 참정회 1차 회의에서

---

24. 「國共問題的前瞻」, 『新民報』 1944. 9. 17, 같은 책, 1390면.

25. 「批評此次國民參政會」, 『解放日報』 1944. 9. 24, 같은 책, 1394~1395면.

26. 「中共中央負責人聲明不參加第四屆國民參政會」, 『解放日報』 1945. 6. 17, 같은 책, 1429면.

이를 추인받아 국민적 정당성을 확보하고자 했으나 뜻대로 되지 않았다. 국민대회 문제와 관련한 23개 제안을 병합 심의한 끝에 채택한 결의안에서 참정회는 정부가 상황을 참작하여 개회일시를 결정하되 그 전에 국민대회 대표가 극히 완전무결한 대표성을 가질 수 있도록 각 정치당파를 법률로 승인하고 국민의 언론·출판·집회·결사의 자유를 보장할 것 등을 선결조건으로 요구함으로써 사실상 국민당의 기대에 반하는 입장을 취했기 때문이다.[27] 이는 공산당이 국민당 제6대 전국대표대회 결의에 항의하여 제4대 참정회 출석을 거부한 상태에서, 민주동맹을 비롯한 민주파 참정원들이 출석하여 이에 공감하는 일부 국민당 참정원과 연대함으로써 이루어낸 성과였다.

공산당은 스스로 제4대 참정회가 장제스의 독재를 분식하는 도구라고 비난하면서 불참했지만 재야당파와 무당파 참정원들은 각 당파 및 각계단체 대표가 광범하게 참여하는 정치회의(政治會議) 소집과 연합정부 구성을 요구하면서도 제4대 참정회에 계속 참석하였다. 1946년 1월 정치협상회의('정협')가 열렸기 때문에 참정회의 위상이 전에 비해 약화될 여지가 있었음에도, 그들은 여전히 참정회를 국공 갈등의 조정을 포함한 평화건국의 산실로 활용하려는 노력과 기대를 끝까지 견지하였다. 국민당 독재의 종식을 촉구하면서 민주동맹으로 결집한 참정원 상당수가 중간에 교체되지 아니하고 마지막까지 참정원 자격을 유지한 것은, 비록 국민당이 참정회 바깥에서는 민주동맹 회원을 탄압하고 살해하기까지 했지만 어느 쪽도 참정회를 중심으로 조성된 민의의 판을 깨버릴 수 없었음을 의미한다.

실제로 1946년 3~4월 제4대 참정회 2차 회의는 정부의 정협 보고결

---

27. 「第四屆一次大會提案案由及決議案」(1945. 7), 國民參政會史料編纂委員會 編, 앞의 책, 477~478면.

의에서 정협 합의사항을 지지하면서 ① 국민정부를 확대 개편하여 현능자(賢能者)를 널리 인선할 것, ② 해방구 내의 특수조직(邊區정부의 후신인 해방구위원회)을 취소하고 통일단결을 실현할 것, ③ 당군분리(黨軍分離)와 군민분치(軍民分治) 그리고 군대의 국가화를 실행할 것을 결의하였다. 그리고 참정원의 제안결의에서 ④ 공산당 부대의 군사행동 정지를 요구하였다.[28] ①항과 ②항은 서로 주고받는 관계이고 ③항은 국공 양당 모두에게 적용되는 내용이라면, ④항은 양당 군대의 군사행동을 함께 정지하라고 요구하지 아니한 점에서 국민당 편향이라 하겠다. 그러나 이것도 정협 화평건국강령(和平建國綱領)의 "삼민주의를 건국의 최고 지도원칙으로 준수하며 장제스 주석의 영도 아래 통일된 자유민주의 신중국을 건설한다"라는 합의[29]를 크게 벗어난 것으로 보기 어렵다. 요컨대 1946년 봄까지 참정회 회의 운영은 국민당원이 다수를 차지한 상황에서도 결코 국민당 강경파의 의도대로 좌우되지 않았다.

그 후 전면내전이 이미 폭발한 상황에서 참정원을 개선하여 1947년 5월 새로 소집된 제4대 3차 회의는 상반된 두 종류의 결의안을 통과함으로써 논란의 여지를 남겼다. 5월 28일 제1심사위원회 소관의 군사 문제 제안결의에서는 2개의 공산당 토벌 제안이 제출되어 각각 통과되었고, 6월 2일 제3심사위원회 소관의 내정 문제 제안결의에서는 내전정지와 평화건국 결의안이 통과된 것이다. 후자는 국공 쌍방에게 내전정지를 촉구한 16개 제안과 공산당 토벌을 촉구한 2개 제안 등 23개 제안을 병합 심리하여 통과된 것인데, 여기서의 공산당토벌론은 평화해결론 속에 완전히 묻혀 결의안에 반영되지 않았다.[30] 각 제안에 20명 이상의 연

28. 「政治協商會議報告決議文」(1946. 4), 같은 책, 523~524면; 「第四屆二次大會提案案由及決議案」(1946. 4), 같은 책, 570면.

29. 「和平建國綱領」(1946. 1), 『政治協商會議資料』, 成都: 四川人民出版社, 1981, 273면.

서인이 필요했음을 감안하면 16개 제안은 전시민주주의의 촉진을 위해 노력해온 연장선에서 연합정부 건립의 민의를 대변하려 한 참정회 내 민주파의 노력이 얼마만큼 필사적이었는지를 보여준다. 16개 제안인에는 왕샤오레이(王曉籟)·루종치(陸宗騏) 등 국민당원 외에 민주동맹 장란(張瀾), 청년당 리황(李璜), 무당파 사오총언(邵從恩) 등이 포함되었으니, 국민당 참정원을 포함한 참정원 간의 민주연대가 참정회를 개회한 이래 이때까지 줄곧 지속된 것이다. 그런데도 이 내전정지 결의안을 당시 4대 참정회 참석을 거부한 공산당을 따라 단지 국민당이 연출한 하나의 가면극이었다고 비난할 수 있을까?[31]

전시민주주의의 조건과 논리

전시민주주의의 조건과 논리는 크게 중국과 일본 두 나라가 단독으로 싸우는 중일전쟁기와 중국이 반파시즘 연합국의 일원이 되어 미국, 영국, 소련 등과 연합국을 형성하여 일본·독일·이탈리아를 상대로 싸우는 아·태전쟁기로 나누어 살펴볼 수 있다. 먼저 중일전쟁기부터 보자.

전시민주주의를 가장 밑에서부터 추동해온 동력은 만주사변 이래 민주와 항일의 병진을 요구해온 각계의 여론이었다. 그러나 국민당과

30. 23개 제안의 내용은 국공 쌍방에게 내전정지 평화해결을 촉구한 제안 16개, 공산당군대에게 전쟁 정지를 요구한 제안 3개, 공산당을 즉시 토벌하자는 제안 1개, 대표를 파견해 국공협상 재개를 촉구하면서 공산당이 이에 불응할 경우 토벌하자는 제안 1개, 기타 제안 2개였다. 「第四屆三次大會提案案由及決議案」(1947. 6), 國民參政會史料編纂委員會 編, 앞의 책, 603~607면.

31. 周勇 主編, 앞의 책, 224면. 이 연구는 『人民日報』의 1947년 6월 7일자 비난기사(「破車不能再開－評第四屆第三次國民參政會」)를 그대로 따랐다.

정부는 이런 요구를 수용하지 않은 채 항일전쟁에 나섰다가 개전 초부터 연전연패하는 처지에 몰리게 되었다. 이런 상태에서 국민당이 뒤늦게 각계의 민주항전론을 인정한 결과 참정회가 소집되었다. 따라서 참정회 운영에 내장된 전시민주주의는 무엇보다도 1938년 3월의 '항전건국강령'에 담겨 있다. 이는 '항전건국강령' 제13조의 "국민참정기관을 조직하여 전국 역량을 단결시키고 전국의 사려와 식견을 집중하여 국책의 결정과 추진을 이롭게 한다"는 데서 잘 나타나 있다.

참정회가 비록 이런 필요에 부응하기 위해 탄생했지만, 국가의 예결산 결의를 포함하는 최고권력기관으로서의 권한은 부여받지 못했다. 그것은 '항전건국강령'에 명시된 대로 참정회가 헌정을 준비하는 훈정기 국민참정기관으로 규정되었기 때문이다. 그래도 전국의 각계와 여론은 '항전건국강령'을 옹호하면서 장제스 군사위원장을 중심으로 한 국민정부의 지도 아래 단결하여 항전을 수행하자고 호응하였다. 참정회에서 통과된 항전건국강령옹호결의안은 단지 국민당 참정원이 제안하고 다른 당파 참정원이 동의하는 식이 아니라 국민당·공산당·무당파의 참정원이 각기 제출한 안을 놓고 병합 심리한 뒤에 도출되었다.[32]

따라서 1938년 7월 제1대 참정회 1차 회의가 성·시·현 참의회와 향·진민대회를 비롯한 지방민의기관을 조속히 건립하여 지방자치를 실현하고 헌정의 기초를 다지자는 결의안을 통과한 것은 훈정기 민주주의의 핵심적인 내용이다. 이는 정부, 국민당 참정원(褚輔成, 孔庚), 청년당 참정원(曾琦), 구국회 참정원(王造時), 무당파 참정원(許德珩) 등이 각기 제출한 안을 심의해 결의한 것이다.[33] 이듬해 참정회는 이미 성립된

32. 「國民參政會參政員擁護抗戰建國綱領之提案」(1938. 7), 秦孝儀 主編, 앞의 책, 4編 戰時建設(1), 65~84면.

33. 「第一屆一次大會提案案由及決議案」(1938. 7), 國民參政會史料編纂委員會 編, 앞

성·시 참의회에 이어서 현참의회도 마저 설립하라고 촉구하는 결의안을 채택하였다.[34] 이렇게 보면 각급 지방민의기관 설립을 제안하고 결의한 배경에는 민주주의 확대가 있어야 향진에서 현과 성을 거쳐 전국에 이르는 전민항전을 위한 전민의 민의결집이 가능해진다는 논리가 깔려 있는 것이다.

그런데 제1대 참정회가 명백히 훈정론에 기초한 '항전건국강령'을 옹호한 뒤인 1939년 9월 제1대 참정회 4차 회의에서 훈정을 조기에 종식하고 국민대회를 소집하여 헌정을 실시하라는 결의안을 통과한 것은 특별한 설명을 요한다. 헌정실시결의안은 국민당의 콩겅(孔庚), 공산당의 천사오위(陳紹禹), 청년당의 주오순셩(左舜生), 구국회의 왕자오스(王造時), 국가사회당의 장쥔마이(張君勱), 직업교육파의 장헝우앤(江恒源), 무당파의 장선푸(張申府) 등에 의해 각각 제출된 7개 안을 병합 심리한 끝에 채택되었다. 여기에 일부 국민당 참정원도 동참한 것은 주목된다. 전쟁으로 헌정실시를 연기한 상황에서 왜 갑자기 이런 요구가 나오게 되었는가?

첫째, 행정원장으로서 참정회 의장을 맡고 있던 왕징웨이가 일제에 투항하여 항일전선을 이탈한 직후의 조건에서, 민주헌정의 조기 실시만이 국민여론의 분열을 막고 국민적 항전의지를 공고히 할 수 있다는 논리에서 헌정실시안이 제출되고 결의된 것이다. 제안 이유에 따르면 왕징웨이 등이 투항하여 난징에서 '중화민국 유신정부'를 세움으로써 적전 분열로 이화제화(以華制華)의 빌미를 제공하게 될 것을 우려한 때문이다.[35] 실제로 당시 참정회 석상에서는 일제가 의화단배상금을 가

의 책, 27~30면.

34. 「第一屆三次大會內政部第二期戰時行政計劃決議案」(1939. 2), 같은 책, 89면.

35. 左舜生 等, 「請結束黨治立施憲政而安定人心發揚民力而利抗戰案」(1939. 11), 中

지고 당정의 주요 인사를 매수하여 투항을 유도하는 이화제화 정책이 폭로되어 경계의 대상으로 떠올랐다. 여기서 강조된 민주항전의 논리는 곧 헌정항전과 헌정건국론으로 이어지거니와, 만주사변 이래 지속되어온 헌정론적 민주운동의 연장선에 있다 할 것이다.

둘째, 1939년 1월 국민당이 이당활동 제한법을 의결하고 이당활동 혐의자를 공직과 학교에서 해직·제적하거나 구금하고 심지어 살해하기까지 하는 데 대한 적극 대처의 일환으로, 당치종식과 각 당파의 평등한 합법지위를 보장하는 헌정실시를 요구한 것이다. 정부가 이당활동을 제한한 결과 국민당원이 아니라는 이유로 적극적인 항일분자를 탄압하거나 배척함으로써 항일당파 간의 분열을 조장하고 있었기 때문이다.[36] 이에 각국이 효과적인 내외전쟁을 위해 전시내각을 구성하고 있는 것을 근거로 중국도 당치를 종식하고 헌정을 실시해 거국일치의 전시행정원(戰時行政院)을 설립하라는 요구가 이어졌다.[37]

이러한 제안과 결의에 맞서 훈정항전론을 펼치는 여론도 비록 참정회 바깥에서이긴 하지만 만만치 않았다. 헌정실시결의안이 채택된 참정회의 폐회사에서 장제스는 전민을 동원해 항전을 강화하려면 헌정실시가 불가피하다고 인정했지만 국민당 당보(黨報)와 당간(黨刊)에는 민주실행은 국력의 분열을 초래하여 항전에 불리하다거나 헌정운동은 정권 탈취 기도이며 반정부활동이라는 논조의 훈정옹호론이 주를 이루었다.[38] 국민의 문화 수준이 낮아 헌정실시는 시기상조라는 것이다.

共重慶市委黨校 等 編, 앞의 책, 上, 584면; 王造時 等, 「爲加强精誠團結以增强抗戰力量而保證最後勝利案」(1939. 11), 같은 책, 589면.

36. 陳紹禹 等, 「請政府明令保障各抗日黨派合法地位案」(1939. 11), 같은 책, 581~582면.

37. 張君勱 等, 「改革政治以應付非想局面案」(1939. 11), 같은 책, 587~588면.

38. 鄒韜奮, 「第一屆參政會親歷記」(1941), 中共重慶市委黨校 等 編, 앞의 책, 續編, 458~459면.

참정회가 헌정실시결의안을 통과한 이후 전국 각지에 헌정실시촉진회가 성립되어 헌정운동이 전개되었고, 국민당도 1940년 11월을 기해 국민대회를 소집하고 헌정을 실시하겠다고 발표하였다. 그러나 헌정실시는 다시 항전승리 이후의 일로 미루어졌다.

이런 상태에서 미국과 일본 간의 모순이 격화되어 1941년 12월 일본의 진주만 공습을 계기로 중일전쟁은 제2차 대전으로 확대되었고 중국이 반파쇼 연합국의 일원이 되었다. 이러한 전쟁 국면의 변화는 중국의 전시민주주의를 진일보시키는 데 결정적인 계기로 작용하게 되었다. 특히 그 직후 샌프란시스코 회의에서 연합국헌장이 통과될 때 중국의 참가는 국제사회에서 5대국의 하나로 인정받은 획기적인 일로 받아들여졌다.[39] 이어서 1942년 10월 미국과 영국은 중국과의 불평등조약에 의거한 특권을 스스로 폐기한다고 선언하여 중국이 국제정치대국으로 성장하는 데 걸림돌을 제거하였다. 그 무렵 개막된 2대 참정회는 "올해 세계 각국은 고전하는 중국이 극동대국(極東大局)의 주춧돌임을 승인하기 시작하였다"고 반겼다.[40]

이렇게 전쟁국면의 변화가 중국의 국제적 지위의 급상승을 초래했으니 이에 따라 중국인은 항전승리의 자신감을 얻게 되고 주요 관심사가 항전에서 건국으로 이동하기 시작하였다. "중일전쟁이 세계전쟁으로 변해 우리는 많은 국제적 도움을 받는 반면 적의 세력은 축소되고 있는 만큼, 그간은 항전이 건국보다 중요했으나 이제는 건국이 더 중요하게 되었다"는 것이다.[41] 게다가 제2차 대전이 '민주 대 파시즘'의 대

39. 「參政員周炳琳致詞」(1945. 7), 中共重慶市委黨校 等 編, 앞의 책, 下, 1452~1453면; 「國民政府主席蔣中正致詞」(1945. 7), 같은 책, 1447면.

40. 「會議宣言」(1941. 3), 같은 책, 860면.

41. 「臨時主席張伯苓開幕詞」(1942. 10), 같은 책, 1089~1090면.

결로 인식되었기 때문에 민주진영의 연합국 일원이 된 중국으로서는 그에 걸맞은 민주개혁 조치가 필요하게 되었다는 민주화의 압력도 작용하게 되었다.[42] 국제적 반파시즘 연합전선의 형성은 참정회로 결집한 중국 각계의 민주항전론과 헌정건국론에 힘을 실어주는 조건으로 작용하였다.

따라서 전쟁수행을 위해 선진국들도 기존의 헌정을 부분적으로 제한한다는 요지의 훈정항전론에 정면으로 맞서는 주장이 정식 안건으로 제기되었다. 항일구국회 참정원 선쥔루 등이 1941년 11월 제2대 참정회에서 제안한 언론과 학술연구의 자유를 보장하는 것이 항전력 강화에 유리하다고 주장한 것은 그런 예의 하나이다. 이 제안은 "만일 언론자유가 존재하지 않으면 모든 자유는 의미가 없게 된다"라는 루스벨트의 자유관을 적극 활용하였다. 그리고 독소전쟁이 발생한 이후 영국과 미국 정부는 민주를 강화하고 민생을 개선하는 것이 전쟁에서 승리를 쟁취하는 데 필요하다는 충분한 인식을 갖고 있다는 예도 함께 들었다.[43]

마침내 제2대 참정회 주석단은 민주확대가 항전력을 분산시킨다는 국민당 강경파의 주장을 누르고 민주촉진만이 항전력의 강화를 가져온다고 결의하였다. 『대공보』는 민주촉진결의안을 중국이 반침략적 민주진영의 한 중진으로서 당연히 가야 할 민주의 길에서 하나의 봉우리에 도달한 것으로 평가하고 정부는 이번 결의를 정성으로 실행하라고 촉구하였다.[44]

42. 「善處當前時期」, 『新華日報』 1941. 11. 18.

43. 沈鈞儒 等, 「請政府迅卽對于言論與研究加强積極領導修正消極限制以通民隱而利抗戰案」(1941. 11), 中共重慶市委黨校 等 編, 앞의 책, 下, 995면.

44. 「促進民治」, 『大公報』 1941. 11. 26.

이것이 '헌정실시' 결의안이 아니라 '민주촉진' 결의안인 까닭은 ① 항전 과정에서 지방자치를 촉진하는 한편 항전이 종료되었을 때 헌정을 실시한다, ② 전시민의기관의 조직과 직권을 더욱 증대하고 충실화한다, ③ 용인(用人)의 범위를 넓혀 각방의 인재를 고루 등용함으로써 국가위공(國家爲公)을 실현한다, ④ 인민의 모든 합법적 자유를 옹호한다고 하여[45] 헌정실시를 항전승리 이후로 미루어둔 것과 관련이 있다. 2년 전에도 즉각적인 헌정실시를 촉구하는 결의안을 통과한 참정회가 이렇게 여유를 보일 수 있었던 것은 무엇보다 중국이 연합국의 일원으로 참가하는 세계적인 반파쇼 연합전선이 형성됨으로써 일본의 패전과 중국의 승리가 이제 시간문제로 임박했다고 느껴졌기 때문이다. 그 후부터는 참정회가 더 이상 항전승리 이전에 국민대회를 소집하여 헌정을 실시하라는 요구를 제기하지 않았고, 위 4대 결의의 실행을 촉구하는 선에서 전시민주주의의 내실을 기하려고 노력하였다. 이는 훈정이냐 헌정이냐의 이분법적 논의에서 벗어난 중대한 진전으로서 훈정론적 민주주의와 헌정론적 민주주의가 항전기에 서로 어떻게 타협할 수 있는지를 보여주는 좋은 예이다.

한편 국제정세가 민주촉진에 꼭 유리하게만 작용한 것은 아니었다. 불평등조약의 폐지는 집권당 강경파에게 훈정적 당치국가 운영에 자신감을 불어넣어 당국체제(黨國體制)의 국가주의를 강화하는 계기로 작동할 여지가 있었다. 실제로 반공정책이 강화되었고 이는 민주화 촉진을 요구하는 학생과 지식인 및 재야당파에 대한 탄압의 강화로 나타났다. 그러나 그 후의 사태전개는 이를 일방통행으로 허용하지는 않았다. 1944년 4월 개시된 일본군의 이른바 1호 작전으로 뤄양(洛陽)과 창

---

45. 大會主席團, 「促進民治與加强抗戰力量案」(1941. 11), 中共重慶市委黨校 等 編, 앞의 책, 下, 992면.

사(長沙)가 순식간에 함락되자 미국은 그 직후부터 공산당군과의 공동 항일을 목표로 하는 전략구상의 연장선에서 국민당의 군정과 내정에 대해 적극적으로 개입하였다. 그것은 국공담판 과정에 직접 나서 조정자 역할을 자처하는 동시에 정부와 군사위원회를 개조하여 공산당을 비롯한 재야당파의 참여를 허용하라는 요구로 구체화되었다.[46] 미국의 개입을 계기로 공산당은 미국 민주주의와 국민당 일당독재를 대비시켜 민주개혁을 촉구하는 호재로 활용하기도 했다.[47] 공산당의 연합정부 건립 요구에 대한 미국의 지지는 이런 배경에서 나온 것이었다.

민주화의 진전 과정에서 국민대회 소집과 헌정실시 요구가 중요한 문제였지만, 전쟁 중인 중국으로서는 즉각적인 헌정실시가 사실상 어려웠다. 따라서 그것의 현실적 의의는 헌정실시를 준비하는 민주촉신 운동으로 나타날 수밖에 없다. 민주촉진결의안의 취지를 잘 살리면 헌정을 항전 승리 이후로 미루되 이당활동 제한법을 취소하고 인재를 고루 등용하여 당파를 초월한 전시행정원을 설립하라는 요구는 사실상 훈정 안에서도 실현할 수 있는 일이었다. 입법원장인 쑨커가 1944년 12월 헌정실시협진회의 헌법초안 토론회에서 국민당 일당훈정을 즉시 종식하고 삼민주의와 국민당의 다수당 지위를 인정한 위에서 '각 당의 공동훈정'으로 전환하자는 제안을 내놓은 것도 그런 가능성을 인정한 때문일 것이다.[48] 이는 그 직전 공산당 측이 각 당파와 각 단체 및 무당파 인사가 참여하는 국사회의(國事會議)를 열고 거기서 연합정부를 구

---

46. 楊奎松,『失去的機會?–戰時國共談判實錄』, 桂林: 廣西師範大學出版社, 1992, 158~161면; 李炳南,『政治協 商會議與國共談判』, 臺北: 永業出版社, 1993, 16 19면.

47. 鄧野,『聯合政府與一黨訓政, 1944~1946年』, 北京: 社會科學文獻出版社, 2003, 18~19면.

48. 黃炎培,「國民參政會日記」, 中共重慶市委黨校 等 編, 앞의 책, 續編, 565면.

성하자는 건국방안을 제시하여 국내 각계의 지지는 물론 미국 등 연합국의 지지까지 받게 되는 상황에서 나온 구상으로서, 각 당파 연합에 의한 새로운 정부 구성의 명분을 빼앗기지 않으면서도 국민당의 헤게모니를 유지할 수 있는 방안으로 발전될 여지가 없지 않았다. 그렇게 되면 국방최고위원회와 국민정부도 개방하여 각 당의 인재를 등용함으로써 거국적인 전시행정원을 구성하는 셈이 된다. 민주촉진 결의안은 바로 그에 근접한 구상이었다.

민주연합국의 일원으로 제2차 대전의 일익을 담당한 국제적 조건이 중국 전시민주주의를 촉진한 연장선에서 전후에도 중국은 연합정부 구성과 헌정실시를 기대하는 국내외 여론의 민주화 압력에 직면해 있었다. 이렇게 연합정부 구성과 헌정실시가 당면과제로 떠오르자 이제 쟁점은 정치민주화의 경로, 곧 '선당치해제 후헌정실시'냐 '선헌정실시 후당치해제'냐로 모아졌다. 각 당파의 합법지위를 인정한 상태에서 임시민주연합정부를 구성하고 그 주관 아래 헌정을 실시하라는 재야 당파와 민간사회의 요구는 공동훈정이나 전시행정원 구상의 연장선에서도 어느 정도 수용될 수 있었지만 국민당 강경파는 그 어느 것도 무시한 채 당치하의 헌정실시를 고집하였다. 이 상황에서 앞서 본 대로 1946~1947년 제4대 참정원의 상당수는 무려 16개에 달하는 내전반대 평화해결을 촉구하는 제안을 내어 국민당 일당 주도의 '당치적 헌정' 실시에 반대하였다.

전시민주주의 촉진활동

지역민의의 결집 : 지방민의기관의 건립

참정회가 전시민주주의를 촉진하기 위해 전개한 활동은 여러 가지지만 그중에서도 지방민의기관과 직업단체 건립을 추동해 지역민의와 직업민의의 결집을 강화하려 한 노력이 주목된다.

1938년 7월 제1대 참정회 1차 회의에 제안된 내정 방면의 주요 의안은 대부분 지방민의기관 건립에 관한 것이었다. 국민정부, 쩡치(曾琦), 왕자오스 등이 각기 성·현의 민의기관 건립을 제안하였고 추푸청(褚輔成), 콩겅(孔庚) 등이 현 이하 향진자치제도 건립을 제안하였다. 이를 심의한 끝에 통과된 결의안의 요지는 구역대표와 직업대표로 각 성·현의 임시참의회를 설립하며 향진의 민의기관으로 향진민대표회(상무회의기구로 首事會議)를 설치한다는 것이다.49

그 직후 제정된 조직조례에 따르면 참의원은 구역대표 60%와 직업대표 40%로 구성되며, 따라서 그 자격은 공사기관이나 단체에서 5년 이상 복무한 자, 또는 각 성의 중요 문화·경제단체에서 2년 이상 복무한 자로 규정되었다. 후보자 추천은 각 현·시 정부와 당부가 지방단체의 의견을 청취하여 행하였다. 참의회 직권은 성 정부 시정방침에 대한 의결권, 성정의 개혁과 관련한 건의 제출권, 보고청취권, 대정부 질문권 등 네 가지였다.50 그러니까 인적 구성이나 직권의 양면에서 성·시임시참의회는 국민참정회와 완전히 닮은꼴이다. 그런데 뒤에 보듯이 성임시참의회는 1944년 12월 이후 정식 참의회로 바뀌면서 성참의

---

49. 「國民參政會第一屆一次大會決議案實施情形一覽表」(1938. 7), 秦孝儀 主編, 앞의 책, 4編 戰時建設(1), 242~251면.

50. 「省臨時參議會組織條例」(1938. 9), 같은 책, 4編 戰時建設(2), 1843~1845면.

원이 현참의회의 선거에 의해 결정되고 직권도 더욱 확대되었다.

그 후 참정회는 성·시·현 민의기관 설립을 독촉하는 활동을 지속적으로 펼쳤다. 1939년 2월 내정부 공작보고에 대한 결의에서 성 임시참의회가 설립된 곳은 8개뿐이라면서 정부가 더욱 적극적으로 나서라고 촉구하였다.[51] 나아가 참정회는 현참의회의 설립과 현자치를 표방한 신현제(新縣制) 실시를 헌정 실시의 두 기본공작으로 간주하고 이를 촉진하기 위해 노력하였다. 이때 청년당 참정원 쩡치, 공산당 참정원 동삐우(董必武), 국민당 참정원 콩경·추푸청, 무당파 참정원 사오총언(邵從恩)·장지이(蔣繼伊) 등이 현·시참의회 건립을 촉구하는 안을 제출해 통과되었다. 그리고 참정회 안에 신현제실시협진회(新縣制實施協進會)를 조직하여 이를 돕기로 하였다.[52] 이런 노력의 결과 1941년 8월 공포된 현참의회조직잠행조례에 따르면, 참의원은 향진민대회에 의해 선거된 구역대표 70%와 직업단체 대표 30%로 구성하도록 하였다.[53] 이는 공산당 지배지역에서 1939년 성립된 산간닝변구참의회(陝甘寧邊區參議會)가 인구비례에 의거한 구역대표제만으로 참의원을 선출한 것과 비교된다. 그리고 현참의회 직권에 의결, 건의, 보고청취, 질문권 외에 예산의 의결 및 결산의 심의권을 포함시켜 부여한 점이다.

1942년 10월 참정회는 내정부 공작보고에 대하여 "현 이하 각급 민의기관의 건립은 신현제 실시의 가장 기본적인 정신이며 훈정의 유일한 경로이나 일반적으로 아직 성립되지 않았다. 그럼에도 (정부)기구를

---

51. 8개 성은 저장, 장시, 허난, 푸젠, 광둥, 광시, 후난, 구이저우이다. 「國民參政會對於政府施政報告之決議文」(1939. 2), 같은 책, 4編 戰時建設(1), 526면; 「國民參政會第一屆第三次大會決議案實施情形一覽表」(1939. 2), 같은 책, 567면.

52. 「國民參政會第二屆第一次大會決議案實施情形一覽表」(1941. 3), 같은 책, 1008~1012면.

53. 「縣參議會組織暫行條例」(1941. 8), 같은 책, 4編 戰時建設(2), 2163~2164면.

헛되이 확대하여 인민의 부담만 가중시키고 있으니 이는 본을 버리고 말을 취하는 격이다"라고 지적하고 내정부는 신현제 실시 이래 각 현의 성과와 폐단을 상세히 점검해 보고하고 1943년까지는 일률적으로 현(임시)참의회가 성립될 수 있도록 하라고 촉구하였다.[54] 행정원은 이 결의에 기초해 1943년 11월 각 성에 지시해 1944년 안으로 현에 각급 민의기관을 설립하라고 했으나 여전히 미진하였다. 이에 참정회는 헌정준비를 완성하기 위해 이를 1945년 말까지 완성하라고 촉구하였다.[55] 아울러 현임시참의회가 성립된 곳은 이를 선거에 의한 정식 참의회로 바꾸고 그 직권을 확대하며 현장 민선을 시행하라는 국민당 참정원의 제안이 통과되었다.[56]

이 상태에서 1944년 12월 주례 개정으로 성임시참의회가 정식 성참의회로 바뀌면서 현시참의회가 성참의원을 선출하는 것으로 바뀌었다. 이는 이미 1941년 3월 제2대 참정회 1차 회의부터 성임시참의회가 국민참정회 구역대표 참정원을 선출하도록 하고 그 비중을 계속 늘려간 것, 바로 그때 현참의회 조직법에서 현참의회의 직권을 확대하여 현 예산 및 결산 심의권을 부여한 것과 짝을 이루어 전시민의기관의 민주성이 강화되었음을 말해주는 중요한 내용이다. 1944년 12월에서 1945년 1월 성·시참의회의 직권도 확대되어 예산의결권과 결산심의권이 추가되었다.[57] 그 직전 1944년 9월 국민참정회도 국민정부 예산에 대

54. 「第三屆第一次大會對于政府施政報告之決議案」(1942. 10), 國民參政會史料編纂委員會 編, 앞의 책, 316면.

55. 「第三屆第二次大會對于政府施政報告之決議案」(1944. 9), 같은 책, 418면.

56. 「參政員提案案由及國民參政會之決議文」(1944. 9), 秦孝儀 主編, 앞의 책, 4編 戰時建設(2), 1380~1381면.

57. 「省參議會組織條例」(1944. 12), 같은 책, 1891~1893면; 「市參議會組織條例」(1945. 1), 같은 책, 1900~1903면.

한 초보심의권을 부여받았으니 각급 민의기관의 권한이 일제히 제고된 것이다.

참정회는 각급 민의기관에 의한 정부감독을 '민주감찰제도'로 간주하고 그 실현을 위해 노력하였다. 이와 관련해서는 예산·결산의 결의 및 심의가 가장 핵심적인 문제였다. 1941년 11월 2대 참정회에서 추푸청의 제안에 따라 각급 민의기관에 의한 정부감시와 향민의 선거권 및 파면권 행사를 통해 민주감찰제도를 실현하는 안이 통과되었다. 이어서 1942년 10월 현참의회에 현정인원(縣政人員)의 탐오(貪汚)·위법(違法)을 고발할 권한을 부여하기로 결의하였고 1944년 9월에는 이 권한을 각급 민의기관과 여론기관으로 확대 적용하도록 결의되었다.[58] 실제로 각급 민의기관에 이런 권한이 부여되지 않았지만 가령 항전 말기 광둥성 임시참의회가 정부관원에 대한 인민의 고소와 고발 요구를 접수해 실행하고 쓰촨성의회가 1946년 3월 전 전량처장(田糧處長) 우녠성(吳念僧)을 탐오 혐의로 직접 체포한 것[59]은 이런 결의안의 영향, 그리고 참정원과 참의원의 민주감찰제도에 대한 기대가 컸음을 보여준다.

이와 같이 현참의회가 성참의원을 선거하고 성참의회가 국민참정원을 선거하도록 상향식으로 연계시킴으로써 현참의회와 성참의회의 민의를 중앙민의기관 조직 과정에 직접 반영할 수 있도록 만든 것은 전시 민주주의의 조건에서는 상당히 의미 있는 시스템이었다고 하겠다.

항전의 종결과 더불어 임시 참의회를 직접 민선에 의한 정식 참의회로 발전시키는 노력이 시도되었다. 먼저 1945년 7월 4대 참정회는 시

58. 「參政員提案案由及國民參政會之決議文」(1941. 11), 같은 책, 1134면, 1280~1281면, 1381면.

59. 廣東民國史硏究會 編, 『廣東民國史』 下, 廣州: 廣東人民出版社, 2003, 960~961면; 山本進, 「一九四0年代國民政府治下的縣市參議會—以四川省之例爲中心」, 『'1949年: 中國的關鍵年代'學術討論會論文集』, 臺北: 國史館印行, 2000, 174면.

장 민선과 시참의회 민선제도를 확립하여 현 참의회 설립의 모범으로 삼기로 결의하였다. 1946년 3월에는 "현자치법을 조속히 제정하여 자치인재를 양성하고 토호열신의 권력절취를 엄금하여 관치를 민주로 전환하고 신권(紳權)을 억압하고 민권(民權)을 확장해야 한다"라고 결의하였다.[60] 현 이하 향촌사회에서의 이른바 지방자치란 그동안 줄곧 현 정부의 관권과 결탁한 신권의 지배 아래 놓여 있었기 때문에 그간의 자치란 사실상 관치나 다름없다고 간주한 것이다. 주민자치(民治)란 사실상 신사자치(紳治)로 여겨져온 향촌사회의 오랜 관행이 근본적으로 혁파될 상황에 이른 것이다.

이를 위해서는 향진의 민의기관을 설치해 집행기관인 향진공소(鄉鎮公所)를 감독케 하고 다시 그 하위의 보갑제를 개혁 또는 폐지하지 않으면 안 되었다. 1941년 제정된 향진조직조례에 따르면 각 호에서 1명씩을 내어 보민대회(保民大會)를 구성하고 보민대회가 각각 2명씩 대표를 선출하여 향진민대표회를 구성하도록 하였다.[61] 제3·4대 참정회가 "향진장과 보갑장은 반드시 민선(民選)하여 토호열신과 유맹(流氓)이 현 이하 각 기층조직을 좌우하는 것을 엄격히 방지하라"고 결의한 것은[62] 모두 현 이하 향촌권력을 장악한 토호열신의 배제가 향촌자치 확립의 관건 문제임을 지적한 것이다. 이는 결국 각 향촌에 대한 현 정부의 지배력을 강화하려는 의도의 표현으로서 지방자치의 중심을 현으로 설정한 쑨원 유교(遺教)에 다가가는 자치구상이었다고 하겠다.

---

60. 「第四屆第二次大會對于政府施政報告之決議案」(1946. 4), 國民參政會史料編纂委員會 編, 앞의 책, 526~527면.

61. 「鄉鎮組織暫行條例」(1941. 8), 秦孝儀 主編, 앞의 책, 4編 戰時建設(2), 2172~2183면.

62. 「第三屆第一次大會對于政府施政報告之決議案」(1942. 10), 國民參政會史料編纂委員會 編, 앞의 책, 317면; 「第四屆第一次大會對于政府施政報告之決議案」(1945. 7), 같은 책, 464면.

참정회는 이상과 같이 지방민의기관의 건립을 위해 노력했는데 그것은 실제로 얼마만큼 건립되었을까? 1944년 4월 현임시참의회는 530개로 전체의 48%, 향진민대표회는 1만 1,305개로 전체의 38%였다.[63] 5개월 뒤의 통계에 따르면 현임시참의회는 784개이고 향진민대표회는 1만 5,703개였으니 이는 각각 전체의 56.7%와 52.8%였다.[64] 성별로는 쓰촨·운난·광시가 100개 이상의 현임시참의회를 건립해 가장 앞섰고, 후난·장시·광둥·푸젠이 60~70여 개, 구이저우·후베이·간쑤가 30여 개, 산시가 24개로 그 뒤를 이었다. 만주국 판도였던 동북 각 성과 전쟁 초기에 일제의 지배 아래 들어간 화중 및 화북 각 성은 거의 빠져 있음을 알 수 있다. 항전승리 후에는 이들 지역도 포함한 전국 각 성에서 선거에 의한 현참의회가 성립되었으니, 가령 후베이성의 경우 1945년 10월부터 1947년 9월 사이 72개 현·시 참의회가 모두 성립되었다.[65]

직업민의의 결집: 직업단체의 결성

각급 지방민의기관 건립이 지역민의를 결집하는 경로라면 직업단체의 건립과 강화는 직업민의를 결집하는 경로가 된다. 그렇기 때문에 국민참정회는 직업단체를 포함한 민중단체의 조직과 발전을 위해 남다른 노력을 기울였다. 참정회 자체가 항전건국강령의 규정에 따라 소집된 것이지만, "전국 민중을 발동해 농공상학 각 직업단체를 조직하고 이를 개선하거나 충실히 하여 돈 있는 자는 돈을 내게 하고 힘 있는

---

63. 「行政院關於成立縣各級民意機關之工作報告」(1944. 4), 같은 책, 2189~2190면.

64. 「二三年來各省實施縣各級組織綱要及推行地方自治成績概況表」(1944. 9), 秦孝儀 主編, 앞의 책, 4編 戰時建設(2), 2015면.

65. 「湖北省市縣參議會成立一覽表」(1945. 10~1947. 9), 章開源 等, 『湖北通史』 民國卷, 武昌: 華中師範大學出版社, 1999, 610~613면.

자는 힘을 내게 해서 민족생존을 쟁취하는 항전을 위해 동원한다"[66]라는 항전건국강령을 근거로 제1대 참정회는 직업단체의 조직과 강화에 관한 결의안을 통과하였다.

구국회 참정원 저우타오펀이 제출한 '민중단체를 조정하여 민력을 발휘하자는 안'은 토론 끝에 다음과 같이 결의되었다. ① 정부는 기존의 민중단체로서 삼민주의와 항전건국강령을 위반하지 않고 군중기초와 구국활동 사실이 있으며 법률에 의거해 조직된 민중단체라면 모두 등록을 받아 합법단체로 승인한다, ② 각종 민중단체는 항전역량을 집중하기 위해 정부의 허가를 얻어 총기관을 조직할 수 있다, ③ 당부와 군사위원회 정치부로 이원화되어 있는 민중단체에 대한 지도기관을 정리하여 통일적 지도기관을 확립하고 조직상 활동상의 효율을 제고한다, ④ 각 지방정부는 이미 등록된 민중단체에 대하여 위법한 확증이 없는 한 마음대로 압박하거나 활동을 정지할 수 없다.[67]

오랫동안 향촌건설운동에 종사해온 량수밍(梁漱溟) 등은 제1대 참정회 1차 회의에서 "민중동원이란 대부분 농민동원이므로 직업단체 중에서 농회가 가장 중요하다. 전국 각지의 농회는 유명무실하거나 이름도 없고 대부분 선거를 위해 임시로 설립된 것이다"라고 지적하고 정부는 그것을 어떻게 개선하여 충실화할 것인지를 따져 물었다.[68] 당시 상당수 농회는 1937년 소집하기로 예정되었던 국민대회 대표선거를 위해 급조된 것이었다. 이에 대해 군사위원회 정치부장은 이미 각 현농회의

---

66. 「中國國民黨抗戰建國綱領」(1938. 3), 中共重慶市委黨校 等 編, 앞의 책, 上, 37면.
67. 「第一屆第一次大會提案案由及決議案」(1938. 7), 國民參政會史料編纂委員會 編, 앞의 책, 32면.
68. 「參政員對於政府施政報告之詢問及各主管機關長之答覆」(1938. 7), 秦孝儀 主編, 앞의 책, 4編 戰時建設(1), 319면.

실태를 조사하고 있으며 전시농회조직통칙초안(戰時農會組織通則草案)을 준비하고 있다고 답변하였다.[69] 2차 회의에서 경제부장은 정치부의 처리 경과는 알지 못하며 각급 농회장정준칙을 수정하여 최근 공포하였고 각성 건설청에 이를 실행하도록 지시했다고 답하였다. 원래 직업단체 관련 업무의 주관 부서는 국민당 사회부였는데 1940년 행정원 사회부로 이관되었고 여기서 보듯이 정치부·경제부·사회부가 서로 각기 관련 업무를 주관하면서 상호 협조가 이루어지지 않았다.

국공 양당의 참정원들도 직업단체를 당의 대중기초로 중시해온 연장선에서 조직 강화 방안을 제출하였다. 공산당 참정원 천사오위는 제1대 참정회 2차 회의에서 "중국이 비록 세계 최대의 인구를 갖고 있지만 그것만으로는 남에게 정복당하지 않을 역량이 될 수 없고 4억 5천만 동포가 조직을 갖추어야 비로소 역량을 가질 수 있는 것이니, 항전건국강령에 따라 각종 직업단체를 조직하고 충실화함으로써 각계동포가 조직되어 동원되어야만 항전을 위한 군력·물력·재력을 증가할 수 있고 그것만이 항전의 모든 곤란을 극복하는 근본원천이다"[70]라고 제안하여 통과되었다. 항전에 필요한 물질역량의 조직과 동원이라면 당연히 생산현장과 직결된 각종 직업단체를 통해야 가장 효과적일 것이다. 항전건국강령이 직업단체에게 기대한 역할도 바로 이것이었다.

국민당 참정원 리중샹(李中襄)은 제1·2대 참정회에서 농공상회의 조직을 촉진해 생산증진과 민력동원을 통한 항전역량의 강화를 꾀하는 동시에 지방자치의 기초역량을 강화하자는 안을 제출해 원안대로 통

---

69. 「參政員對於政府施政報告之詢問及各主管機關長之答覆」(1938. 10), 같은 책, 444면.

70. 陳紹禹 等, 「關于克服困難,過渡難關,持久抗戰,爭取勝利問題案」(1938. 10), 中共重慶市委黨校 等 編, 앞의 책, 上, 342~343면.

과되었다.[71] 직업단체를 '자치의 기초'로 삼는 방안은 이미 살펴본 대로 성참의원의 40%와 현참의원의 30%를 직업단체 대표로 구성한 데서도 잘 드러나듯이 이는 어느 개인의 구상을 넘어 국가 차원의 제도화 단계에 접어들었다. 제2~3대 참정회는 농공상회와 같은 각종 직업단체의 조직을 강화하여 국민경제를 발전시키고 현자치의 신현제 실시와 배합하여 정령(政令)의 실행을 보조하도록 하고 나아가 항전건국법령의 시행과 헌정실시를 돕게 하라고 결의하였다.[72] 이렇게 항전뿐만 아니라 현자치와 건국법령 일반의 시행과 헌정실시를 돕는 역할을 부여한 것은 자치의 기초라는 범주마저 훌쩍 넘어서는 광범위한 것이 아닐 수 없다. 항전 이후인 1946년 3월에는 향농회를 조전관계(租佃關係)의 조정과 25감조의 집행을 담당하는 법정단체로 확정하자는 결의안, 농업대출과 농업기술 보급 및 농촌합작사업 등을 모두 농회가 일괄 책임지고 처리해 공평히 발전하도록 하는 결의안이 통과되었는데, 이는 농촌지역에서 자치실행의 핵심내용이었다.[73]

항전 이후에는 직업단체에 대한 이러한 기대는 민의기관 건립에 더욱 확대 적용되어 나타났다. 제4대 참정회에서 국민대회 대표와 입법위원의 직업선거 비중을 늘려 대표성을 증진하고 헌법 실행의 기초를 다져서 국가의 근대화를 촉진하자는 제안이 그런 예이다.[74] 이 제안은

---

71. 「參政員提案案由及國民參政會之決議案」(1939. 9), 秦孝儀 主編, 앞의 책, 4編 戰時建設(1), 757면; 「國民參政會第二屆第一次大會決議案實施情形一覽表」(1941. 3), 같은 책, 1015~1016면.

72. 「第二屆第一次大會對於政府施政報告之決議案」(1941. 3), 國民參政會史料編纂委員會 編, 앞의 책, 235면; 「第三屆第二次大會對社會部報告之決議文」(1943. 9), 秦孝儀 主編, 앞의 책, 4編 戰時建設(2), 1251면.

73. 「第四屆第二次大會參政員提案案由及國民參政會之決議文」(1946. 4), 같은 책, 1560면; 「第四屆第二次大會對於政府施政報告之決議案」(1946. 4), 國民參政會史料編纂委員會 編, 앞의 책, 539면.

그대로 통과되었으며 국민참정회 헌정실시협진회도 5·5헌초에 대한 의견에서 "헌초 27조 규정의 구역대표제 외에 직업대표제를 마땅히 병행해야 하며 그 비율을 정해야 한다"라고 하였다.[75] 이들 제안과 결의가 항전 이후의 것이라서 더욱 주목된다. 항전기라면 비상시기의 선거의 편의성을 내세워 구역대표제보다 직업대표제가 선호되었다고 볼 수도 있겠으나 항전승리 후에도 이를 제도화하려 한 것은 참정원이나 참정회가 그런 기술적인 차원에서 직업대표제 문제에 접근하지 않았음을 말해준다.

이제 참정회의 직업단체 활성화 노력이 얼마만큼 실제 성과로 나타났는지 살펴보자. 1944년 9월 참정회의 사회부 공작보고에 대한 결의문에 따르면 "인민단체의 질적, 양적 발전이 작년에 비해 진전되었으나, 그동안의 조직과 훈련 공작은 번영한 도시에 편중되어 광대한 농촌을 소홀히 하였다"면서 특히 농회의 발전이 시급하다고 지적하였다.[76] 도시부에 비해 농촌부의 농민단체가 부진한 중요한 요인은 농민이 여전히 단체활동의 자유를 향유할 수 없었기 때문이다. 가령 1946년도 정부 시정방침 결의문에서도 "못된 관리와 토호악세(土豪惡勢)의 압박으로 인한 고통이 끊임없이 보고되고 있다"고 지적하였다.[77] 결국 농회가 진정 농민의 농회로 발전하기 위해서는 그들의 의식과 행위를 지배해온 향촌권력관계의 혁신이 필요하다. 국민혁명기의 경험을 통해 보건대 무력과 경제력을 장악하고 있는 그들을 축출하려면 농민이 향촌

74. 「第四屆第二次大會提案案由及決議案」(1946. 4), 國民參政會史料編纂委員會 編, 앞의 책, 547면; 「第四屆第三次大會提案案由及決議案」(1947. 6), 같은 책, 608면.

75. 「國民參政會憲政實施協進會對五五憲草之意見」(1946. 4), 같은 책, 518면.

76. 「第三屆第三次大會對於政府施政報告之決議案」(1944. 9), 같은 책, 419면.

77. 「第四屆第一次大會參政員提案案由及國民參政會之決議文」(1945. 7), 秦孝儀 主編, 앞의 책, 4編 戰時建設(2), 1451면.

바깥세력의 지원을 받아야 하는데, 농민을 조직하는 향도 역할을 담당할 지식청년의 참여도, 당정군의 지원도 거의 없었으니 농민 문제의 심각성을 인지한 참정회가 이를 줄기차게 지적하고 요구했지만 결과는 기대에 못 미쳤다.

이상과 같이 각급 민의기관이 직업대표제를 구역대표제와 함께 병행하여 중시했고 참정회가 직업단체를 조직하려 노력했다면 실제로 직업단체는 얼마만큼 조직되었을까? 표 4에서 본 대로 직업단체 수는 1940년 10월 1만 2,788개에서 1946년 말 4만 514개로 증가하였고, 회원 수는 200만 명에서 874만여 명으로 증가하였다. 그중 560여만 명이 농회 회원인데, 국민혁명기 후난·후베이·광둥 3성의 농민협회 회원 수 900여만 명에도 훨씬 못 미친다.

위의 분석을 통해 국민참정회는 전시 조건에서 소집된 훈정기 민의기관으로서 전쟁 종결 후 정식 민의기관을 탄생시키는 산파역을 담당할 것이라는 항전건국강령의 기대를 상당 정도 실현했음을 알 수 있다. 점차 국민당원의 비중이 증가했음에도 불구하고 국민당 참정원도 포함하는 당파를 초월한 참정원 간의 민주연대가 마지막까지 지속된 것은 특기할 일이다.

국민참정회의 권한은 전시민주주의의 확대를 위한 안을 제시하고 그 실행 상황에 대해 점검하는 선까지였으니 그 이상의 집행 책임은 정부 측에 있었다. 여전히 이당치국의 훈정체제하에 있었던 만큼 정부에 대한 지도와 감독의 책임은 국민당에게 있었으나 실제로 국민당의 당력(黨力)은 극히 제한적이어서 이당훈정(以黨訓政)은 중앙을 벗어나기 어려웠다.[78] 이렇게 당의 역량이 미흡했고 토호의 자이적 향촌지배와

78. 로이드 이스트만, 「국민당정권과 정치문화」, 민두기 편, 『중국현대사의 구조』, 청람, 1983, 148~149면; 王奇生, 『黨員, 黨權與黨爭: 1924~1949年中國國民黨的組

재정난으로 인해 정부의 집행능력 자체가 극히 제한적이었다.

그럴수록 직업단체의 결성과 직업선거의 도입이 민의결집의 기초단위이자 국가근대화의 방도로 중시되었다. 그 이유는 두 가지이다. 첫째, "인구비례의 구역선거만 채택할 경우 다수에 의한 조종작용을 면할 수 없어 중국의 우수분자와 직업계 전문가가 낙선할 수밖에 없다"[79]라는 데서 보이듯 현능우대(賢能優待) 관념이 강했기 때문이다. 둘째, 국민의 조직화를 통해서만 항전력을 강화할 수 있고 민주주의 역량을 증진할 수 있다는 믿음 때문이었다. "적(일본)은 중국을 무조직(無組織)의 국가로 간주하고 단결력을 과소평가하여" 침략을 개시하였으며 "적이 우리 국가를 집어삼키려는 최대 이유는 군사 방면에 있지 않고 우리 국가 내부의 불단결(不團結)에 있다"라는 인식이 그런 예이다.[80] 청말 이래의 합군구국론(合群救國論)이 지속된 결과다.

그래서 국민참정회는 바로 이런 무조직의 중국인을 전국적으로 단결시켜 대외적으로 중국을 대표하는 통일된 국가기관의 상징으로 파악되었다.[81] "참정회가 각급 민의기관과 직업단체를 지도해 국민의 산만한 습관을 교정하고 단결력과 민력을 발양할 수 있도록 노력해 달라"[82]는 국민정부 주석 장제스의 훈사 속에 전시민주주의와 관련한 참정회의 핵심 역할이 요약되어 있다.

織形態』, 上海書店出版社, 2003, 192~195면, 294~295면.

79. 「國民參政會憲政期成會提出"中華民國憲法草案修正草案說明書"」(1940. 4), 秦孝儀 主編, 앞의 책, 4編 戰時建設(2), 1677면.

80. 「對于國民參政會之期望」, 『新中國日報』 1941. 11. 19; 「國民政府軍事委員會委員長蔣中正致詞」(1938.8), 中共重慶市委黨校 等 編, 앞의 책, 上, 163~164면.

81. 「給敵人一個答覆」, 『大公報』 1938. 7. 13.

82. 「國民政府主席蔣中正訓詞」(1943. 9), 中共重慶市委黨校 等 編, 앞의 책, 下, 1211면.

5 | 정치협상회의와 건국민의

정치협상회의('정협')는 1946년 1월과 1949년 9월 두 차례 소집되었기에 후자를 흔히 신정치협상회의('신정협')라 부른다. 정협은 국민당의 주도 아래, 신정협은 공산당의 주도 아래 각계단체가 참여하는 식으로 개최되어 건국민의를 결집하였다. 양자는 대표 구성의 원리, 건국 절차에 관한 의결방식과 내용 등의 면에서 대동소이하다. 이는 당시 국민 각계로부터 광범하게 환영받을 정도로 민주적인 것이었다.

국공 양당의 정치적 경쟁과 내전에서 승패를 가른 것은 바로 이 건국민의의 존중 여부였다. 국민당은 공산당보다 앞서 정협을 주도해 건국민의를 확인하고 공동결의안을 이끌어냈음에도 그 직후 이를 무시하고 내전으로 치달았기에 패배할 수밖에 없었다. 그러는 사이 공산당은 국민당이 닦아놓은 길을 따라 건국민의를 재결집하고 건국사업을 완성하였다.

여기서 필자의 관심은 국공 양당의 승패가 아니라 청말~민국 초 이래 중국 민주주의의 전통으로 자리잡은 각계연합과 각계대표의 민의 결집 구조가 항전 승리로 도래한 건국완료 시기에 어떻게 작동하고 있었는가에 있다. 학계에서는 공산당이 1944년 9월 국사회의(國事會議)와 연합정부 구성을 제안하고 각 당파·무당파·단체가 호응함으로써 정협이 성립된 것으로 설명해왔다. 이때 정협은 공산당이 여타의 각 세력을 단결시키는 통일전선으로 간주되었다.

그러나 이렇게 볼 경우 정협에 참여한 공산당 이외의 다양한 세력들이 정치의 주체로서 파악되기 어렵고 단지 일시적 동원대상으로 전락할 뿐이다. 필자는 정협이 국민참정회를 발판으로 하여 탄생했으며 사실상 그 축소판이었다는 점에 주목하여 역사적 맥락에서 그 성립 과정을 이해하고자 한다. 국민참정회는 국민회의운동이 항일전쟁기의 특수한 조건에 맞게 구체화된 것이었으니, 국민회의–국민참정회–정협은 직업대표제의 지속과 변화라는 시각에서 상호 긴밀한 내적 연관을 가진 민의기관 모색 과정으로 파악될 수 있다.

이런 문제의식에 따라 필자는 1946년 1월과 1949년 9월의 정협을 묶어서 그 대표구성 방식과 논리를 국민회의–국민참정회의 연장선에서 밝히고자 한다. 이를 통해 정협이 비상시기 민의기관으로서 인정받을 만한 근거는 일시적인 회의 그 자체만으로는 불충분하고 그 이전부터 민간사회의 광범한 지지를 받아온 민의 결집의 사회관행을 계승함으로써 비로소 가능했음을 확인하는 데 논의를 집중할 것이다.

국민참정회에서 정치협상회의로

정협을 통한 연합정부 구성이라는 정협 노선은 직접적으로 1944년 9월 15일 공산당이 국민참정회에서 국사회의와 연합정부 구성을 주장한 데서 비롯되었다. 그래서 대부분의 학자들은 이것이 공산당의 창안이라고 주장해왔다. 그러나 실은 당시 여러 세력들에게 폭넓게 공유된 사회적 맥락과 그 이전부터 지속되어온 역사적 맥락이 주목되어야 한다.

당시 중국은 국민참정회라는 훈정치하의 민의기구를 중심으로 항전을 수행하고 있었지만 국민정부의 패전은 계속 이어졌기 때문에 여론은 그 이상의 민주화 조치를 갈망하게 되었다. 각계는 항일전쟁의 막바지로 갈수록 항전보다 건국에 중점을 두면서 자연스럽게 훈정의 종식과 헌정실시를 위한 방안을 심도 있게 논의하기 시작하였다. 가령, 『대중생활(大衆生活)』(홍콩)은 1941년 6월 항일전쟁 상태에서 보통선거에 의거한 헌정국가 수립이 곤란하다면 그 과도적 방법으로 쑨원의 국민회의 주장에 근거하여 각 정당·단체·대학·군대가 대표를 선거하여 민의기관의 직권을 대행하도록 하자고 주장하였다. 제안자인 장여우위(張友漁)는 이를 '당파대표회의'라 부르면서 그 결의에 따라 국민당과 기타 일체 당파가 참여하는 과도정부를 수립해야 하며 민의기관이 조직한 민주정부라야 현재의 위기를 해결할 수 있다고 하였다.[1] 그 직후 민주정단동맹(1944년 9월부터 民主同盟)도 "군대의 국가화와 정치의 민주화"를 요구하면서 민주정신을 실천하고 당치(黨治)를 종식하기 위해 헌정실시 전에 "각 당파 국사협의기관(國事協議機關)"을 설립해야 한다고 주장하였다.[2] 이때 정치 민주화와 군대 국가화의 관계에 대하여, "그 말은 둘이지만 그 뜻은 하나여서 분리될 수 없는" 과제라고 명기하였다.

이어서 1944년 9월 4일 충칭의 교육, 교통, 법률, 금융 등 각계 인사들이 시국 주장을 발표해 진정한 민주화의 실행을 촉구하였고, 이는 24일 민주헌정촉진회를 결성하는 모임으로 이어졌다. 이 자리에서 각계대표들이 제기한 민주실행의 방안이 주목된다. 장보쥔(章伯鈞, 제3당)

---

1. 張友漁, 「我們需要怎樣的民主政治?」, 『大衆生活』 4期, 1941. 6. 8.
2. 「中國民主政團同盟成立宣言」, 「中國民主政團同盟對時局主張綱領」(1941. 1. 10), 『民主同盟文獻』, 出版地不明: 中國民主同盟總部編印, 1946. 12, 3~5면.

과 덩추민(鄧初民, 국민당원, 救國會 간부)은 쑨원의 국민회의 소집 유교를 따라 사실상 "각 당파, 각 단체의 대표회의"인 국민회의를 개최해야 한다고 주장하였다. 그리고 "오늘 국민회의가 소집되지 않으면 민주 실행은 불가능하고 민주가 실행되지 아니하면 항전승리도 불가능하다"라고 덧붙였다.[3]

이런 여론을 업고 1945년 5월 열린 국민당 제6대 전국대표대회에서도 51명의 당원이 헌법에 국민회의식 직업대표제를 도입하라는 요구를 제출하였다. 그들은 현재 중국의 조건에서 구역대표제를 채택하면 구역 내의 호신(豪紳)·부상(富商)과의 경쟁에서 농민·공인이 이길 수 없어 "허위의 민주"가 되어버릴 터이니 쑨원의 국민회의 방식을 따라 직업대표제를 도입해야 한다고 주장하였다.[4] 그리고 뒤에 검토하듯이 실제로 1945~1946년 진행된 각 성·시 참의회 의원선거에서 법정 직업단체가 의원의 30%를 선출하게 되었던 사정도 직업대표제에 대한 이런 여론을 증폭시켰을 터이다.

이 같은 사회적 맥락에서 주목되는 사실은 국민당 안팎에서 국민회의 소집론이 과도정부 구성을 위한 과도기 민의기관으로서든 헌정기 민의기관으로서든 강렬하게 지속되고 있다는 점이며, 직업단체를 포함하면서도 그것을 '당파(단체)대표회의'로도 표기하고 있다는 점이다. 공산당의 제안도 그중의 하나였다.

공산당의 제안 역시 1944년 9월에 갑자기 나온 것이 아니라 1935년 8·1선언의 계승인데, 그 요지는 "공농군정상학각계(工農軍政商學各界), 항일구국을 원하는 모든 당파와 단체, 화교, 각 민족이 민주적으로 선

3. 「各界人士發表對時局主張」, 『新華日報』 1944. 9. 4; 「實行民主挽救危機」, 『新華日報』 1944. 9. 25.

4. 「修正憲法條文以職業代表制」(1945. 5), 中國國民黨黨史會檔案, 會議 6.1/24/17.

출한 대표로 구성되는" '전민대표기관(全民代表機關)'을 소집하고 그 결의에 따라 '국방정부(國防政府)'를 건립하자는 것이다. 전민대표기관이 국사회의로, 국방정부가 연합정부로 바뀐 것뿐이다. 그런데 이 8·1선언의 내용도 실은 1931년 만주사변 직후의 국난을 타개하기 위한 국난회의(國難會議) 개최를 전후하여 민간 직업단체가 내전중인 국공 양당에게 제기했던 국난해결 방안을 거의 그대로 계승한 것이며, 이는 국민회의식 건국방안 바로 그것이었다.

공산당의 국사회의 주장에는 국제적 배경도 작용하였다. 루스벨트는 1943년 11월 카이로회의 이래 장제스 정부의 일당독재를 비판하였고, 1944년 6월 장제스에게 민주정치로 국공 충돌을 방지하여 항일역량을 집중하라고 권고하였다. 이 권고가 무시되자 주중 미국 대사는 국공 양당 사이에서 중재자로 자처하면서 8월 마오쩌둥을 만나 연합정부 구성 방법을 논의하였다.[5] 이에 9월 1일 공산당은 각 당파 및 각계단체와 연대하여 연합정부 구성 여론을 조성하기로 정하고 9월 15일 국민참정회 석상에서 국사회의 소집에 의한 연합정부 구성을 공식 제안하였다. 이런 상황에서 국내 각 당파와 각계단체는 국사회의와 연합정부 구성이야말로 1920년대 이래 줄곧 추구해온 국민회의 방식의 헌정국가 수립방안과 다르지 않았기 때문에 적극 찬성하고 촉구하는 여론을 조성하였다. 미국과 영국은 아시아 전장에서 국공 충돌을 예방함으로써 국제적 항일역량을 극대화할 필요에 쫓겼고 1945년 2월 얄타회담을 통해 소련에게 만주이권을 회복시켜주었다. 그러니 소련도 국민정부의 민주화를 통해 항전역량을 제고하려는 미국의 정책에 반대할 이유가 없었다.[6] 미국과 소련이 종전 이후에도 이 정책을 견지한 것은

5. 楊奎松, 『失去的機會?—戰時國共談判實錄』, 桂林: 廣西師範大學出版社, 1992, 158~162면.

양국 모두 국민정부를 통해 현상을 유지하는 것이 자국에 유리하다고 판단한 때문이다.

이런 국내외적 공감대를 배경으로 국사회의와 연합정부 문제에 관한 논의가 미국의 중재하에 국공담판 형식으로 진행되어 1945년 10월 10일 '정부와 중공대표 회담기요(會談紀要)'(일명 雙十協定)로 발표되었다. 이 담판 과정에서 양당은 민주화의 명분을 내세우면서도 속으로는 자신의 기득권을 지키는 데 급급하였다. 장시뤄(張奚若) 등 시난연합대학(西南聯合大學) 교수 10인이 그간의 국공담판이 양당의 지반과 군대를 지키기 위한 협상으로 치우쳐버려 각기 일당독재와 양당분할의 구도를 넘지 못했다고 비판한 것은 양당의 당파적 이해타산에 대한 일반 국민의 비판적 시각을 잘 보여준다. 그들은 양당에게 '당파회의'가 아니라 국민 전체가 절실하게 원하는 민주정치를 실행하기 위해 조속히 '정치회의'를 소집하고 그 합의에 따라 국민대회를 소집해 헌정을 실시하라고 촉구하였다.[7]

담판 결과 국민당과 공산당은 '정치의 민주화'와 '군대의 국가화'를 조기에 실현하여 평화적 수단으로 통일된 헌정국가를 수립한다는 큰 원칙에만 합의하였다. 그러나 그 구체적 방법과 절차에 관해서는 양측의 주장을 병기하는 한편 "국민당이 정협을 소집하여 각 당파 대표와

---

6. 汪朝光, 「戰與和的變奏－重慶談判至政協會議期間的中國時局演變」, 『近代史研究』 2002年 1期, 35~37면. 전후 중국의 연합정부 구성과 헌정실시를 국제적 맥락 속에서 접근한 최근 연구로 鄧野, 『聯合政府與一黨訓政, 1944~1946年』, 北京: 社會科學文獻出版社, 2003; 中村元哉, 『戰後中國の憲政實施と言論の自由, 1945~49』, 東京大學出版會, 2004가 있다. 中村에 따르면 구미 자유주의와 민주주의 조류의 영향으로 국민당의 언론통제정책이 1944년부터 완화되었다가 1947년 봄 다시 강화되었다.

7. 「張奚若等電請召集政治會議」(1945. 10. 1), 國史館 國民政府檔案 微捲號 131/2392~2406.

사회 현달(賢達)을 초빙해 국시를 협상하고 평화건국방안과 국민대회 문제를 토론한다"라는 포괄적 언급에 그쳤다. 따라서 양당이 정협을 개최한다고 해도 그 결의사상을 충실히 이행할지에 대한 사회 각계의 우려는 가시지 않았다. 예컨대 전국공업협회(全國工業協會)는 1945년 12월 24일 좌담회를 거쳐 발표한 정협에 대한 의견서에서 이런 우려를 바탕으로 양당을 적절히 견인할 장치를 구상하여 우리의 눈길을 끈다.

그중 주목되는 요점은 '사회 각 방면'이 합의 사항의 이행을 촉구하고 감시하는 구속력을 가져야 한다는 것인데, 이를 위해 다음 몇 가지 구체 방안이 제시되었다. ① 국민대회 대표는 재선거를 거쳐 소집하고 그 이전에는 정협이 화평건국강령을 제정해 현 단계 건국의 최고지도강령으로 삼아야 한다. ② 공산당은 지방정권을 개선하고 중앙정부는 각 당파와 각계 영수를 포함한 최고정치권력기구를 구성해 목전의 정치·경제 문제를 해결하고, 정협은 공정한 인사를 초빙하여 수복지구 군사충돌 감찰단을 조직해 현지에 파견해서 실제상황을 관찰하고 충돌을 방지해야 한다. ③ 정부와 민간대표가 공동으로 전국 생산사업최고권력기구를 조직하여 산업의 조정과 경영 및 부조 등의 업무를 수행해야 한다.[8] 요컨대 정협 합의에 의거해 화평건국을 완수할 때까지 정치·군사·경제 방면 모두에 사회 각계대표가 최고정치권력기구, 군사충돌감찰단, 생산사업최고권력기구에 그 구성주체로 참여하도록 해야 한다는 것이다.

이런 기대와 우려 속에 1946년 1월 개최된 정협은 국공 양당, 청년당, 민주동맹, 무당파 인사 38명(국민당 8명, 공산당 7명, 청년당 5명, 민주동맹 9명, 무당파 9명)으로 구성되어 국공담판에서 넘겨진 건국방안을 논의

---

8. 「全國工業協會昨日座談對政治協商會議的意見」, 『新華日報』 1945. 12. 25.

하였다. 그중 22명이 국민참정회 참정원이었고 정협 행정인원과 사무실도 모두 참정회가 제공했을 정도로 정협은 참정회와 불가분의 관계 속에서 탄생되고 운영되었다.[9] 무당파 대표 사오총언(邵從恩)은 '무당무편 왕도탕평(無黨無偏 王道蕩平)'이란 옛 글귀를 인용한 후 다음과 같이 정협의 탄생 과정을 설명하였다. "수천 년간 중국에는 당(黨)이 없었는데 근래 당이 생기자 마치 당에 들어가지 않으면 안 되는 것처럼 되어버렸다. 당은 있을 수 있지만 치우치면 당의 작용을 상실하게 된다. 국공 양당이 점차 커져서 조화를 이룰 수 없게 되자 곧 내전이 발생하였다. 국민참정회 동인(同人)들은 고심 속에 5~6년간 조정하면서 줄곧 조화를 이루어내는 것만 생각해왔다. […] 우리가 조정한 끝에 국공 양방면이 서로 협상하여 비소로 정협이라는 방법이 나오게 된 것이다."[10]

정협의 관건은 누가 어떤 절차에 따라 주도할 것인지에 있었고 정치 민주화와 군대 국가화의 어느 쪽을 먼저 이행할 것인가로 좁혀졌다. 국민참정회를 무대로 형성된 광의의 민주파, 곧 정치 민주화를 요구하는 각 당파, 각 단체, 국민당 내 민주파는 정치 민주화의 선행을 요구하였고, 국민당 내 강경파는 군대 국가화의 선행을 요구하였다. 더구나 이때 국민당 강경파는 1937년 실시한 국민대회 선거에 의해 선출된 대표 1,200명으로 국민대회를 소집하겠다고 고집하였다. 이를 훈정체제의 연장으로 간주해 반대하던 광의의 민주파도 결국 마지못해 동의하고 신규대표 700명을 더 추가하는 선에서 타협하였다. 그 대신 '정치 민주화'의 절차를 명시하여 정협 결의에 의거해 '국민정부의 개조'를 단행하고 이 개조된 정부가 국민대회를 소집하여 헌정이행을 완수하기

---

9. 王干國, 『中國政治協商會議史略』, 成都出版社, 1991, 43면; 李炳南, 『政治協商會議與國共談判』, 臺北: 永業出版社, 1993, 116면.

10. 「無黨無派代表邵從恩在政協開幕式上的致詞」, 『中央日報』 1946. 1. 11.

로 합의하였다. 그들이 1937년 선거를 국민당의 독판치기라고 비난해 온 것을 생각하면 이처럼 타협적인 방법의 국민대회 소집에 동의한 것은 잘 이해가 되지 않는다.

이러한 의문은 두 가지 면에서 보면 어느 정도 이해될 수 있다. 첫째, 정치 민주화와 관련해 이윽고 만들어질 헌법의 기본대강과 국민정부위원회의 구성 및 운영이 모두 정협 결의에 따르도록 명시되어 있었기 때문이다. 정부개조 이후의 국민정부위원회에서 주요 의안은 정부위원(40명) 3분의 2 이상의 찬성으로 의결하도록 하고 국민당에게는 20명만 할당한 것이 그렇다. 국민정부위원회는 정부의 최고정무기관으로서 입법원칙과 시정방침, 군정 및 재정의 대계, 각 장관 임면과 입법위원 임명을 결의할 막강한 권한을 행사할 수 있었다. 이는 국민대회의 중요 직권을 정부위원회가 대행하는 것을 의미한다. 따라서 정치 민주화가 선결과제라고 보는 입장에서는 국민대회 거행 이전에 정부개조가 반드시 실행되어야 했고 이는 정협 결의에 그대로 명시되었다. 둘째, 군대의 국가화와 관련해 양당 사이에 '빅딜'이 이루어졌기 때문이다. 공산당은 자신의 지역정권과 군대가 33제에 입각한 민선정부와 항일군대임을 내세워 양보할 의사가 없음을 분명히 하였고, 결국 국공담판에서 1937년의 국민대회 대표를 포기할 수 없다는 국민당의 요구와 공산당의 이 요구가 맞교환되었다. 그럼에도 정협 결의에서는 군대의 국가화 조처가 이루어져야 할 시점이 명기되지 않았다. 이는 정부개조의 시점이 국민대회 이전으로 명시된 것과 크게 다른 점이다.[11]

이상의 두 가지 면에서 보면 정협 결의는 공산당도 포함하는 광의의

---

11. 「政治協商會議協議事項」(1946. 2. 1 公布), 秦孝儀 主編, 『中華民國重要史料初編－對日抗戰時期』 7編 戰後中國(2), 臺北: 中國國民黨中央黨史委員會編印, 1981, 233~239면.

민주파에게 유리하게 작용할 명분이자 근거임이 분명하다. 더구나 제2차 대전 후 세계를 풍미한 민주화 열풍 속에 20년간의 훈정독재를 종식하라는 민주화 요구가 겹쳐 정치 민주화가 군대 국가화보다 선행해야 한다거나 최소한 동시 병행되어야 한다는 생각은 당연시되었다. 장제스의 비서 타오시성(陶希聖)이 보기에도 "정권을 개방하여 군권(軍權)을 통일하는 것을 기초로 하되 설사 군권이 원하는 대로 통일되지 않고 심지어 다시 결렬되어 군사행동을 벌인다 하더라도 정치의 개방을 실행해야만 비로소 국제사회에서 양해를 얻을 수 있다"는 상황이었다.[12] 여기에는 미국의 종용이 큰 영향을 미쳤으니, 트루먼정부는 연합정부를 통해 공산당군을 장제스의 지휘 아래 통일함으로써 소련이 공산당과 결탁해 중국을 포함한 동아시아에서 세력을 확장하는 것을 방지하고 미군의 대일점령 수행에 유리한 조건을 조성하고자 하였다.[13]

따라서 국공 양당 이외의 각 당파와 각계단체가 이 같은 정협 결의에 열렬히 호응하고 나온 것은 당연한 일이었다. 국민정부는 정협 결의사항을 주석이 국민정부에 제청하여 실행한다고 공포하였으나,[14] 국민당 강경파는 자기에게 불리한 이 결의를 이행할 의사가 없었다. 물론 공산당 역시 군대의 국가화 요구에 응할 의사가 없기는 마찬가지였으나 민주화 선행 요구라는 여론에 의해 묻혀버렸다.

국민당 강경파는 곧바로 정협 결의의 무력화에 나섰다. CC계와 황

---

12. 이때 그는 정권개방에는 한도가 있어야 한다면서 군정·재정·내정·사법·경제건설의 5종 권력은 국민당이 반드시 유지하고 나머지 권력만 개방해야 한다고 장제스에게 건의하였다. 陶希聖, 「對政協及其後政局轉變本黨之政策」(1946. 1. 14), 國史館 08A-01422 蔣中正總統文物(特交檔案) 08A-282 檔號 080104 第015卷.

13. 王小滿・張學繼, 「論'聯合政府'的幾個問題」, 『檔案與史學』 1996年 2期, 45면.

14. 「政治協商會議召開辦法」(1946. 1), 『政治協商會議資料』, 成都: 四川人民出版社, 1981, 109면.

푸계(黃埔系)를 주축으로 하는 세력이 정학계(政學系)의 주도 아래 진행된 국공담판과 정치협상에 대하여 거부하고 나선 것이다. 장제스는 이들 사이에서 국내외 정세를 살피며 오가다가 점차 강경파의 입장으로 기울게 되었는데, 이는 미소냉전의 심화와 궤를 같이한다.[15] 장제스가 1946년 2월 10일 정협 결의는 5권헌법과 건국대강에 위배된다면서 수정을 지시하고 3월 열린 국민당 제6대 2차 중앙위 전체회의에서 수정을 강행한 것은 바로 국민당 내 파벌경쟁에서 강경파가 득세한 결과이다. 그에 따라 정협 결의의 핵심내용이 수정되었으니 정치 민주화, 곧 국민대회 이전에 정부개조를 단행한다고 명시한 시점을 삭제하고 군대의 국가화가 평화건국의 선결조건이라고 강조되었다. 정치 민주화도 군대 국가화도 공산당에게만 요구한 것이다.[16]

곧이어 각당, 각파 대표로 구성된 국민참정회에 정협 결의를 보고하고 결의를 거쳤다. 그런데 국민참정회 제4대 2차 회의는 놀랍게도 국민당의 수정안과 배치되고 오히려 정협 결의의 취지에 부합하거나 이를 더욱 보완하는 내용의 결의안을 통과시켰다.[17] 국민대회 개최 이전에 정부를 개조한다고 시점을 명시한 점과 정치 민주화와 국가 군대화는 반드시 헌정실시 이전에 실행되어야 한다고 한 점이 원안에 충실한 예라면, 군대 국가화를 위해 당과 군의 분리 및 군민분치(軍民分治)를 실행해야 한다고 명시한 점은 원안의 불비함을 보완한 예이다. 후자는

---

15. 崔之淸 主編, 『國民黨政治與社會結構之演變, 1905~1949』 下編, 北京: 社會科學文獻出版社, 2007, 1347~1393면; 王干國, 앞의 책, 163~173면. 王世杰를 비롯한 政學系의 협상노선에 대해서는 다음을 참조할 것. 吳淑鳳, 「從"王世杰日記"看政治協商會議的召開」, 『近代中國』 161期, 2005. 6.

16. 「六屆二中全會對於政治協商會議報告之決議案」(1946. 3. 16), 秦孝儀 主編, 앞의 책, 7編 戰後中國(2), 260~261면.

17. 「第四屆國民參政會第二次大會關於政治協商會議報告之決意」(1946. 4), 같은 책, 266~267면.

국공 양당 모두에게 해당하는 사항이 아닐 수 없다.

국민참정회가 국민당의 거수기 노릇을 하기는커녕 오히려 정협 결의의 원안에 충실한 결의안을 통과함으로써 국민당의 수정결의가 민의를 배반한 것임을 입증한 셈이 되었다. 정협 노선은 역설적이게도 국민당에 의해 파기되는 위기상황 속에서 이로써 오히려 더욱 광범한 민의의 지지를 재확인했다고 할 수 있겠다.

그럼에도 국민당 강경파는 정협 결의를 수정한 후 1946년 여름부터 정부개조에 의한 정권개방도 없이 기존 국민정부의 주도 아래 국민대회 소집 준비를 강행하는 한편 국공내전을 본격화하였다. 그리하여 1946년 11월 개최된 국민대회에서 헌법을 제정하여 이듬해 1월 공포함으로써 정협 결의에 따른 연합정부 구성이라는 정협 노선은 최종적으로 국민당에 의해 거부되었다. 이때 덩추민은 국민정부가 일방적으로 소집한 국민대회를 격렬하게 반대하고 "정협 민주법통의 길만이 유일한 출로"라고 주장하였다.[18] 그 직후 공산당은 정협 노선이 국민당에 의해 최종 파기되었다고 선언하고 협상단을 철수시켰고 이 정치협상을 줄곧 중재해온 미국 특사 마셜(G. C. Marshall)도 귀국해버렸다. 1947년 2월의 일이다.

정권개방은 국내외 조건으로 보아 피할 수 없는 대세라고 인정했던 국민당 지도부가 왜 스스로 이 대세를 거슬러 민의의 역풍을 자초하게 되었을까? 1946년 8월 타오시성이 장제스에게 보낸 글에서 그 단서를 찾을 수 있을 듯하다. "트루먼의 정책은 국민정부를 원조하되 그 원조가 미·소 충돌의 도화선이 되지 않도록 하는 것이어서 우선 정부와 공산당의 충돌 정지, 정부개조와 공산당의 참가를 요구하였다. 그런데

---

18. 鄧初民, 「爭取全面的和平祇有走政協的路」, 『文萃』 2年 6期, 1946. 11. 14.

이 정책은 공산당에게 세력확장의 기회를 제공해 정부가 공산당에게 양보하지 않으면 정부는 미국의 원조를 상실하게 되고, 정부가 양보하면 공산당의 요구는 끝없이 커지는 결과를 초래할 것이다. 이것이 트루먼 정책이 실패로 귀착할 수밖에 없는 원인이다."[19]

이처럼 정치적 여론 면에서는 국내적으로든 국제적으로든 국민당 스스로 불리한 처지에 있었음을 잘 알고 있었기에 정권개방의 의사가 없던 국민당 강경파가 진퇴양난의 딜레마에서 벗어나기 위한 특단의 선택은 군사행동일 수밖에 없었다. 그들은 단기간의 군사행동으로 공산당을 제압할 자신이 있다고 믿었던 것이다. 이와 호응하여 자신의 군사행동을 정당화하고 공산당을 정치적으로 포위하기 위한 전략이 국민대회 소집이었다.[20] 그러나 그들이 발동한 전면 내전과 그들이 소집한 국민대회에 대하여 전국 각지의 각계는 광범한 반전민의(反戰民意)를 형성하여 정협 노선을 파기한 국민당 강경파를 역으로 포위하게 된다. 그것은 곧 정협 노선의 회복 요구로 이어지게 될 터였다.

직업단체의 동향과 각계민의의 쟁탈

정협이 통과시킨 평화건국강령에는 국민대회 소집과 짝을 이루어 "지방자치를 적극 추진하고 아래로부터의 보통선거를 실시하여 신속히 성현시 참의회를 성립하고 현장 민선을 실행한다"라고 명시하였다. 그리고 이 참의회의 역할과 관련해 중요한 합의가 이루어졌다. 지방참

19. 陶希聖, 「當前之急務」(1946. 8. 19), 國史館 08A-01422 蔣中正總統文物(特交檔案) 08A-282 檔號 080104 第015卷.

20. 劉移山, 「"國大"開幕與進攻延安」, 『文萃』 2年 8期, 1946. 11. 28.

의회는 ① 지방정부의 재정을 감독하고(그중 성급 의회는 국가최고감찰기관인 감찰원 위원을 선거한다), ② 총통의 보통선거가 실행되기 전에는 중앙의회와 함께 선거기관을 조직하여 총통을 선거하며, ③ 율사공회·인민단체 대표와 공동으로 인민자유보장위원회를 조직하여 활동하도록 되어 있다.[21] 이렇게 정치 민주화의 진전과 관련해 막중한 임무를 부여받았음에도 불구하고 그 소집 방법과 절차에 대해서는 아무런 언급이 없다. 그래서인지 자신의 지배구역을 가진 국공 양당은 각기 자기 방식대로 지방민의기관 선거를 진행하였다.

국민당은 국민참정회와 짝을 이루는 훈정기 지방민의기관으로 설립된 각 성·시 임시참의회를 항전승리 이후 선거를 거쳐 정식 참의회로 재출범시켰다. 이때 의원의 70%는 구역대표로 하고 30%는 직업대표로 구성하였다. 항전기의 임시참의회에서는 각 구역과 단체가 각기 복수의 후보자를 내면 국민당 중앙이 그중에서 한 사람을 최종 낙점하는 방식이었으나 이제는 구역 주민과 단체 회원의 직접선거로 바뀌었다.

가령 1946년 봄 진행된 참의회 선거에서 상하이시는 참의원 181명 중 구역대표 127명, 직업대표 54명, 난징시는 63명 중 구역대표 44명 직업대표 19명을 선출하였다. 선거에 참여한 직업단체는 농회(어회 포함), 공회, 상회, 교육회, 자유직업단체(기자, 의사, 중의사, 회계사, 율사, 약제사, 조산사, 간호사 등의 公會)였다.[22] 이런 대도시 외에 현 단위에서도 그러하였으니 가령 후난성 창사현 참의회(1945. 10)는 참의원 46명 중 12명을 농회, 공회, 상회, 교육회가 각각 3명씩 직업선거로 선출하였

21. 「政治協商會議協議事項」(1946. 2. 1), 秦孝儀 主編, 앞의 책, 7編 戰後中國(2), 229~240면.

22. 『南京市第一屆參議員選擧實錄』, 南京市參議員選擧事務所編印, 1946. 12, 64면, 121~157면; 「1946年以來上海地方自治情況報告」(1947. 12), 上海市檔案館 Q119-2-5, 51면.

고, 후베이성 황피현 임시참의회(1946. 3)와 참의회(1947. 3)도 각각 참의원 34명 중 10명, 32명 중 8명을 같은 방식으로 선출하였다.[23] 저장성 핑양현(平陽縣)에서는 단체회원 수에 따라 의원 수를 차등 분배하여 117명 중 31명(농회 19명, 총공회 3명, 漁會 3명, 상회 2명, 교육회 1명, 中醫師公會 1명 등)을 직업선거로 선출하였다.[24]

1945~1946년 각지의 직업단체는 전쟁과 점령으로 인해 취약해진 상태였다. 특히 직업단체가 발달한 연안 대도시의 경우, '수복지구 인민단체 조정법'에 따라 시정부 사회국의 지도 아래 각 직업단체가 정리되고 임원이 선임되었다. 이 과정은 당연히 국민당의 통제 아래 진행되었다. 그럼에도 가령 상하이총공회의 경우 새로운 이사 25명과 감사 14명 중 국민당원은 각각 6명씩에 불과했고 국공 양당의 어느 일방에 참가하지 않고 대중과 친밀한 관계를 유지하는 상당수의 중간분자가 있었다. 이런 사정은 상하이 노동계의 민의에 관한 공산당 지하조직의 보고에 잘 나타나 있다. 그에 따르면 상하이 노동자들은 "전후 국민당이 처음 상하이에 복귀했을 때 그에 대해 환상을 가졌으나 정협 결의가 파기되고 내전이 확대되어 공업위기가 심해지자 그 환상은 사라졌으며 [⋯] 그들은 국민당에 실망하고 있지만 공산당에 대해서도 회의하고" 있었다.[25]

이런 조건에서 참의원 선거가 진행되었는데, 당시 민주화에 대한 욕구는 제2차 대전 직후의 세계적 민주 열기를 타고 커져 있었음에도 실

---

23. 『長沙縣志』, 北京: 生活・讀書・新智 三聯書店, 1995, 183면; 『黃陂縣志』, 武漢出版社, 1992, 304면.

24. 『蒼南縣志』, 杭州: 浙江人民出版社, 1996, 180~181면.

25. 「戰後上海主要産業和工運概況」(原題: 中共上海地下黨組織, 「抗日戰爭勝利後的上海工運工作」, 1946. 10) (2-3), 『檔案與史學』 2002年 4期, 26면; 2002年 5期, 19~21면.

제 선거에 참여한 직업단체와 회원은 매우 적었다. 상하이의 경우 참가단체는 276개이고 그 회원은 16만 3,372명이었다. 이때 시상회 회원으로서 선거에 참여한 동업공회는 114개였는데, 1945년 말 등록된 동업공회가 213개였으니 절반 정도만 참여한 셈이다. 참가단체 소속회원이 얼마만큼 참여했는지는 또 다른 문제이다. 난징의 경우 참가단체의 회원 수는 5만 3,504명이나 선거인 등록을 마친 수는 1만 1,369명(21%)에 불과했다. 만일 국민당이 이들 직업단체를 제대로 통제하고 있었다면 이렇게 저조하지는 않았을 것이다. 이는 아마도 국민당 강경파가 정치 민주화라는 시대적 요구를 거스른 것과 무관하지 않을 듯하다.

우선 정협 노선을 파기한 데서 더 나아가 훈정시기의 후보와 선거인 등록 절차를 강요한 것이 가장 큰 이유로 보인다. 상하이시 정부는 1946년 3월 말까지 직업단체를 정비하고 4월 중에 선거를 시행하였다. 후보자는 공직후보자 시험에 합격한 자로서 구역선거의 경우 향진보갑장(鄕鎭保甲長)의 추천을 직업선거의 경우 단체 이사·감사의 추천을 받은 다음, 국민당 기관지 중앙일보에 등재공고를 내고 시정부의 자격심사를 통과해야 최종 확정되었다.[26] 향진보갑장은 민선이 아니라 상부로부터 임명된 자들이었기에 이들을 통해 후보 추천 과정이 상당 정도 통제될 수 있었다. 향진보갑장은 후보 추천권을 가진 동시에 스스로 입후보할 수도 있어서 그들을 상대로 한 향응과 금품살포가 극심했다.[27] 더구나 구역선거가 구민 직선의 규정과 달리 실제로 후베이·후난·저장성의 각 현에서는 각 보(保)의 대표 2명씩으로 구성된 향진민대표회(鄕鎭民代表會)의 간선으로 치러졌으니 이는 보갑장의 영향력을 더

---

26. 「上海市政府社會局主要工作報告」, 『上海市第一屆參議員第一次大會會刊』, 秘書處編印, 1946, 46~49면.

27. 胡愼明, 「一個參加競選的人的自白」, 『觀察』 3卷 4期, 1947. 9. 12.

욱 강화시켜주었을 터이다.[28]

후보 경선과 선거 과정이 이처럼 왜곡된 것은 당연히 유권자의 거부감을 야기하여 투표율의 저하를 가져왔을 터인데, 공민선서(公民宣誓)를 거쳐야 하는 선거인 등록절차가 이를 더욱 조장하였다. 공민권을 가진 자는 정해진 날짜에 거주지 행정관서의 주관하에 소정의 의례를 거행하였는데, "지성으로 삼민주의를 봉행(奉行)하고 국민정부를 옹호하며 최고영수에게 복종하며 공민의무를 이행하고 건국대업을 분담할 것을 삼가 맹세합니다"라는 공민서사(公民誓詞) 내용이 특히 문제이다.[29] 이는 명백히 국민을 보모(保母)인 국민당의 훈육대상으로 간주하는 훈정단계의 의식이므로 국민당 열성당원이 아니면 거부감을 갖기 쉬운 의례였다. 불만은 실제 통계로 나타났으니 1946년 8월 행해진 선서등기에 응한 난징시 공민은 구역선거의 경우 전체 공민의 40%(80여만 명 중 32만 명), 직업단체 선거의 경우 전체 회원의 21.2%에 불과했다. 그런데 이들 유권자도 모두 투표에 참가하는 것은 아니어서 10월에 시행된 선거에서 실제 투표자 수는 그보다 훨씬 적었다.

이런 훈정시기의 선거절차와 방식은 각계의 비판을 불러일으켰다. 광의의 민주파는 특히 정협의 평화건국강령이 공포된 이래 훈정에서 헌정으로 이행하는 과도시기가 개시되었다고 보아 훈정방식의 참의회를 거부해야 한다는 여론을 형성해갔다.[30] 이행업무를 신속히 실행하는 길은 국민대회 소집을 기다릴 필요 없이 즉시 정부개조에 의한 임시

---

28. 『天門縣志』, 武漢: 湖北人民出版社, 1989, 600면; 『長沙縣志』, 183면; 『蒼南縣志』, 180~181면.

29. 『南京市第一屆參議員選擧實錄』, 8~9면.

30. 周建人, 「不要包辦的市參議會」, 『民主』 24期, 1946. 3. 30; 馬敍倫, 「反對不民主的上海市參議會」, 『民主』 25期, 1946. 4. 6; 「中國民主促進會反對不合民主的上海市參議會宣言」, 『民主』 26期, 1946. 4. 13.

연합정부를 구성하여 선거 일체를 주관하도록 하는 것이었다.[31]

다른 한편에서는 선거참여율이 이처럼 저조한 이유를 직업대표제 비중이 적기 때문이라고 지적하고 직업선거를 더 늘려야 한다고 주장하였다. 그에 따르면 선거 자체의 병폐, 곧 당락이 돈과 권세에 좌우되는 폐단이 커서 지식인들이 선거에 냉담하고 게다가 구역대표제를 일률적으로 적용한 결과 이러한 폐단이 더욱 증폭되었다는 것이다.[32] 직업단체가 발달한 난징 같은 대도시에서 참의원의 "직업대표 수가 구역대표의 절반도 안 되는 것은 의심할 여지 없이 공평을 잃은 처사"라는 비판도 뒤따랐다.[33]

공산당도 자신의 지배지구 참의회 선거에서 직업선거를 도입해 직업단체를 장악하려고 시도하였다. 진차지(晉察冀) 변구는 1946년 4월 구역선거 외에 직업선거를 추가하여 공회·농회·상회·부녀회·청년회가 각기 자신의 대표를 1~3명씩 선거하도록 하였다.[34] 이는 국민당의 각급 민의기관 선거에 직업단체 선거가 도입된 것을 의식한 경쟁적 조치로서, 각계(인민단체)연합이라는 각계민의의 명의와 그 결집구조를 양측이 서로 쟁탈하려는 의도의 표현이라 할 수 있다.

이처럼 정파를 초월해 직업대표를 중시하는 발상은 민의의 주체가 개인이 아닌 단체라고 보는 사단민주(社團民主) 의식에 의해 뒷받침되었다. 그것은 청말 합군구국론에서 등장한 이래 대외위기의 심화에 따라 점점 강화된 채 지속되었는데, 항일전쟁이 끝난 후에도 여전하였다.

---

31. 胡繩, 「什麼叫做"過渡時期"」, 『民主』 26期, 1946. 4. 13.

32. 「請大家注意南京市參議會選擧」(社論), 『救國日報』 1946. 9. 24, 『南京市第一屆參議員選擧實錄』, 163~164면.

33. 「民權初步莅論南京市參議員選擧」(社論), 『大剛報』 1946. 9. 26, 같은 책, 168면.

34. 「張家口市參議會選擧潛行條例」(1946. 4), 王穎, 『新民主主義革命時期選擧制度研究』, 北京: 中國社會科學出版社, 2005, 168~186면, 263~270면 참조.

1946년 4월 『민주주간(民主週刊)』에 실린 「민주와 민중조직을 논함」은 그런 사정을 잘 보여준다. 그에 따르면 민주는 군책군력(群策群力)에 의거한 국력결집의 원리로 파악된다. 국력은 곧 인민 역량의 총화인데 이는 "일반산사(一盤散沙)의 개인을 조직하여 집단으로 만들고 개인의 의견을 집단의 의견으로 변화시킴"으로써 이룩될 수 있으며, 이때 민중단체의 영수는 반드시 그들 자신이 선출하도록 해야 한다는 것이다.[35] 민주적으로 운영되는 단체의 회원이라야 비로소 민주의 주체라는 인식인 것이다.

이런 상황에서 각 직업단체는 자연스럽게 참의회와 서로 연대하여 함께 평화건국에 관한 정치적 주장을 펼치곤 했다. 예를 들면 상하이의 시상회, 총공회, 시농회, 시교육회, 신문기사공회, 은행공회, 중국공업협회 상하이분회, 율사공회, 회계사공회, 의사공회, 부녀협회, 제6구 면방업(綿紡業)동업공회, 제4구 맥분업(麥粉業)동업공회, 상하이지방협회, 중국국민외교협회 상하이분회 등 법단이 상하이시참의회와 연명으로 국민정부 주석에게 무력이 아닌 평화적 수단에 의한 건국을 촉구하였다. 특히 이들 각계단체는 공산당도 헌법 조항에 대한 이견이 있으면 국민대회에 참가해 합법절차에 따라 수정을 요구하라면서 "현재의 지점에서 즉각 정전을 실행하기 위해 필요하다면 전국 각 법단이 대표를 내어 양측 사이에서 대공무사하고 엄격하게 감독을 집행하여 국가 주인의 천직을 다하겠다"고 나섰다.[36] 충칭의 각계단체들도 민주동맹 등과 함께 '각계반내전연합회(各界反內戰聯合會)'를 결성해 정협을 통한 평화건국을 요구하고 있었다.[37] 이런 사례들은 만주사변 직후 각계

35. 嚴景耀, 「論民主與民衆組織-民主講話之九」, 『民主週刊』 25期, 1946. 4. 6.

36. 「民國三十五年政治協商會議案」(1945. 10~1947. 6), 國史館 國民政府檔案, 微捲號 131/2434~2441.

(법단)연합회가 일치항일을 위한 내전정지의 감시자로서 내전폐지대동맹을 주도하던 전통을 이어받은 것이라 할 수 있다.

각계민의의 쟁탈은 각종 대중집회에서 더욱 노골적으로 나타났다. 정협 노선만이 연합정부 구성의 민주적인 절차라고 주장하는 측과 그것을 파기하고 국민당 훈정방식으로 국민대회 소집을 강행하려는 측이 직업단체를 중심으로 한 각계민의를 쟁탈하려 한 상징적인 예가 1946년 2월 10일 충칭에서 벌어진 쟈오창커우(較場口) 사건이다. 정치협상이 타결되어 정협 결의 내용이 발표되자 충칭시 각 당파를 비롯한 24개 단체가 정치협상회의협진회(政治協商會議協進會)를 조직하여 각 당파 정협 대표를 초청하고 축하하는 환영행사를 개최하였다. 장나이치(章乃器)와 리공푸(李公樸) 등이 주최 측의 중심이었는데 정협대표와 주석단이 도착하기 전에 일단의 군중이 멋대로 개회를 선언하고 정협 노선에 반대하는 전단을 뿌리면서 대회의 취지를 뒤집었다. 양측이 난투를 벌이는 과정에서 주최 측의 여러 명이 부상을 당했다. 근래 공개된 국민당 측 문서에 따르면 국민당 충칭시 당부 CC계가 처음부터 조직적으로 대회를 방해하기로 결정하고 법단과 군중을 동원한 결과였다.[38]

국민당 CC계는 대회 며칠 전부터 회의를 열고 "시 당부가 지도하는" 농회, 교육회, 어회, 의사공회, 회계사공회, 율사공회, 부녀협회 등 10여 개 인민단체에게 환영대회 주석단에 참가하도록 지시하였다.[39] 이들

37. 「中國民主同盟沈鈞儒等參加陪都各界反內戰聯合會致函毛澤東主席」(1945. 12. 24), 『民主同盟文獻』, 107~108면.

38. 「較場口事件檔案選載: 軍統渝特區對直屬情報員一情報的簽批」(1946. 4. 25), 『檔案與史學』 1986年 1期, 85면.

39. 「較場口事件檔案選載:軍統渝組爲市黨部緊急會議部署對付大會辦法給渝區之情報」(1946. 2. 9), 「較場口事件檔案選載: 國民黨重慶市黨部第二十次臨時執行委員會會議記錄」(1946. 2. 8), 같은 책, 78~80면.

법단의 임원들은 사건 직후 이사장 혹은 이사 명의로, "정협 협진회가 유맹(流氓)을 고용해 군중을 구타하였다"라는 성명을 발표하고 국민당 중앙에 사건의 진상조사를 요구하였다. 이에 대한 조사결과에서 국민당중앙은 정협 협진회가 '배도각계경축정치협상회의성공대회(陪都各界慶祝政治協商會議成功大會)'라는 이름을 내걸었지만 "사실상 협진회는 확실한 직업이나 신분도 없는 소수여서 배도(陪都, 제2수도)의 각계 인사를 대표할 수 없었음에도" "민중단체가 각계 명의를 빌려 음모 조종하면서 민의를 위조한 것"이라 하였다. 그리고 위에 열거된 법단들만이 "명실상부하게 각계를 대표할 수 있는" 단체라고 덧붙였다.[40]

각계민의의 쟁탈은 전문(電文)에 의한 청원 형태로도 나타났다. 1946년 4월 산둥성 13개 현에서 농회, 상회, 교육회, 부녀협회 등 55개 법단의 이사장이나 이사 연명으로 정협이 이미 완성되었으니 공산당부대를 즉시 중앙에 귀속시켜 군대의 국가화를 실행하고 공산당군의 폭행을 제지하라는 청원서를 성정부 주석에게 발송하였다.[41] 그중에는 국민당이 직접 주도한 각 현 복원위원회(復員委員會)와 부녀공작위원회(婦女工作委員會)의 이사장 및 이사 13명이 끼어 있어 자오창커우 사건에서처럼 국민당 측이 이들을 움직이게 만든 혐의가 짙다. 전면 내전이 폭발한 직후인 1946년 9월 산시성(山西省) 인민단체, 타이위안시(太原市)와 다퉁시(大同市)의 각 법단도 연명으로 공산당군의 진주 과정에서 발생

40. 「重慶市農會等人民團體代表致中國國民黨中央黨部告較場口事件經過并請嚴懲暴徒文」(1946. 2. 11), 「中國國民黨中央執行委員會致各省市當局告較場口事件眞相代電稿」(1946. 2. 16), 秦孝儀 主編, 앞의 책, 7編 戰後中國(2), 268~274면. '流氓'이란 정당한 직업을 갖지 않은 무뢰배에 대한 모멸적 호칭으로서 국민혁명기에는 즉결처분의 대상이었다.

41. 「山東省牟平萊陽煙臺等縣市各界代表呈何思源主席申訴共軍暴行文」(1946. 4), 같은 책, 350~351면.

한 폭행과 독가스 살포를 막아달라는 내용의 청원서를 국민정부 장제스 주석과 마셜, 스틸웰(J. Stilwell)에게 보냈다.[42]

위 사례들에 등장하는 법단들은 국민당이 지방민의기관 선거 주체로 공인한 단체들인데 비해, 쟈오창커우에서 정협 환영대회를 주최한 23개 단체는 그와 다른 계열의 단체였다. 중국노동협회, 중국농업협회, 전국우무총공회(全國郵務總工會), 중국경제사업협진회, 정협배도문화계협진회(政協陪都文化界協進會), 잡지연의회(雜誌聯誼會), 신문출판업총처(新聞出版業總處), 중국직업청년사, 충칭청년회, 육재학교(育才學校) 등 22개 단체와 이들이 연합해 결성한 정협각계협진회(政協各界協進會)였다.[43] 이들이 서로 연합하여 정협 노선을 지지하는 각계연합을 결성한 것인데, 국민정부 법단은 자신들만이 각계를 대표할 수 있다면서 각계민의를 전유하려 한 셈이다.

일본군의 점령하에 있다가 해방된 지역에서는 각계민의를 둘러싼 경쟁구도가 다르게 형성되었다. 국민정부는 일본 점령하에서 상회를 비롯한 각 법단의 이사·감사를 역임한 자에 대해서는 일정 기간 공직후보 자격을 박탈한다는 규정을 공포하였다. 1946년 4월 상하이시상회는 이에 대해 수정을 요구하는 청원을 제출하여 일제에 의해 임명되거나 징치한간조례(懲治漢奸條例)상의 한간(漢奸, 친일파)에게 이 규정을 적용하는 것은 좋지만, 가령 직업단체나 자선단체는 대부분 자체적으로 이사·감사를 선출하여 사무를 관리하였으니 이들은 제외시켜줘야 한다고 요구하였다. 이러한 요지의 청원이 여러 차례 반복되었지만 정

42. 「太原市各界上蔣主席請政府出兵討共電」(1946. 9), 「山西省各人民團體電請馬歇爾司徒雷登制止大同共軍施放毒氣文」(1946. 9), 같은 책, 367~370면.

43. 「陪都各界慶祝政協成功大會籌備委員會發表向全國同胞控告書」, 『新華日報』 1946. 2. 13.

부는 이를 수용하지 않았다.[44] 그런 채로 정부는 대도시 상공업단체에게 내전의 막대한 전비를 분담시켰다. 그러나 정부는 정작 고위층의 친일행각에 대해서는 눈을 감거나 솜방망이 처분으로 일관하여 대중의 분노를 샀다. 그들의 반응은 당시 유행한 민요의 가사, "중앙이 보고 싶어 중앙을 기다렸는데, 중앙이 오고 난 후 재앙만 더 커졌네"에 잘 나타나 있다.[45]

국민대회를 넘어 신정치협상회의로

국민대회의 강행과 반대여론

정협은 먼저 정부를 개조하여 임시연합정부를 수립하고 그 주관하에 국민대회를 열고 제헌과 정식 연합정부 구성을 단행하기로 합의하였다. 제헌국민대회 대표는 1937년 선거 당시의 대표 1,200명을 그대로 인정하고 새로 타이완·동북의 구역대표와 직업대표 150명, 당파 및 사회현달 대표 700명(국민당 220명, 공산당 190명, 청년당 100명, 민주동맹 120명, 사회현달 70명)을 추가하여 2,050명으로 구성하기로 합의되었다. 재야당파는 그 대신 국민당 단독으로는 좌우할 수 없는 구조의 국민정부위원회와 정협헌초수개원칙(政協憲草修改原則)이 따로 있었기에 이를 견제장치로 여겨 기대를 걸었다.

국민당은 정부개조를 미룬 채 단독으로 정협 결의와 헌초수개원칙을 수정하고 전면내전을 발동한 상태에서 1946년 11~12월 제헌국민

44. 編纂委員會 編, 『上海工商社團志』, 上海社會科學出版社, 2001, 327면.

45. 任雲蘭, 「新舊交替時期(1945~49年)的天津工商界概述」, 『歷史檔案』 2004年 3期, 120~121면.

대회 소집을 강행하였다. 정협 노선의 절차가 무시되었기에 공산당과 민주동맹 등은 불참하였고, 다만 친국민당 성향의 청년당(青年黨) 100명과 민주사회당 40명만이 참여하였다. 여기서 제정된 헌법에 의거해 1947년 3월 행헌국민대회 조직법과 선거법이 마련되었다. 이어서 국민당은 4월 18일 뒤늦게 정부개조를 시행하여 국민정부위원회 위원 40명을 분배하고(국민당 17명, 민주사회당 4명, 청년당 4명, 사회현달 4명) 불참한 공산당과 민주동맹 몫 11명을 남겨두었다. 3분의 1이 안 되는 11명으로는 주요 의안의 결정을 견제할 수 없었다. 저우언라이(周恩來)는 위원 수의 분배보다 중요한 것이 절차와 원칙이라고 해서, 전자인 '정협 결의' 내용은 수정될 수 있지만 후자인 '정협 노선'은 견지되어야 한다고 구별하였다.[46] 일부 국민대회 대표와 국민당 강경파는 정협이 법률적 근거를 가진 기구가 아니므로 정부가 그 결의를 준수할 법적 의무는 없다고 주장하였다.[47]

그러나 이는 법률적 차원과는 다른 각계민의의 향방을 무시한 독단과 오만이었다. 민의는 크게 두 가지로 대별된다. 우선 정협 노선을 '과도 단계의 민주법통'으로 간주하고 거기에 명시된 절차를 지키라는 여론이다. 여론주도층인 중간파 지식인들이 보기에 정협 노선의 핵심은 정부개조에 의한 임시연합정부 수립–국민대회 소집–정식연합정부 수립이라는 절차의 문제였다. 정부개조란 단순히 정부위원을 교체하는 것이 아니라 "정치의 근본작풍을 개혁"하여 견제와 균형의 원리를 도입하는 것이었다.[48] 이를 무시하고 일방적으로 개조된 정부는 기껏

---

46. 「一年來的談判及前途」(1946.12), 中共中央文獻研究室 等 編, 『周恩來一九四七年談判文獻』, 北京: 中央文獻出版社, 1996, 706~707면.

47. 李炳南, 앞의 책, 122~125면.

48. 儲安平, 「中國的政局」, 『觀察』2卷 2期, 1947. 3. 8.

해야 "3당 훈정의 정부"일 뿐이며, 그런 정부에 의해 소집된 국민대회는 국민당 자신을 훼멸할 '시한폭탄'이라는 여론이 확산되었다.[49] 상하이 각계인민단체, 그리고 항일구국회로부터 개조된 인민구국회도 형식적 정부개조는 일부 군소당파를 들러리로 참여시켜 국제사회의 시야를 기만하여 미국의 차관을 얻어내려는 술책이라고 규탄하였다.[50]

그보다 더 절실하고 광범한 공감을 불러일으킨 여론은 정협 노선의 평화건국방안을 파기하고 내전을 발동함으로써 경제붕괴를 초래한 데 대한 비판이다. 상하이와 홍콩의 상계 및 은행계는 1947년 2월 국방최고위원회가 내놓은 경제긴급조치방안에 대하여 오히려 불에 기름을 붓는 '공포정책(恐怖政策)'으로서 물가만 앙등시켜 상공업에 타격을 초래하였다면서 내전정지가 아니면 어떤 방안도 사태를 악화시킬 뿐이라고 비판하였다.[51] 국민당이 내전을 발동하고서 그 전비를 마련하기 위해 지폐를 남발한 결과 살인적인 인플레이션을 자초한 사태의 정곡을 찌른 것이다. 5월 말 상하이의 공상각계(工商各界) 지도자와 경제학자 100여 명은 좌담회를 열어 "정부의 어떤 경제정책도 내전정지 없이는 효과를 거둘 수 없다고 주장해온 우리의 입장이 옳았음을 확인"하고 "현재 경제위기의 원인은 내전에 있으며 그 해결방법은 내전정지와 정협 노선의 회복에 의한 국시(國是) 해결"이라고 제시하였다.[52]

---

49. 公孫述之, 「我們對着一顆計時炸彈」, 『文萃』2卷 5期, 1946. 11. 7; 鄧初民, 「論兩個劃時代的政治集會」, 『文萃』2卷 8期, 1946. 11. 28.

50. 「上海各界人民團體聯合會致民主同盟政協代表函」, 『文萃』2年 7期, 1946. 11. 21; 「中國人民救國會南方支部關于"政府改組"的聲明」, 『華商報』1947. 4. 27.

51. 「最後一計: 恐怖政策」, 『華商報』 1947. 2. 17; 「滬商界評政府新條例: 不能克服經濟危機」, 『華商報』 1947. 2. 18; 「銀行界及出入口業主人士認爲緊急措施打擊香港」, 『華商報』1947. 3. 3.

52. 「短言: 從經濟要求到政治呼籲; 工商界的呼聲」, 『經濟週報』4卷 22期, 1947. 5. 29.

내전의 장기화는 이 상공업자의 경우에 보듯이 모든 문제의 근원이 내전에 있으며 그 해결책은 정협 노선에 따르는 길밖에 없다는 인식에 의거한 민의의 이반을 초래하고 말았다. 더구나 그 무렵 미국의 부일 정책(扶日政策)으로 일본제국이 부활하고 있다는 각 언론의 보도가 중국인의 민족주의를 자극하는 것과 맞물려 내전정지 요구가 더욱 힘을 받고 있던 상황에서,[53] 1947년 6월 말부터 국민정부는 '반란진압령(戡亂令)'을 발동하고 민주동맹을 "공비(共匪)와 결탁해 반란에 참가하였다"라는 이유로 탄압하였다. 국공 양당 사이에 위치해 있던 중간당파와 무당파 지식인들은 홍콩으로 피난하여 몰려들기 시작하였다. 그 후 홍콩은 정협 노선의 회복을 요구하는 민주파의 진지가 되었다.

한편 국민정부는 이와 동시에 1947년 7월부터 행헌국민대회(行憲國民大會) 대표선거에 들어감으로써 스스로 민의의 이반과 패전을 더욱 촉진시켰다. 국민대회 대표 3,045명 중 487명, 입법위원 중 89명이 직업대표에 배당되었다. 이때 정부는 대도시의 경우 직업단체 조직이 비교적 발달하였기 때문에 그 대표 숫자도 좀 더 많이 배분했다고 밝혔다.[54] 그런데 제헌국민대회에서 직업대표는 구역대표의 55.4%(754명 중 418명)였으나 이번에는 22.3%(2,177명 중 487명)로 감소하였다. 이는 직업단체 조직이 발달한 도시지역 민의를 반영하기 어려운 구조로 후퇴했다고 볼 수 있다. 그 결과 직업대표 수의 분배를 둘러싸고 직업단체와 정부 간에 이견이 불거졌다. 가령 상하이의 각 직업단체는 회의를 열어 직업대표 수를 확보하기 위한 대책을 논의하고, 전국직업단체연의회(全國職業團體聯誼會) 명으로 전국의 각 직업단체와 연락하여 국민정

53. 「社論: 瞧吧, 日帝國爬起來了!」, 『華商報』 1947. 6. 7; 「社論: 日本帝國復活了」, 『華商報』 1947. 7. 9.

54. 「制憲國民大會代表之選擧及遴選」, 秦孝儀 主編, 앞의 책, 7編 戰後中國(2), 605면.

부에게 1937년 수준으로 증원할 것을 요구했으나 뜻을 이루지 못하였다.[55] 1947년 7월 장쑤성을 비롯한 각성상회연합회와 전국상회연합회가 직업대표제 원리에 의거해 국민대회 대표 및 입법위원의 상회 몫을 정당하게 분배하라고 촉구한 것도 그런 예에 속한다.[56]

각계민의를 대변하는 직업대표 수를 이렇게 대폭 줄인 것은 '반란진압'의 군사작전 확대와 맞물려 각계의 내전반대 여론에 힘을 실어주었다. 그들은 실제로 내전반대운동에 적극 참여하였다. 그것이 각계민의였음에도 내전을 가속화하면서 선거가 강행되었기 때문에 전쟁으로 인해 물가가 폭등하여 생계를 이어가기 어려운 일반인들이 더욱더 선거로부터 등을 돌리게 만들었다. 상하이시 유권자의 52%와 난징시 유권자의 80% 이상이 투표를 포기하였다. 난징시 두 투표소의 투표율은 모두 7%에 불과했고, 톈진시의 투표율은 9.7%였다. 항저우의 자유직업선거에서는 회계사 30여 명 중 1명도 투표에 참가하지 않았다.[57]

선거결과 국민당원이 당선인의 80%를 넘었다. 더구나 선거진행이 거의 불가능한 조건이었음에도 선거를 강행한 것이 오히려 민심의 이반을 자초하는 데 일조하였다. 이미 전국의 거의 절반이 공산당 지배구역으로 변했고 나머지 지역도 내전중이어서 1947년 11월 국민당중앙상무위원회가 선거진행을 정지해야 한다는 건의를 장제스에게 제출했으나 거부되었다. 그렇게 강행된 선거에서 투표용지가 뭉텅이로 뿌

---

55. 『上海工商社團志』, 329~330면.

56. 陸小波, 「選擧國代與立委不應漠視商人」(社評), 『商聯月刊』(江蘇省商會聯合會) 5期, 1947. 7, 2면; 「中華民國上廻聯合會爲爭取職業團體商界立法委員及國大代表名額宣言」, 같은 책, 8~10면; 記者, 「爭取商界團體國代與立委的呼聲!」, 『商聯月刊』 6期, 1947. 8, 10면.

57. 張朋園, 『中國民主政治的困境, 1909~1949』, 臺北: 聯經出版社, 2007, 181면; 陳謙平, 「一黨專政から多黨"襯托"制へ—論行憲國大とその戰後政治への影向」, 久保亨 編, 『1949年前後の中國』, 東京: 汲古書院, 2006, 60면.

려져 중복투표가 자행되었다. 1930년대에 전쟁 때문에 헌정실시를 뒤로 미루었던 논리와 상반되게 이번에는 전쟁이 더욱 가열되는 상황에도 불구하고 헌정실시를 강행한 것이다. 그것은 미국의 지원을 받아 공산당을 조기에 소멸하겠다는 의도의 표현이었고 장제스 자신도 그에 대해 자신감을 갖고 있었다.[58]

그러나 민의의 향방은 '반란진압'에 대한 지지보다 '내전반대'에 대한 지지가 훨씬 컸고 그것은 앞서 본 대로 정협 노선의 회복을 의미하였다. 이는 언론에 대한 정부의 통제와 밀접하게 연관되어 있다. 민주화의 시대적 요구에 정면으로 역행하는 이 같은 정부방침에 대하여 각계 민의가 실망과 저항으로 나타난 것은 당연하였다. 1947년 하반기부터 내전의 전세가 명백히 역전되어 국민당군의 패전이 이어진 것은 이 같은 정치적 악수의 부메랑 효과와 그것이 경제난을 더욱 촉진한 때문으로 보인다.

신정치협상회의와 북상개회

국민당이 1948년 3월 헌법시행을 위한 국민대회를 소집하여 장제스를 총통으로 선출하자, 공산당은 1948년 4월 30일 전장의 승리와 이 같은 정협 노선을 회복하라는 민의를 배경으로 전국의 각 민주당파와 각계단체로 구성되는 '신정협'을 하얼빈에서 개최하자고 호소하였다. 그 호소에는 신정협의 결정에 따라 인민대표대회를 열고 거기서 연합정부를 구성하자는 건국 절차가 명시되었다. 국민대회가 인민대표대회로 바뀌었을 뿐 나머지는 정협 노선 그대로이다.

58. 張朋園, 앞의 책, 201~203면.

각계는 이에 적극 호응하여 '북상개회(北上開會)'의 길을 택하였다. 개회지점은 당초 하얼빈이었다가 선양(沈陽)으로, 다시 베이핑으로 바뀌었는데, 이는 만주 전장에서 국민당군이 예상외로 빠르게 패퇴했기 때문이다. 국민정부의 탄압을 피해 이미 홍콩에 모여든 민주당파 인사들이 먼저 북상하였고, 기타 각지에 있던 인사들도 은밀히 홍콩으로 잠입했다가 세 차례에 걸쳐 북상선을 타게 되었다.[59] 이때 북상개회의 길에 나선 인사들도 신정협과 연합정부 수립이 그토록 일찍 실현되리라고는 예상하지 않았다. 공산당도 연합정부 구성을 장기적 투쟁목표로 설정하고 있었다.[60] 그리고 그것이 구성된다고 하더라도 장기간 지속될 것으로 전망되었다.

신정협 장정 조안은 제1진(1948. 9. 13~27)으로 북상한 선쥔루와 장보쥔(이상 민주동맹), 탄핑산(삼민주의동지연합회), 차이팅카이(蔡廷鍇, 국민당민주촉진회)를 비롯한 민주당파 인사들과 유럽에서 곧장 귀국해 합류한 주쉐판(朱學範, 국민당원, 상하이총공회) 등이 10월 21~23일 하얼빈에서 중공 동북국(東北局) 관계자들과 함께 협의하여 마련되었다. 이 초안을 홍콩의 리지선(李濟深)과 민주동맹 및 기타 당파 인사들에게 보내 협상을 반복한 결과 11월 25일 합의에 이르렀다.[61] 그것이 '신정치협상회의 소집에 관한 제 문제의 협의'라는 제목으로 공표되었는데 신정협은 사실상 이 기조 위에서 준비되고 소집되었다.

그 주요 특징은 신정협 소집에 찬동하는 23개 당파와 단체 및 무당파의 대표로 준비회의를 구성해 그 주관 아래 본회의를 준비한다는 민

59. 북상 과정에 관해서는 다음을 참조할 것. 林一元,「艱辛的歷程, 甘果的回味－中國國民黨民主促進會歷史上的幾件事」, 石光樹 編,『迎來曙光的盛會－新政治協商會議親歷記』, 北京: 中國文史出版社, 1987, 63~66면.

60. 「一年來的談判及前途」(1946. 12), 中共中央文獻研究室 等 編, 앞의 책, 706면.

61. 林一元, 앞의 글, 64면.

주적 절차에 있다. 이는 1924년 쑨원이 각계단체가 자발적으로 국민회의예비회의를 구성해 그 주관 아래 국민회의를 소집해야 한다고 한 것과 똑같은 방식이다. 그중 당파대표 면에서 주목되는 것은 비록 중국국민당이 제외되었지만 중국국민당혁명위원회(民革)와 중국국민당민주촉진회(民促) 등 국민당 내 민주파의 모임이 각기 독립된 단체로 포함된 점이다. 직업직능단체 및 무당파로는 전국 교수, 총공회, 해방구농민단체, 부녀연합회(준), 학생연합회, 청년연합회(준), 산업계 민주인사, 문화계 민주인사, 무당파 민주인사 등이 포함되었다. 준비회의 임무는 신정협 참가 대표의 선정과 초청, 각종 문건의 기초, 정식회의 개최 등을 책임지는 것이다. 각 단위에서 1~4명의 대표가 준비회에 참가하며, 그 수와 인선의 확정은 각 단위가 제출한 명단에 의거해 준비회가 각 단위와 협상을 통해 결정하기로 하되, 단체 배경이 없는 인사들은 준비회가 기타 단위와 공동으로 추천하여 결정하기로 했다. 난징국민정부 계통에 복무한 자들은 배제되었다.[62]

이상의 대강이 마련되는 과정에서 이미 공산당은 북상한 각계인사뿐만 아니라 홍콩에 모여든 각계인사들과도 협의를 거침으로써 민주적 절차에 충실한 준비가 진행될 것임을 과시하고 북상개회에 대한 그들의 기대감을 증폭시킬 수 있었다. 그런 조건에서 1948년 12월에서 이듬해 1월 초 제2·3진이 선양에 도착하였다.[63] 그들은 1949년 1월 말 공산당군이 베이핑을 장악하자 곧바로 기차 편으로 입관하였고, 이제

62. 「關于召開新的政治協商會議諸問題的協議」(1948. 11), 楊建新·石光樹 等 編, 『五星紅旗從這里升起－中國人民政治協商會議誕生記事暨資料選編』, 北京: 文史資料出版社, 1984, 211~212면.

63. 제2진에는 郭沫若(무당파), 馬叙倫新·許廣平(民促), 沙千里新·沈志遠(구국회), 鄧初民(교수), 侯外廬(문화) 등이 포함되었고 제3진에는 馬寅初(무당파), 章乃器, 施復亮(중국민주건국회), 李濟深(民革), 柳亞子, 翦伯贊, 矛盾 등이 포함되었다.

신정협 준비와 개최는 베이핑에서 진행되었다. 1949년 4월 장즈중(張治中)을 비롯한 난징국민정부 평화담판대표단이 베이핑에 도착해 저우언라이와 담판을 벌였는데, 담판 실패 후 그들은 모두 베이핑에 잔류하여 신정협 준비 공작에 동참하였다.[64] 이로써 신정협 노선은 국민당 강경파를 정치적으로 고립시키는 데 완승을 거둔 셈이다.

연합정부 구성의 필요성을 상징하는 『지장일보(浙江日報)』의 '연합'표 담배광고

1949년 6월 준비회에 참가하는 각 단위 대표 134명의 명단이 확정되었다. 각 당파와 단체, 무당파 인사와 소수민족 대표를 골고루 포함하여 구성했기에 공산당원은 전체의 3분의 1 내외에 그쳤다.[65] 준비회는 그 조직조례를 제정하고 상무위원회와 각 실행소조를 구성하여 신정협조직법과 공동강령 초안을 제정하였다. 이때 상무위원 21명 중 공산당원은 4명에 그치고 각 당파와 단체, 무당파 대표가 고루 포함되었다. 6개 소조도 마찬가지 방식으로 각 대표가 골고루 포함되어 어느 특정 당파가 좌우할 수 없게 구성되었다.

제1소조는 각 단위가 추천한 명단을 놓고 각 단위와 협상 심의하여 대표명단을 확정하였다. 각 단위별 대표 510명의 분포는 단체대표 206명,

64. 林一元, 앞의 글, 65~66면.

65. 「參加新政治協商會議籌備會的各單位代表名單」(1949. 6), 楊建新·石光樹 等 編, 앞의 책, 268~277면.

당파대표 142명, 구역대표 102명, 군대대표 60명이다.[66] 여기서 구역대표가 포함된 것은 준비위원회 단계의 대표에는 없던 새로운 점이다. 이는 이전의 정협 대표에도 없던 변화로서 영역지배를 통해 권력 집중을 도모하려는 의지가 반영된 결과로 보인다. 공산당 16명, 국민당 민주파 24명에 비하면 군대 비중이 엄청 커졌는데 이는 내전승리에서의 공로가 고려된 결과일 것이다. 특별초청인사는 주로 국민당계 인사들로 평소 민주적 성향을 보였거나 막판에 신정협 지지로 선회한 자들로서 준비회가 심의를 거쳐 받아들였다. 제2소조가 신정협조직법, 제3소조가 공동강령, 제4소조가 인민공화국 정부조직법, 제5소조가 정협선언, 제6소조가 국기·국가 등의 초안을 제정하였다.

준비회에 참여한 산업계 대표는 주로 상하이와 톈진의 공상업계 인사 7명인데, 그중 눈길을 끄는 사람은 톈진의 리주천(李燭塵)이다.[67] 그는 1937년부터 구대염업공사(久大鹽業公司) 사장으로 있으면서 1943년부터 중국경제사업촉진회를 이끌었고, 1946년 4월 전국공업협회 톈진분회가 성립될 때 이사장에 당선되었으며 1948년 5월 공업회법(工業會法)에 따라 공업회로 전환될 때도 이사장에 다시 당선된 데서 알 수 있듯이 명실상부하게 산업계를 대표할 수 있는 인물이었다. 항전기에 국민참정회 무당파 참정원을 거쳐 1946년 초 정협 대표를 역임하였다. 그는 그럼에도 당시 진행된 시참의회와 국민대회 대표 선거에는 입후보하지 않았다.[68]

---

66. 여기에 각 단위별로 분배된 후보대표 77명과 특별초청인사 75명이 추가되었다. 「關于參加新政治協商的單位及其代表名額的規定」(1949. 6), 같은 책, 282~284면.

67. 나머지 6명은 陳叔通(상무인서관 이사), 盛丕華(上海上元企業公司 사장), 包達三(上海信義地產公司 사장), 張絅伯(상하이중흥실업공사 이사), 俞寰澄(상하이증권교역소 이사), 吳羹梅(上海中國標准鉛筆廠 사장)이다.

68. 任雲蘭, 앞의 글, 119면.

그 밖의 28개 단체가 뒤늦게 추가로 동참 의사를 표시하며 의석배분을 요구해왔는데, 준비회는 단체의 성격과 활동 및 회원 성향을 따져 조건부로 인정하였다. 개별적으로 성향과 활동이 인정된 자는 참가시키되 그 단체의 해산을 요구하는 것이다. 물론 그 밖의 불참 단체에 대해서도 정협 노선에 반대하는 것으로 간주되어 이윽고 해산이 요구될 터였다.[69] 인민단체에 대한 정화작업이 진행된 것이다.

그와 동시에 신정협을 위해 새로운 지식인 단체가 조직되기도 하였으니, 문화예술계·자연과학공작자·사회과학공작자·신문공작자 단체가 그것이다. 이들 단체는 각기 15명의 대표(신문공작자는 12명)를 배정받았는데, 이 숫자는 농민단체(16명)와 총공회(16명), 중국공산당(16명)이 대표 수와 거의 맞먹을 정도로 많은 것이어서 주목된다.[70] 그동안 여론을 형성하고 주도해온 사회적인 영향력을 고려한 배려일 것이다. 인구의 80%를 차지하는 농민단체의 대표가 16명인 것은 농민의 지위와 역량에 대한 신정협, 나아가 공산당과 신정부의 신뢰가 벌써부터 급속히 약화되고 있음을 시사하는 것이 아닌가 한다.

신정협의 회의운영과 관련해 민주성의 정도는 주석단 상무위원회와 분조위원회의 구성에서 어느 정도 드러난다. 양쪽 모두 각 단위 대표가 고루 포함되어 있는데, 주석단 상무위원(40명) 중에 단위와 상관없이 공산당원으로 확인된 사람이 14명으로 35%이다. 6개 분조위원회도 각 단위 대표가 모두 1~2명씩 고루 포함되었기 때문에 공산당원의 비중은 주석단 상무위의 경우보다 클 수 없었다. 그런데 특별초청인사들

---

69. 李維漢, 「新政協代表名單協商經過情形」(1949. 8), 楊建新・石光樹 等 編, 앞의 책, 291~294면; 于剛, 「新政協籌備會期間對一些政治破別和團體要求參加新政協的處理經過」, 石光樹 編, 앞의 책, 137~150면.

70. 「中國人民政治協商會議第一屆全體會議各單位代表名單」, 楊建新・石光樹 等 編, 앞의 책, 539~548면.

은 예외적으로 5명 이상씩 각 분조에 배정되었다.[71] 신정협이 얼마나 민주적으로 운영되는지를 국민당계 인사들에게 직접 보여주어 이른바 '교육' 효과를 노린 것으로 보인다.

이 같은 신정협의 민주적 구성과 운영원칙은 사실 1946년 1월의 정협(일명 '구정협')에서 이미 제시된 것이었다. 정협은 비록 각 당파와 무당파 대표 38명의 소수로 구성되었지만, 그 회의운영은 지극히 민주적이었다. 이렇게 소수였던 까닭은 당시 362명의 대표로 구성된 국민참정회가 훈정기 민의기관 역할을 수행하고 있던 조건에서 집중적, 효율적으로 연합정부 구성방안을 논의하기 위해 소집되었기 때문이다. 분조는 정부조직·군사·국민대회·헌법초안·시정강령의 의제별로 5개로 나누고 각 분조에 각 단위 대표를 고루 포함시켜 어느 특정 당파가 좌우할 수 없게 짜여졌다. 그리고 마찬가지 방식으로 종합위원회가 구성되어 이들 각 분조 사이를 조율하였다. 각 의제의 초안은 각 단위가 각기 제출하고 분조의 토론과 협상을 거쳐 합의된 하나의 안으로 만들어 가는 과정을 거쳤다. 또 정협은 필요에 따라 각 방면의 외부 전문가를 위원으로 위촉하여 분조의 사무를 원활히 진행하도록 했으니 외부 인사 13인을 포함해 구성된 정협헌초심의위원회(35명)가 그런 예이다.[72]

그래서 마오쩌둥도 정협의 "회의 결과가 비록 장제스와 국민당에 의해 파괴되었으나 인민 속에 마멸될 수 없는 인상을 남겼다"라면서 신정협을 "정협의 회복"으로 간주하였다.[73] 당시 국민당은 이렇게 민주

---

71. 「中國人民政治協商會議第一屆全體會議六個分組委員會委員名單」, 「中國人民政治協商會議第一屆全體會議主席團常務委員會名單」, 같은 책, 549~555면.

72. 「政協憲草審議委員會各方委員及會外專家名單」(1946. 2), 『政治協商會議資料』, 114~115면.

73. 「毛澤東在中國人民政治協商會議第一屆全體會議上的開幕詞」(1949. 9. 21), 楊建新・石光樹 等 編, 앞의 책, 306면.

적인 회의를 주관했음에도 이윽고 이를 파기해버린 것이다. 각계민의는 정협 노선의 회복을 요구하였고 공산당은 이런 민의와 전장의 승리를 발판으로 1949년 9월 신정협을 '인민정치협상회의'('인민정협')로 개명하여 개최하고 그 공동강령에 의거해 사회주의가 아닌 신민주주의, 공산당 일당정부가 아닌 연합정부 형태의 인민공화국 수립을 정당화할 수 있었다. 신정협의 구성방식과 회의운영은 정협에서 이미 제시되고 실험된 코스에 의거한 것이었다.

그런데 이때 종래의 목표였던 '민주공화국'이 '인민공화국'으로 바뀐 차이는 거의 주목되지 않았다. 신국가의 형태가 민주공화국에서 인민공화국으로 바뀜에 따라 지주는 주권을 행사할 수 없게 되었다. 이는 토지개혁의 진행에 따라 나타난 변화를 반영한 것이기도 하다. 그보다 더 중대한 문제는 군민분치와 군대의 국가화라는 정협 노선의 중대한 과제가 인민정협 결의에서 간과된 점이다. 정협 노선이 장기간 지속된 국민당의 훈정독재를 민주화하는 데 집중한 것은 당연한 일이지만, 이 두 가지는 국민당과 동일한 레닌식 당치체제에 의거하고 있던 공산당의 또 다른 독재에 대비하기 위한 핵심과제가 아닐 수 없다.

6 | 각계인민대표회의와 그 이후

중화인민공화국은 인민정치협상회의(인민정협)의 공동강령에 의거하여 연합정부 형태로 1969년 10월 1일 수립되었다. 그 후 인민정협이 중앙의 연합정부에 상응하는 민의기관으로 상설화되어 활동하였다. 지방의 연합정부에 상응하는 민의기관은 각계(인민)대표회의이다. 그것은 인민정협과 똑같이 청말 이래 각계연합과 각계대표의 연장선에서 받아들여져 사회관행으로 정착된 직업대표제에 의거해 구성되었다. 중앙의 인민정협과 지방의 각계대표회의는 모두 헌법공포 이전의 과도기 민의기관으로서 1949~1954년 사이에 존속하면서 각계민의를 결집하여 연합정부를 떠받쳤다.

그 바탕 위에서 1953년 보통선거를 거쳐 이듬해 전국인민대표대회(전인대)가 정식 민의기관으로 성립되고 거기서 중화인민공화국헌법이 제정되었다. 이로써 헌정국가 건설의 과업이 일단락되었으며, 이제 중앙의 인민정협과 지방의 각계인민대표회의가 과도기 민의기관으로서 행사해오던 직권은 각각 전인대와 지방인민대표대회에 넘겨주어야 했다.

그런데 이렇게 헌정이 실시됨과 동시에 민의기관 구성의 원리와 방식이 직업대표제에서 구역대표제로 바뀌었다. 이는 청말~민국 이래의 역사적 맥락에 비추어 볼 때 커다란 변화가 아닐 수 없다. 공교롭게도 바로 그런 선회와 거의 동시에 연합정부가 포기되고 일당정부로 바뀌는 변화가 진행되어 국민당식 훈정과 비교하여 공산당식 훈정이라 할 만한 당치체제의 성립으로 귀착되었다.

이런 변화의 의미에 주목하면서 이 장에서는 직업대표제 각계인민대표회의의 소집을 검토하고 인민대표대회 선거에 이르러 왜 구역대표제로 선회하였는지 살펴볼 것이다. 일당정부로의 변질 과정에서 각계연합과 직업대표제를 떠받친 각종 사회단체를 비롯한 사회적 견제세력이 곤경에 처하게 된 사정은 다 아는 사실이지만, 개혁·개방시기 사회단체와 직업대표제의 부활 움직임을 간략히 살펴 직업대표제가 중국 민의기관 형성사에서 갖는 역사적 의미를 분명히 하고 싶다. 경제의 개혁·개방에 따라 1980년대 이래 직업단체가 급속히 부활되자 직업대표제가 다시 정치개혁 논의와 개혁실행 과정에서 기억되고 부활된 사례는 전인대 개혁안, 지방인민대표대회 입법 과정 참여, 홍콩의 입법국 선거 등에서 볼 수 있다.

각계인민대표회의의 소집

인민정협이 1949년 9월 통과시킨 공동강령은 인민공화국 임시정부의 임시헌법 기능을 담당하였다. 그에 따르면 각 지방은 "조건에 따라 각계인민대표회의를 소집하여 점차 인민대표대회의 직권을 대행"하도록 규정되었다. 이어서 "반혁명세력을 진압하고 군사행동과 토지개혁이 완결되는 대로 보통선거를 시행하여 지방의 인민대표대회를 소집"하도록 하였으니, 각계인민대표회의는 그 시점까지의 한시적 과도기 민의기관으로서 활동할 것이었다.

각계인민대표회의는 구·향 – 현·시–성의 3급 행정 위계에서 소집되었다. 소집의 준비는 각 지방인민정부 주관 아래 이루어졌다. 저장성을 비롯한 화남 각지에서 지방인민정부는 1949년 5월 국민당이 패퇴한 후 진주한 공산당과 홍군에 의해 군사관제위원회(군관회)가 성립되자 그 통제하에 수립되었다. 그러나 그것은 사실상 일종의 군정에 가까운 임시인민정부였다. 원래 정협 노선의 건국 절차에 따르면 중앙과 지방의 연합정부는 정협 노선에 따라 임시연합정부를 수립하고 그 주관하에 민의기관을 소집하고 거기서 제정되는 헌법에 입각해 정식 인민정부가 수립될 터였다. 그러므로 각 지방에서도 군관회 통제하의 임시정부가 지방민의기관을 준비하여 소집한 후 그 결정에 의거해 정식 인민정부를 수립해야 했다.

이 지방민의기관은 당초 '각계대표회의'라 불리다가 중앙의 인민정협이 소집된 후부터 '인민' 두 글자가 추가되어 '각계인민대표회의'로 통일되었다. 가령 베이징(1949년 10월부터 '베이핑'을 대신함)과 상하이의 경우 인민정협 개최 이전에 소집된 제1대 회의는 각계대표회의로 되어 있으나 그 후에 소집된 제2대 회의부터는 각계인민대표회의로 바뀌었다.[1] 공산당의 주도적 역할을 강조하는 시각에서는 이를 '해방구인민대표회의'(1945)와 '각계대표회'(1948. 11) 구상의 연장선에서 파악한다.[2] 그러나 이 둘 사이에는 상당한 차이와 단절이 있음에 유의해야 한다.

먼저 공산당은 항전 말기에 해방구 민의기관과 전국 민의기관을 각기

---

1. 1949년 8월에 회의가 소집된 西安, 上海, 濟南, 北平, 杭州 등지의 경우 '各界代表會議'였다.

2. 李國芳, 「建國前夕中共創建石家庄民衆參政機構的實踐」, 『近代史研究』 2006年 5期, 29~34면.

다른 방식으로 소집하려는 구상을 갖고 있었다. 공산당은 1944년 9월 연합정부를 구성하기 위해 직업대표제 전국 민의기관으로 국사회의(國事會議)를 소집하자고 제안할 때 만일 이것이 국민당에 의해 거부되면 독자적 정권조직으로 해방위원회를 건립하기로 결정하였다.[3] 이 해방위원회에 상응하는 해방구 민의기관으로 1945년 3월 '해방구 인민대표회의'가 구상되었다. 그런데 그 대표에는 직업대표와 각 당파 대표 외에 해방구 구역대표가 포함되었으며 구역대표가 87.8%로 압도적으로 많았다.[4] 국사회의는 국민회의를 이어받은 국민참정회 구성원리와 동일한 것으로서 이미 전국 각계에 널리 공유된 건국구상이었기에 1946년 1월 정협 개최로 이어질 수 있었다. 이렇게 정협 노선이 부상함에 따라 해방구인민대표회의 구상은 일단 물밑으로 가라앉고 공산당 지배구역에서도 1938년 이래의 변구참의회(邊區參議會)가 지속되었다.

그 후 우여곡절 끝에 정협 노선이 좌절되고 내전을 거쳐 1948년 5월 신정협 소집론이 정협 노선의 부활을 표방하고 급부상하였다. 이때 신정협은 단지 구역대표제의 보통선거에 의한 전인대를 소집하기 위한 준비회의 역할을 담당할 예정이었고 전인대가 제정한 헌법에 따라 연합정부를 수립한다는 계획을 세웠다.

그런데 그해 11월 공산당은 갓 해방된 도시에서 군관회의 통제하에 수립된 임시인민정부가 정부와 인민대중을 연결하는 협의기관으로 '각계대표회'를 소집하도록 결정하였다. 그 대표는 구역대표가 아닌 각계대표로서 장차 구역대표로 구성될 인민대표대회의 대표구성 원리와

3. 楊奎松, 『失去的機會?-戰時國共談判實錄』, 桂林: 廣西師範大學出版社, 1992, 161~162면.

4. 「中國共産黨七届一中全會關于召開中國解放區人民代表會議及其籌備事項的決議」(1945. 6), 中央檔案館 編, 『中共中央文件選集』 15冊, 北京: 中共中央黨校出版社, 1991, 152~155면.

현격히 다르다. 이 '각계대표회'는 그 후 점차 '각계대표회의'로 불리다가 결국 '각계인민대표회의'로 정착되었다. 그리고 그 직권도 강화되어 앞의 공동강령에 규정된 대로 헌법 공포 이전의 과도기 민의기관의 지위를 갖게 되었다. 다만 정협이 직업대표로만 구성된 것과 달리 인민정협대표에는 20%의 구역대표(해방구)가 포함되는 변화가 나타났다.[5] 따라서 인민정협은 정협의 원리 위에서 해방구인민대표회의를 부분적으로 수용해 절충한 형태라고 할 수 있으며, 그런 만큼 정협에 비해 영역지배 의지를 강화한 구조를 취하고 있다.

요컨대 각계인민대표회의는 대표 구성의 원리와 방식 면에서 해방구인민대표회의를 직접 계승했다기보다 정협을 계승한 인민정협과 거의 일치한다. 이때 그 명칭이 '성·시·현 인민정협' 대신 '성·시·현 각계인민대표회의'로 통일된 것은 특별한 의미를 지닌다. 이러한 명칭의 선택과 정착 과정은 청말~민국 이래 각계연합을 바탕으로 한 각계대표의 민의결집 경험이 사회관행으로 지속되어온 역사를 반영한다. 따라서 각계인민대표회의는 인민정협의 지방판이고 인민정협은 각계인민대표회의의 중앙판이라고 할 수 있다. 그리고 양자는 모두 크게 보아 국민회의식 민의기관이라 할 만하다. 실제로 공산당은 쑨원의 국민회의를 "각당각파각계각군 대표회의"라고 부를 정도였다.[6] 이는 흔히 '각계대표회의'로 약칭되었다.

---

5. 특별초청 75명을 제외한 510명 대표의 각 단위별 분포는 단체대표 206명(40.4%), 당파대표 142명(27.8%), 구역(해방구)대표 102명(20%), 군대(홍군)대표 60명(11.8%)이다. 「關于參加新定置協商會議的單位及其代表名額的規定」(1949. 6), 楊建新·石光樹 等 編, 『五星紅旗從這里升起－中國人民政治協商會議誕生紀事暨資料選集』, 北京: 文史資料出版社, 1984, 282~284면.

6. 「記念孫先生: 和平, 奮鬪, 救中國!」(社論), 『解放日報』 1945. 11. 12, 『中共中央文件選集』 15册, 590면.

각계인민대표회의의 소집 준비는 1949년 5월 신정협 소집을 위한 준비회의가 열리기 전후부터 본격화되었다. 이때 공산당은 각지 당원에게 토지개혁과 연관하여 각 지방민의기관으로 각계대표회의를 건립하라고 지시하면서 "상공업자, 자유직업자, 개명신사"의 대표가 반드시 포함되도록 하라고 명시하였다. "공산당과 좌익"이 2분의 1 이상을 차지하되 "중간분자와 반동이 아닌 우익"을 합쳐 3분의 1을 차지하게 할 것도 덧붙였다.[7] 이는 무엇보다 절박한 농공업 생산의 회복에 그들의 협조가 필요했음에도 그들을 배려하는 33제가 무시되기 일쑤였기 때문이다. 이때 공산당 내부의 완고파들, 특히 군사 지도자들은 군사관제시기에 이러한 각계대표회의를 소집하는 것은 사회질서의 신속한 건립을 어렵게 할 수 있다면서 반대하는 의견이 만만치 않았다. 이에 대해 당 중앙은 당정군의 공작인원 대부분이 외지에서 이동해온 만큼 각계대표회의를 통해 현지 군중과 연계를 맺을 필요가 있으며 각계대표회의는 당정군이 부여한 직권에 따라 운영되며 과도시기 인민이 정권건립에 참여하는 기관이라고 설득하였다.[8]

각 지방의 각계대표회의는 현지 군관회와 인민정부가 인민정협 공동강령에 의거해 제정한 조직조례에 의거해 소집되었다. 지방인민정부는 군관회를 통제하는 공산당의 주도 아래 현지의 각 당파와 각 단체 대표가 안배된 연합정부 형태로 구성되었다. 이때 각 단체가 조직, 정비된 경우에는 단체별로 대표가 할당되었으나 그렇지 않은 경우에는 직업의 계별(界別)로 할당되었다. 예컨대 교육회가 정비된 경우에는 교

---

7. 「中央關邊區政權機關性質給邯鄲國的的指示」(1948. 1), 『中共中央文件選集』17冊, 14면; 「中央關丁各縣均應開縣各界代表會議的指示」(1949. 8), 『中共中央文件選集』18冊 431~432면; 「華中局關于召開縣的代表會議問題向中央的請示報告」(1949. 8), 같은 책, 447면.

8. 「迅速召開各界人民代表會議」(社論), 『新華日報』1949. 9. 16.

육회 대표이지만, 그렇지 않은 경우에는 교육회 회원자격을 갖춘 교육계 종사자들의 대표가 할당되는 식이다. 그 과정에서 각 세력 간에 협상이 이루어졌으나 국공내전이 아직 완료되지 않았으므로 군관회와 공산당의 영향력이 중앙에서보다 상대적으로 컸다.

대표는 각지 사정에 따라 네 가지 다른 방식으로 선정되었다. 처음에는 주로 당·정의 지명에 의한 '초빙', 당정과 인민단체의 '협상', 인민단체 자신의 '추천' 등 세 가지였으나 점차 인민단체가 정비됨에 따라 단체 회원의 직접 '선거'가 도입되었다. 이렇게 선거가 도입된 것은 인민정협에서는 없던 일로 민주성의 증대를 의미한다. 시작은 그러했지만 대표회의가 정착되고 선거에 의한 대표가 점차 증가함에 따라 대표의 임기도 6개월 미만에서 1년으로 늘어나고 연임이 가능했으며 대표회의의 직권도 커졌다.

시간적 순서로 보면 권력교체기의 혼란 속에서 새로운 당정에 의해 질서가 비교적 효과적으로 확립된 특별시와 성·도급 도시들이 먼저 각계대표회의를 소집하고 이어서 조건을 갖춘 시·현이 그 뒤를 따르면 이를 바탕으로 그 상위의 성급과 하위의 구·향급 대표회도 소집되었다. 이는 새로운 정권이 각 지방과 인민을 장악해가는 수순을 반영한다.

대표는 주로 직업·직능의 각계별로 구성되었으나 부분적으로 구역별 대표가 추가되어 병행되기도 하였다. 예컨대 베이징이나 상하이 같은 대도시의 구(區)각계대표회의는 각종 직업대표 외에 주민대표(居民代表)라는 단위가 설정되었으며, 성(省)인민대표회의의 경우 성급 각 직업단위의 각계대표 외에 구역대표가 추가되었다. 구·향급의 구역대표는 주민직선을 원칙으로 하였는데 선거방법은 다양했다. 주민대회에서 거수로 찬부를 묻거나 의결하는 방식, 투표와 개표에 의한 방식, 표대신 콩을 집어넣는 방식 등이 향마다 다르게 선택되었다.[9] 성급의 구역대표는 성내 각 현·시의 대표로 현·시 각계대표회의에서 선출되었다. 구·향급 대표의 경우 구역대표가 절반을 넘도록 하였는데 이것은 구·향급 기초 단위에서 주민의 구역 단위 보통선거를 정착시키려는 사전 준비로 보인다.

구역선거에 대한 주민의 관심은 극히 저조하였다. 가령 1950년 3월 소집된 베이징시 각 구의 구역선거를 보면, "일반의 조직되지 않은 산만한 노동인민은 생활에 바빠서 선거에 대해 별 관심이 없고" 참가자가 정족수인 2분의 1도 안 되었다. 이에 투표권을 개인이 아니라 호 단위로 행사하도록 함으로써 정족수를 겨우 채울 수 있었다. 제1구의 경우 호 단위 참여율이 50%였고 이를 유권자 기준으로 환산하면 28.4%에 불과했다. 이때 참가자의 56.6%는 부녀였고 당선자의 42.9%가 부녀였다.[10] 당정은 인민의 선거권 행사를 독려하기 위해 각종 정치선전을 진행했지만 실제 선거에 대한 대도시 주민의 관심은 이렇듯 저조하였다. 저장성의 향급 대표선거에서는 여성 대표가 10% 이상 차지하도록 하라는 규정이 대체로 지켜졌다.

지방민의기관의 구성 단위를 직업에 따라 구분했으므로, 상하이와 베이징 같은 대도시에서는 직업이 없는 무업·실업인구 문제가 건설과 질서유지의 핵심 문제로 부각되었다. 가령 베이징시에서는 국민정부 패퇴 이후 새 정부가 이미 20여만 명(시 인구의 10%에 해당)의 실업인구를 농촌으로 내려 보냈으나 여전히 많이 남아 있는 상태였다. 이에 시

---

9. 陳益元, 『建國初期農村基層政權建設研究: 1949~1957 以湖南省醴陵縣爲個案』, 上海: 上海社會科學院出版社, 2006, 97면.

10. 「北京市第六七兩區召開各界人民代表會議的總結」, 「北京市第一區召開各界人民代表會議的報告」, 『北京市的區各界人民代表會議』, 北京: 人民出版社, 1951, 14~16면.

각계대표회의는 "노동·생산을 무상의 영광으로 여기고 기생·낭비를 막대한 치욕으로 여겨 구사회가 남긴 불량한 풍기를 일소해야 한다"면서 "도시의 과잉노동력과 지식분자를 농촌으로 내려 보내 도시 실업인구를 감소시킬 것"을 천명하였다.[11] 도시 지식분자의 하방정책은 이미 여기서 그 싹을 드러내었다.

회의의 주요 의제는 농공업 생산의 회복, 감조감식(減租減息)과 토지개혁, 양곡의 징발, 세금의 항목과 세율 조정, 반혁명세력의 진압과 색출을 비롯한 각종 정치적 선전·활동과 학습 등으로 나누어진다. 세금 중에서도 특히 농업세의 경우 부과하기 전에 각계대표회의에서 그 항목과 세율에 대해 각계대표가 심의하도록 하여 과세의 공정성과 합리성을 높였다. 그것을 당시 흔히 '과세의 민주평의(民主評議)'라고 불렀다.

그중 부농보호와도 직결된 농공업 생산 문제를 살펴보자. 장쑤성 남부의 쑤난(蘇南) 각계인민대표회의(1950. 9)에 참석한 공상계 대표 류징지(劉靖基)는 치사에서 "중앙이 공포한 토지개혁법을 토론하는 과정에서 민주협상의 정신이 충분히 표현되었는데, 그중 가장 중요한 점은 부농경제의 보호와 상공업의 보호"라고 하였다.[12] 우한시(武漢市) 각계인민대표회의 참석한 공산당 고위지도자 리셴녠(李先念)은 "상업을 발전시켜 농촌을 지원하자"면서 "현 단계에서 우리는 민족자본가를 적절히 부조(扶助)하여 상공업을 발전시켜야 하며 이는 (신민주주의) 혁명의 필수적 요청이다. 그러니 여러분은 어떠한 염려도 떨쳐버리고 마음놓고 장사하라. [···] 과거에 사람들은 공산당이 여러분을 모두 가난하게 만들려 한다고 오해하였으나 기실 공산당은 여러분 모두가 부유해지기

---

11. 「彭眞同志總結報告摘要」, 「北平市各界代表會議宣言」, 같은 책, 18~20면.

12. 「代表來賓在開幕典禮上的致詞」, 協商委員會秘書處編印, 『蘇南各界人民代表會議第一屆第二次全體會議彙刊』, 1950. 11, 4~5면.

를 원한다"라고 공산화(共産化) 추진에 대한 사회 일각의 우려를 불식시키려 하였다.[13] 도시의 상공업과 농촌의 부농경제 사이의 상호작용이 중시되고 있는 것이다. 실제로 베이징 11구의 경험에 따르면, 부농은 토지개혁이 단행될 것을 염려하여 생산에 소극적이었으나 정부에 의해 초빙된 부농대표들이 주민에게 정부의 정책을 설명하자 부농의 우려는 해소되었다. 부농대표 리원청(李文成)은 우선 돼지 3마리를 팔아 비료를 구매하여 생산을 준비하였고, 그 영향으로 다른 부농들도 심리가 안정되어 경종(耕種)에 나섰다. 이처럼 처음에는 각계인민대표회의가 당정의 부농보호정책을 지방의 인민들에게 이해시켜 불안심리를 해소함으로써 생산회복을 뒷받침하였다.

하남 각지의 각계인민대표회의는 부농을 보호하여 생산을 회복·유지하면서 동시에 1950년 6월의 토지개혁법을 현지사정에 맞게 구체화하고 개혁여론을 조성하여 이를 각계민의로 결집해내는 민의기관 구실을 담당해야 했다.[14] 물론 토지개혁의 진행과 관련한 실무의 집행은 상부에서 파견되어온 토지개혁공작대와 현지의 농민협회가 함께 주도하였다. 또 향(행정촌) 수준의 각계인민대표회의는 다른 직업군이 적어서 농민대표가 다수를 차지했음에도 거기서 논의되고 결의된 민의는 각계의 한 구성분자에 불과한, 빈농 중심의 농민협회의 결의와는 분명 달랐다. 토지개혁의 핵심사항인 계급분류, 몰수재산의 분배와 관리, 분배된 토지와 주택의 소유권 등기에 관한 최종적인 결정은 향 각계인민대표회의의 고유권한이었다.[15] 그래서 부농과 일부 중농의 토지까지

---

13. 李先念, 「發展商業支援農村」, 『武漢市第一二次各界人民代表會議彙刊』, 秘書處編印, 1950, 42~43면.

14. 「中南區1950年的工作任務」, 같은 책, 109면.

15. 윌리엄 힌튼, 강칠성 옮김, 『翻身』II, 풀빛, 1986, 273면, 276~277면. 힌튼은 이를

몰수한 화북 지역 토지개혁의 좌경착오를 바로잡는 과정에서 향 각계인민대표회의가 최종 결정을 내렸고 이에 대해 공작대나 현지 공산당원의 불만이 있어도 어찌할 수 없었다.[16] 화남 지역에서도 반악패(反惡霸) 투쟁과 감조감식운동 과정에서 함부로 사람을 구타·처형하는 과격 행동이 나타나자 공산당 중앙은 지방 정부의 모든 중요 공작을 각계인민대표회의에서 토론·결정하고 그 결정을 당 내외의 모든 간부가 준수하라고 지시하면서 부농경제의 보호와 농업생산의 회복에 만전을 기하라고 강조하였다.[17] 중국의 한국전쟁 참전 직후 장제스 정부의 반격 가능성을 기대한 지주 측의 저항이 빈발하자 급진좌경 현상은 일시 확산되었다.[18] 그로 인해 각계인민대표회의도 영향을 받았지만 농업집단화가 단행된 1955~1956년 이전까지는 대체로 부농경제 보호정책의 기조가 유지되었다.[19] 이로써 1954년 초까지 존속한 각계인민대표회의가 어느 정도 제구실을 담당했다고 볼 수 있다.

'인민대표대회'라 표기하였으나 그것이 구역대표가 아닌 이익집단대표, 곧 직업직능대표로 구성되었음을 명확히 하였으므로 '각계인민대표회의'를 지칭한 것으로 보인다. 이는 그의 착오라기보다 당시에 '대표회의'와 '대표대회'가 명확한 구별 없이 혼용되었던 사정을 반영한다.

16. 이는 1948년 7~8월 山西省 潞城縣 張莊의 사례이다. 대표 35명(중농 9명, 신중농 25명, 빈농 1명) 중 공산당원은 8명으로 4분의 1이 채 안 되었다. 같은 책, 280면, 288~289면, 307면, 336면.

17. 「中共中央批准華中局"關于糾正鄉村工作幹部不良作風的決定"的指示」(1949. 12), 中共中央文獻研究室 編, 『建國以來重要文獻選編』 1冊, 北京: 中央文獻出版社, 1992, 50~51면; 毛澤東, 「爲爭取國家財政經濟狀況的基本好轉而鬪爭」, 『人民日報』 1950. 6. 13.

18. 모리스 마이스너, 김수영 옮김, 『마오의 중국과 그 이후』 1권, 이산, 2005, 151면; 楊奎松, 「共産黨のブルジョアジ政策の轉變」, 久保亨 編, 『1949年前後の中國』, 東京: 汲古書院, 2006, 117~133면.

19. 1950년 부농은 인구의 6%를 차지했는데, 1956년 부농과 부유 중농이 농촌인구의 20%를 차지했다고 한다. 모리스 마이스너, 앞의 책, 146면, 211면.

인민정협과 각계인민대표회의. 1949년 9월 인민정협(위)과 1950년 11월 쑤난(蘇南) 각계인민대표회의(아래) 전체회의장에 걸린 쑨원과 마오쩌둥 사진

각계인민대표회의 회의장에는 베이징의 인민정협 개회 때와 마찬가지로 쑨원과 마오쩌둥의 초상이 나란히 걸렸다. 이것은 정치적으로 극히 상징적인 의미를 갖는다. 첫째, 1937년 소비에트공화국을 포기하고 민주공화국 수립을 새로운 건국목표로 내세운 이래 이 신공화국은 곧 삼민주의 국가이며 신민주주의 국가라고 제창되어 대중의 지지를 받은 것을 재확인하는 의미이다. 둘째, 자산계급·개명신사와의 연합정부를 견지하겠다는 정협 노선의 재확인이다. 셋째, 공산당과 마오쩌둥

단독의 권위로는 건국민의를 온전히 결집할 수 없었음을 반증한다. 그러나 1954년 보통선거를 거쳐 소집된 전인대에서는 쑨원의 초상이 사라지고 마오쩌둥의 초상만 걸렸다. 이는 토지개혁이 완료된 시점에서 그로 인해 조성된 농민대중의 지지를 배경으로 사회주의 개조가 시작된 사정을 반영한다.

각계인민대표회의는 상무위원회에 해당하는 '협상위원회'를 대표들의 호선(互選)으로 구성하여 폐회 기간에도 일상 업무를 처리할 수 있도록 하였다. 명칭이 이렇게 통일되기 전에는 '상무회의'라 불리기도 했는데 이것이 "소정협(小政協)"에 해당하는 것으로 인식되었다.[20] 1954년 정식민의기관이 소집되자 각 지방의 각계인민대표회의는 민의기관의 직권을 상실하고 자문기구로 존속되었을 때 그 명칭이 '인민정협'으로 된 까닭도 다른 데 있지 않다.

각계인민대표회의의 대표 구성

각계대표의 구성을 검토하려면 우선 대표회의에 자신의 대표를 뽑아 보내거나 스스로 대표로 선출될 권리를 가진 자들과 그렇지 못한 자들이 명확히 구별되었다는 사실에 유의해야 한다. 오직 그런 권리의 주체만이 '인민'이며 여기서 배제된 지주, 관료자산계급, 반혁명분자 등은 단지 중국의 '국민'으로서 의무만 짊어질 뿐이었다.[21] '인민' 중에

---

20. 「薄一波關于華北各城市召開各界代表會議的情形和經驗的報告」(1949. 10), 中共中央文獻研究室 編, 앞의 책, 31면.

21. 周恩來, 「人民政協共同綱領草案的特點」(1949. 9), 『周恩來選集』 上, 北京: 人民出版社, 1980, 369면.

서도 각계대표의 직업(일부 직능도 포함)별 구성은 지역마다 직업분화의 정도가 달랐기 때문에 이를 반영해 각기 차이를 보였다. 따라서 어느 직업군을 대표 선출의 독립된 영역으로 인정할 것인지, 그리고 전체 대표를 그 각각에 몇 명씩 배분할 것인지는 현지 사정에 따라 달랐고 동일 지역 안에서도 대표회의가 처리해야 할 주요 의제에 따라 조금씩 바뀌었다.[22] 대표 수를 직업군의 인구 비례에 따라 배분하는 것이 원래 직업대표제의 원칙이었으나 당시 조건에서 이를 그대로 적용할 수는 없었던 때문이다.

저장성 각 현·시 각계인민대표회의를 구성한 대표의 직업에 따른 계별 영역은 공인, 농민, 상공, 문교, 자유직업, 청년, 부녀, 민주인사(+개명신사), 어염민(漁鹽民), 소수민족, 당·정·군(黨政軍), 특별초청 등을 포함한 17개였다. 상하이시의 경우 공인, 농민, 상공, 문교, 합작사, 부대, 청년, 부녀, 종교, 민주당파, 시가주민(街道居民), 공산당, 군관회, 인민정부, 소수민족, 특별초청 등을 포함한 18개였다. 상하이시 각 구각계대표회의에서는 군관회와 귀국 화교가 빠지고 의무공작자(醫務工作者)가 추가되었다.[23]

이 두 경우를 서로 비교해보면 대표 영역의 몇 가지 특이한 점이 눈에 띈다. 우선 민주인사와 민주당파는 다른 개념이지만 저장성 각 현에 민주인사 대표는 있으나 민주당파 대표가 없는 것은 그 지부가 현 수준에까지 못 미친 결과일 터이다. 상하이시에 민주당파 대표는 있으나 민주인사가 없는 것은 서로 겹치는 부분이 적지 않으므로 잠시 접어

22. 陳益元, 앞의 책, 94면.

23. 「1952年全省縣市各界人民代表會議代表人數和構成情况表」, 『浙江省人民代表大會志』(草稿), 編纂委員會 編, 2004, 178~180면; 「上海市各界人民代表會議代表人數和構成情况表」, 『上海市人民代表大會志』, 上海市社會科學院出版社, 1998, 86면, 107~108면.

둘 수 있다. 그러나 저장성 각 현에도 있는 자유직업 대표가 상하이처럼 전문직업단체(의약사, 기자, 변호사, 엔지니어 등)가 가장 발달한 곳에서 의약사를 제외하고는 빠져 있는 것이 주목된다.

정협 노선과 연합정부 구성의 신민주주의 원리에 비춰보면 대표구성에서 그 원리가 얼마만큼 잘 구현되었는지를 확인해주는 척도는 대도시의 경우 상공업자, 중소 도시나 현의 경우 지주·부농이 어느 정도의 참정기회를 가질 수 있느냐가 될 것이다. 구·향－현·시－성의 3급 어느 경우에도 대표의 출신 단위에는 '상공업' 대표가 빠짐없이 들어 있다. 그리고 '민주인사' 대표와 '개명신사(開明紳士)' 또는 '개명민주인사' 대표도 포함되었다.

그러나 '개명신사'는 독립된 대표의 영역으로 설정된 곳도 있고 그렇지 않은 곳도 있으며, 처음에는 있다가 나중에는 없어진 곳도 있다. 공산당은 항전시기에 신민주주의론을 발표한 직후부터 개명신사를 포용하는 정책을 취하면서 그 의미를 '지주계급의 좌익, 곧 부분적으로 자산계급 색채를 띠는 지주'로 규정했는데 항전승리 이후에는 '지주와 부농계급 중 민주 색채를 띤 개별 인사'로 더욱 확대하였다.[24] 이때 '민주 색채'란 토지개혁에 찬성하는 것을 의미하였다. '민주인사'란 국민당 일당체제가 성립되면서 그에 항거한 인사를 지칭하는 용어로 난징정부 시기에 등장하였다. 그것은 넓게 쓰면 민주동맹을 비롯한 군소당파 인사들까지 포함하지만 그들은 별도의 독립된 대표 영역을 구성했으므로 여기서는 그들을 제외한 좁은 의미로 이해해야 옳다. 곧 이때의 민주인사란 국민당 안팎에서 일당독재를 비판해온 국민당 내 민주파

---

24. 「目前抗日民族統一戰線的策略問題」(1940. 3), 『毛澤東選集』 2卷, 北京: 人民出版社, 1966, 709면; 「關于民族資產階級和開明紳士問題」(1948. 3), 『毛澤東選集』 4卷, 1232~1233면.

와 독립된 선거단위로 묶여지지 않는 무당파 인사들을 지칭한다.

흔히 개명신사는 상공업에도 투자하고 있던 지주로서 상공업자와 일정 정도 겹쳐 있었기 때문에 이들에 대한 지침은 거의 동시에 내려졌다.[25] 토지개혁이 진행되자 구·향·행정촌급 대표 선거에서 지주의 선거권과 피선거권은 토지개혁이 완료될 때까지 박탈되었고 부농에게는 선거권만 부여되었다. 다만 현급 이상의 선거에 한해 지주·부농이 개명신사에 속할 경우 선거권과 피선거권을 모두 부여하였다. 이와 같이 지주·부농의 참정권을 제한한 것이야말로 항일전쟁기의 민주공화국 구상과 다른 인민공화국의 특징을 보여주는 예이다. 이와 달리 상공업에 대해서는 보호정책을 견지하여 자산계급의 선거권과 피선거권을 당연히 보장하였다.[26] 지주의 토지와 재산이 몰수될 때에도 그의 상공업 재산은 제외되었다.

상하이시 각계대표회의의 경우 1949년 8월부터 1954년 2월까지 여덟 차례 소집되었다. 그때마다 대표가 새로 선임되었고 물론 연임되는 자도 있었다. 그중 상공업자 대표는 22.1%(1949. 8), 18.0%(1950. 4), 14.8%(1951. 12), 15.3%(1953. 2)였다. 여기에 문교 대표와 민주당파를 합

---

25. 공산당 중앙은 1939년 11월부터 각지의 '公正紳士'와 연합하라고 지시하면서, 특히 장쑤, 저장, 상하이 등지의 민족자산계급 혹은 그들의 대리인이 지방정권과 민의기관에 참여할 수 있도록 하라고 지시하면서 몇몇 '著名紳耆', '名紳', '紳商'의 이름을 열거하였다. 실제로 1946년 변구 참의회 선거에서 지주와 부농도 참의원에 당선되었다. 「中央關于對蘇北名紳進行統戰工作的指示」(1940. 10), 中央檔案館 編, 『中共中央文件選集』 12冊, 北京: 中共中央黨校出版社, 1991, 500면; 「關于爭取江浙民族資産階級問題的指示」(1941. 1), 같은 책, 13冊, 6면; 林伯渠, 「陝甘寧邊區三三制的選擧」(1944. 3), 『延安民主模式研究資料選編』, 西安: 西南大學出版社, 2004, 131면; 王穎, 『新民主主義革命時期選擧制度研究』, 北京: 中國社會科學出版社, 2005, 185면.

26. 「中央工委關于對地主經營工商業的政策給鄧子恢的指示」(1948. 1), 『中共中央文件選集』 17冊, 18면; 「中央關于地主舊富農的選擧權與被選擧權問題的指示」(1948. 10), 같은 책, 395~399면.

치면 이른바 소자산계급·민족자산계급으로 불리던 부류가 되는데 각각 44.2%, 41.8%, 36.9%, 39.1%이다. 물론 특별초청 인사도 대체로 그 부류에 속하므로 이들을 더하면 45%에 육박한다.[27] 8월 9일 소집된 베이징시 제1대 각계대표회의는 단체별(단체가 정비된 경우 회원의 선거)과 계별(단체 결성이 안 된 경우 군관회와 시정부의 초빙)로 대표를 분배·선정하였는데, 그중 상공업계 대표 13.6%, '기타 애국민주인사' 대표 11.7%이다. 거기에 대학교직원과 의료공작자를 합친 중간세력이 36.4%였다.[28] 상하이와 베이징에서 자산계급, 곧 상공업자의 참여기회는 상당했으나 '개명신사'는 독립된 참여주체로 인정받지 못하였다. 우한·항저우·스자장시(石家庄市)에서도 그러했다.

스자장시의 경우 공산당의 지배가 일찍 시작되어 1948년 6월부터 1949년 2월까지 공산당 중앙의 소재지였을 정도로 여건이 비교적 양호해 1949년 4월 선거로 130명의 대표(직업대표 68명, 구역대표 62명)를 선정했는데 그중 상공업 및 자유직업 대표는 14.6%에 불과했다. 이에 현지의 당과 정부는 중간층의 비율을 높이기 위해 긴급히 30명의 초빙대표(그중 13명을 상공업과 자유직업에 배정)를 추가했으나 그래도 20%를 넘지 못했다. 이때 공농병 대표가 71.2%였다.[29] 이는 상하이·베이징과 달리 개명신사를 반드시 포함하라는 공산당 중앙의 지시도 중간세력이 3분의 1을 차지하게 하라는 지시도 제대로 지켜지지 않았음을 보여준다.

---

27. 「上海市各界人民代表會議代表人數和構成情況表」, 『上海市人民代表大會志』, 上海市社會科學院出版社, 1998, 86면.

28. 「北平市各界代表會議組織條例」, 北平市各界代表會議秘書處 編, 『北平市各界代表會議專輯』, 1949. 9, 100~101면.

29. 이는 대표의 20%가 문맹일 정도로 문화 수준과 업무능력이 낮은 문제를 야기하였다. 공산당원이 아닌 당외 인사는 37.7%였다. 李國芳, 앞의 글, 32~41면.

개명신사의 참정기회는 대도시가 아닌 농촌배경을 가진 성·현에서 보장될 가능성이 많았다. 저장성의 경우 성 각계대표 중에 민주당파 대표는 있지만 민주인사나 개명신사 대표는 없었다. 그러나 현 각계대표 중에는 '민주인사 및 개명신사'란 영역이 설정되어 있고 1950년 말 그들은 4%를 차지하였다.[30] 민주인사와 개명신사의 합성어처럼 보이는 '개명인사'란 영역을 설정한 곳도 있다. 저장성 푸장현에서는 '신사', '개명인사', '개명신사'가 명칭을 바꿔가면서 번갈아 설정되었다. 제1대 대표(1949. 10)에서 '신사'가 6.4%, 제2대 대표(1950. 1)에서 '개명인사'가 24명(9.3%), 제3대 대표(1950. 10)에서 '개명신사'가 8명(3.9%)이었다.[31] 현당안관(縣檔案館)의 당안자료에 의거해 제1·2대 신사대표(2대는 일부)의 출신, 성분, 나이 등을 표로 나타내면 표 7과 같다.

과거제가 1905년에 폐지되었고 1911년까지 신식 학당 졸업자에게 신사학위를 주었으니 일단 위 대표들 중 60세 이상 중에만 신사가 포함되었을 가능성이 있다. 제1대의 6번과 8번, 제2대의 4번이 그에 해당하는데 출신이 농민·상인 경우를 빼면 결국 8번 1명밖에 없다. 계별 명칭은 제1대의 경우는 '신사'이고 제2대의 경우 '개명인사'이다. 나이, 출신성분 등을 나타낸 별도의 문건에서는 그들이 '신사'로 표현되었으나 그 실상은 이와 같았다. 그렇다고 지주와 부농을 신사의 이름으로 초

30. 그 밖의 각계대표 구성비는 공인 8%, 농민 54%, 청년학생 4%, 부녀 5%, 공상 7%, 문교 6%, 당정군 7%, 기타 3%이다. 이는 10개 현의 통계이다. 이때 공농 50~60%, 당정군 10% 내외를 유지하라는 가이드라인이 제시되어 있었다. 『浙江省人民代表大會志』(草稿), 178면.

31. 제1대 대표의 구성비는 농계 53명, 공계 19명, 상계 15명, 학계(학생+교원) 26명, 부녀 10명, 신사 10명, 정부 11명, 공산당 3명, 군대 5명, 은행 1명(합계 156명)이다. 「浦江縣各界人民代表會議文件」(1949.10), 浦江縣檔案館 檔案 全宗 11 目錄 1 案卷 1; 「浦江縣第二屆各界人民代表會議代表人數統計表」(1950.1), 全宗 11 目錄 2 案卷 1; 「浦江縣第三屆各界人民代表會議各種工作報告及決議」(1950.10), 全宗 11 目錄 2 案卷 2.

표 7. 저장성 푸장현 각계인민대표회의 '신사' 대표

제1대(1949. 10)				제2대(1950. 1)				
이름	출신	성분	나이	이름	출신	성분	나이	문화 정도
1	농	부농	57	1	농	중농	27	초등소학
2	농	중농	40	2	농	지주	33	고등소학
3	학	중농	44	3	학	중농	42	士學
4	학	중농	58	4	상	지주	69	사범강습소
5	?	중농	47	5	의	중농	55	의전
6	농	지주	72	6	학	중농	21	초중
7	농	중농	51	7	농	농민	46	?
8	학	지주	68	8	농	부농	?	고등소학
9	?	지주	37	9	半工學	부농	37	고중
10	학	의생	54	10	상	빈농	32	?
				11	가정	부농	39	고등소학
				12	학	지주	32	초중
				13	학	부농	20	초중
				14	상	빈농	28	고등소학

주: 대표의 이름은 편의상 번호로 대신함.

빙한 것이라고 보기도 어렵다. 표 7의 24명 중 지주와 부농은 제1대의 4명, 제2대의 7명으로 전체의 절반도 안 되는 45.8%에 불과하다.

다른 현에서도 '(개명)신사' 대표가 참여한 사례는 많지만 그 실상은 이름과 달랐다. 가령 1950년 7월 소집된 윈난성 서부에 위치한 룽링현(龍陵縣) 각계인민대표회의의 경우, 69명의 대표 중 '신사' 대표가 14명으로 직공 4명, 농민 18명, 상인 4명, 문교 6명, 학생 2명, 소수민족 6명 등과 비교해 매우 큰 비중을 차지하였다. 그러나 이 외진 소수민족지구에 실제 신사가 농민 대표 수에 거의 육박하는 대표를 할당받을 정도로 많았을 가능성은 극히 적다. 상하이 인근 진산현(金山縣)의 경우 1949년 10월 '개명신사' 대표가 93명 중 5명(5.4%)이었으나 1950년 4월 153명 중 1명(0.65%)으로 줄더니 1950년 11월부터 아예 없어졌다.[32] 후

난성 창사현에서도 '개명인사'가 1949년 10월 독립된 대표 단위(168명 중 4명)로 설정되었으나 1951년 4월부터 '기타 방면'에 흡수되더니 이듬해 8월부터 아예 사라졌다.[33]

그런데 푸장현에서는 각계대표회의와 별도로 1950년 2월 '신사회의'가 소집되었다. 이 회의는 "대생산운동을 전개하여 당면한 임무를 완수하고 사회질서를 안정시키며, 지주계급을 분화시켜 군중의 단결을 강화하기 위해 상급의 지시에 따라 소집되었다." 초빙된 신사 수는 100명으로 각 구별로 3~4명씩 엄선되었다. 회의에서 주로 논의된 사항은 합작사를 설립해 토산품의 생산과 판매를 촉진하고 토지개혁의 방해요인을 제거하며 신민주주의 공동강령을 학습해 사상무장을 다지는 것 등이었다.[34] 표 7의 예로 보아 이 신사회의에 참가한 사람들도 대부분 실제 신사가 아닐 수밖에 없다. 그럼에도 신사대표나 신사회의로 호칭한 것은 전통적으로 현장이 현정과 관련한 중요 의안을 결정하기 위해 신사회의를 소집해 지역유지의 의견을 청취해온 관행의 연장선에서 이해될 수 있다. 1930~1940년대에도 산시성과 장시성에서 '신사회의'나 '신상회의(紳商會議)'가 소집되어 그런 역할을 담당하였다.[35] 이런 관행이 반영되어 국민정부의 현·시 임시참의회에서도 신사대표가 초빙되었다. 가령 1946년 4월과 7월 항저우시 (임시)참의회에서 '공정신사(公正紳士)'

---

32. 「龍陵人大」, http://www.longling.gov.cn/llweb/rendaweb/html/2009/12/93.htm; 『金山縣志』, http://www.shtong.gov.cn/node2/node4.

33. 『長沙縣志』, 北京: 生活·讀書·新智 三聯書店, 1995, 141~142면.

34. 「士紳會議報告提綱」(1950. 2. 22); 「本府關于紳士會議簡報及名單」(1950. 2); 「士紳會議簡報」(1950. 2. 21), 浦江縣檔案館 檔案 全宗 11 目錄 2 案卷 1, 全宗 11 目錄 2 案卷 30.

35. 王先明, 『變動時代的鄉紳－鄉紳與鄉村社會結構變遷, 1901~1949』, 北京: 人民出版社, 2009, 394~399면.

또는 '사회신사(社會紳士)'가 당정 인사 및 각 직업단체 대표와 함께 초빙되거나 추천되어 당선되었다.[36] '사회신사'란 실제 학위 소지자가 아니라 사회적으로 신사처럼 인정받는 존재를 지칭한 것으로 보인다. 산시성의 '신사회의'에서도 상인이 신사 범주에 포함되었다.

이상의 분석을 통해 볼 때 도시지역에서는 자산계급(상공업자)의 참정기회가 보장되었으나 농촌지역에서 개명신사의 참정기회는 배제되었음을 알 수 있다. 신사 자체가 자연적으로 거의 소멸된 시점이었으므로 지주와 부농의 참정기회가 어느 정도였느냐가 더 중요한 문제가 될 것이다. 푸장현의 경우 개명신사로 호칭된 대표의 약 절반이 지주와 부농이니 제1대 3.2%, 제2대 4.6%, 제3대 1.9%였다. 그렇더라도 정권에서 배제된 노령의 실제 신사와 신사가문의 정치경제적 유산과 그 영향력은 남아 있었을 터이니 이는 별개의 문제이다.[37]

그런데 사실 각계대표의 구성에서 신사·지주 문제보다 더 중요한 것이 부농 문제이다. 중앙의 인민정협 공동강령에서 이미 '농민적 토지소유'를 실행하기로 결의된 만큼 지주의 참정권을 보장할 이유는 없으나 부농의 참정은 반드시 보장되어야 신민주주의 단계의 정치경제 원리에 부합하기 때문이다. 그러나 푸장현의 현급 각계인민대표와 달리 향급 각계인민대표 중에는 부농이 한 명도 포함되어 있지 않다.[38] 이런

---

36. 程心錦·徐文達, 「杭州市參議會見聞」, 『浙江文史資料選集』 13輯, 1979. 7, 178~183면. 그 무렵 공산당도 당조직을 확대하기 위해 영향력 있는 신사의 입당을 적극 추진하고 이를 돌파구로 삼아 다수의 지주·부농과 신사를 입당시켰다. 그러나 머지않아 그로 인해 당이 부패화 경향을 보였다는 이유로 그들은 축출되었다. 유력 신사의 입당 사례는 다음을 참조할 것. 王友明, 『解放區土地改革硏究: 1941~1948 以山東莒南縣爲個案』, 上海社會科學院出版社, 2006, 93면.

37. 블레처와 마이스너는 토지개혁의 최대 의의가 "신해혁명 이래 쇠퇴하던 신사계급을 최종적으로 분쇄한" 데 있다고 하였다. 마크 블레처, 전병곤 외 옮김, 『반조류의 중국』, 돌베개, 2001, 81~86면; 모리스 마이스너, 앞의 책, 143~145.

차이는 부농의 피선거권이 현·시급 이상에서만 인정되고 구향급에서는 부인되었기 때문이다. 이런 사정은 베이징시 제11구 각계대표회의(1950. 3)에서도 보인다. 그곳은 교구(郊區)로서 인구의 대다수가 농민이어서 구역대표 89명(중농 36명, 빈농 50명, 고농 3명)이 모두 농민이지만 그중에 부농은 없다. 그래서 당정이 별도로 부농 2명을 특별초빙대표로 안배하였다.[39]

중농·빈농이 다수를 차지한 일반 농민과 노동자 대표에 관해서도 간략히 살펴보자. 1949년 9월 소집된 인민정협에서는 전체 대표 622명 중 농민대표가 겨우 16명으로 2.6%에 불과했으나 각 현의 각계인민대표회의에서는 농민대표가 절반을 넘었다. 1952년 저장성 샤오산(蕭山) 64%(309명 중 198명), 사오싱(紹興) 59.4%(478명 중 284명), 강현(杭縣) 56.3%(261명 중 147명), 푸장(浦江) 45.9%(229명 중 105명), 이우(義烏) 40.9%(254명 중 104명) 등이 농민대표이다. 거기에 노동자대표(샤오산 3.2%, 사오싱 6.5%, 캉현 10.7%, 푸장 4.8%, 이우 5.9%)를 합친 노농대표가 50~60% 내외를 차지하였다. 이때 당정군 대표는 10% 내외, 공상·문교·자유직업·민주인사(개명신사)·청년·부녀는 30% 내외를 차지하였다.[40] 후난성 창사현의 경우 농민대표는 1949년 10월 67.9%(168명 중 114명), 1951년

---

38. 이는 鄕의 각계대표회의와 인민정부를 수립하기 위한 시범향으로 杭縣, 嘉興, 樂淸, 平陽, 於潛, 樹臚 등 6현에서 선정된 6향의 예에서 확인된다. 빈고농이 3분의 2, 중농이 3분의 1을 차지하도록 하라는 가이드라인에 따랐기 때문에 부농은 전혀 없었다. 「1950年6個試点鄕代表構成情況表」, 『浙江省人民代表大會志』(草稿), 188면.

39. 「北京市郊區各區第一次各界人民代表會議的總結」, 「北京市郊區召開第一次各界人民代表會議的報告」, 『北京市的區各界人民代表會議』, 北京: 人民出版社, 1951, 48~51면.

40. 「1952年全省縣市各界人民代表會議代表人數和構成情況表」, 『浙江省人民代表大會志』(草稿), 178~180면.

10월 74.7%(367명 중 274명)로 더 높게 나타났다.[41]

공산당은 농민대표 중 빈고농 비중을 높이려고 했으나 여의치 않았다. 가령 후난성 리링현(醴陵縣)의 경우 당이 농민대표 중 빈고농이 3분의 2를 넘어야 하고 그중 여성이 30%를 넘어야 한다고 규정했으나 선거결과 중농이 35%, 심지어 3분의 2를 차지한 향도 있었다. 이는 주민의 대수를 차지한 빈농들이 농사일에 전념할 시간을 빼앗길까봐 대표직을 맡지 않으려고 일부러 중농을 밀었기 때문에 나타난 결과이다.[42]

이처럼 각계인민대표회의에 다수의 농민대표가 진출할 수 있도록 제도화된 것은 획기적인 의미를 갖는다. 그 구성원리인 직업대표제는 신사·지주와 상공업자를 비롯한 상층 유력자의 참정을 제도화한 구역대표제를 비판하고 농민과 노동자의 참정을 중시함으로써 '신사민주주의'로부터 '대중민주주의'로의 전환을 이론적으로 뒷받침했는데 이제 그것이 전국적으로 제도화된 것이다. 물론 최하급 단위인 향의 농민대표들 중에는 문맹도 적지 않았고 자신의 의사 표시에 소극적인 경우도 있었지만, 이는 민주주의 실행의 초기에 어디서나 나타나는 과도적 현상이었다.

헌정 실시와 직업대표제의 포기

각계인민대표회의는 과도기 민의기관으로서 정식 민의기관인 인민대표대회가 소집되면 그 역할을 넘겨주어야 하는 한시적 기관이었다.

41. 『長沙縣志』, 141면.

42. 陳益元, 앞의 책, 96면.

그런 기능도 처음부터 부여된 것이 아니라 그것이 1948년 11월 처음 준비될 당시에는 단지 '임시정부의 자문을 위한 협의기관'일 뿐이었다가 이듬해 9월 인민정협 공동강령에 의해 비로소 '과도기 민의기관'으로 격상된 결과였다. 그러나 그 후에도 실제로 그것이 민의기관으로서의 직권을 행사한 것은 선거에 의한 대표가 대다수를 차지하는 후반기의 일이며 그 전반기에는 사뭇 달랐다(전후반을 가르는 시점은 대체로 1951년이나, 각지 사정에 따라 일정하지 않았다).

이런 연유 때문인지, 각계대표회의는 처음에는 주로 지방정부의 시정에 관한 보고를 청취하고 질의·건의를 하며 그와 관련한 주요 정책을 인민대중에게 전달하는 구실을 담당하였다. 점차 질서가 확립되고 선거에 의한 대표 수가 증가하여 대표회의의 민주성이 강화되자 각급 인민정부의 모든 중요 공작을 거기서 토론하고 결정하며 나아가 현지 인민정부 위원은 물론 인민법정 심판원을 선출할 권한도 갖게 되었다.[43] 베이징시의 경우 1949년 8월 제1대 회의는 초기의 자문기구적 성격, 정부와 인민대중을 연결하는 통로 역할에 그쳤으나 1949년 11월 제2대 회의부터 조직조례의 제정, 시정방침과 정책의 결정, 예·결산의 심사와 통과, 현지 정부위원의 선거까지 담당하게 되었다.[44] 저장성 푸장현의 경우 1950년 제2대 대회 때 선거가 도입되어 이듬해 5월 제3대 대회에서는 선거대표가 전체의 80%를 차지하였다. 1952년에는 기타 각 현에서도 선거대표가 80%를 넘는 곳이 많아져 캉현 84%, 린하이현

---

43. 縣·市 인민법정의 正副 審判長과 심판원의 절반은 인민정부가 선거하고 나머지 절반의 심판원은 각계인민대표회의나 (그것이 아직 없는 경우) 인민단체가 선거하였다. 「人民法庭組織通例」(1950. 7), 『人民日報』 1950. 7. 21.

44. 그런 예는 1949년 11월 20일 소집된 베이징시 제2대 각계인민대표회의가 통과시킨 조직조례상의 직권에서 볼 수 있다. 「北平市第二屆各界人民代表會議組織條例」, 『首都第一二屆各界人民代表會議』, 北京: 新華書店, 1950. 1, 74~75면.

86%, 진화현(金華縣) 88% 등으로 나타났다. 이렇게 선거대표가 증가하자 각 현의 각계대표회의는 그해 7월부터 현장·시장을 포함한 지방정부 위원의 선출, 예·결산의 심의·통과를 비롯하여 당면한 시정과 관련해 제기된 주요 사항들에 관한 심의·결의권을 행사하였다. 1952년 말에 사실상 정식 민의기관 직권을 행사한 현·시는 저장성 전체 83개 현 중 14개였다.[45] 그러니까 각계대표회의는 각 지방의 여건에 따라 보통선거에 의한 정식 민의기관인 인민대표대회가 소집되기 전에 이미 정식 민의기관 직권을 행사하기 시작한 것이다.

인민대표대회가 1953년부터 준비됨에 따라 각계인민대표회의는 그것과 개념상의 혼란을 불러일으켰다. 이에 당과 정부는 인민대표회의를 보선을 거치지 않은 과도기 민의기관으로, 인민대표대회를 보선에 의거한 정식 민의기관으로 규정하였다. 그 후부터 보선에 의한 민의기관을 '대표대회'라 부르고 그렇지 않으면 '대표회의'라고 불러 구별하게 되었다. 이때 보선 이후 '각계'란 말이 탈락한 점에 대해서는 따로 주목해야 한다. 이는 뒤에서 다시 논의하겠지만 직업대표제가 구역대표제로 바뀐 사정을 반영한 용어상의 변화이다.

보선에 의한 인민대표대회는 토지개혁이 완료되고 한국전쟁 휴전협정이 체결되자 1953년부터 준비되어 1954년 소집되었다. 인민대표대회는 행정 위계에 따라 이전의 과도기 민의기관인 각계인민대표회의와 마찬가지로 향·구(5만 개, 임기 2년)－현·시(2,757개, 임기 3년)－성·자치구(29개, 임기 5년)－전국(임기 5년)의 네 수준에서 구성되었다. 그중 기초 단위인 향·구 인민대표만 주민 직선으로 선출되었고 그 상급부터는 하위대표가 상위대표를 선출하는 다층적 간선으로 결정되었다. 그러

---

45. 『中國共産黨浙江省浦江縣組織史資料』, 杭州: 浙江大學出版社, 1992, 242~243면; 『浙江省人民代表大會志』(草稿), 176면, 180~182면.

나 이때에도 향·구의 주민 직선은 비밀투표가 아니라 과도기의 각계인민대표회의처럼 유권자대회에서 거수로 결정하는 방식이 개선되지 않은 채 여전히 지속되었다.[46] 유권자의 대부분이 문맹이라서 그랬다고 하지만 이는 보선의 의미를 반감시키는 결과를 초래할 수밖에 없다.

그럼에도 중앙의 인민정협과 지방의 각계대표회의는 민의기관으로서의 직권을 중앙·지방의 인민대표대회에 넘겨주고, 그들 자신은 각각 전국인민정협과 지방인민정협으로 개명되어 자문기구로만 남게 되었다. 이로써 민의기관의 구성원리는 직업대표제에서 구역대표제로 전환되었다. 당시 흔히 "각계인민대표회의는 인민대표대회의 추형(雛形)이며 전신(前身)"이라고 일컬어졌음에도[47] 양자 사이에는 현격한 차이가 생긴 것이다. 왜 이때 이처럼 중대한 변화가 일어났을까?

중국의 어느 연구자는 1949년 9월 인민정협이 보통선거를 실행해 신정권의 합법성을 획득하라는 스탈린의 건의를 수용한 결과라고 보았다.[48] 그러나 공산당과 연합정부가 인민공화국 정권 수립의 정당성을 보증한 직업대표제를 포기한 것이 그런 외인으로만 설명되기는 어렵다. 사실 러시아혁명 이래 소련은 '소비에트'라는 이름으로 노농병대표회의를 소집해 민의기관의 직권을 행사하도록 하였고 당시 중국의 지식인과 국공 양당은 이를 직업대표제의 변형으로 간주하였다. 소련의 소비에트는 직업대표제가 당치체제와 결합되면서 하층 노농계급의 이해만을 대변하는 쪽으로 편향된 변형이라 할 수 있다.

---

46. Andrew Nathan, *Chinese Democracy*, Berkeley: University of California Press, 1985, 195면.

47. 張樂同, 「建國前後關于人民代表大會制度的理論與實踐」, 『首都師範大學學報』(社科版), 1999年 4期, 10면.

48. 李國芳, 앞의 글, 44면.

이미 앞에서 언급한 대로 중국공산당도 1923년부터 직업대표제의 국민회의 소집을 줄기차게 주장하였고 1927~1934년에는 소비에트제도를 채택하여 시행하기도 했다. 1935년 8·1선언에서도 국민회의식 민의기관을 수립하자고 제안했고 1937년 5월 국민당에게 헌정기 민의기관인 국민대회 대표선거법을 수정하라고 요구할 때도 직업선거를 가장 중시해야 한다고 하였고, 다만 그것은 구역선거와 병행되어야 항일과 민주를 온전히 실행할 수 있다고 보았다. 그러나 이때 공산당은 이것이 민주헌법 공포 이전의 과도적 조처임을 분명히 하였다. 헌법 제정 이후의 민의기관은 보통선거에 의거해 구성되어야 한다는 것이다.

그 후 공산당은 보통선거에 의거해 민의기관을 구성해야 한다는 입장을 더욱 명확하게 밝혔다. 린보취(林伯渠)는 1937년 5월 노농병소비에트로부터 민주공화제도로의 전환에 관해 설명하면서, 각급 의회의 의원은 소비에트의 다층적 선거(최하급 위계에서만 직선이고 그 상위부터는 간선)와 달리 선거구 유권자의 직접선거로 선출한다는 점을 강조하였다. 아울러 변구(邊區)는 전국에서 가장 먼저 보통선거에 의한 의회를 설립하여 민주제도를 실현해야 한다고 덧붙였다.[49] 한편 마오쩌둥은 1938년 10월 「신단계론」에서 '민주공화국 문제'에 관해 "인민대표회의의 국회와 지방의회를 설립하며 18세 이상의 공민은 범죄자를 제외하고 모두 선거권과 피선거권을 갖는다"라고 하여 보통선거야말로 민주공화국에 부합하는 대표선출제도임을 분명히 했다.[50] 이는 1940년 그의 「신민주주의론」에서도 견지되었다. 그는 중국이 건설하려는 '신민주주의 공화국'(중화민주공화국)의 민의기관은 국민대회-성민대회-현

49. 林伯渠, 「由蘇維埃到民主共和制度」, 『解放週刊』 1卷 5期, 1937. 5. 31, 『延安民主模式硏究資料選編』, 西安: 西南大學出版社, 2004, 97면.

50. 毛澤東, 「新段階論」(1938. 10), 『中共中央文件選集』 11冊, 634면.

민대회–구민대회–향민대회의 계통을 채용하며, 이때 대표선출방법에 관해서는 "진정으로 보편 평등한 선거제도를 실행해야 한다"라고만 했을 뿐 각당각파, 각계단체, 각 군의 국민회의식 직업선거에 대해서는 전혀 언급하지 않았다.[51]

린보쥐와 마오쩌둥은 모두 보통선거에 큰 기대를 걸고 있지만 둘 사이의 차이점도 크다. 린보쥐는 제헌 이전에도 변구에서 먼저 보통선거를 실시해야 하며 직선이 간선보다 진정한 민의를 더 잘 대변할 수 있다고 보았지만, 마오쩌둥은 보선을 장차 수립될 민주공화국에서의 일로 한정하였다. 이때 마오쩌둥은 그것이 각급 민의기관에 모두 적용되어야 하는지에 대해서는 분명히 말하지 않았다. 어쨌든 이로써 1949년 전후 스탈린의 권유가 있기 전에 중국공산당 지도부 안에 구역대표제의 보선에 대한 믿음이 강렬했음을 확인할 수 있다. 이제 민주공화국은 비록 토지개혁을 거치면서 지주·부농의 참정권이 제한된 인민공화국으로 변형되었지만, 헌법으로 그 정당성을 뒷받침해야 하는 상황이 도래했으니 공산당이 보선에 의거해 민의기관을 새로 구성한 것은 여건의 성숙에 따라 이전의 구상과 믿음을 실행한 것일 뿐이다.

한편 공산당의 원래 구상이 그러했다 하더라도 인민정협에 참여한 그 밖의 각계인사들도 이전부터 그런 구상과 믿음을 공유하고 있었는지는 또 다른 문제이다. 민주동맹을 비롯한 군소당파들은 정당을 지향한 만큼 다당경쟁의 보통선거에 의한 의회제를 목표로 삼고 있었다. 민족자산계급의 이해를 가장 집중적으로 대변한 정파로 알려진 중국

---

51. 이 국가의 주인을 '국민'이라 부를 수 있지만 거기에는 모든 혁명적 인민(만)이 포함되며 반혁명분자와 친일파는 제외된다. 毛澤東, 「新民主主義的政治與新民主主義的文化」, 『中國文化』 創刊號, 1940. 2. 15, 日本國際問題研究所中國部會 編, 『中國共産黨史資料集』 8卷, 東京: 勁草書房, 1974, 180~181면.

민주건국회도 그런 강령을 채택하였다.

주목되는 것은 그럼에도 불구하고 민주건국회가 1945년 12월 "각급 의회의 대표는 반드시 각 계층과 각계를 포괄하여 자신의 절실한 요구를 충분히 제출할 수 있도록 해야 한다"라고 규정한 점이다. 이는 일종의 대표할당제 개념에 가까운 것으로서, 일반적인 보통선거와 달리 직업대표제 요소를 상당 정도 수용해 절충하려 했음을 보여준다. 뿐만 아니라 지방자치의 영역에서는 농촌의 경우 원래의 지리적 단위를 기초로 삼더라도 "도시의 경우에는 자발적으로 조직된 직업단체를 기초로 삼아야 한다"라고 하였다.[52] 청년당과 국가사회당은 일찍부터 이보다 더 명확하게 정당 중심의 의회제와 직업대표제를 병행하는 정강을 추구해왔다. 이는 대부분 청말·민국 이래 각계연합을 통해 각계민의를 결집해온 사회관행을 일정 정도 반영한다.

그런 군소당파들이 참여한 1946년의 정협과 1949년의 인민정협도 대체로 유사한 입장을 보였다. 정협은 헌법제정을 위한 국민대회에 관해 국민당이 마련한 구역선거와 직업선거를 그대로 인정하고 병행하기로 결의하였으나 성·현 참의회에 대해서는 보통선거에 의거한다고 명시하였다.[53] 그러니까 중앙민의기관과 달리 지방민의기관은 구역대표로만 구성하겠다는 것인데, 이는 그 전후 국민당이 중앙과 지방 양쪽에서 구역선거와 직업선거를 병행한 것과 비교해 크게 달라진 면이다. 나아가 인민정협은 중앙과 지방의 인민대표대회를 모두 보통선거에

52. 「民主建國會政綱」(1945. 12), 楊榮華 主編, 『民主建國會』, 石家庄: 河北人民出版社, 2001, 510~511면.

53. 공산당의 초안은 국민대회도 참의회도 모두 보통선거에 의해 구성하는 것으로 되어 있었으나 정협 결의에서 후자만 수용되었다. 「和平建國綱領草案」(1946. 1), 『中共中央文件選集』 16冊, 41면; 「政治協商會議協議事項」(1946. 2. 1), 秦孝儀 主編, 앞의 책, 7編 戰後中國(2), 223면, 239면.

의거해 구성하기로 결의하여 직업선거를 아예 제외하였다.

이는 정협과 인민정협 자신이 직업대표제로 구성되었다는 사실에 비춰 볼 때 중대한 변화이다. 공산당과 군소당파들은 헌정실시에 이르는 민주주의 이행 단계에서는 국민회의식 직업대표제 민의기관을 추구하였으나 그 이후에는 구역대표제 민의기관을 건립하려 했음을 의미한다. 그들은 정당이니까 그렇다 치더라도 인민정협에 참가한 그 밖의 각계단체대표들이 지방민의기관의 직업대표제를 쉽게 포기했을 것 같지는 않다.

그래서인지 구역대표제로 전환한 인민대표대회 선거에서도 (인민)정협의 구성원리 중 하나인 대표할당제가 실시되어 각 계(급)별로 안배되었다. 이것은 민주건국회의 지방자치 구상에 나타난 대표의 각계안배 구상과 상통한다는 점에서 주목된다. 대표할당제는 직업대표제를 제도화한 1931년 난징국민회의, 1938년 국민참정회, 1946년 정협 등에서 국민당에 의해서도 실시된 선례가 있다. 그 위에서 인민정협 공동강령은 인민대표대회 대표에 노·농·군 대표뿐만 아니라 지식분자, 소자산계급, 민족자산계급, 소수민족, 화교, 애국민주분자의 대표가 반드시 포함되어야 한다고 규정하였다.[54] 이러한 계(급)별 안배가 직업별 안배를 완전히 대신할 수는 없다 하더라도 각계대표는 이로써 이해관계가 다른 상이한 사회세력의 다양한 대표가 상당 정도 포함될 수 있다고 보아 구역선거의 보선에 동의한 것으로 보인다.

그 무렵 직업단체를 비롯한 사회단체의 자율성은 어느 정도 유지되었다. 1950년 정부는 사회단체 등기에 관한 임시규정을 제정하여 모든 사회단체는 각급 정부의 해당 부서에 등록하고 그 지도를 받도록 하였

54. 「中國人民政治協商會議共同綱領」(1949. 9. 29), 楊建新·石光樹 等 編, 앞의 책, 481~482면.

다. 그리고 당은 이와 별도로 각 단체의 임원진에 당원을 배치하고 그들을 중심으로 당단(黨團)을 조직하여 통제할 수 있도록 하였다. 그러나 공산당은 인민공화국 수립 초기에 국가기구와 사회단체의 지도부를 담당할 당원을 3분의 1 정도밖에 확보하지 못했고 따라서 그 자리에 당외 인사들을 중용하지 않을 수 없었다.[55] 연합정부가 구성될 수밖에 없는 사정이 여기에 있었다.

사회단체의 자율성은 1954년 구역대표제의 인민대표대회로 전환한 이후, 사회주의 개조를 향한 과도노선의 개시와 맞물려 현저히 약화되기 시작하였다. 특히 국유화와 집단화가 완료되는 1956~1957년 이후부터 사회단체의 자율성이 사라지고 공산당의 통제가 급속히 강화되었다.[56] 이에 따라 인민대표대회는 그 사회적 기반인 사회구성의 다원성이 붕괴되어 각계민의를 대변하는 역할을 점차 상실하고 당의 거수기로 전락해갔다. 이제 사회단체들은 당과 인민을 연결하는 전도벨트로 전락하게 되었다. 농민협회, 총공회, 공상연합회, 부녀연합회, 청년단, 자연과학전문학회연합회, 과학보급협회 등은 모두 당 간부나 국영기업 간부 출신에 의해 주도되었다. 전문직업단체(의약사, 변호사, 기자, 엔지니어, 대학교수 등의 단체, 당시에는 '자유직업단체'로 일컬어졌다)는 반우파투쟁의 광풍 속에 부르주아 집단으로 간주되어 자취를 감추었다. 민

55. 1949년 말 공산당원은 400~500만 명이었으나 대다수가 문맹이고 72만 명만 최소한의 자질을 갖춘 상태였다. 이들로 당, 정부, 대중조직이 필요로 하는 200여만 명의 간부를 상급 위계부터 충원했으니 하급으로 내려갈수록 당 외부의 인사가 더 많아질 수밖에 없었다. 마크 블레처, 앞의 책, 93면; Harry Harding, *Organizing China: The Problem of Bureaucracy, 1949~1976*, Stanford: Stanford University Press, 1981, 35면.

56. 가령 상공업자 단체의 변화 과정에 대한 사례분석은 다음을 참조할 것. 魏文享, 「政治經濟の變革と商人團體−1949年以後の武漢上人團體の變遷」, 『近きに在りて』 47號, 2005. 8, 74~78면.

주동맹을 비롯한 군소당파들이 유지되었지만 처음부터 공산당의 지도권을 인정하고 그에 협조하거나 감시하는 존재일 뿐 정책대결을 통해 집권하려는 의지를 가진 정당은 아니었다. 이제 중국의 국가와 사회는 당정군이 일체화된 당치체제(黨國體制라고도 함)에 의해 지배되는 구조로 편제되었다. 그것이 인민의 일상적 작업장에서는 직장별로 생활 전반을 보호·통제하는 '단위체제(單位體制)'로 구체화되어 개인의 가입·탈퇴로 성립되고 유지되던 사회단체를 대신하였다.[57]

이처럼 사회단체의 자율성이 억압된 것은 경제적으로 혼합경제(국유, 협동조합소유, 사유의 병존)가 조기에 포기되고 국유화와 집단화가 완료되어 대약진운동이 개시됨에 따라 사회·경제가 공산당의 계획과 통제하에 획일화된 결과이며, 정치적으로 연합정부가 포기되고 일당정부로 변질되어 당외 인사들이 정부와 사회단체의 지도부에서 축출된 결과이다. 이렇듯 신민주주의 단계가 조기에 종결된 원인은 여러 방면에서 찾아져야 하지만,[58] 중국이 민주주의를 제도화하지 못한 까닭을 인민의 '단체정신 결여'에서 찾는 당시인의 견해가 눈길을 끈다. 1946~1949년 중국민주사회당 부주석으로 국공 양당 사이에서 중간적 입장을 견지한 우셴즈(伍憲子)는 단체정신이 곧 민주정신이라면서 중국이 민주실현을 위해 노력한 지 40년이 지났으나 성과를 거두지 못한 까닭은 바로 단체정신이 결여된 문화전통에 있다고 단언하였다. 1946년 1월 정협 개최 시기는 일당전제를 비판해온 '민주인사'들이 광범한 민중을 조직해 뒷방패로 삼고 그 힘으로 국공 양당의 당치를 막아낼 호기였는데,

---

57. '단위'체제에 관해서는 다음을 참조. 백승욱, 「중국의 '단위'체제와 국가의 노동력 관리방식의 변화」, 서울대학교 박사학위논문, 1997.

58. 유용태, 「20세기 중국혁명의 이해: 신민주주의론을 재음미하며」, 『환호 속의 경종: 동아시아 역사인식과 역사교육의 성찰』, 휴머니스트, 2006, 92~96면.

그 직후 인민이 산만해서 그럴 수 없을 것으로 간주해 책임을 방기한 결과 당천하가 되어버렸다는 것이다.[59] 다 아는 대로 이런 견해는 청말 이래 지속된 일반산사론(一盤散沙論)의 재판이며 합군구국론의 사회심리와 각계연합의 사회관행의 한 표현이다. 각종 민의기관의 구성에서 (직업)단체선거가 선호되어온 까닭도 이런 인식과 연관되어 있다.

그런 사회심리와 사회관행 속에서 사고하는 한 민주주의 실현의 문제는 개인의 자유와 권리의 법제화보다 인민대중의 단체결성이란 면에서 접근하는 것이 오히려 자연스럽다. 우셴즈는 중국의 민주주의가 인권(人權)이 아니라 인성(人性)에서 출발하며 '인성으로 인권을 운용하는' 방식에 의해 실현될 것으로 믿었다. 그 근거는 둘이다.[60] 첫째, 고대 이래 중국은 인민을 군왕이나 사직보다 중시하는 인민본위, 인민이 군왕의 시정에 대하여 의견을 개진할 수 있는 인민공의(人民公議)와 청의(淸議)의 정치문화를 풍부히 갖고 있다. 따라서 "권력자가 물러가는 것은 민중이 그를 재앙으로 여기기 때문(在勢者去, 衆以爲殃)"이라는 『예기』의 가르침대로 정부에 대한 견제는 군중발동으로 실행하는 것이다. 둘째, 중국인이 파악하는 인성의 핵심은 인(仁)인데, 인이란 자기와 타자를 동시에 배려하는 마음과 태도이며, 따라서 그런 인성은 반드시 단체 속에서 단련되어 나온다. 따라서 그가 '인성은 곧 민주정치의 원천'이라고 말할 때 그것은 '단체정신은 곧 민주정신의 원천'이라는 말과

59. 伍憲子, 『中國民主主義』, 香港: 自由出版社, 1957, 32~34면. 우셴즈(1881~1959)는 민주동맹 회원으로 활동하다가 1945년 중국민주헌정당을 창립하고 이듬해 국가사회당과 통합하여 중국민주사회당을 만들어 정협 노선의 실현을 위해 노력하였다. 그러나 국민당이 정협 노선을 파기하고 1946년 11월 국민대회를 개최하자 참가 문제로 민주사회당이 분열되었고 그때 張東蓀 등과 함께 불참의 길을 선택하였다. 물론 그는 공산당이 주도하는 인민정협에도 참가하지 않았다.

60. 같은 책, 117~125면, 148~166면.

상통한다.

그런데 인성에 의거한 민주주의관이 개혁·개방 직전에 지식청년들 사이에서 재현되어서 흥미롭다. 사회단체의 자율성을 고갈시킨 당치 체제의 당천하(黨天下)에 대한 최초의 조직적 저항인 1976년 4·5운동(저우언라이 사망을 계기로 일어난 천안문 민주화시위) 직후 그 주도자들에 의해 출판된 잡지에서 그것을 확인할 수 있다. 1978~1979년 베이징과 각 지방에서 민주주의를 중심 주제로 다루는 소규모 잡지가 우후죽순처럼 창간되었는데, 그 대표적인 것이 『사오론단(四五論壇)』, 『탐색(探索)』, 『인권동맹(人權同盟)』 등이다. 『탐색』의 웨이징성(金生, 魏京生의 필명)에 따르면 인성은 개성과 사회성의 양대 요소로 구성된다. 이때 사람의 사회성은 개성에 의지해 존재하며 사람의 개성은 사람의 사회성에 선행하는데, 사회성의 원천인 사회도 각기 개성을 가진 상대적으로 독립된 개인들 상호 간의 공동성과 공동이익으로 조성된다. 이처럼 그가 개성의 중요성을 인정하고 이를 사회성보다 우선시한 점에서 우셴즈의 인성론과 다르다. 그럼에도 "전체주의와 민주주의의 차이는 사회성과 개성의 차이가 아니라 사회성의 두 가지 상이한 존재방식", 곧 개성억압을 기본조건으로 하는 노예적 방식과 개성융합을 기본조건으로 하는 합작적 방식의 차이에 있다고 보았다.[61] 따라서 웨이징성 역시 민주주의를 사회단체 속에서 함양되는 사회성의 발현으로 본 점에서 우셴즈의 사단민주(associational democracy)론과 본질상 다르지 않다. 이를 꼭 중국만의 특유한 현상이라고 볼 수는 없으나 20세기 중국이 추구한 민주주의의 두드러진 특징인 것만은 분명하다.

인민대표대회가 중국 최초의 보통선거를 거쳐 소집되어 헌법을 제

61. 金生, 「續第五個現代化－民主及其他」, 『探索』 1期, 1979. 1. 8, 華達 編, 『中國民辦刊物的彙編』 1卷, 香港: 觀察家出版社, 1981, 61~62면.

정하고 정식 민의기관으로 존속했음에도 민주주의의 제도화에 이르지는 못하였다. 혹자는 바로 이와 같은 사단민주의 경향에서 그 원인을 찾을지도 모르지만, 필자는 오히려 국유화와 집단화를 계기로 진행된 자율적 사회단체에 대한 당과 국가의 억압이야말로 그 가장 주된 원인임을 강조하고 싶다. 그렇다면 사회영역이 거의 국가 속으로 흡수·침투되어버린 국가사회주의 시기를 지나 개혁·개방의 신시기가 도래하여 각종 사회단체가 부활하면 직업대표와 사단민주의 기억과 유산은 급속히 회복되어 활성화될 가능성이 크다.

개혁·개방 이후 정치개혁과 직업대표제의 부활

1979년 이래 경제의 개혁·개방에 따라 이윽고 정치의 개혁·개방, 곧 민주주의 이행의 과제가 다시 제기될 것은 당연하였다. 실제로 바로 이때 정치개혁의 한 모델로서 직업대표제가 새롭게 계승·발전되어야 할 중요한 유산으로 부각되었다. 그리고 이는 지방인민대표대회의 입법 과정 참여, 홍콩의 입법국 선거에서 부분적으로 재현되었다.

1979년 경제영역의 개혁·개방이 시행되자 이내 공산당 내부에서 조심스럽게 정치개혁 논의가 일어났다. 중공중앙정책연구실 연구원 랴오가이룽(廖蓋隆)이 1980년 10월 제시한 전인대 개혁안은 그중에 주목되는 예이다. 그 요지는 다음 두 가지이다. 첫째, 대표 수가 3,000여 명이나 되어 깊이 있는 논의가 곤란하므로 그 수를 1,000명으로 줄이되 구역대표 300명의 구역원(區域院)과 직업대표 700명의 사회원(社會院)으로 이원화하여 동등한 권한을 갖고 상호 경쟁하며 견제하도록 하자는 것이다. 둘째, 이를 위해 농회를 비롯한 각종 직업단체의 결성을 허용하고 그 자율성을 보장하자는 것이다. 이를 뒷받침하기 위해 당이 각종 사회단체와 언론기관에 당단을 건립해 통제하는 관행을 청산하여 당정분리를 실행해야 한다는 요구도 포함되었다.[62] 1982년에는 이를 이어받아 민주당파의 일부가 자문기구에 불과한 인민정협을 상원으로 격상시키자고 주장하였다.[63] 인민정협의 대표구성 원리와 방식으로 보건대 이는 직업대표제 사회원을 상원으로 삼으려는 구상이라고 할 수 있다.

이렇게 구역대표와 직업대표를 명확히 구분하고 전자보다 후자를 더 중시한 것은 주목할 만한 내용이 아닐 수 없다. 각종 직업단체가 결성되어 그 자율성이 회복되면 중국식 민주주의의 상당한 진전을 실현할 수 있을 것이기 때문이다. 이때 전인대는 인민을 대표하는 최고권력기관으로서의 입법권, 정부감독권, 국가의 주요 문제에 대한 결정권을 행사해야 하는 것으로 되어 있다. 그 직후 각 기업에서 민주적으로 선출된 노동자 대표가 참여하는 직공대표대회를 건립하여 기업의 중요한 정책에 대한 심사·승인하고 경영자를 감독하는 기업의 권력기관으로 만들자는 논의가 진행된 것은 전인대 개혁구상이 '작업장 민주주의'로 구체화될 가능성을 내포하였음을 말해준다.

랴오가이룽의 전인대 개혁안은 1980년 8월 덩샤오핑의 정치개혁 연설을 보완하기 위해 제시된 것이어서 한 개인의 구상을 넘어서는 의미를 갖고 있다. 덩샤오핑이 정치국 확대회의에서 당의 권력집중을 비판하고 당과 정부의 분리, 대중의 정치참여 확대가 필요함을 역설할 때 랴오가이룽은 그 연설문 작성을 도왔다. 따라서 그의 개혁안은 덩샤오

62. 寥蓋隆, 「中共'庚申改革'方案」, 『七十年代』(홍콩) 134號, 1981. 3, 38~48면. 原題는 「歷史的經驗和我們的發展道路」로 1980년 10월 25일 발표되었다.

63. 조영남, 『중국 정치개혁과 전국인대』, 나남출판, 2000, 118면.

핑의 개혁구상을 민의기관 방면으로 확장한 것이라 할 수 있다. 그 후 정치개혁 논의는 크게 두 가지 방향으로 진전되었다. 당의 독점적 지도력을 인정하면서도 당이 당 바깥의 사회세력과 협상하여 그것을 행사하도록 하자는 점진노선과 당의 독점적 지위를 부정하고 당 외부 사회세력의 자율적 결집과 참정을 허용하자는 급진노선이 그것이다.[64] 어느 쪽이든 양자 모두 사회세력의 활성화를 전제로 하고 있다는 점이 중요하며, 그의 전인대 개혁안은 이 양자의 공통점에 의거하면서도 후자에 가깝다고 볼 수 있다.

랴오가이룽의 전인대 개혁안은 다당제의 도입을 배제하여 공산당의 집권당 지위를 인정했음에도 사회에 대한 당의 통제력이 약화될 것을 우려한 당내 보수 원로그룹의 반대에 부딪혀 더 이상 구체화되지 못했다. 그렇지만 오히려 당과 사회세력의 협상을 중시하는 점진노선의 정치개혁은 일종의 예방혁명의 차원에서 꾸준히 진전되었다. 이는 이미 개혁·개방 정책 이래 경제적 이해관계의 다원화에 따라 각종 직업단체를 비롯한 사회단체가 급증한 객관적 사실을 반영하였다. 그에 따라 국가사회주의 시기의 '단위체제'가 급속히 퇴조하였다.

당과 정부는 1989년과 1998년 사회단체 등기조례를 새로 제정하고 개정하여 새로운 상황에서 당정과 사회단체의 관계를 재정립하려고 시도하였다.[65] 그 결과 지방 인민대표대회 입법 과정에 대한 사회단체의 참여가 세 가지 형태로 이루어졌다. 첫째, 사회단체가 입법 과정을 주도하는 경우이다. 예컨대 1984~1989년 상하이시 중외합자기업 노동조합조례가 제정될 때 상하이시총공회가 조사연구와 조례의 기초를 주도하였다. 둘째, 인민대표대회 상무위원회, 정부 유관부처, 사회단체

64. 김재철, 『중국의 정치개혁』, 한울아카데미, 2002, 102~113면.

65. 같은 책, 225~241면.

가 공동으로 입법 과정을 주관하는 경우이다. 2001년 노동계약조례가 제정될 때 노동자 입장을 대변하는 총공회와 자본가 이해를 대변하는 공상업연합회가 조례의 기초와 심의에 참여하였다. 두 단체 간에 심각한 갈등이 있었지만 결국 협상을 통해 조정되었다. 셋째, 직접적인 이해관계가 없는 사회단체라 하더라도 인민대표대회의 요청이 있으면 법안 기초과정에 의견을 제출할 수 있다.[66] 경제 및 과학기술 관련 전문가나 지식인들의 단체는 이상과 같은 입법 과정에서 자신의 이해와 요구를 반영할 기회를 더 많이 가졌다. 그러나 농민은 문화대혁명 때 농민협회가 아예 해산된 이후 회복되지 않아 자신을 대변할 입법 과정에서 소외되었다.[67]

이러한 사회단체의 입법참여와 거의 동시에 이루어진 홍콩 민주화 과정에서 직업대표제가 도입된 것은 특별한 관심을 끈다. 랴오가이룽의 전인대 개혁안은 1981년 3월 홍콩의 유력잡지 『칠십년대(七十年代)』에 전재되었는데, 공교롭게도 그 직후 홍콩의 민의기관 선거에 직업대표제가 도입되었다. 원래 영국 식민통치하의 홍콩에는 정당도 의회도 선거도 없이 총독의 임명에 의해 구성되는 행정국의 자문기관으로 입법국(立法局)이 있었을 뿐이다. 1981년 11월 공산당 중앙이 '1997년 홍콩 회수'를 결정한 데 이어 1984년 9월 이를 중영연합성명(中英聯合聲明)으로 공식 발표하였다. 이에 홍콩 당국은 장차 중국의 당치제체가 파급되는 것을 미리 차단하기 위해 비식민화와 민주화 프로젝트를 적극 추진하기 시작하였다. 그것은 구의회(區議會)－시정국(市政局) 의회를 신설하고 입법국을 민선에 의거한 민의기관으로 재조직하며 행정국 위

66. 조영남, 『중국 의회정치의 발전: 지방인민대표대회의 등장, 역할, 선거』, 폴리테아, 2006, 144~152면.

67. 김재철, 앞의 책, 251면.

원도 입법국에서 선출하는 것을 골자로 한다.

이와 거의 동시에 민간사회에서도 자율적으로 민주화 방식에 대한 논의와 준비가 시작되었다. 예컨대 『칠십년대(七十年代)』는 1981년 9월부터 홍콩의 민주화 방식에 대한 르포, 민의조사, 특집을 기획하여 게재하였는데 거기에 모아진 가장 유력한 견해는 '사회적 견제세력'을 양성하여 비정당제를 추구해야 한다는 주장이다. 그에 따르면 서방국가에서도 정당이 쇠퇴하고 이익단체가 활성화되고 있으며 홍콩 같은 비정치화 된 조건에서는 직업·직능단체와 지역단체, 그리고 각종 압력단체를 비롯한 사회단체의 역할이 더 중요하다고 하였다. 그 밖에 서구의 경험을 살려서 정당제를 도입해야 한다는 견해와 양자 절충도 가능하다는 견해가 그 뒤를 따랐다.[68]

홍콩 반환에 대비한 홍콩 당국과 민간사회의 대응은 결국 각급 의회 의원을 구역대표와 직업대표로 구성하는 방향으로 귀착되었다. 먼저 비정당 모델로 민의기관 선거를 시작하고 이윽고 그 과정에서 정당들이 탄생하자 정당 모델도 병행하는 단계적 이행을 도모함으로써 결국 양자 절충론에 가까운 형태가 된 것이다. 입법국 의원 선거에서 직업대표제와 구역대표제가 병행되었다.

1985년 입법국 의원 선거의 경우 9개로 구분된 직업·직능의 계별(界別) 단체에 전체 의석의 50%(12명)가 할당되어 선거가 진행되었다. 직업대표는 계별 유권자 수와 상관없이 공히 1명씩 배정되었다.[69] 이때

---

68. 方蘇, 「香港制衡力量的今天與明天」; 劉兆佳, 「剖析香港的社會與政治」; 浦炳榮, 「政府應更容忍民衆組織及群衆運動」, 『七十年代』 159號, 1983.4.

69. 대표의 영역을 나누는 기준은 '行業'(직업)과 '사회적 기능'(직능)이다. 독립된 대표의 영역을 구성한 9개의 직업직능계는 노공계, 상계, 공계, 사회복무계, 금융계, 의학계, 교학계, 법률계, 공정·건축·측량·도시계획계 등이다. 楊森, 『香港政制改革』, 香港: 廣角鏡出版社, 1986, 82~85면.

표 8. 1985년 홍콩 입법국 의원 선거의 직업·직능별 대표

組別	의석 수 (자동당선)	유권자 수	후보자 수 (자동당선)	투표인 수	투표율
商界第一分組	1(0)	1,244	2(0)	795	63.9%
商界第二分組	1(1)	2,652	1(1)	–	–
工業界第一分組	1(1)	484	1(1)	–	–
工業界第二分組	1(0)	1,280	2(0)	578	45.2%
金融界	1(1)	132	1(1)	–	–
勞工界	2(2)	301	2(2)	–	–
社會服務界	1(0)	145	3(0)	141	97.2%
醫學界	1(0)	2,933	2(0)	2,228	76.0%
教育界	1(0)	34,182	5(0)	18,585	54.4%
法律界	1(0)	978	3(0)	845	86.4%
工程·建築·測量及都市規劃界	1(0)	2,314	3(0)	1,634	70.6%
總數	12(5)	46,645	25(5)	24,806	57.6%

출처: 雷競璇 等 編, 『香港選擧資料滙編, 1982~1994』, 香港: 中文大學香港亞太研究所, 1995, 67면.

특정 직업·직능이 독립된 대표의 영역이 될 수 있는지 여부, 그리고 의석이 계별 유권자 수에 비례하여 할당되지 않은 점을 둘러싸고 불만과 논란이 제기되기도 했다. 그 후 의원 수가 증가함에 따라 계별 영역 수를 점차 늘렸기 때문에 직업대표의 수도 증가하였다. 이후 계별 대표의 영역은 21개로, 다시 30개로 증가하여 1991년부터는 30명(전체의 50%)의 직업대표가 선출되었다.[70] 이 같은 직업·직능대표의 균등할당제는 소규모 계에 유리하고 대규모 계에 불리하지만, 후자는 구역선거에서 상대적으로 큰 영향력을 발휘할 수 있었기에 상호 보완될 수 있었

70. 周平, 『香港政治發展, 1980~2004』, 北京: 中國社會科學出版社, 2006, 243면.

다. 선거권도 처음에는 각 직업·직능별로 단체의 회원에게만 부여했으나 1995년 이 제한을 폐지해 해당 직업·직능별 종사자 모두에게 선거권을 부여하였다. 물론 그들은 각자 자신의 직업·직능별 선거인 명부에 등록하는 절차를 거쳐야 투표권을 부여받을 수 있었다. 구역선거에서도 선거인명부 등록은 마찬가지로 거쳐야 했다. 표 8의 유권자 수는 각 조별의 종사자 중에 이런 절차를 거친 사람 수이다. 이상과 같은 선거방식은 1997년 이후에도 제도화된 채 지속되었다. 결국 중국 대륙에서와 달리 홍콩에서는 모든 유권자가 구역선거와 직업선거 양쪽의 선거권을 행사할 수 있게 되었다.

이렇게 선거가 진행되는 동안 구역선거에서 당선자를 내던 사회단체들은 1990년대 초부터 정당화를 시도하였다. 홍콩민주당, 자유당, 자민련 등의 정당이 그것인데 민주세력을 대표하는 홍콩민주당은 홍콩민주동맹(민주동맹 홍콩 지부가 독립한 형태)과 1970~1980년대 홍콩민주화운동세력을 바탕으로 1990년 4월 결성되었다. 그 후 직업선거에서도 정당 배경을 가진 자가 출마하여 당선되기 시작하였다. 마카오에서도 그와 거의 동일한 정제개혁이 진행되었다.

그 사이에 중국 전인대는 1985년 4월부터 준비해온 홍콩기본법을 1990년 4월 공포했는데, 거기에는 구역선거와 직업선거의 병행도 포함되었다. 직업선거는 영국 측의 제안을 중국 측이 수용한 결과 법제화될 수 있었다.[71] 홍콩 당국은 왜 이런 방식을 채택하였을까? 정당이 없는 조건에서 갑자기 민주화를 단행하려니까 그 방법밖에 없었다고 볼

71. 다만 홍콩 반환 후 제1대 입법국 의원은 협상방식으로 결정하고 제2대부터 선거방식을 도입하기로 규정되었으나 홍콩 측은 제1대 입법국도 선거로 구성하였다. 「香港特別區立法會的産生辦法和表決程序」(1990. 4), 袁求實 編, 『香港過渡時期重要文件滙編』, 香港: 三聯書店, 1997, 51면; 「中英關于香港一九九四/九五年選擧按排會談中幾個主要問題的眞相」(1994. 2), 같은 책, 148~149면.

수도 있지만 근대 중국의 민의결집 관행을 어느 정도 반영한 결과가 아닌가 한다. 홍콩 당국은 1946년 8월 시의회를 설립하여 의원의 3분의 2를 직선의 구역대표로, 3분의 1을 직업단체 대표로 구성할 계획을 세웠다.[72] 이는 제2차 대전 직후 세계적인 민주주의 조류 속에서 중국국민당이 대륙에서 성·시·현 참의회를 구역대표 70%, 직업대표 30%로 구성하고 있었던 사정을 의식한 조치라고 볼 수 있다. 그리고 『칠십년대(七十年代)』 잡지는 랴오가이룽의 전인대 개혁안을 전재한 직후 '홍콩인에 의한 홍콩자치(港人治港)'라는 구호 아래 5·4운동 직후의 성자치운동 관련 문건을 게재하여 민주화 프로젝트의 유산으로 삼고자 했는데,[73] 그 속에는 직업대표제 민의기관 건립 구상이 포함되어 있었다.

이처럼 홍콩의 직업대표제가 중국 대륙의 역사적 경험과 상호작용 속에 도입된 것이라면 중국 당국이 영국 측의 제안을 수용한 것은 랴오가이룽의 전인대 개혁방안을 홍콩에 먼저 시범적으로 적용한 것으로 볼 수도 있다. 선거결과 민주파가 공산당의 지지를 받은 후보자들을 제치고 대승을 거두었기 때문에 중국 측이 이를 염려해야 할 정도였다.[74]

이상과 같은 직업선거에 대하여 당선자가 홍콩 전체 이익보다 자기 출신 계별 이익을 우선할 것으로 보는 부정적 견해도 제기되었다. 그러나 각 계별 대표들 간의 토론과 협상을 통해 갈등이 조정될 것으로

---

72. 이 계획은 국공내전의 격화로 인해 실행되지 않았다. 周平, 앞의 책, 28~29면.

73. 예컨대 "기초가 없는 大中國을 타파하고 (자치적 省 단위의) 수많은 中國을 건설하자"고 주장한 1920년 9~10월 毛澤東의 '湘人治湘' 관련 논설이 '청년 毛澤東이 획기적인 政論'이라는 부제 아래 전재되었다. 「毛澤東論'湘人治湘'」, 『七十年代』 169號, 1984. 2, 18~19면.

74. 何立, 「直選能否加快步伐?」, 『九十年代』 261號, 1991.10, 49면; 吳亦安, 「立法局選舉才是最後決戰」, 『九十年代』 302號, 1995. 3, 46~47면. 『七十年代』는 1984년 5월부터 『九十年代』로 제호를 바꾸었다.

보아 직업대표의 비중은 50%를 유지하였다. 이는 "유효한 민주화란 감시와 견제에 의해 정부로 하여금 어쩔 수 없이 이성적으로 사회의 각기 다른 계층과 이익집단의 수요를 균형잡도록 만드는 것이며, 발전의 방향은 흔히 각기 다른 사회역량이 상호작용한 결과이다"라는 민간사회의 믿음이 컸기 때문일 것이다.[75] 1988년 홍콩 당국이 펴낸 『백서(白書): 대의정제(代議政制)의 금후의 발전』에도 직업·직능별 선거는 "1985년 실시 이래 그 시행 과정이 양호하고 많은 사회 인사들이 이 제도의 진일보 발전에 찬성하고 있다"라고 하였다.[76] 그 후에도 이 제도가 유지된 것은 이런 긍정적 평가가 뒷받침된 결과일 것이다.

직업대표제가 중국 대륙에서는 민주주의 이행 단계에서만 견인차 역할을 수행했고 공고화 단계에서는 그 지위와 역할을 상실하고 말았다고 말할 수 있지만, 홍콩의 사례는 그것이 공고화 단계에서도 중요한 구실을 담당할 수 있음을 보여준다. 이는 장기간 국민당 일당제 아래 있던 타이완의 민주화에도 모종의 영향을 미친 것으로 보인다. 정당결성 금지조치가 해제되지 않은 조건에서 1986년 민주진보당이 결성되어 이듬해 합법화되었고 1989년 12월부터 다당경쟁이 허용된 입법위원 및 지방선거(단체장, 의회)에 참여할 수 있었다. 1990년 6월 국시회의(國是會議)를 거쳐 새로운 헌법과 국민대회 대표선거법이 제정되어 다당경쟁은 전국 민의기관 선거에서도 전면적으로 실현되었다. 그런데 이 국시회의가 국민회의와 극히 유사한 각계대표로 구성되어 각계민의를 결집한 점이 눈에 띈다.[77] 그 후 타이완에서는 홍콩처럼 직업대표

---

75. 方蘇, 「民主-唯一的出路」, 『七十年代』 171號, 1984. 4, 27~28면.

76. 葉天生 編, 『香港選擧資料滙編』, 香港: 中文大學香港亞太研究所, 2001, 122~123면.

77. 국시회의 대표는 먼저 각 당·각계대표 25명으로 준비위원회(실업계, 학계, 야당, 무당파 등 비국민당 계통의 각계대표가 절반을 차지)가 구성된 다음 준비위가

제가 다당제와 함께 병행되지 않았기에, 국민회의식 국시회의가 일회성 민의기관으로 그쳤지만 일당제를 다당제로 전환하는 민주화 과정에서 담당한 역할은 적지 않다.

한편 민주화된 홍콩이 중국에 반환된 이듬해에 중국민주당 결성 시도가 나타났다가 좌절한 것은 의미심장하다. 중국민주당 준비위원회는 1998년 6월부터 1999년 4월까지 티베트를 제외한 모든 성·시와 자치구(24개)에 당 지부를 설립하고 정부 당국에 등록을 신청했으나 주도자 30여 명이 구속되었다.[78] 이는 일당제하에서 곧바로 평화적 수단에 의해 다당제를 실현하기가 어려움을 보여준다.

150명의 대표를 인선·초빙하여 구성되었다. 참석자 130명의 분포는 국민당 원로 34명, 국민당 자유파 15명, 지식인·학자 22명, 민진당 13명, 정치범 등 12명, 언론계 7명, 무당파 엘리트 5명, 기업인 4명, 기타 등이다. 국민당 대표들은 총통과 성장의 직선 요구를 우여곡절 끝에 수용하여 합의하였다. 농민·노동자 대표가 빠진 것은 오랜 계엄하에서 단체역량이 억압되어 미약했음을 반영한다. Linda Chao & Ramon H. Myers, *The First Chinese Democracy: Political Life in the Republic of China on Taiwan*, Baltimore: The Johns Hopkins University Press, 1998, 196~215면.

78. 그들의 목표는 평화적 수단으로 다당제와 사유경제를 실현하는 것이다. 따라서 중국공산당을 사민당이나 노동당 같은 의회정당으로 개편하고 일당제의 기반인 국유제를 폐지하여 공유(대기업)와 사유(중소기업)로 전환할 것을 요구하였다. "The New Century Declaration of China Democratic Party"(Jan. 1, 2000), *China Affairs* Vol. 1~1, Spring 2000, 12~21면.

결론 | 직업단체, 정당 그리고 대의활동

이상에서 필자는 20세기 내내 바람직한 민의기관을 향한 중국인의 모색과 열망을 직업대표제를 중심으로 검토하였다. 이는 결국 '누가 어떤 방법으로 국민/인민을 대표할 것인가'라는 대의정치의 근본 문제와 직결되어 있다. '각계연합'에 의거한 직업대표제의 지속과 변화를 규명하기 위해 '네 쌍의 상호관계'(국가와 사회, 정당과 사회단체, 민족주의와 민주주의, 국제조건과 국내조건)가 주목되었으니 이를 중심으로 그 요지를 간추린 다음 그것이 갖는 의미를 간략히 제시하고자 한다.

네 쌍의 분석 틀 중에서도 대의활동의 주체로 기대된 직업단체와 정당의 상호관계가 특히 중요하다. 이를 염두에 두고 보면 근대 중국의 민의기관 모색 과정은 1923년을 전후로 크게 두 시기로 나눠진다. 제1기에는 1907~1910년 직업단체를 바탕으로 탄생한 각계연합이 각계민의를 결집하여 다당제 의회정치를 모델로 하는 국회개설운동을 전개했으나 민국 초 정당 중심의 의회정치가 단기간에 실패함에 따라 아예 직업단체가 스스로 대표를 뽑아 새로운 민의기관을 건립하려는 정치 구상을 명확히 제기하였다. 이로써 다당제 모델을 추구하는 의회정치 세력과 직업대표제 모델을 추구하는 각계연합 세력의 경쟁구도가 형성되었다. 제2기에는 국민당과 공산당으로 대표되는 혁명정당 세력이 대두하여 레닌식 일당제를 채택하고 의회정치 모델을 부인하자 제1기의 양자경쟁은 삼자경쟁으로 바뀌었다. 이때 반군벌·반제국주의의 공동목표를 위해 삼자는 서로 타협하여 연대하기도 했다. 따라서 제1기의 각계연합은 직업단체를 비롯한 각종 사회단체의 연합이었으나 제2기의 그것은 공동의 목표를 향해 연대하는 의회정당 세력과 혁명정당 세력까지 포함하는 광의의 연합으로 확대되었다.

제1기와 마찬가지로 제2기에도 각계연합은 민의기관 건립을 요구하는 가장 지속적이고 유효한 주체였으며, 필요에 따라 일시적 대중집회, 지속적 연합체, 사안별 대표회의의 3종 형태를 취하면서 각계민의를 결집하였다. 따라서 이 과정에서 자발적으로 소집된 대표회의의 대표는 각지 대표가 아니라 각계대표였으며 그들은 반드시 직업계의 계별로 안배되었다. 이것은 사회관행으로 정착되어 민국시기 내내 지속되었으며, 구역대표제보다 직업대표제를 선호하게 만든 주된 사회·정치적 기초가 되었다. 각종 사회단체 중에서도 비직업단체는 배제되고 직업단체만 대표권을 행사할 수 있다고 여겨졌는데, 이는 민국 초 전래된 무정부 공단주의의 동업공회자치론과 길드사회주의의 직업대표제론에 의해 이론적, 체계적으로 정당화되었다. 그리하여 각계연합세력은 1920년부터 직업대표제에 의거한 국민회의라야 비로소 진정한 민의기관이 될 수 있다고 주창하고 베이징정부와 국민정부에게 이를 소집하라면서 촉성운동을 전개하였다. 그와 동시에 각계연합세력은 전국각계연합회를 결성하여 민의기관을 자처함으로써 진정한 민의기관의 제도화를 촉구하는 압력을 가하였다. 이는 사회영역의 자발적 단체들이 국가영역의 민의기관을 형성하려는 운동인데, 이 운동의 핵심주체는 바로 국가가 공인한 법정 직업단체였다. 여기서 민의기관이 부재한 국가와 사회 사이의 상호작용이 잘 드러난다.

사회단체들이 국가의 보호와 통제 속에서도 민의기관설립운동을 전개할 수 있었다는 사실은 국가와 사회의 이분법을 넘어서야 비로소 이해될 수 있다. 일당제를 추구하는 혁명정당과 다원주의를 추구하는 직업단체가 서로 타협하고 연대할 수 있다는 사실에 대해서도 마찬가지이다. 민족주의와 민주주의의 상호작용이 이런 모순된 관계의 이해를 돕는 중요한 기제이다.

의회정당, 혁명정당과 직업단체의 타협과 연대를 지속시킨 바탕은 결사구국론이다. 이는 사농공상 각계인민의 전국적 단체를 결성하고 그 위에서 결집된 각계민의에 의거해 정부를 감독해야 구국을 앞당길 수 있다는 민주구국론으로 이어졌다. 최초의 각계연합이 1907~1910년 이권회수운동과 국회청원운동 속에서 탄생한 것은 바로 민족주의와 민주주의 상호작용을 보여주는 증거이다. 구국은 곧 건국으로 마무리될 수밖에 없었으니 민주구국론은 이윽고 민주건국론으로 발전하였다. 바로 이 민주구국론·민주건국론의 실천을 둘러싸고 정당과 직업단체는 기본적으로 서로 경쟁했으나 그 속에서도 타협과 연대가 이루어졌다. 가령 국민당 일당체제에 대항하기 위해 각계단체는 공산당 및 기타 민주당파와는 물론 국민당 민주파와도 연대하였고 1944~1949년 연합정부 구성을 촉진하기 위해서도 그러하였다. 그에 앞서 군벌지배체제를 타파하기 위해서도 그러하였다.

이들 간의 타협과 연대는 국제조건과 국내조건의 상호작용에 의해 시도 촉진되었다. 20세기 중국의 민의기관 모색 과정에서 직업단체의 사회·정치적 자율성과 발언권이 가장 활성화된 두 개의 꼭짓점은 제1차 대전 직후와 제2차 대전 직후이다. 두 시기 모두 중국은 남북으로 분열되어 정치·군사적으로 대치하면서 국지적 내전을 벌이고 있었다.

전자는 북방 군벌세력과 남방 혁명세력 간에, 후자는 북방의 공산당과 남방의 국민당 간의 대립이라는 차이가 있을 뿐이다. 그런데 두 차례 모두 대전의 종결은 곧 민주주의의 승리라는 인식에 따라 세계적으로 풍미한 민주주의 사조가 군사력에 의존하는 독재세력을 비판하고 그에 대항하는 민주운동세력에게 명분상·실제상의 힘을 실어주었다. 두 차례 모두 미국이 대립하는 양측 사이에서 중재자로서 평화적 수단으로 통일정부 수립을 위해 노력하도록 도움을 주었다. 그때마다 중국 주재 미국 공사/대사가 미 대통령을 대신하여 중개자 역할을 담당하였다. 1918~1919년 남북화평회담에서는 레인쉬 공사가, 1944~1946년 국공담판과 정치협상회의에서는 고스(C. E. Gauss)와 헐리(P. J. Hurley) 대사, 그리고 마셜 특사가 그런 역할을 수행하였다.

두 차례 모두 미국은 일종의 연합정부 수립을 종용하여 남북 간 내전을 회피하는 방향을 제시하였다. 물론 그것이 미국의 국익에 도움이 된다고 판단한 결과이지만, 1918~1919년 남북화평회담을 중재했던 레인쉬가 이듬해 직업대표제의 국민회의 소집론을 처음으로 제창하여 각계연합세력에게 그동안의 경험적 사실, 곧 각계연합 방식의 각계민의 형성을 이론적 체계적으로 정당화하는 데 큰 도움을 준 것은 주목할 만하다. 1944~1946년에도 국민회의 방식의 정치협상회의를 거쳐 연합정부를 수립하는 것이 바람직하다는 미국 측의 입장이 견지되었다. 이는 어디까지나 외인이지만 이 외인이 중국 내부의 각계연합 세력과 민주화운동 세력에게 명분과 힘을 더해준 것은 분명하다. 이와 상반되게 대공황 직후 나타난 전체주의화 조류와 1947년 이후 미국과 소련의 대립이 격화됨에 따라 나타난 냉전은 일당독재를 정착시키는 국제조건으로 작용하였다.

이렇게 서로 뒤섞인 '네 쌍의 상호작용' 속에서도 20세기 중국인이 가장 중시한 제1의 목표이자 가치는 주권을 회복하여 독립·통일의 국가를 수립하는 것이었다. 결사구국의 민족주의는 그 원동력으로 작용하였다. 그것은 앞서 본 대로 민주구국의 데모크라시와 상호작용하였고 이 양자 사이에 사단민주주의론이 자리를 잡아 지속되었다.

개인이 아닌 사회단체를 구국의 주체로 간주했으므로 민의기관의 구성주체도 사단이라야 한다는 사단민주주의론이 강렬하게 지속되었다. 따라서 민의기관의 구성방식을 둘러싼 논의와 실천 과정에서 두드러지게 선호된 것은 직업단체 중심의 비정당 모델, 곧 사단 모델이었다. 물론 의회정당 모델을 추구하는 세력들도 있었지만 '군자군이불당(君子群而不黨)'이라는 전통적 붕당관에 의거해 의회정당을 불신하는 풍조가 강렬하고 반제·반군벌의 무장투쟁이 긴요한 소건에서 레닌식 혁명정당제가 득세함에 따라 힘을 얻지 못하였다. 심지어 다당제를 추구하던 군소정당들(청년당, 국가사회당, 제3당)도 당의 강령이나 건국구상에 직업대표제를 명시하여 정당 중심의 의회제와 직업대표제를 조화시키려고 하였다. 이 삼자는 기본적으로 경쟁관계에 있었지만 상황에 따라 서로 타협하고 양보하여 연대하기도 하였다. 군대를 거느린 국공 양당도 자신의 지도적 지위를 유지하는 선에서 대중기반을 넓히기 위해 이들과 타협하지 않을 수 없었다.

국민당과 공산당은 레닌식 정당제를 채택한 때문에 그 아래서 설립되는 민의기관은 실질적 최고권력기관으로 기능할 수 없다. 그리고 집정당을 제외한 재야 정당은 민의기관 선거를 통해 정권을 다투고 정권교체를 이룩해낼 수 없다. 그들은 단지 지도권을 가진 초월적 지위의 일당이 할당해주는 의석을 받아 일당제를 보완하는 기능을 담당하는데 그쳤다. 군소정당이 그 정도의 의정 파트너 대우라도 받을 수 있도록 제도화된 것은 국민당 훈정의 후기인 1938년 이후부터이다. 국민당에 의해 주도된 국민참정회와 정치협상회의, 공산당에 의해 주도된 인민정협, 각계인민대표회의와 인민대표대회의 구성에서 군소정당의 위치가 모두 그러하였다. 이들 민의기관에서 직업단체는 군소정당보다 훨씬 더 많은 의석을 할당받았다.

이들 민의기관은 물론이고 그보다 앞선 난징국민회의와 공산당 근거지의 소비에트까지 포함하여 각종 민의기관의 대표들은 각기 다른 방법으로 선정되었지만 두 가지 공통점을 갖고 있다. 첫째, 대표는 대의활동을 생계수단으로 삼는 직업적 정치인이 아니다. 대표직을 직업으로 삼아 밥벌이 수단으로 삼는 데서 국회의 부패와 실패가 초래된 것으로 여겨졌기에 직업도 없이 정당을 배경으로 활동하는 정치인은 흔히 '정객'으로 폄하, 모멸되었다. 이런 경향은 민주주의의 제도화 가능성에 대한 기대가 가장 고조되었던 제2차 대전 직후에도 여전하였다.[1] 이로 인해 정당제 자체에 대한 반감은 더욱 증폭되었다. 반면 가족의 생계를 뒷받침할 자신의 직업을 가진 자가 직업대표로 민의기관에 진출하면 그 직무를 수행하는 대가로 반대급부를 받을 필요가 없고 권세가에게 매수되거나 휘둘리지 않고 진정한 민의를 대변할 수 있다고 믿어졌다. 둘째, 대표를 각계나 각 계급별로 분배하는 대표할당제가 지속되었다. 원래 구역대표의 보통선거는 의석을 인구비례에 따라 구역단위로 배분하고 직업대표제에서는 각 직업의 사회적 역할과 해당 단체의 회원 수(혹은 직업 종사자 수)에 따라 배분한다. 그러나 1953년 구역대표의 보선으로 전환한 이후에도 구역 단위로 분배된 의석 수를 다시

1. 다당제를 추구한 사람조차 그러하였으니 中央大學 교수 吳世昌이 그런 예이다. 그는 직업이 없는 당원이 정당을 직업으로 삼아 생계를 유지하며 관직까지 노리는 '정당의 직업화' 현상을 중국의 국가 빈궁의 일대 원인으로 간주하여 비판하고, 이를 시정하려면 국고로 당비를 지급하는 黨國一體化 구조를 타파하는 것이 급선무라고 지적하였다. 吳世昌, 「論黨的職業化」, 『觀察』 1947. 3. 8, 10~11면.

각 계급별로 할당한 것은 따로 주목되어야 한다. 각 계(급)별 집단 혹은 단체의 대표라야 진정한 민의를 대표할 수 있다는 믿음이 실천된 것이다. 이로써 일정 구역 내에 거주하는 유권자 개인의 정치적 판단과 선택을 중시하는 개인주의, 자유주의 원리에 의거한 구역대표제 원리는 상당 정도 달라졌다.

이상 두 가지 특징은 국공 양당, 구역대표와 직업대표를 막론하고 관통하는 근대 중국의 특이한 현상이다. 그것은 언뜻 보기에 레닌식 당치제가 도입됨에 따라 나타난 결과로 간주될 수 있다. 그러나 이는 그 이전인 청말에서 민국 초 이래 광범한 사회심리로 정착된 결사구국론과 민의결집의 사회관행으로 자리잡은 각계연합과 각계대표의 연장선에서 이해될 필요가 있다. 그때 각계단체들은 각계연합으로 각계민의를 결집하여 민의기관건립운동을 전개하는 한편, 스스로 선출한 대표로 각계대표회의를 개최하여 민의기관을 자처하였다. 무직업자를 배제하고 직업단체에게만 대표권을 인정하여 각계별로 대표를 할당하는 관행도 거기서 이미 나타났다. 이 관행은 5·4운동기에 수용된 직업대표제론으로 체계화되었으며 진정한 민의를 대표하는 '새로운 민주주의'로 받아들여졌다. 그리고 직업을 가진 자가 겸업·부업으로 민의기관 대표직을 수행하며 직업계별로 대표를 할당하는 것은 공교롭게도 레닌식 당치제의 수용에 따라 더욱 강고하게 정착되었다. 위에 언급된 모든 민의기관의 대표는 사실상 이런 의미의 각계대표로 구성되었으며, 1949~1953년의 '각계(인민)대표회의'야말로 이런 구조와 관행을 명실상부하게 드러내준 예이다.

각계연합과 각계대표의 관행 위에서 빚진된 직업대표제는 근대 중국 정치사에서 볼 때 민주주의 이행 단계의 견인차 역할을 담당하였다. 그런데 1949년 연합정부의 수립 이후 이윽고 민주주의의 공고화 단계로 넘어갈 상황에서 오히려 역행하여 일당정부로 변질되는 상황에서도 각계연합과 각계대표로 상징되는 직업단체들은 사회적 견제 세력으로서의 구실을 담당하지 못하고 힘없이 무너지고 말았다. 직업을 가진 자들의 각계대표와 대표할당제가 당치제를 보완하는 구실밖에 하지 못한 것이다.

여기에는 직업단체 내부의 원인과 국가영역 차원의 원인이 작용하였다. 내부의 원인으로는 우선 직업단체의 역량이 미약하고 그 안에 대표권 분배를 둘러싼 갈등이 있어서 종횡으로 단결하기 어렵게 만드는 약점을 초래했다는 점을 들 수 있다. 1930~1940년대 국민정부에 등록된 전국 직업단체의 회원 수는 500~800여만 명으로 5억 인구의 1.5% 내외였다. 여기에 공산당 지배구역의 직업단체를 더해도 그 수가 크게 늘어나지는 않을 것이다. 나아가 이들 직업단체는 국가와의 관계에서 볼 때 일상생활·생산활동과 직결되어 있기 때문에 당치체제를 상대로 한 비일상적 정치투쟁에 역량을 집중하기가 곤란했다. 특히 최대의 직업단체였던 농회의 자율성은 극히 작아서 변호사, 의사, 교수, 문예 방면 등의 전문직 단체의 그것에 훨씬 못 미쳤다. 하나의 이념을 바탕으로 전국적 조직망을 갖춘 정당이 '군대의 국가화' 여론을 무시하고 군사력을 독점하고 있었으니 더욱 그러했다. 직업단체의 역량이 이처럼 미약했음에도 직업대표제가 강렬하게 선호된 까닭에 유의한다면, 직업단체가 활성화된 오늘날의 조건에서 그 의미를 적극적으로 해석할 필요는 더욱 커진다.

서구에서든 중국에서든 근대 국민국가를 이룩했다면 사회단체와 국가는 대립투쟁의 관계가 아니라 협력하고 보호하면서 상생하는 관계이다. 그래서 사회의 민주화만큼 긴요한 것이 국가의 민주화인데, 국가권력이 사회로부터의 민주화 압력을 수용하지 않으면 안 되는 데에는 국내외적 조건이 필요하다. 안으로는 다양한 사회단체가 자율적으로 활동할 수 있는 산업화된 경제가 발달해야 하고 밖으로는 국가와 민족의 위기를 조장하는 외압, 전쟁과 냉전이 사라져야 한다. 1980년대 이래 홍콩의 민주화 과정에서 직업단체와 직업대표제가 담당한 구실은 민주주의 이행에 있어서뿐만 아니라 그 공고화 단계에서도 의미 있는 행위자가 될 수 있음을 보여준다. 홍콩의 민주화는 직업단체가 민의기관 구성의 주체로 나서 선거경험을 통해 점차 정당을 만들어냄으로써 직업대표제와 다당제가 공존하는 가운데 민의를 대표하는 이중의 트랙을 정착시키는 데 성공한 사례라 할 수 있다. 이러한 이중의 트랙은 탈식민과 탈냉전의 도래에 발맞춰 중·영 양국의 국가에 의해 법제로서 허용되었기에 실행될 수 있었다. 그러므로 그 성취는 국가, 사회단체, 시민생활의 삼자가 상호 작용한 결과라 할 수 있다.

이로써 필자는 직업대표제 연구를 통해 사회단체가 국가권력의 보호를 받으면서도 사회와 국가의 민주화를 견인하고 제도화하는 과정에서 담당한 저력을 부각시켰다. 이는 언뜻 보기에 상회의 자율적 정치활동, 상공업자 단독의 정치적 주도권을 강조하는 최근의 상회 연구와 흡사하게 보일지 모른다. 그러나 필자는 그와 달리 상회를 여러 직업단체의 중의 하나로 보고 각 직업계별 대표들 간의 상호 경쟁과 견제와 타협으로 균형잡는 데 관심을 집중하여 상회의 정치적 주도권을 상대화하는 제도적 장치를 강조하였다. 이른바 부르주아 독재로 일컬어진 상공업자의 정치적 주도권을 타파하기 위해 노동자의 이름으로 추구된 프롤레타리아 독재가 실패로 끝난 지금, 상회의 주도권을 지나치게 강조하는 것은 부르주아 독재로의 회귀를 정당화하는 논리로 이어질 수 있다. 노동자와 농민이 인구의 다수를 차지한다 하더라도 그들의 직능만으로 사회를 유지할 수 없듯이 상공업자가 사회적 부의 대부분을 소유하고 있다 하더라도 그들의 직능만으로 사회를 유지할 수 없다.

원래 직업대표제는 산업화된 사회에서 실행될 수 있다는 것이 일반적인 견해이지만, 5·4운동기 중국에 처음 수용될 때 그 지지자들은 전혀 다른 판단을 하고 있었다. 자본가 세력이 큰 나라에서는 직업대표제에 대한 그들의 저항이 클 것으로 예상되지만 아직 중국은 그렇지 않기 때문에 별 장애가 없을 것이라는 량치차오의 판단이 그런 예이다.[2] 이는 직업대표제가 상공업자의 정치적 주도권과 충돌하는 원리를 내장하고 있음을 간파한 점에서 정곡을 찌른 통찰이다. 구역대표제의 보통선거는 자본주의 사회의 다당제에서 구역 안의 특정 유력자(흔히 상공업자, 지주)의 정치적 주도권을 보장하였고 일당제하의 국가사회주의에서는 이른바 프롤레타리아 독재를 정당화하였다. 그에 비해 직업대표제는 다원적 사회관에 의거해 부르주아와 프롤레타리아 양쪽 이해를 각기 대표하며 나아가 그 밖의 사회적으로 의미를 가진 각종 직업계의 이해를 대표할 수 있게 하는 구조를 갖추었다는 점에서 정당 중심의 구역대표제보다 민주주의 원리에 더 충실하다. 5·4운동기의 중국 지식인들이 그것을 '신민주주의'로 여겨 받아들인 이유도 여기에 있다. 다만 중국에서는 그것이 일당제하에서 시도되었기에 본래의 정치적 효과를 거두지 못했을 뿐이다.

이상의 연구는 정당 중심의 의회제와 국공 양당의 레닌식 일당제를 대비시키는 기존 학계의 연구 패러다임을 성찰하고 부분적으로 수정 보완하는 기초를 제공할 수 있을 것이다. 민주주의를 향한 20세기 중

2. 「歐遊中之一般觀察及一般感想」下編, 『梁啓超全集』5冊, 지역: 北京出版社, 1999, 2983~2985면. 한편 베르제르도 쑨원의 국민회의 소집론을 직업대표제에 의거한 회의기구라 보고, 이는 중국처럼 산업화되지 않은 조건에 더 잘 부합한다고 주장하였다. Marie Claire Berger, trans. by Janet Lloid, *Sun Yat-Sen*, Stanford: Stanford University Press, 1998, 399~400면.

국의 정치사를 기존의 양자대립 구도와 달리 거기에 직업단체의 직업대표제 모델을 포함시켜 삼자 간의 경쟁과 협상 과정으로 고쳐 이해해야 비로소 중국 사회의 실제 현실에 부합하는 정치사를 재구성할 수 있다. 그리고 이에 대한 학술적 관심은 정치사를 곧 정당 중심의 권력정치사로 좁혀 파악해온 기존의 접근법에서 탈피하여 정치사와 사회사를 결합시킴으로써 사회 하층의 노농대중까지 포괄하는 사단 중심의 사회정치사로 나아가게 도울 것이다.

토론과 협상, 그리고 선거라는 평화적 수단으로 혁명적인 가치목표를 실현하려면 민주주의의 본질에 대한 성찰과 지속적인 제도혁신이 불가결하게 요청된다. 그런 점에서 이 연구는 현재의 중국과 동아시아 각국의 민주주의 진전을 위해서도 모종의 현실적 의미를 가질 수 있지 않을까 한다. 가장 중요하게 꼽고 싶은 것은 직업대표제가 정당정치의 폐해를 성찰하면서 일상생활과 직결된 '작업장 민주주의(workplace democracy)'를 촉진하고 각 직업단체 내부 민주주의의 중요성을 환기하는 작용을 담당할 수 있다는 점이다. 바로 거기에 민주적 의사결정의 구조가 수립될 때 비로소 직장의 수장권력에 대한 감시와 견제를 일상화하는 민주주의의 사회적 기초가 확립될 수 있다.

정당 중심의 구역대표제에 대한 성찰과 제도혁신도 그 위에서 이루어져야 내실을 기할 수 있다. 다만 정당 중심의 구역대표제에 대한 실망감이 극에 달했던 제1차 대전 직후처럼 직업대표제로 전자를 완전히 대신하기보다는 양자를 병행함으로써 각각의 장점을 취하고 단점을 최소화하는 지혜가 필요하다. 구역대표제는 국가의 영역지배를 관철하여 권력집중을 강화하는 데 비해 직업대표제는 다원적 국가관에 따라 권력분점을 추구한다. 보통선거가 실행되는 조건에서 정당 중심의 구역대표제는 구역 내의 모든 성인에게 참정기회를 부여하되 실제로는 소수 상층 유력자의 이해를 대변한다. 더구나 이는 선거경쟁에서 근소한 표차로 승리한 정당에게 정권을 전리품처럼 독식하도록 내맡기는 불합리를 주기적으로 반복한다. 이에 비해 직업대표제는 상하 각계의 대표를 민의기관에 직접 보내 각계의 이해를 두루 대변하되 무직업자의 참정기회를 박탈한다. 이 대비는 어느 경우에도 자신의 대표를 민의기관에 보낼 수 없는 사회적 약자와 정치적 소외자가 존재한다는 대의제의 태생적 한계를 보여준다. 이를 직시한다면 구역대표제를 당연시하는 현재의 대의제를 혁신하여 직업대표제를 일당에로의 권력집중을 상대화하는 제도적 장치로 삼고, 동시에 구역대표제를 병행함으로써 직업 없는 청장년과 은퇴자의 정치적 소외를 줄이는 지혜가 필요하다. 이것이 직업대표제와 다당제의 동시 병행이라는 두 트랙의 제도 창신에 기대를 거는 이유이다.

중국의 경우 1980년대 이후 개혁·개방정책으로 국유, 협동조합소유, 사유경제가 병존 발전하는 혼합경제가 회복되었으니, 그에 상응하는 신민주주의 정치제도인 연합정부도 회복될 가능성이 있다. 이미 촌 수준의 기초자치단체의 집행기관과 대의기관 선거에 자유경선의 주민직선이 도입되었고, 인민대표대회 대표 선거에서도 주민 직선이 향진 수준을 넘어 현급 수준까지 확대되었다. 이런 조심스런 정치개혁을 바탕으로 중국의 어느 학자는 최근 조속히 연합정부를 회복해야 한다는 주장을 공공연히 제기하였다.[3] 장차 회복될 연합정부든 인민대표대회든 그것을 위한 선거에서 근대 중국의 역사적 정치유산으로 축적된 직업대표제의 원리와 정신을 활용하는 지혜가 필요하다. 그러기 위해서는 홍콩의 사례에서 보듯이 다당제 역시 회복되어야 한다. 1998~1999년 중

---

3. 中國人民大學 교수 高放과 전 中共中央黨校 교수 王貴秀가 그 대표적인 예이다. 조영남, 『후진타오 시대의 중국정치』, 나남출판, 2006, 71~76면.

국민주당 결성 시도는 중국 사회 내부의 그런 열망을 보여 준다.

두 트랙의 제도창신은 중국 이외의 동아시아 각국에서도 적극적으로 모색될 만하다. 최근 한국, 일본, 타이완에서 구역대표제의 다당제 의회정치는 평화적 정권교체를 이룩했음에도 불구하고 여전히 민의를 충분히 대변하지 못한다는 비판에 직면하고 있다. 특히 그 정당들은, 개별화된 구역 유권자 위에 군림하면서 국가 차원의 자원배분과 의사결정에서 막강한 영향력을 행사하는 거대 기업조직을 견제하기는커녕 갈수록 소수 유력 상공업자의 이해를 대변하고 있다.[4] 직업대표제는 작업장 민주주의를 촉진하고 기업조직의 정치적 주도권을 상대화하는 장치가 될 수 있다. 성숙한 시민사회는 특정 집단의 정치적 주도권을 상대화하는 다원주의 원리 속에서만 성립될 수 있다. 정당정치의 진화를 위한 노력과 함께 사단정치의 일환인 직업대표제의 탄력적 적용이 필요한 까닭이 여기에 있다.

4 '기업사회'가 도래한 지금, 이제는 기업 자체를 더 이상 사적 영역이 아니라 '새로운 공적 영역'으로 간주하여 '작업장 민주주의'를 발전시켜야 한다는 견해가 있다. 이에 관해서는 다음을 참조할 것. Stanley A. Deetz, *Democracy in an Age of Corporate Colonization: Developments in Communication and the Politics of Everyday Life*, New York: State University of New York Press, 1992.

참고문헌

1. 1차 사료

1) 신문·잡지

『建設』
『經濟週報』
『共進』
『觀察』
『廣東省教育會雜誌』
『教育雜誌』
『九十年代』(香港)
『國聞週報』
『國聞週報』
『努力週報』
『農運工作報告專刊』
『大公報』(長沙, 天津)
『大衆生活』
『獨立評論』
『東方雜誌』
『東方雜誌』
『東洋』
『每週評論』
『文萃』
『民國報』
『民國日報』(廣州, 上海, 武漢)
『民聲』
『民議』
『民主』
『商聯月刊』(江蘇省商會聯合會)
『商業月報』
『先驅』
『星期評論』
『時報』
『時事新報』
『新民報』
『申報』
『新月』
『新中國日報』
『新青年』
『新華日報』
『豫備立憲公會報』
『人民日報』
『浙江日報』
『政府公報』
『中央黨務月刊』
『中央日報』
『七十年代』(香港)
『太平洋』
『解放與改造』
『嚮導』
『湖南教育雜誌』
『湖南民報』
『華商報』(香港)
『華商聯合報』

2) 당안자료

「1946年以來上海地方自治情況報告」(1947.12), 上海市檔案館 Q119-2-5.

「各省市民衆團體對於地方政府違例遴選請予糾正案」(1939.4). 中國國民黨黨史會檔案, 國防003/49.

「各省市民衆團體請增加參議員名額案」(1939.4). 中國國民黨黨史會檔案, 國防003/48/0113.

「各省市民衆團體推擧候補參議員案」. 中國國民黨黨史會檔案, 國防003/50.

「江蘇常熟縣商會致五大電」(1935. 11). 國民黨黨史會檔案 類號 5.1/8.10.

「江蘇省江寧自治實驗縣指呈五區各鄉農會章程會職員名册及指導員總報告」(1935. 10~1937. 3). 中國第二歷史檔案館, 全宗號 722/4, 案卷號 744.

「廣東省曲江等二十八縣農會組織總報告」(1941. 1). 中國第二歷史檔案館 全宗號 11, 案卷號 1907.

『國難會議記錄』. 中國國民黨黨史委員會 庫藏史料 類號 5/475.

「國民救國會議江蘇促成會武進分會上南京國民政府代電」(1932. 1. 15). 國史館國民政府檔案 檔號 0111. 20/6040.01~02 微捲號 302/0541~0544.

國民救國會議促成會無錫分會.「國民救國會議組織綱要案」(1932. 1. 15). 國史館國民政府檔 案 檔號 0120.71/6077.07, 微捲號 177/0086~0096.

「國民大會職業團體代表選擧案」(1936. 6~1936. 10). 國史館國民政府檔案, 檔號/案卷號 0111.42/6077-2.

國史館 08A-01422 蔣中正總統文物(特交檔案) 08A-282 檔號 080104 第015卷.

國史館 國民政府檔案, 微捲號 131/2392~2406.

國史館 國民政府檔案, 微捲號 131/2434~2441.

「東南五省民衆抗日救國委員會呈四屆一中全會」(1931. 12). 中國國民黨黨史會 檔案 類號 4.2/9.75.

「銅山縣農會等上四屆一中全會代電」(1931. 12. 30). 中國國民黨黨史會 檔案 類號 4.2/9.156.

「本府關于紳士會議簡報及名單」(1950. 2). 浦江縣檔案館, 全宗 11 目錄 2 案卷 2.

「士紳會議簡報」(1950. 2. 21). 浦江縣檔案館, 全宗 11 目錄 2 案卷 2.

「士紳會議報告提綱」(1950. 2. 22). 浦江縣檔案館, 全宗 11 目錄 2 案卷 2.

「湘潭縣農會致五大電」(1935. 11). 國民黨黨史會檔案 類號 5.1/10-2.4.

「上海各路商界總聯合會上四屆一中全會電」(1932. 1). 中國國民黨黨史會檔案, 全宗號 110, 類 號 4.2/9.140.
孫科·吳朝樞 等 6人.「國民代表會大綱案」. 中國國民黨黨史會 檔案 類號 4.1/31.21-18.
「楊庶堪等提縮短訓政速行憲政案」(1931. 12). 中國國民黨黨史會 檔案 類號 4.2/3.9.
王懋功·顧孟餘 等 14人. 「訓政時期應設立民意代表機關案」. 中國國民黨黨史會 檔案 類號 4.2/3.21-38.
王法謹·陳公博 等 15人. 「迅速召集國民救國會議案」. 中國國民黨黨史會 檔案 類號 4.1/3.21-30.
「外交協會會議開催」(1930. 1). 日本外務省外交史料館, A612003.
「遼寧省國民外交協會擴大會議ニ關スル件」(1931. 1). 日本外務省外交史料館, A6117.
「李烈均等十一委員提 "切實保障人民自由", "人民得自由組織團體", "縮短訓政時期入憲政時期", "實行自治發展地方"案」(1931. 12). 中國國民黨黨史會 檔案 類號 4.2/3.8.
「浙江省孝豊等二十九縣農運糾紛調查表」(1935. 11). 中國第二歷史檔案館, 全宗號 722(4), 案卷號 778.
趙丕廉·傅汝霖.「立法委員及監察委員須劃出半數名額爲民選方法採取職業代表制案」(1931. 12). 中國國民黨黨史會 檔案 類號 4.2/3.12.
中國國民黨黨史會檔案, 會議 6.1/24/17.
「中國國民黨第四屆一中全會第四次會議記錄」(1931. 12. 28). 中國國民黨黨史會 檔案 類號 4.2/7.1.
「鎮江縣酒醬業同業公會致五大電」. 國民黨黨史會檔案 類號 5.1/10-2.15.
「浦江縣各界人民代表會議文件」(1949.10), 浦江縣檔案館 , 全宗 11 目錄 1 案卷 1.
「浦江縣第三屆各界人民代表會議各種工作報告及決議」(1950.10), 浦江縣檔案館, 全宗 11 目錄 2 案卷 2.
「浦江縣第二屆各界人民代表會議代表人數統計表」(1950.1), 浦江縣檔案館, 全宗 11 目錄 2 案卷 1.
何香凝.「政治公開由人民組織監政委員會等案」(1932. 12). 中國國民黨黨史會 檔案 類號 4.2/3.21-15.
「該部函各省市黨部查報農會組織和指導農運情形及徵集農運參考材料行文」(1932.

5). 中國第二歷史檔 案館, 全宗號 722(4), 案卷號 648.
「湖南, 河南, 江蘇省黨部電請組織省縣農會籌備處和修改及解釋農會法有關條文」, 中國第二歷 史檔案館, 全宗號 722(4), 案卷號 794.
「湖南省嘉禾縣各鄉農會組織總報告」(1940. 12). 中國第二歷史檔案館 全宗號 11 案卷號 1858.
「湖南省各縣市農會工會商會學校社會和黨務視察報告」(1932. 12). 中國第二歷史檔案館, 全宗號 722(4), 案卷號 541.
「湖南省各縣請修農會調解處條例增補農會經費農會幹事否可兼任上級農會幹事及農會組織狀況 一覽表」(1932.12). 中國第二歷史檔案館, 全宗號 722(4), 案卷號 771.
「湖南省農會與該省桂東縣各鄉農會章程職員會員名册」(1936. 12). 中國第二歷史檔案館, 全宗號 722/4, 案卷號 773.
「湖南省桃源縣農會章程名册及組織總報告」(1941.9). 中國第二歷史檔案館 全宗號 11, 案卷號 1857.
「湖南省武岡縣農會暨各鄉農會組織報告」(1941. 9). 中國第二歷史檔案館 全宗號 11, 案卷號 1849.
「湖南省醴陵縣各鄉農會組織總報告」(1940. 7). 中國第二歷史檔案館 全宗號 11 案卷號 1878.
「湖南省直屬人民團體農人團體社會團體組織人員及長沙市人力車紡織業工會教育會組織一覽 表」(1932. 12). 中國第二歷史檔案館, 全宗號 722(4), 案卷號 543.
「湖南省漢壽縣各鄉農會漁會章程名册及組織報告」(1940.10). 中國第二歷史檔案館 全宗號 11, 案卷號 1856.
「湖南岳陽縣教育會農會登致五大電」(1935.1). 國民黨黨史會檔案 類號 5.1/10-2.21.

3) 자료집

민두기 편. 『신언준 현대중국관계 논설선』. 문학과지성사, 2000.
耿文田 編. 『國民大會參考資料』. 上海: 中華書局, 1936.
課題組 編. 『延安民主模式研究資料選編』. 西安: 西南大學出版社, 2004.
國民參政會史料編纂委員會 編. 『國民參政會史料』. 臺北: 國民參政會在臺歷屆參政員聯誼會, 1962.

杜春和 外 編.『北洋軍閥史料選集』下册. 北京: 社會科學出版社, 1981.
『民主同盟文獻』. 出版地不明: 中國民主同盟總部編印, 1946.
社史編寫小組 編.『社史資料選集』. 北京: 中華職業教育社, 1982.
『社會行政檢討會議決議案彙編』. 重慶: 行政院社會部, 1944.
舒新城 編.『中國近代教育史資料』上册. 北京: 人民教育出版社, 1980.
葉天生 編.『香港選擧資料滙編』. 香港: 中文大學香港亞太研究所, 2001.
蘇州市檔案館 外 編.『蘇州商會檔案叢編』2輯. 武昌: 華中師範大學出版社, 2004.
楊建新·石光樹 等 編.『五星紅旗從這里升起－中國人民政治協商會議誕生記事暨資料選編』. 北京: 文史資料出版社, 1984.
『五四時期期刊介紹』1~3輯 上·下. 北京: 生活·讀書·新智三聯出版社, 1979.
袁求實 編.『香港過渡時期重要文件滙編』. 香港: 三聯書店, 1997.
李文海 主編.『民國時期社會調査叢書』社會組織卷. 福州: 福建教育出版社, 2005.
李雲漢 主編.『中國國民黨黨務發展史料: 組織工作』上. 臺北: 中國國民黨黨史會出版, 1993.
李雲漢 主編.『中國國民黨臨時全國代表大會史料專輯』上. 臺北: 中國國民黨黨史委員會, 1991.
李希泌 等 編.『護國運動資料選編』. 北京: 中華書局, 1984.
『一二九運動資料』. 北京: 人民出版社, 1981.
立法院編譯處 編.『中華民國法令彙編』. 上海: 衆花書局, 1936.
張枏·王忍之 編.『辛亥革命前十年間時論選集』1卷 下册. 北京: 生活·讀書 ·新智三聯書店, 1960.
張影輝·孔祥征 編.『五四運動在武漢史料選輯』. 武漢: 湖北人民出版社, 1981.
『政治協商會議資料』. 成都: 四川人民出版社, 1981.
重慶市政協文史資料研究委員會 等 編.『抗戰時期的國共合作紀實』下卷. 重慶出版社, 1992.
中共重慶市委黨校 等 編.『國民參政會紀實』上·下. 重慶出版社, 1985.
中共重慶市委黨校 等 編.『國民參政會紀實』續編. 重慶出版社, 1987.
中共中央黨史研究室 第一研究部 譯.『聯共(布), 共産國際與中國國民革命運動』2册. 北京圖書館出版社, 1997.
中共中央文獻研究室 編.『建國以來重要文獻選編』1~5册. 北京: 中央文獻出版社,

1992.

中國社會科學院近代史研究所 近代史資料編輯組 編.『五四愛國運動』上. 北京: 中國社會科學出版社, 1979.

中國第二歷史檔案館 編.『國民黨政府政治制度檔案史料選編』上. 合肥: 安徽教育出版社, 1994.

中國第二歷史檔案館 編.『善後會議』. 北京: 檔案出版社, 1985.

中國第二歷史檔案館 編.『中華民國史檔案資料滙編』3集 政治(1). 南京: 江蘇古籍出版社, 1991.

中國第二歷史檔案館 等 編.『五四運動在江蘇』. 南京: 江蘇古籍出版社, 1992.

中國第二歷史檔案館 編,『中華民國史檔案資料滙編』5輯 1編 財政經濟(1). 南京: 江蘇古籍出版社, 1991.

中國第二歷史檔案館 編,『中華民國史檔案資料滙編』5輯 1編 政治(2~3). 南京: 江蘇古籍出版社, 1991.

中國第二歷史檔案館 編.『中國無政府主義和中國社會黨』. 南京: 江蘇人民出版社, 1981.

中國第一歷史檔案館 編.『清末豫備立憲檔案史料』下. 北京: 中華書局, 1979.

中央檔案館 等 編.『中共中央抗日民族統一戰線文件選編』中. 北京: 檔案出版社, 1985.

中央檔案館 編.『中共中央文件選集』1~18册. 北京: 中共中央黨校出版社, 1982~1992.

中央民衆運動指導委員會 編.『地方自治法規彙編』. 南京: 中央民衆運動指導委員會編印, 1935.

秦孝儀 主編.『中華民國重要史料初編－對日戰爭時期』4編 戰時建設(2). 臺北: 中國國民黨中 央黨史委員會編印, 1988.

秦孝儀 主編.『中華民國重要史料初編－對日抗戰時期』7編 戰後中國(2). 臺北: 中國國民黨中 央黨史委員會編印, 1981.

天津社會科學院歷史研究所 外 編.『天津商會檔案滙編』. 天津人民出版社, 1992.

胡春惠 編.『民國憲政運動』. 臺北: 正中書局, 1978.

華達 編.『中國民辦刊物的彙編』1卷. 香港: 觀察家出版社, 1981.

華中師範大學歷史研究所 等 編.『蘇州商會檔案叢編』2輯. 武昌: 華中師大出版社, 1991.

榮孟源 主編.『中國國民黨歷次代表大會及中央全會資料』上·下. 北京: 光明日報社,

1986.
日本國際問題研究所中國部會 編.『中國共産黨史資料集』8卷. 東京: 勁草書房, 1974.

4) 기타 자료

힌튼, 윌리엄. 강칠성 옮김.『翻身』I·II. 풀빛, 1986.
『康有爲與保皇會』. 上海人民出版社, 1982.
『康有爲政論集』上册. 北京: 中華書局, 1981.
『江亢虎博士講演錄』1輯. 上海: 南方大學出版部, 1923.
「較場口事件檔案選載: 軍統渝特區對直屬情報員一情報的簽批」(1946. 4. 25).『檔案與史學』1986年 1期.
『國民會議宣言決議宣傳集』. 南京: 宣任集編纂委員會, 1931.
『國民會議之認識』. 出版社不明, 1931.
『國父全集』2册. 臺北: 中華民國各界紀念國父百年延長籌備委員會學術論著編纂委員會編印, 1965.
羅家倫 主編.『國父年譜』. 臺北: 黨史資料編纂委員會, 1969.
『南京市第一屆參議員選擧實錄』. 南京市參議員選擧事務所編印, 1946.
南洋勸業會事務所編纂科.『觀會指南』. 南洋勸業會場勸業日報總發行所, 1910.
『戴季陶集』. 武昌: 華中師範大學出版社, 1990.
陶昌善 等 編.『全國農會聯合會第一次紀事』. 臺北: 文海出版社, 1973.
『國民會議實錄』. 南京: 國民會議實錄編纂委員會, 1931.
『毛澤東文集』1~5卷. 北京: 人民出版社, 1996.
『毛澤東選集』1~4卷. 北京: 人民出版社, 1966.
『毛澤東早期文稿』. 長沙: 湖南出版社, 1995.
『武漢市第一二次各界人民代表會議彙刊』. 武漢: 代表會議秘書處編印, 1950.
『北京市的區各界人民代表會議』. 北京: 人民出版社, 1951.
北平市各界代表會議秘書處 編.『北平市各界代表會議專輯』. 北京, 1949.
『山種集』. 鉛印本, 1905.
『上海工商社團志』. 上海社會科學出版社, 2001.
『上海市人民代表大會志』. 上海市社會科學院出版社, 1998.
『上海市第一屆參議員第一次大會會刊』. 上海: 秘書處編印, 1946.

石光樹 編.『迎來曙光的盛會－新政治協商會議親歷記』. 北京: 中國文史出版社, 1987.

『邵力子文集』 上·下. 北京: 中華書局, 1985.

『邵元沖日記, 1924~36』. 上海人民出版社, 1990.

『孫中山全集』 1~11卷. 北京: 中華書局, 1981~1986.

『首都第一二屆各界人民代表會議』. 北京: 新華書店, 1950.

『梁啓超全集』 1~9冊. 北京出版社, 1999.

『嚴復集』 5冊. 北京: 中華書局, 1986.

伍憲子.『中國民主主義』. 香港: 自由出版社, 1957.

王士森 編.『城鎮鄉地方自治章程要義』. 上海: 商務印書館, 1909.

王造時.『荒謬集』. 自由言論社, 1935.

阮湘主 編.『第一回中國年鑑』. 上海: 商務印書館, 1924.

李國俊 編.『梁啓超著述系年』. 上海: 復旦大學出版社, 1986.

『李大釗文集』 上冊. 北京: 人民出版社, 1984.

李提摩太.『生利分利之別論』. 武昌: 質學社, 1897.

『人民團體統計』(1946年度). 南京: 社會部編印, 1947.

張國燾.『我的回憶』 1冊. 北京: 東方出版社, 1991.

『長沙縣志』. 北京: 生活・讀書・新智 三聯書店, 1995.

張玉法・李榮泰 編.『中華民國人民團體調查表』. 臺北: 國史館編印, 1999.

「戰後上海主要産業和工運概況」.『檔案與史學』 2002年 4期; 2002年 5期.

『浙江省人民代表大會志』(草稿). 杭州: 編纂委員會 編, 2004.

『鄭觀應集』 上·下. 上海人民出版社, 1982.

程心錦·徐文達,「杭州市參議會見聞」,『浙江文史資料選集』 13輯, 1979.

『鄭超麟回憶錄』. 北京: 東方出版社, 1996.

趙如珩.『江蘇省鑑』. 南京: 新中國建設學會, 1935.

『周恩來選集』 上・下. 北京: 人民出版社, 1980.

『朱執信集』 上. 北京: 中華書局, 1979.

『中國國民黨年鑑』. 南京: 黨史編纂委員會, 1929.

『中國國民黨二十三年黨務統系報告』. 南京: 中央統系處編印, 1934.

『中國國民黨第三屆中央執行委員會訓練部工作報告』. 1931.10.

中國國民黨中執委黨史史料編纂委員會.『民國二十三年中國國民黨年鑑』. 南京, 1934.

中國國民黨執監委非常會議.『國民會議的意義及使命』. 廣州, 1931.
中央訓練部.『江蘇省人民團體概況』(全國人民團體總視察報告之一). 南京, 1937.
『中華民國社會志』. 臺北: 國史館, 1998.
陳覺.『九一八後國難痛史』. 東北問題研究會, 1932(沈陽: 遼寧人民出版社, 1992 重印本).
『陳獨秀著作選』 1~3卷. 上海人民出版社, 1993.
陳福霖·余炎光 編.『廖仲愷年譜』. 長沙: 湖南出版社, 1991.
陳錫祺 主編.『孫中山年譜長編』上·下. 北京: 中華書局, 1991.
陳之邁.「民國二十年國民會議選舉」.『清華學報』11卷 2期, 1936. 4.
『蒼南縣志』. 杭州: 浙江人民出版社, 1996.
蔡德金·王升.『汪精衛年譜生平紀事』. 北京: 中國文史出版社, 1993.
蔡佑民 編.『國民會議之理論與實施』. 南京: 本立書局, 1931.
『蔡元培全集』 2~4卷. 北京: 中華書局, 1994.
『天門縣志』. 武漢: 湖北人民出版社, 1989.
協商委員會秘書處編印.『蘇南各界人民代表會議第一屆第二次全體會議彙刊』. 1950.
『湖南年鑑』(民國二十二年). 長沙: 湖南省政府密書處, 1933.
『胡適全集』 21卷. 合肥: 安徽教育出版社, 2003.
黃右昌.「國民會議與職業代表制」.『社會科學季刊』(北平大) 5卷 1·2合號, 1930. 7.
『黃陂縣志』. 武漢出版社, 1992.
『訓練部部務彙刊』. 南京: 中國國民黨民衆訓部, 1930.
滿鐵調查部 編.『支那抗戰力調查報告』(1939年度總括資料). 東京: 三一書房, 1970.
『毛澤東集』 1卷. 東京: 蒼蒼社, 1972.
『毛澤東集』 補卷 1. 東京: 蒼蒼社, 1983.
松田良一.『近代日本職業事典』. 東京: 柏書房, 1933.
Buell, Raymond L. "The New Democracies of Europe." *Current History* Vol. 15 No. 5, Feb 1922.

2. 연구서

김재철. 『중국의 정치개혁』. 한울아카데미, 2002.

김형종. 『淸末 新政期의 硏究』. 서울대학교출판부, 2002.

마이스너, 모리스. 김수영 옮김. 『마오의 중국과 그 이후』 1권. 이산, 2005.

민두기. 『中國近代改革運動의 硏究』. 一潮閣, 1985.

민두기. 『中國初期革命運動의 硏究』. 서울대학교출판부, 1997.

민두기 편. 『中國 國民革命 指導者의 思想과 行動』. 지식산업사, 1988.

민두기 편. 『중국현대사의 구조』. 청람, 1983.

블레처, 마크. 전병곤 외 옮김, 『반조류의 중국』. 돌베개, 2001.

선학태. 『민주주의와 상생정치: 서유럽 다수제 모델 vs 합의제 모델』. 다산출판사, 2005.

세이빈, 조지・토머스 솔슨. 성유보 외 옮김. 『정치사상사 2』. 한길사, 1997.

유용태. 『지식청년과 농민사회의 혁명－1920년대 중국 중남부 3성의 비교연구』. 문학과지성사, 2004.

유홍준. 『직업사회학』. 경문사, 2004.

윤혜영. 『中國現代史硏究－北伐前夜 北京政權의 내부적 붕괴과정, 1923~1925』. 일조각, 1991.

율로, 하인츠・죤 월크 편. 이병화 옮김. 『代議政治論』. 전예원, 1985.

이병인. 『근대 상해의 민간단체와 국가』. 창비, 2006.

張玉法. 신승하 옮김. 『중국현대정치사론』. 고려원, 1991.

전인갑. 『20세기 전반기 상해사회의 지역주의와 노동자』. 서울대학교출판부, 2002.

정문상. 『중국의 국민혁명과 상해학생운동』. 혜안, 2004.

조영남. 『중국 의회정치의 발전: 지방인민대표대회의 등장, 역할, 선거』. 폴리테아, 2006.

조영남. 『중국 정치개혁과 전국인대』. 나남출판, 2000.

조영남. 『후진타오 시대의 중국정치』. 나남, 2006.

郭緖印 編. 『國民黨派系鬪爭史』. 上海人民出版社, 1992.

廣東民國史硏究會 編. 『廣東民國史』 下. 廣州: 廣東人民出版社, 2003.

鄧野. 『聯合政府與一黨訓政, 1944~1946年』. 北京: 社會科學文獻出版社, 2003.

馬敏.『官商之間: 社會劇變中的近代紳商』. 武昌: 華中師範大學出版社, 2003.
聞黎明.『第三種力量與抗戰時期的中國政治』. 上海書店出版社, 2004.
徐小群.『民國時期的國家與社會: 自由職業團體在上海的興起, 1912~1937』. 北京: 新星出版社, 2007.
徐鼎新·錢小明.『上海總商會史, 1902~1929』. 上海社會科學院出版社, 1991.
樹棣 外 主編.『中國人民政治協商會議史』. 哈爾濱: 黑龍江教育出版社, 1991.
楊森.『香港政制改革』. 香港: 廣角鏡出版社, 1986.
嚴泉.『失敗的遺產, 中華首屆國會制憲, 1913~1923』. 桂林: 廣西師範大學出版社, 2007.
葉利軍.『民國北京政府時期選擧制度研究』. 長沙: 湖南人民出版社, 2007.
溫濟澤.『九一八和一二八時期抗日運動史』. 北京: 中國工人出版社, 1991.
阮忠仁.『清末民初農工商機構的設立: 政府與經濟現代化關係之檢討, 1903~1916』. 國立臺灣師範大學歷史研究所專 刊(19), 1988.
王干國.『中國政治協商會議史略』. 成都出版社, 1991.
王奇生.『黨員, 黨權與黨爭: 1924~1949年中國國民黨的組織形態』. 上海書店出版社, 2003.
王先明.『變動時代的鄕紳－鄕紳與鄕村社會結構變遷, 1901~1949』. 北京: 人民出版社, 2009.
王世杰.『比較憲法』. 上海: 商務印書館, 1928.
王穎 外.『社會中間層: 改革與中國的社團組織』. 北京: 中國發展出版社, 1993.
王穎.『新民主主義革命時期選擧制度研究』. 北京: 中國社會科學出版社, 2005.
王友明.『解放區土地改革研究: 1941~1948 以山東莒南縣爲個案』. 上海社會科學院出版社, 2006.
王爾敏.『中國近代思想史論』. 臺北: 臺灣商務印書館, 1995.
汪朝光.『國共政爭與中國命運』. 北京: 中國社會科學文獻出版社, 2010.
熊月之.『西學東漸與晚清社會』. 上海人民出版社, 1994.
韋杰廷·陳先初.『孫中山民權主義探』. 桂林: 廣西師範大學出版社, 1995.
魏文享.『國民黨, 農民與農會: 近代中國農會組織研究, 1924~1949』. 北京: 社會科學出版社, 2009.
劉景泉.『北京民國政府議會政治研究』. 天津教育出版社, 2006.
殷嘯虎.『近代中國憲政史』. 上海人民出版社, 1997.

應俊豪.『公衆輿論與北洋外交』. 臺北: 國立臺灣政治大學歷史系, 2001.

李明華.『中國人民政治協商會議』. 北京: 新華出版社, 1990.

李炳南.『政治協商會議與國共談判』. 臺北: 永業出版社, 1993.

李永芳.『近代中國農會研究』. 北京: 中國社會科學文獻出版社, 2008.

章開源 外.『湖北通史』民國卷. 武昌: 華中師範大學出版社, 1999.

章開源 外 主編.『中國近代民族資産階級研究』. 武昌: 華中師範大學出版社, 2000.

張同新.『國民黨新軍閥混戰史略』. 哈爾濱: 黑龍江人民出版社, 1982.

張朋園.『梁啓超與民國政治』. 臺北: 漢生出版社, 1992.

張朋園.『中國民主政治的困境, 1909~1949: 清末以來歷屆議會選擧述論』. 臺北: 聯經, 2007.

張朋園.『中國民主政治的困境, 1909~1949』. 臺北: 聯經出版社, 2007.

張玉法.『近代中國民主政治發展史』. 臺北: 東大圖書公司, 1999.

張玉法.『民國初年的政黨』. 臺北: 中央研究院近代史研究所, 1985.

趙書剛.『中國政黨發展的軌迹, 1905~1949』. 北京: 中共中央黨校出版社, 1998.

曹世鉉.『清末民初無政府派的文化思潮』. 北京: 社會科學文獻出版社, 2003.

朱英.『轉型時期的社會與國家－以近代中國商會爲主體的歷史透視』. 武昌: 華中師範大學出版社, 1997.

朱英·魏文享.『近代中國自由職業群體與社會變遷』. 北京大學出版社, 2009.

周勇 主編.『國民參政會』. 重慶出版社, 1995.

周平.『香港政治發展, 1980~2004』. 北京: 中國社會科學出版社, 2006.

陳寶良.『中國的社與會』. 杭州: 浙江人民出版社, 1996.

陳瑞雲.『現代中國政府』. 長春: 吉林文史出版社, 1988(1991).

陳宇翔.『中國近代政黨思想研究』. 長沙: 湖南大學出版社, 2002.

崔之淸 主編.『國民黨政治與社會結構之演變, 1905~1949』下編. 北京: 社會科學文獻出版社, 2007.

湯志鈞.『戊戌時期的學會和報刊』. 臺北: 商務印書館, 1993.

平心.『中國民主憲政運動史』. 上海: 進化書局, 1946.

馮筱才.『在商言商: 政治變局中的浙江商人』. 上海社會科學院出版社, 2004.

胡春惠.『民初的地方主義與聯省自治』. 臺北: 正中書局, 1983.

侯宜杰.『二十世紀中國政治改革風潮: 清末立憲運動史』. 北京: 人民出版社, 1993.

家近亮子. 『蔣介石と南京國民政府』. 東京: 慶應義塾大學出版會, 2002.

久保亨 編. 『1949年前後の中國』. 東京: 汲古書院, 2006.

菊池貴晴. 『中國民族運動の基本構造』. 東京: 大安, 1966.

山田辰雄. 『中國國民黨左派の研究』. 東京: 慶應通信, 1980.

山田辰雄. 『現代中國の政治體制』. 東京: 岩波書店, 1989.

笹川裕史. 『中華民國期農村土地行政史の研究』. 東京: 汲古書院, 2002.

中央大學人文科學研究所 編. 『民國後期中國國民黨政權の研究』. 東京: 中央大學出版部, 2005.

中村元哉. 『戰後中國の憲政實施と言論の自由, 1945~49』. 東京大學出版會, 2004.

平野正. 『中國革命の知識人』. 東京: 日中出版, 1977.

平野正. 『中國の知識人と民主主義思想』. 東京: 研文出版, 1987.

横山英 編. 『中國の近代化と政治的統合』. 廣島: 溪水社, 1992.

Berger, Marie Claire. *Sun Yat-Sen*. Trans. by Janet Lloid. Stanford: Stanford University Press, 1998.

Benson, Gregor. *China's Urban Revolutionaries, Exploration in the History of Chinese Trotskyism, 1921~1951*. New Jersey: Humanities Press, 1996.

Brook, Timothy and Frolic, B. Michael. Eds. *Civil Society in China*. New York: M. E. Sharpe, 1996.

Chao, Sui-sheng. Ed. *China and Democracy: The Prospect for a Democratic China*. New York: Routledge, 2000.

Compton, Robert W. Jr. *East Asian Democratization: Impact of Globalization, Culture, and Economy*. London: Praeger, 2000.

Deetz, Stanley A. *Democracy in an Age of Corporate Colonization: Developments in Communication and the Politics of Everyday Life*. New York: State University of New York Press, 1992.

Fewsmith, Joseph. *Party, State, and Local Elites in Republican China: Merchant Organizations and Politics in Shanghai, 1890~1930*. Honolulu: University of Hawaii Press, 1985.

Fung, Edmund S. K. *In Search of Chinese Democracy: Civil Opposition in Nationalist China, 1929~1949*. Cambridge: Cambridge University Press,

2000.

Goldman, Merle. *Sowing the Seeds of Democracy in China: Political Reform in the Deng Xiaoping Era*. Cambridge: Harvard University Press, 1994.

Goodman, Bryna. *Native Place, City, and Nation: Regional Networks and Identities in Shanghai, 1853~1937*. Berkeley: University of California Press, 1995.

Harding, Harry. *Organizing China: The Problem of Bureaucracy, 1949~1976*. Stanford: Stanford University Press, 1981.

Jacobs, Dan N. *Borodin: Stalin's Man in China*. Cambridge: Harvard University Press, 1981.

Jeans, Roger B. Ed. *Roads Not Taken: The Struggle of Opposition Parties in Twentieth-Century China*. Oxford: Westview Press, 1992.

Lijphart, Arend. *Democracies: Patterns of Majoritarian and Consensus Government in Twenty-One Countries*. New Haven: Yale University Press, 1984.(최명 옮김. 『민주국가론』. 법문사, 1985.)

Nathan, Andrew J. *Chinese Democracy*. New York : Alfred A. Knopf, 1985.

Rankin, Mary B. *Elite Activism and Political Transformation in China: Zhejiang Province, 1865~1911*. Stanford: Stanford University Press, 1986.

Reinsch, Paul S. *International and Political Currents in the Far East*. New York: Houghton Mifflin Co., 1911.

Robtentscher, Sigrid. Ed. *Democracy and the Role of Associations: Political, Organizational, and Social Contexts*. London: Routledge, 2005.

Rowe, William T. *Hankow: Commerce and Society in a Chinese City, 1796~1889*. Stanford: Stanford University Press, 1984.

Schoppa, R. Keith. *Chinese Elites and Political Change: Zhejiang Province in the Early Twentieth Century*. Cambridge: Harvard University Press, 1982.

Taylor, Lee. *Occupational Sociology*. New York: Oxford University Press, 1968.

Warren, Mark E. *Democracy and Association*. New Jersey: Princeton University Press, 2001.

Xu, Xiaoqun. *Chinese Professionals and the Republican State: The Rise of*

Professional Associations in Shanghai, 1912~1937. Cambridge: Cambridge University Press, 2001.

3. 연구논문

김명환. 「길드사회주의의 성격-제3의 민주화운동」. 『서양사론』 55호, 1997.

김의영. 「결사체민주주의에 대한 소고」. 『한국정치학회보』 39권 1호, 2005.

박제균. 「五四期 무정부주의자의 理想추구운동」. 『大邱史學』 50집, 1995.

박준수. 「民國初期 全國商會聯合會의 성립과 商會의 政治的 擡頭」. 서울대학교 동양사학연구실 편, 『中國近現代史의 再照明』 1. 지식산업사, 1999.

백영서. 「共和에서 革命으로-民初論爭으로 본 中國 國民國家 형성」. 『東洋史學研究』 59집, 1997.

백영서. 「중국에 시민사회가 형성되었나?-역사적 관점에서 본 민간사회의 궤적」. 『아시아 문화』(한림대) 10호, 1994.

배경한. 「국민혁명기 汪精衛와 反帝問題」. 『中國近現代史研究』 47집, 2010.

배경한. 「1920년대 전반기 孫文의 統一論」. 『中國近現代史研究』 10집, 2000.

배경한. 「反直三角聯盟과 孫文의 北上」. 『釜山史學』 8집, 1983.

백승욱. 「중국의 '단위'체제와 노동자 관리방식의 변화」. 서울대학교 박사학위논문, 1997.

안승국. 「결사체 민주주의와 정치공동체」. 『한국정치학회보』 31권 3호, 1997.

원준호. 「단체이익과 공익의 통합을 위한 규범적 논의: 헤겔의 국가론에서의 단체의 자치행정과 직능대표제가 주는 현재적 의미」. 『의정연구』 15집, 2003.

유용태. 「중화인민공화국 건립 전후의 각계인민대표회의, 1949~54」. 『中國近現代史研究』 50집, 2001.6.

유용태. 「5·4운동과 직업주의의 대두」. 『中國近現代史研究』 43집, 2009. 9.

유용태. 「中國 政治協商會議와 建國民意의 向方, 1944~1949」. 『東洋史學研究』 106집, 2009.3.

유용태. 「近代中國의 職業團體와 民意形成, 1901~1919」. 『東洋史學研究』 101집, 2007. 12.

유용태.「訓政時期 中國國民黨의 職業黨團政策과 직업단체 동원」.『中國近現代史研究』 31집, 2006. 9.

유용태.「國民參政會와 戰時民主主義, 1938~1949」.『中國近現代史研究』 27집, 2005. 9.

유용태.「國民會議에서 國民參政會로」.『中國近現代史研究』 23집, 2004. 9.

유용태.「國民會議運動의 새로운 전개: 革命武力과 국민의 결합」.『東洋史學研究』 74집, 2001.4.

유용태.「孫文의 국민회의 소집론: 武力과 國民의 결합」.『歷史學報』 168집, 2000. 12.

유용태.「1929~1924년 中國 各界의 職業代表制 모색—국민회의 소집론의 형성과정」. 서울대학교 동양사학연구실 편,『中國近現代史의 再照明』 1. 지식산업사, 1999.

유용태.「南京政府時期 國民會議와 農會: 직업대표제의 실험」.『中國近現代史研究』 8집, 1999. 12.

유용태.「1906~1926년 中國의 農會와 農民協會」.『歷史教育』 60집, 1996.12.

윤세철.「胡漢民과 淸黨」. 민두기 편,『중국국민혁명 지도자의 사상과 행동』. 지식산업사, 1988.

이병인.「國民會議와 職能代表制」.『中國近現代史研究』 12집, 2001.

이승휘.「孫文과 國民會議」.『歷史學報』 166집, 2000. 6.

이승휘.「中國의 '國民會議運動'과 上海商工階層」.『歷史學報』 144집, 1994. 12.

이원준.「중화인민공화국 건국직전의 정치적 통합과정」.『東洋史學研究』 98집, 2007. 3.

이재령.「南京國民政府의 言論管理實態와 言論界의 對應」.『東洋史學研究』 68집, 1999. 10.

정문상.「1920年代 曾琦의 國家主義思想과 政治活動」.『東方學誌』 115집, 2002.

江沛.「國共兩黨 '黨國'體制 比較研究, 1924~1949」.『中國近現代史研究』 33輯, 2007. 3.

羅志田.「'二十一個條'時期的反日運動與辛亥五四期間的社會思潮」.『新史學』 1992年 9月.

白永瑞.「中國現代史上民主主義的再思考—1920年代國民會議運動」.『1920年代的中國』. 臺北: 中華民國史資料研究中心編印, 2002.

山本進.「一九四0年代國民政府治下的縣市參議會—以四川省之例爲中心」.『1949年:

中國的關鍵年代學術討論會論文集』. 臺北: 國史館印行, 2000.
徐乃力. 「中國的'戰時國會': 國民參政會」. 『國民參政會記實』(續編). 重慶出版社, 1987.
孫宏雲. 「孫中山的民權思想與職業代表制」. 『廣東社會科學』 2007年 1期.
孫宏雲. 「平民政權與職業代表制」. 『中國法政大學學報』 2008年 2期.
宋鈷友. 「從會館·公所到同業公會的制度變遷」. 『檔案與史學』 2001年 3期.
楊建黨. 「華北人民政府時期的人民代表會議制度之考察」. 『人大研究』 2007年 1期.
呂實强. 「民初四川的省議會, 1912~1926」. 『中央研究院近代史研究所集刊』 16期, 1987.
吳炳守. 「研究系知識分子群體的國家建設構想及其實踐, 1911~1932」. 復旦大學歷史系 博士論文, 2001.
吳淑鳳. 「從"王世杰日記"看政治協商會議的召開」. 『近代中國』 161期, 2005. 6.
吳永芳. 「國民參政會之研究」. 國立臺灣政治大學歷史研究所 碩士學位論文, 1983.
王宏斌. 「戊戌維新時期的"群學"」. 『近代史研究』 1985年 2期.
王金鋙. 「論國民會議運動」. 『吉林大學社會科學學報』 1983年 5期.
王小滿·張學繼. 「論'聯合政府'代機個向題」. 『檔案與史學』 1996年 2期.
汪朝光. 「戰與和的變奏－重慶談判至政協會議期間的中國時局演變」. 『近代史研究』 2002年 1期.
魏文亨. 「社團政治: 近代工商同業公會的政治參與, 1928~1947」. 胡春惠·薛化元 主編, 『近代中 國社會轉型與變遷』. 臺北: 國立政治大學歷史學系·香港珠海書院亞洲研究中心, 2004.
柳鏞泰. 「國民會議運動之再起與分岐: 政黨與社團之間」. 『民國研究』 9卷, 2006.6.
柳鏞泰. 「從國民會議到國民參政會: 職業代表制的持續與變化」. 中國社會科學院近代史研究所民國史研究室 外 編, 『1930年代的中國』. 北京: 社會科學文獻出版社, 2006. 9.
李侃. 「從江蘇湖北兩省若干州縣的光復看辛亥革命的勝利和失敗」. 『紀念辛亥革命七十周年學術討論會論文集』 上. 北京: 中華書局, 1983.
李國芳 「建國前夕中共創建石家庄民衆參政機構的實踐」. 『近代史研究』 2006年 5期.
李達嘉. 「五四前後的上海商界」. 『中央研究院近代史研究所集刊』 21輯, 1992.
李世平·陳廷湘. 「論大革命時期我黨關于'國民會議'的主張」. 『近代史研究』 1984年 2期.
任雲蘭. 「新舊交替時期(1945~49年)的天津工商界概述」. 『歷史檔案』 2004年 3期.
張毛毛. 「國民參政會與中國共産黨爭取民主政治的鬪爭」. 『近代史研究』 1986年 2期.

蔣永敬.「南京政府初期實施訓政的背景及挫折－軍權, 黨權, 民權的較量」.『近代史研究』, 1993年 5期.
章紅.「國民参政會述論」.『抗日戰爭研究』1996年 3期.
周興樑.「孫中山與國民會議運動」. 中國孫中山研究學會 編,『孫中山和他的時代—孫中山研究國際學術討論會文集』上. 北京: 中華書局, 1989.
陳旭麓.「戊戌時期維新派的社會觀－群學」.『近代史研究』1984年 2期.
何良才.「孫中山與基爾特社會主義」.『近代史研究』1992年 2期.
胡春惠.「國民會議之召集與約法問題」.『抗戰前十年國家建設史研討會論文集』下. 臺北: 中央研究院近代史研究所, 1984.
高田幸男.「近代中國地域社會與地方教育會」.『民國研究』1輯, 1994.11.
菊池一隆.「國民會議を巡る政治力學－1920年代から30年代への連動」. 狹間直樹 編,『一九二0年代の中國－京都大 人文科學研究所 共同研究報告』. 東京: 汲古書院, 1995.
金子肇.「國民黨における憲法施行體制の統治形態－孫文の統治構想, 人民共和國の統治形態との對比から」. 久保亨 編,『1949年前後の中國』. 東京: 汲古書院, 2006.
金子肇.「一九二0年代前半における各省'法團'勢力と北京政府」. 横山英 編,『中國の近代化と 地方政治』. 東京: 勁草書房, 1985.
末次玲子.「五四運動と國民黨勢力」.『五四運動史像の再檢討』. 東京: 中央大學出版部, 1986.
味岡徹.「南北對立と聯省自治運動」.『五.四運動史像の再檢討』. 東京: 中央大學出版部, 1986.
笹川裕史.「國民革命期における湖南省各級人民會議構想」.『史學研究』(廣島大) 168號, 1986.
岸本美緒.「中國中間團體論の系譜」. 山本武利 外 編,『帝國日本の學知』3卷. 東京: 岩波書店, 2006.
野澤豊.「五四運動と省議會－民族運動の內部構造の檢討にむけて」.『人文研紀要』(中央大學 人文科學研究所) 2號, 1983.
野澤豊.「第一次國共合作と孫文－國民會議運動を中心として」.『中國近現代史論集』. 東京: 汲古書院, 1985.

野澤豊. 「中國における統一戰線の形成過程－第一次國共合作と國民會議」. 『思想』 477號, 1964.

魏文享. 「政治經濟の變革と商人團體－1949年以後の武漢上人團體の變遷」. 『近きに在りて』 47號, 2005. 8.

柳鏞泰. 「國民會議招集論の形成と展開－職業代表制の摸索」. 『近きに在りて』 41號, 2002. 6.

坂野良吉. 「國民會議の構想ならびに運動と陳獨秀主義－1923年から1926年までの推移へ焦點を 合わせながら」. 『名古屋大學東洋史硏究報告』 18號, 1994. 4.

平野正. 「抗日民族統一戰線と憲政運動」. 『講座 中國近現代史』 6卷. 東京大學出版會, 1978.

Brook, Timothy. "Autonomous Organizations in Chinese Society." In Timothy Brook and B. Michael Frolic eds., *Civil Society in China*. New York: M. E. Sharpe, 1996.

Goodman, Bryna. "Democratic Calisthenics: The Culture of Urban Associations in the New Republic." In Merle Goldman and Elizabeth J. Perry eds., *Changing Meanings of Citizenship in Modern China*. Cambridge: Harvard University Press, 2002.

Elvin, Mark. "The Gentry Democracy in Chinese Shanghai, 1905~1914." In Jack Gray ed., *Modern China's Search for a Political Form*. London: Oxford University Press, 1969.

Hawley, Ellis W. "Herbert Hoover, the Commerce Secretariat, and the Vision of an 'Associative State', 1921~1928." *The Journal of American History* Vol. 61 No. 1, June 1974.

Kishimoto, Mio. "Social Turbulence and Local Autonomy: Japanese Historians Interpret Chinese Social Groupings." *The Late Imperial China* Vol. 30 No. 1, June 2009.

Pugach, Noel H. "Progress, Prosperity and the Open Door: The Ideas and Career of Paul S. Reinsch." Ph.D. thesis University of Wisconsin, 1967.

Strand, David. "Civil Society and Public Sphere in Modern Chinese History." In Roger V. Des Forges and Luo Ning et al. eds., *Chinese*

Democracy and the Crisis of 1989. New York: State University of New York Press, 1993.

Wang, Fan-shen. "Evolving Prescriptions for Social Life in the Late Qing and Early Republic: From Qunxue to Society." In Joshua A. Fogel and Peter G. Zarrow eds., *Imagining the People: Chinese Intellectuals and the Concept of Citizenship, 1890~1920*. New York: M. E. Sharpe, 1997.

찾아보기

[ㄹ]

[ㅇ]

[ㅊ]

職業代表制，近代中國的民主遺產

柳 鏞 泰

代議民主政治的關鍵就在由誰用什么樣的方法來選擧民意机關的代表。本書是關于20世紀作爲中國試圖追求民意机關制度化努力之一环的職業代表制的研究。主要是分析從容許設立職業團体的清末新政時期到制定人民共和國憲法的1954年期間所作出的努力及探明20世紀中國關于民主主義摸索的特征，通過歷史的經驗和遺產對于改革開放以后中國的政治改革所蘊含的啓示做出探究。

辛亥革命后成立的中華民國在亞洲雖然是最初的民主共和國，但經過多党競爭的選擧成立的國會因軍閥而不久卽宣布解散，所以是始終缺乏民意机關的畸形的共和國。雖然之后追求過政党中心的議會制的努力也繼續下去，但是不久跟隨列宁式的革命政党制追求一党制的勢力開始抬頭。結果，在一方面革命政党是被視爲國家机關本身，另一方面議會政党是被貶低爲政客的巢窟，所以多党競爭的近代政党制度植根甚難。

因此，在近代中國以職業團体爲中心的各种社團是起到代替政党，承担民意集結作用的角色。這在職業團体選擧自身代表來召開國民會議并制定憲法建立憲政國家的努力中有体系的表現出來。在1920年以來到人民共和國建立之后，這樣的建立國民會議式民意机關的努力自始自終持續着。如果我們要完整的再現20世紀中國對于民主主義的摸索，像開始那樣把多党制議會政治的實現作爲目標，把它同國共兩党的一党制對比起來的兩者對立的研究還是很有限的。那樣的研究視角卽忽視了20世紀中國人對于作爲‘另一个民主模式’職業代表制民意机關的熱情和實踐。在這里有必要從同政党政治視角不同的社團政治(associational politics)視角的分析。

筆者爲了探明20世紀中國人爲什么那樣强烈的追求職業代表制，以及對于它在中國現實中怎樣具体實現的努力，把社團民主主義(associational democracy)社會政治學研究同職業代表制理論相結合進行了分析。職業代表制是從將社會看作由各种職能單位而不是个人所組成的職能性社會觀出發的。所以在此觀点中，民意机關如果要代表眞正的民意的話，必須不是由在一定的地理區域內之个人而是由職業團体選出的代表所組成才是合理的。特別是其通過和日常生活有直接關系的團体活動，容易提高市民的民主意識的社團民主主義的期待聯系在一起的。当然沒有市民的團体生活總是給民主主義帶來進展的証据，但是國家不賦予國民以結社的自由和權利的民主主義不能称之爲民主主義，這一点是多方認証的。

因此，筆者將國家和社會的關系作爲基础，另外加入民族主義和民主主義，國際條件和國內條件，政党和社團的關系，如此將四對互動關系組成分析框架，對職業代表制摸索的過程做出了檢視。各种社會團体依据由國家公認的法定團体的地位對國民性議題增加發言權的同時將称爲克服國難的民族主義名義推出以要求民主主義的制度化。社會團体和革命政党爲了實現反帝反軍閥的民族民主主義的目標而相互協力。還有造成民主主義巨大潮流的兩次世界大戰之后的國際條件給在南北分裂的中國政治現實中要求建立和平民主的統一政府或聯合政府的社會團体賦予了力量。当然在這樣的相互作用和相互協力中也難免有競爭和緊張，因此筆者也留意于侵害社會團体自主權的危險性，進而在競爭和協力中的緊張動態性的顯現出來。分析的焦点是在這四對互動關系中以職業團体爲中心的各种社會團体彼此聯合集結全國性民意的方式和构造。

在第一部中，審視了1920年作爲職業代表制民意机關國民會議召集論誕生背景和過程。從淸日戰爭后必須要以結成團体的力量來救國的合群救國論深深的成爲广泛的社會心理。這時在各种團体中特别重視職業團体，因爲認識到職業是“左右一國强盛的國民生産力”，是“文明進步的必要條件”。商會，農會和教育會設立后，卽以此爲基础上在1907年至1911年利權收回運動和國會開設運動中在各省市開始出現了“各界聯合”。經過辛亥革命的挫折后，在无政府工團主義的影響下不少人通過各种同業公會來追求生産和消費的自治。到了五四時期那个各界聯合從省市范圍的發展成爲全國范圍的。同以前一樣各界聯合會在五四期間也是非職業團体和職業團体相結合而形成，但是從現在開始限定了新的民意机關的代表選擧權必須只由職業團体來行使。這是依据第一次世界大戰之后從歐洲傳來的職業代表制理論而形成的正当化。緊接着馬上發展成爲國民會議促成運動，如此誕生的國民會議召集論逐漸成爲构成新的眞正民意机關的象征。是因爲國民會議召集論和促成運動通過自主性的社會團体爲媒介，執行了連接五四運動和國民革命運動樞紐的角色，承認各階層國民大衆爲權力主体，促進了設立地方自治政權。

第二部中，審視了從1928年至1954年間職業代表制的持續和變化。職業團体和革命政党各自認識到自身的局限性，爲了共同的目標而相互聯合。在此過程中，職業代表制雖然和追求領域支配的政党的邏輯相妥協而有些許變形，但是基本上還是持續下去了。九一八以來的國民救國會議運動和抗日救國各界聯合會等都是大衆運動形態的事例。1931年南京國民會議，1938-47年國民參政會和省市縣（臨時）參議會，1946年和1949年兩个政治協商會議，1949-54年各界人民代表會議都是把職業代表制全面的制度化的例子。這些代表們不是“各地代表”而是“各界代表”。還有有職業代表制和區域代表制共同幷行的制度化的例子，如1936-37年國民大會組織法及選擧法和1947-48年的國民大會，還有1980年代后半期香港和澳門的立法局等也是如此。尤其是國民党對于孫文的建國大綱上的國民大會組織方法加以修改幷引進一部分職業代表制的內容是値得矚目的。

起先職業代表制是從多元性國家觀和職能性社會觀中出發，指向國家權力的分有，否定以軍閥政府爲首的獨裁政府的革命性政治運動的武器。一方面也用于依据國共兩党追求的列宁式党治制擴大自身的社會基础。國共兩党皆是在大衆運動的基础中把職業代表制作爲民主主義運動的一环而加以活用，但是共産党在憲政以后對其放弃回到區域代表制，相反國民党在憲政以后存續了其中一部分。反對國共兩党的一党統治的群小政党們（中國青年党，國家社會党，第三党）也在党綱或建國构想中明示了職業代表制，調和了政党中心的議會制和職業代表制。要在此种情况下讓職業代表制具有一定意義的話，對將自身同國家看作爲同一体的特殊政党，職業團体如何确保自主性是非常重要的課題。

政党和職業團体的關系傾向是妥協和聯合還是競爭和對立，這一問題取决于上述的四對互動關系。使社團和政党持續聯合的社會心理的基础是合群救國論。不過它就連接民主救國和建國論，即必須保障人民的自由和權利才能促進團体的成立，以此爲基础集結的各界民意來監督政府才能達成救國和建國的主張。而且這以社團民主主義論爲后盾則更强有力的持續下來。這樣的相互依存的關系可使党治制的長期持續産生困難從而起到促進民主主義方向的作用。如同兩次世界大戰之后一樣如果給予称之爲民主主義的高潮的國際條件的話其作用更將取得优勢。

所以在各界聯合和各界代表的社會慣例之上形成的職業代表制在近代中國政治史上看來起到了推動過渡到民主主義的作用。但是1949年建立聯合政府之后，不久在聯合政府應該鞏固民主主義反而倒退到一党政府的情况下，构成各界聯合和各界代表的職業團体們却不能担負社會牽制力量的本職工作而无力的倒台。有職業者的各界代表和代表配額制只是做出補充党治制的工作而已。

在這里職業團体內部的原因和國家領域方面的外部原因都起了作用。內因是首先職業團体的力量微弱，其中因爲有圍繞民意机關代表權分配的冲突所以引起不能縱橫地團結的弱点。1946年在政協決議出台時全國的職業團体會員爲六百万名左右占五亿人口的1.2%。并且從和國家的關系來看，職業團体和日常生活及生産活動有直接聯系所以集中反對党治体制的非日常政治斗爭是非常困難的。特别是農會作爲最大的職業團体自主權非常之小，赶不上律師，教授，文藝等方面的自由職業團体。以同一个理念爲基础的擁有全國性的組織网的政党无視“軍隊國家化”的輿論壟斷軍力更是如此。随着1954年人民代表大會放弃職業代表制依照區域代表制組成，職業團体的自主權急速的被壓制進而生産手段的國有化同集團化完成后的1957年后几乎消失。

那么到了改革開放的1980年代，在各种職業團体夏活的條件下對于職業代表制的記憶可能重新夏燃。實際上1980年10月中共中央政策研究室廖盖隆提出過依据近代中國的歷史經驗，將現存的全國人民代表大會由區域代表制的區域院同職業代表制的社會院二元化，賦予双方同等的權限，使彼此競爭并監視的政治改革案(庚申改革案)。之后1985年開始香港和澳門的政治民主化過程中爲了選擧立法局議員引入國民會議式職業代表制，同區域代表制同等比重相并行。1990年中國当局以香港基本法承認它，之后在中國各縣市有力量的職業團体也開始産生了同当地人民代表大會一同參与立法活動的變化。由于改革開放政策混合經濟在中國已得到了相当程度的夏活，如果与其相對應的聯合政府也同様能夏活的話，在那時的民意机關選擧中，需要運用近代中國歷史性政治遺産卽職業代表制的原理的智慧。爲此香港的事例卽可能提供一种模式。

通過對職業代表制的研究，筆者勾畫了社會團体在接受國家權力保護的同時，牽引社會和國家的民主化的過程中担当的活力。本研究雖然可能看起來同近來流行的强調工商業者自主性政治活動的商會研究相似，但是不能把兩者相提幷論。以勞動者的名義肆意妄爲的无産階級獨裁倒台后，恰似强調工商業者單獨的政治主導權的研究急增。這很容易連接把資産階級獨裁正当化的理論。相比下筆者把工商業者看做衆多職業團体中的一員，集中于均衡各職業界別的代表們之間的相互競爭和妥協，强調了把特定集團的政治主導權相對化的制度性机制。職業代表制依据多元主義社會觀，能够代表資産階級和无産階級双方利害的同時，而且可以代表另外的具有社會性意義的各种職業界的利害，所以這樣它的結构相比政党中心的區域代表制，民主主義的原理則更加充實。五四時期中國知識分子將其接受爲"新民主主義"的原因也在此。只是因爲中國在一党制下施行它所以沒有取得那樣的政治效果。

本研究可以審查現有學界政党中心的議會制同國共兩党的列宁式一党制相對比的研究范式，進而提供一部分補充及修正的基础。筆者認爲只能在超越現存的兩者對立的范式幷加以職業代表制的民主模式之后，從這三者間的競爭和協商的角度來重新作研究才能够理解20世紀中國走向民主主義的政治史，才能够重建与中國社會實際情況相契合的政治史。20世紀中國職業代表制摸索的經驗和遺産是在代表各界職業團体多樣的利害的代表們通過相互牽制和妥協能够監視健全政党政治的无能和腐敗這一点上可以提供多元化的民主主義發展的基础。這当然可以喚起被称之爲"作業場民主主義"(workplace democracy)的各職業團体內部民主主義的重要性。

職業代表制按照多元主義國家觀追求權力分有，相反區域代表制使國家貫徹領域支配幷强化權力集中。在近代國家中以職業代表制完全的代替區域代表制還很困難，所以很有必要使兩者幷行去把權力集中相對化和減小其弊端。這种制度性運作的把握，除中國以外在東亞洲各國也是有的。最近在韓國，日本，台湾，區域代表制的多党制議會政治盡管已實現政權和平交接仍然直面不能充分代表民意的批判。特別是政党不能牽引巨大的企業集團的政治影響力反而代表工商業者的利益的傾向也与日俱增。職業代表制促進作業場民主主義并可以成爲企業組織政治主導權相對化的裝置。成熟的市民社會在特定集團的政治主導權相對化的多元主義中才可以成立。

저자 소개

유용태(柳鏞泰)

서울대학교 역사교육과와 대학원 동양사학과를 나와 연세대학교에서 중국 현대사 전공으로 박사학위를 받았다. 중국 난징대학 박사후연구원과 미국 프린스턴대학 방문연구원을 지냈다. 현재 서울대학교 사범대학 역사교육과 교수로 재직 중이다.

주요 저서로 『지식청년과 농민사회의 혁명: 1920년대 중국 중남부 3성의 비교연구』, 『환호 속의 경종: 동아시아 역사인식과 역사교육의 성찰』, 『함께 읽는 동아시아 근현대사』 1・2(공저), 『중국의 동북공정과 중화주의』(공저), 역서로 『전원시와 광시곡』 등이 있다.